谨以此书献给我心爱的女儿

数字化转型架构

方法论与云原生实践

王思轩 著

电子工业出版社

Publishing House of Electronics Industry

北京•BEIJING

内 容 简 介

数字化转型是企业发展的必由之路，数字化转型的关键是驱动企业从业务、架构、技术、组织等方面全面且系统地改造升级。

本书面向广大企业管理者和 IT 从业者，提出创新的数字化转型企业架构方法论，将企业总体架构规划与具体落地的云原生技术架构结合在一起，帮助企业构建在业务层面、应用层面、数据层面、技术层面及管理层面的全面立体化架构体系。本书从数字化转型的发展趋势和本质出发，引出企业架构和云原生架构对于数字化转型的核心价值，同时介绍企业架构的经典理论，进而引出企业云原生架构方法体系，并详细讲解各类架构的设计细节，以及架构治理、组织架构、架构师成长等相关参考实践，助力企业数字化转型。

图书在版编目（CIP）数据

数字化转型架构：方法论与云原生实践 / 王思轩著． —北京：电子工业出版社，2021.8
ISBN 978-7-121-41778-8

Ⅰ．①数… Ⅱ．①王… Ⅲ．①数字技术－应用－企业管理－研究 Ⅳ．①F270.7

中国版本图书馆 CIP 数据核字（2021）第 163016 号

责任编辑：张彦红　　　　　　特约编辑：田学清
印　　刷：三河市良远印务有限公司
装　　订：三河市良远印务有限公司
出版发行：电子工业出版社
　　　　　北京市海淀区万寿路 173 信箱　　　邮编：100036
开　　本：720×1000　　1/16　　印张：23.5　　字数：447.4 千字
版　　次：2021 年 8 月第 1 版
印　　次：2022 年 1 月第 2 次印刷
定　　价：102.00 元

凡所购买电子工业出版社图书有缺损问题，请向购买书店调换。若书店售缺，请与本社发行部联系，联系及邮购电话：（010）88254888，88258888。

质量投诉请发邮件至 zlts@phei.com.cn，盗版侵权举报请发邮件到 dbqq@phei.com.cn。

本书咨询联系方式：010-51260888-819，faq@phei.com.cn。

行业专家力荐

互联网给消费领域带来的改变和成效大家有目共睹，加上近几年在国家和各行业发布的一些报告中，"数字化"成为出现频率非常高的字眼，越来越多的企业将企业数字化转型提到了战略高度。在信息化时代，有类似 TOGAF 这样成熟的企业架构设计方法论指引着企业的信息化建设；在今天的数字化时代，也需要这样的企业架构设计方法论指引企业走好数字化转型的道路。《数字化转型架构：方法论与云原生实践》从企业架构的全局视角阐述了企业在数字化时代如何构建企业架构，以及支撑企业架构的主流技术——云原生，在理论和实践方面提供了很多值得参考和借鉴的信息，是非常值得企业数字化转型的顶层架构设计者仔细研读的一本书。

钟华

上海比升互联网技术有限公司 CEO

《企业 IT 架构转型之道：阿里巴巴中台战略思想与架构实战》《数字化转型的
道与术》作者

数字化转型是互联网时代企业的生存之道，当前数字化转型刻不容缓。那么，企业应如何推动业务流程、商业模式、产品及服务的数字化持续演进，有效地开启数字化转型之路呢？本书从数字化趋势和本质出发，将企业架构和云原生架构相结合，创新性地提出了企业云原生架构体系，对读者理解数字化转型及指导实践有很大的参考价值。

刘文远

燕山大学信息科学与工程学院教授、博士生导师

燕软集团董事长

上海哈蜂信息科技有限公司董事长

在云计算特别是云原生技术潮流的驱动下，企业的整体架构在发生着巨大的变化，如何让这些变化对企业数字化转型的核心诉求产生正向的助力，而不是带来更大的风险？本书的作者带着这个问题对企业架构的多个方面进行了探讨，其中对于云原生架构的论述非常全面和专业，相信本书能够给企业架构的规划者和决策者们带来有价值的参考。

李小平　阿里云中间件首席架构师

本书涵盖从业务到技术架构的核心内容，作者作为架构师，有着多年的行业解决方案及企业架构设计和开发经验。本书对企业 IT 架构师极具参考意义，尤其在如今数字化转型和云原生架构的浪潮下，强烈建议各位企业IT架构师阅读本书。

焦方飞　阿里云云原生解决方案架构师

作者在过往的工作中有着大量的企业数字化转型落地实践经验，善于洞察和抽象总结。本书涉及宏观数字化发展的趋势分析和总结，企业架构设计和关键问题的剖析，深入浅出地详细阐述了企业发展战略与 IT 架构治理方法论的重要性。本书首先介绍数字化转型架构，然后讲述业务架构、应用架构、数据架构、技术架构的设计，最后介绍如何做好架构治理演进，并且结合云原生技术最佳实践指导企业实现云上架构升级之路。

员海滨　阿里云新零售高级解决方案架构师

数字化转型是当下企业发展无法回避的话题，在 IT 驱动的这场变革中如何理解复杂的企业运行要素关系，合理规划和实施适应业务快速变化的数字化蓝图，引领企业成功转型，本书给出了答案。本书不仅清晰地阐述了企业架构的相关概念，更深入浅出地描述了 IT 架构是如何推动业务成功的，非常值得企业高管、信息化从业人员阅读。

张晓斌　九阳股份有限公司信息总监

本书可以作为企业数字化转型的指导资料。我公司已进行了数字化转型，目前公司业务、组织架构、技术等各方面都已发生了很大的改变，得到了很大提升！在数字经济时代，数字化正以不可逆之势深刻地改变着人类社会。希望本书能给更多的企业提供指导和参考。

王志新　千百度国际控股有限公司信息总监

互联网行业里常说"拥抱变化"，现代科技瞬息万变，是否能快速调整、与时俱进，关乎着一个企业的成败。本书具有很强的可读性。作者王思轩与我相识多年，是我认识的最优秀的企业架构师之一。本书不仅有丰富的理论知识，还有成功的实践经验，将企业架构理论化繁为简，并且将核心的原理抽象出来，形成了一套经典的方法论。本书从架构原理、设计方法、云原生、架构治理演进等方向进行了系统性的阐述，内容丰富，深入浅出，有助于读者在纷繁复杂的企业变革之中厘清思路，开阔视野。

严永亮　vivo 互联网数据平台总监

目前，我国在全球电商经济中占据重要地位，众多企业开始进行数字化转型。随着国内企业数字化转型整体成熟度的提升，先行企业的数字化转型进入良性循环，并且领先企业和滞后企业的差距开始拉开。本书本着"技术为我所用"的理念，对"数字化""云原生"等"抽丝剥茧"，阅读本书对追求以数字化推动企业价值链再造、升级的"中坚层"们大有裨益。

陈雨陆　上海伯俊软件科技有限公司 CTO

这是一本难能可贵的云原生领域佳作！问渠那得清如许，为有源头活水来。作者多年的海内外学术界、企业界经历，正是本书创作的源泉！从理论到实践，从企业架构的技术演进到架构师的个人成长，流畅的行文与生动的配图，相信本书一定会让读者受益匪浅！

周迪之　《开源网络模拟器 ns-3：架构与实践》作者

移动互联网的高速发展，改变了人们分享和获取信息的方式，提升了数据作为企业核心资产的商业价值，企业为了适应这种变化，更好地驱动业务变革及创新，迫切需要进行数字化转型。作者结合自身多年的大型复杂系统架构咨询和设计经验，系统、全面地介绍了企业数字化转型可能面临的挑战及应对之策。本书理论与实践兼具，具有很好的指导意义，非常适合相关领域的从业者阅读。

刘景应

阿里云云原生高级技术专家

《企业级云原生架构：技术、服务与实践》作者

前言

本书定位

数字化转型是企业发展的必由之路，数字化的关键是驱动企业从业务、架构、技术、组织等方面全面且系统地改造升级。在传统改造升级过程中，企业往往不关注架构设计，或者只关注 IT 层面，未从企业架构全局视角出发进行设计，特别是未从业务、应用、数据、技术等整体企业架构规划层面出发。如何结合企业的战略计划、商业模式，并加上与企业架构相关的整体架构规划，同时基于数字化转型项目落地，并完成架构治理的闭环，是越来越多的企业亟待解决的问题。

同时，数字化转型中的核心技术趋势是云计算中的云原生技术，特别是新冠疫情发生以后，放大了生于云、长于云的 IT 架构的优越性，提升了企业对云原生的接受度。云原生让云计算变得更加开放和高效，是云计算的"下一站"。虽然云原生由来已久，但业界对于理念边界、架构本质、技术特点众说纷纭；特别是在企业总体架构层面，如何利用云原生的技术红利构建全方位的基于云原生的架构体系，是很多企业非常关心的问题。

基于此，本书的核心思想是把企业总体架构规划与具体落地的技术架构及云原生技术架构结合在一起，从全局视角到具体落地，构建企业在业务层面、应用层面、数据层面、技术层面及管理层面的全面立体化架构体系。本书从数字化转型的发展趋势和本质出发，引出企业架构和云原生架构对于数字化转型的核心价值，同时介绍企业架构的经典理论，进而引出企业云原生架构方法体系，然后详细讲解业务架构、应用架构、数据架构、技术架构、架构治理、架构师的自我成长及相关参考实践，助力企业数字化转型。

写本书的起因

回想从业经历，笔者自从业以来一直在和架构打交道。笔者在欧洲留学期间接触了企业架构和建模领域的相关理论，之后在北美洲读博期间主要研究云计算和微服务在建模领域的理论和应用；后来的海内外多年工作也主要与大型分布式系统的架构设计相关；在加入阿里巴巴之后，前几年在阿里云做云原生解决方案架构师，曾帮助多个客户的数字化转型项目做架构规划和项目落地；再后来，在阿里巴巴国际化中台参与打造云原生时代新一代架构和技术产品体系。在从业过程中，笔者看到很多企业管理者缺乏数字化转型的指引和方法，缺乏一些企业架构和云原生的知识体系。笔者一直在思考什么是架构，架构的本质什么，已有的企业架构理论是否可以给我们带来一些新的思考。在此过程中，笔者断断续续地写了一些文章，期间也有不少朋友和同事询问什么时候可以针对架构理论、云原生技术，并结合个人的思考写本书，特别是在结识电子工业出版社张彦红编辑后，他鼓励我把这些内容写下来。这就是本书创意的由来。

当然，本书不是一本完全学术派的教科书，而是采用理论结合实际，综合业界的一些通用知识体系，并融入个人的思考沉淀而成的。企业架构有着多年的发展历史，在欧美有很多成功的案例，在我国也有着较为广泛的应用。在云计算、产业互联网和大数据时代，企业架构仍然有着广阔的发展前景，如果结合先进的互联网和云原生技术，应用和实施与时俱进，并采用新的运营模式，就能有效地助力企业数字化转型。

本书结构

本书共 4 篇，分别是数字化转型架构综述、企业架构设计、云原生架构设计、架构治理演进，共 11 章。

第 1 篇，数字化转型架构综述，包括第 1～3 章。

- 第 1 章，数字化转型架构之道。本章首先说明数字化时代的商业变革；然后探讨数字化转型企业架构，包括架构的本质、架构设计的基本原则、企业架构给企业带来的好处，以及企业架构的基本框架等；最后介绍企业 IT 架构的演进、云原生的核心技术，以及企业云原生架构助力数字化转型等。

- 第 2 章，企业架构的理论。本章首先讨论企业架构的基本概念；然后介绍企业架构的发展；接着重点对几个具有代表性的企业架构框架理论进行说明，包括 Zachman、TOGAF、FEAF、DoDAF、eTOM、ArchiMate、Gartner 等；最后进行企业架构框架理论综合分析，分析新时代对企业架构提出的新的挑战。

- 第 3 章，企业架构方法论。本章首先从方法论本身引入，介绍企业战略计划、企业架构规划、项目实施管理、架构运营治理等；然后讨论企业架构与数字化、云原生的关系；最后介绍企业架构实施参考。

第 2 篇，企业架构设计，包括第 4～7 章。

- 第 4 章，业务架构设计。本章从业务架构的基本内容出发，进而介绍关键要素，如商业模式、价值链、业务能力、业务流程、组织架构等，然后讨论如何进行业务架构的设计，以及一些业务架构参考案例等。

- 第 5 章，应用架构设计。本章主要介绍应用架构的本质、价值、设计框架、常用模式、核心策略、设计原则，重点讨论应用架构的利器——领域驱动设计（DDD），并给出一些参考设计。

- 第 6 章，数据架构设计。本章主要介绍数据架构的设计框架、设计方法、设计步骤，以及典型的数据架构技术、设计原则，并给出一些通用的数据架构参考设计，最后讨论云原生时代数据架构技术体系。

- 第 7 章，技术架构设计。本章主要介绍技术架构的本质、设计框架、常用模式、设计原则，以及技术架构制图；进而讨论技术基础设施上云、技术平台典型技术；最后讨论一些技术架构最佳实践。

第 3 篇，云原生架构设计，包括第 8、9 章。

- 第 8 章，云原生架构与核心技术。讨论企业架构中应用云原生架构的诸多关键环节，如云原生的起源、"15 要素"和本质，云原生架构及其核心原则，云原生的核心技术，包括 Kubernetes、Serverless、Service Mesh 等。

- 第 9 章，云原生基础平台与实践。本章主要介绍云原生的基础设施、应用平台，以及相关落地实践，包括云原生架构设计、容器规模化、云原生 DevOps 等，并分析云原生的发展趋势。

第 4 篇，架构治理演进，包括第 10、11 章。

- 第 10 章，项目实施与架构治理。本章主要介绍项目实施管理和架构治理的一些方法、框架和相关的参考实践，重点就架构治理的成熟度模型、架构原则、架构演进，以及组织架构中的框架原则、角色与协同、绩效与激励、组织能力建设等进行讨论。

- 第 11 章，架构师的自我成长。本章从架构师本身的成长出发，介绍如何成为一名合格的架构师，带领企业进行数字化转型，包括架构师的特质、成长建议、能力培养、关注重点及思维模式等。

读者对象

本书的读者对象主要包括以下几类人群。

- 企业决策者和管理者，如 CTO、CIO、技术总监、研发总监等。这类读者通过了解企业架构、云原生架构、架构治理、组织架构等，助力数字化转型决策。
- 企业架构师和分析师，特别是参与传统企业转型为云原生架构的 IT 工作者。
- 软件架构师、软件开发工程师，有微服务、云原生开发经验的软件工程师、开发工程师、需求分析师、运维工程师等。
- 大专院校师生，本书可以作为企业架构理论、领域建模、架构设计、软件设计等学科的补充资料。

联系方式

希望本书对数字化转型道路中探索架构之道的同人们有所帮助。由于笔者水平有限，书中难免存在纰漏，欢迎广大读者批评和指正，笔者的个人公众号是"架构思轩"。

王思轩

2021 年 3 月于杭州

目录

第1篇
数字化转型架构综述

我们正处于数字化技术革命的浪潮当中，共同见证着从信息化到数字化，从消费互联网到产业互联网的变革。企业要想在数字化转型浪潮中立足，需要综合考虑业务、技术、架构等多个方面，这样才能助力企业成功实现数字化转型。本书的第1篇作为综述，主要探索数字化转型架构。首先讨论数字化时代的商业变革、数字化对架构的要求，以及云原生时代给企业数字化带来的好处；然后介绍企业架构框架经典理论，包括 Zachman、TOGAF、FEAF、DoDAF、eTOM、ArchiMate、Gartner 等；最后引出本书的主角——企业架构方法论。让我们一起开启数字化转型架构的大门吧！

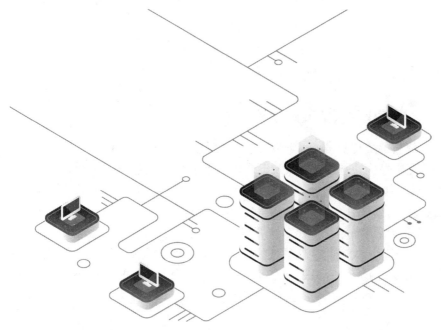

数字化转型架构之道

本章作为本书的第 1 章，首先我们来看看数字化时代的商业变革，包括数字化时代的发展趋势和数字化转型的普遍诉求、本质、驱动力及切入路径；然后我们探讨一下数字化转型企业架构，包括什么是架构、架构的本质、架构设计的基本原则，以及企业架构的定义、给企业带来的好处、基本框架；最后我们讨论云原生对企业数字化的影响，包括从集中式架构、SOA、微服务架构到云原生架构的企业 IT 架构的演进，云原生的核心技术，以及企业云原生架构如何助力数字化转型。

1.1 数字化时代的商业变革

1.1.1 数字化时代的发展趋势

人类在科技的历史长河中，经历了蒸汽时代、电气时代、信息化时代及数字化时代四次工业革命，通过科学技术逐步提高了生产力，提升了人类的生活标准。我们正处于数字化技术革命的浪潮当中，这是一个以云计算、大数据、移动互联网、人工智能、物联网、5G 等科技实现智能化和自动化的全新时代。如今，云计算等技术已逐步成为当今社会数字经济的基础设施。近 20 年来，全球市值排名靠前的企业大多逐渐加大对数字化领域的投入。2020 年全球市值 100 强上市公司排名靠前的有微软、苹果、亚马逊（Amazon）、阿里巴巴、脸书（Facebook）、腾讯等互联网公司；国内市值排名在前 20 名的公司有美团、拼多多、京东等互联网公司。

互联网与传统业务的边界越来越模糊，线上和线下开始打通和融合，跨界产生了新的商业机会和创新应用，促使越来越多的企业选择数字化等相关技术。不过，《哈佛商业评论》的相关调查显示，80%～90%的企业都迫切希望使用数字化技术，但只有 10%左右的企业具备数字化能力，数字化转型对大部分企业来说任重道远。可以预计，未来全球范围内的竞争，在很大程度上将表现为数字化相关领域的竞争，这种数字化的竞争主要体现为以下两种趋势。

1）从信息化到数字化

过去 20 年，企业信息化取得了很大的进步，企业建立了财务、SCM（供应链管理）、CRM（客户关系管理）、OA（办公自动化）、ERP（企业资源计划）等系统，大幅度提升了企业的内部运营效率，这些系统本质上是将企业内部的流程和数据记录下来，以企业内部需求为主，强调业务提效和风险管控。不过，它们并不是"以客户（用户）为中心"的，同时内部流程的优化也没有从互联网平台化的整个链路出发，相关的数据分析和决策可能还需要大量人工操作，并没有充分利用数字化时代的红利。

信息化时代的理念和技术主要是从国外传入国内的，包括信息化使用的硬件和软件系统，大部分都需要外国企业提供。IBM（国际商业机器公司）、惠普、微软、Oracle（甲骨文股份有限公司）、SAP（思爱普）等行业巨头为其他企业提供硬件和软件服务，并获得了巨大的商业成功。如今，数字化时代出现了一批新的行业领军者，如谷歌（Google）、Amazon、阿里巴巴、腾讯、华为等。

数字化强调业务对象以数字化的形式在系统中呈现，强调业务在线，数字驱动决策。此外，数字化与客户紧密相连，注重对客户的洞察和为客户提供优质的服务体验，如外向型的电商系统，将企业核心的商业模式和业务流程与客户直接对接，并以此反向牵引内部的变革。可以说，客户在哪里，业务就要在哪里，服务就要在哪里。这也促使了新零售的崛起，客户可能从不同的渠道（线上和线下多种渠道）了解企业的产品，企业开始致力于通过数字化投入来应对不同的客户诉求。

2）从消费互联网到产业互联网

随着数字化时代前沿技术的不断发展，并深入到医疗、交通、制造、金融、物流等行业，企业数字化正在如火如荼地推进，数字化正从消费互联网向产业互联网演进。当前消费互联网市场已趋于饱和，越来越多的企业正在思考利用自己的消费数据和商业模式，切入整个产业价值链，进而带动从前端市场营销侧到后端供应侧的整体转型。在产业互联网时代，更需要企业关注数字化转型，应用数据在线、智能应用、先进的架构方式，全面提升自身的服务能力。

产业互联网时代更加突出企业数字化转型的重要性。全球知名调研机构 IDC 在 2018 年的调查显示，全球 1000 强企业中的 67% 和中国 1000 强企业中的 50% 都将数字化转型作为自身的核心战略。企业不仅需要从消费者端进行营销策划，更需要从企业内部到外部的端到端链路出发，从设计研发、生产、销售、财务、仓储、物流等多方面出发，加强数据化和智能化建设，打通企业的研发、生产、供应、销售、服务等多节点全价值链。

在整个产业变革的过程中，特别是随着移动互联网的爆发式发展，以及新时代"四大发明"——电商、高铁、电子支付、共享经济的出现，我国的互联网商业模式和技术应用得到了高质量发展，很多互联网公司掀起了新技术、新商业、新数据、新体验的浪潮。我国在此期间创造了许多行业优秀实践，越来越多的传统企业踏上了数字化转型的征程。

1.1.2　数字化转型的普遍诉求

企业在数字化转型的浪潮中面临着多变的市场环境，业务需求多元多变，业务触点多端呈现。笔者参与过一些新零售行业企业的数字化转型项目，从开始的架构规划到项目落地交付，笔者最大的感受是大部分企业在数字化转型的过程有很多相通性，特别是对于"人货场"层面的变革诉求。数字化"人货场"的重构如图 1-1 所示。

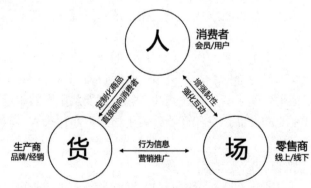

图 1-1　数字化"人货场"的重构

（1）"人"在变：中等收入群体和年轻人将是主要购买力，特别是"后疫情时代"，消费者购物更加理性，品质和个性化成为他们的核心诉求。基于不同的消费者画像，精细化运营越来越重要。

（2）"场"在变：传统线下渠道逐渐被全渠道所替代，线下客流面临再分配，线上与线下的边界将越来越模糊。比如，线下门店逐步转变为品牌宣传店，线上通过直播、微信分销等多种渠道销售，促使商家提供更好的用户体验。

（3）"货"在变：越来越多的品牌商线上和线下开始变成"一盘货"，直营加盟"一盘棋"。一些零售企业在互联网模式和自身行业发展的影响下，正在尝试多元化跨越式发展。

在如此多变的市场环境下，进一步来看，传统企业面临着业务和技术方面的双重挑战。从业务角度来看，传统企业主要面临以下挑战。

（1）传统商业模式难以适应快速的消费者市场变化：传统商业模式以货品为中心进行管理运营，营销渠道单一，消费者与品牌之间有一道巨大的鸿沟，导致库存积压低周转（周转率低），缺码断货难销售。

（2）传统"野蛮生长"的渠道拓展方式已成为过去：近几年，随着制造成本、库存成本、人力成本、运营管理成本的不断上涨，一些线下店铺不得不关闭。

（3）同质化竞争严重，品牌竞争力下降：由于移动互联网、社交媒体应用的高速发展，商品价格更加透明，商业行为不对称被打破，消费者黏性减弱，品牌可替代性增强。

（4）业务缺乏全局视角统一管理：传统行业主要采用单渠道营销模式，各自为政，获客和转化率不高，客户体验方式单一，没有从企业整体进行有效的整合。

与此同时，企业也面临着技术方面的多种挑战。

（1）系统建设不完善：随着互联网的发展，传统企业开始搭建线上平台，但线上和线下各自为政，所售商品价格不同、促销方式不同、服务不同，系统建设亟待完善。

（2）架构不灵活：有些传统企业采用"烟囱式"系统，功能重复、维护成本高，同时业务需求响应慢，传统瀑布式研发导致整体交付、迭代速度缓慢，无法满足业务快速创新的需求。

（3）运维压力大：无法应对灵活多变的业务需求，运维压力大，依赖大量人力，缺乏自动化运维手段，无力支撑互联网时代高流量并发的业务需求。

（4）组织管理分散：渠道分散，几套人马，管理成本高，内部存在恶性竞争，资源被严重浪费。

1.1.3 数字化转型的本质

面对业务和技术方面的双重挑战，企业需要从更高的维度、全局的视角进行总体规划，并结合自身核心竞争力，改善生产、服务、供应链、产业生态等，从本质上看问题。我们再进一步来看一下数字化转型的本质，这里初步概括为三点，即以用户为中心、在线互联、数据智能，如图1-2所示。

图1-2 数字化转型的本质

1）以用户为中心

以用户为中心是数字化时代的重要特征。企业面对的是成百上千甚至上亿的用户群体，使用传统方法是无法触达每一个用户的，特别是如今大量的细分用户。对企业而言，用户不仅包括最终消费者，还包括每个环节的经销商，以及整个产品全链条的人。企业数字化转型需要以用户为中心，通过商业模式的创新，借助技术的力量，获得更多以用户为中心的商业路径，从而更好地触达用户。例如，C2M（Customer-to-Manufacturer，用户直连制造）模式是以最终消费者为核心的，厂家可以直供、直达消费者。这种模式可以通过下沉市场的精准定位，使消费者个性化需求直接反馈到工厂，做到了"投其所好"。艾瑞数据显示，2018年，我国C2M交易规模约为175亿元，渗透率仅为4.1%，预计2022年我国C2M市场潜在容量将超过10 000亿元。

2）在线互联

在线互联使得数字化对用户的赋能大大提高。企业内的人、物、服务，以及企业间、企业与用户间互联互通，特别是产业物联网时代将线上和线下融合、资源协同、战略和规划统一，打造高效的运营体系，才能持续提升企业的服务能力和改变其服务边界，最终达成研发、生产、供应、销售、服务全产业链的数字化。在线互联也极大地改变了我国消费者的生活方式，如新型冠状病毒肺炎疫情得到有效的控制后，节假日消费呈现出家庭团聚、出游高涨、消费旺盛等特点，这其中占重要比重的是数字化业务，电商直播、送菜上门、在线购票、共享经济、门店配送等多种消费方式越来越普遍，在某种程度上，数字化的相关业务和技术促进了经济恢复，充当了扩大内需的"催化剂"。

3）数据智能

数字化的一个核心是数据，通过大量的数据，对企业的业务流程和运营方式进行有效的反哺，大数据在大量的数据前提下才有意义。互联网公司大多具有"数据化基因"，强调通过数据驱动技术和产品变革。数据化的另一个核心是智能化，数据与人工智能（如智能化生产车间、智能农业、智慧供应链等）相结合是经济发展的必然趋势。通过数据分析，可以促进业务模式的创新。比如，对于仓储式付费会员业务模式，零售商采用的并不是很多，山姆会员店（以下简称山姆）曾尝试了多年，取得了付费会员 300 万人、核心会员续卡约 80% 的成绩。山姆还通过数据进行了大量的尝试，如以云仓为依托的"一小时极速达"。目前，以云仓为依托的"一小时极速达"订单量占山姆电商定单量的近 70%，成为山姆全渠道发展中重要的驱动力之一。同时，开市客、盒马也在积极通过数据分析来助力拓展这种仓储式付费会员业务。

1.1.4　数字化转型的驱动力

数字化转型的驱动力有很多，笔者认为，其核心驱动力体现在业务创新、架构优化、组织适配和技术升级四个方面，如图 1-3 所示。

1）业务创新

生产力决定生产关系，我们也经常讲开源节流。生产力和开源都是在说新的变化和价值创新。数字化转型的核心驱动力之一是业务创新，无论是电商、跨境直播、全渠道、社区零售，还是前文提到的 C2M、付费会员，都是在创造新的业务模式，以快速匹配能够满足用户个性化需求的服务。业务创新一方面要看企业是否具有快速把产品和服务触达用户的能力，另一方面要看企业内部有没有快速适应这种变化的流程和机制。

图 1-3　数字化转型的核心驱动力

2）架构优化

数字化转型既是生产力的转型，也是生产关系的转型，而且需要企业从整体战略出发，进行总体架构优化，这种优化既包括业务、应用、数据、技术层面，也包括实时、组织文化等层面。一般我们提到的架构多指 IT 架构，如如何开发、部署、运维等，不过从宏观和整体来看，这里的架构优化需要考虑的是企业架构的范畴。企业要想实现可持续发展，需要达到企业战略、业务、IT 的一致，而企业架构就是其中的"黏合剂"。

3）组织适配

根据康威定律，设计系统的架构受制于产生这些设计的组织的沟通结构。组织适配需要确定如何构建合理的权责关系，如何有效地沟通和协同，并合理分工和激励，通过什么样的组织进行适配，需要什么样的人才培养机制等，这些不但是数字化转型的要求，而且对于每个企业正常的运营非常重要。总而言之，数字化更加要求敏捷、包容、开放、自驱、赋能的组织形态。

4）技术升级

数字化时代有大量的新技术产生，如云计算、大数据、机器智能、物联网等。其中，云计算伴随着数字化转型正在高速发展，同时云原生让云计算变得更加标准和开放、更加高效和简便，可以说云计算的"下一站"就是云原生。企业应拥抱新技术，用技术驱动业务创新，为企业数字化转型注入强大动力。

1.1.5 数字化转型的切入路径

数字化转型是一个长期的、逐步迭代的过程，也是一个风险较高的大工程。因此，对企业来说，找到数字化转型的切入路径至关重要。这里给出了一些参考切入路径，如图1-4所示。

图1-4 数字化转型的切入路径

1）全局战略，总体架构规划

企业需要从总体进行架构规划，包括战略目标、业务目标、商业模式、企业愿景等多方面，同时适当调整组织形态，如优化相关的运营团队、管理流程、绩效考核标准。数字化转型是关乎企业存亡的重要项目，需要企业高层乃至"一把手"亲自"挂帅"，保障企业的资源投入。

2）以创新商业模式为出发点

企业可以以创新商业模式为出发点，识别当前业务的主要问题，如寻找业务增量和最大收益点，回答目标是什么，满足客户什么诉求，如何满足客户诉求，如何盈利等多方面问题。企业可以从会员营销、门店经销、采购与供应链、全渠道体系等方面切入，不同切入路径采取的策略不同。

3）设计核心业务场景和流程

企业可以细化商业模式，定义具体的核心业务场景，并确定场景对应的流程，使商业模式落地，并通过完善项目制度实时推进。

4）利用先进的技术

企业可以利用先进的技术（如云原生技术）进行数字化转型。云原生让云计算变得标准、开放、触手可及，企业可以通过拥抱云原生技术，即通过容器、微服务、DevOps、Serverless、Service Mesh 等技术，构建敏捷、高效的技术架构体系。

5）试点项目先行，持续演进

企业可以进行试点，梳理标杆，积累经验，总结出适合自身的理念和规范，并通过试点进一步带动其他数字化项目，从新业务或者现有系统出发，持续演进和迭代。

1.2　数字化转型企业架构

数字化转型对架构的要求越来越高，从软件开发和系统设计的角度来看，IT 人员一般接触比较多的是技术架构、系统架构、应用架构、部署架构等。但是，什么是架构，它的本质是什么，架构还有什么其他类型，什么架构适合企业数字化转型，有哪些典型的架构参考框架，如何做好企业级别的架构设计等，让我们带着这些疑问进入这一节。

1.2.1　什么是架构

架构本身是一种抽象的、来自建筑学的体系结构，其在企业及 IT 系统中被广泛应用。回想笔者自己的从业经历，一直在和架构打交道，在欧洲攻读硕士学位期间主要研究企业架构与领域建模，在北美洲攻读博士学位期间主要研究云计算和微服务在建模领域的理论和应用，以及一些云平台、中间件、大数据等的跨领域实践，在工作后一直从事与架构设计相关的工作，并且一直在思考什么是架构、架构的本质什么、有什么理论方法可以帮助我们做好架构等。

什么是架构？下面我们先来看几个定义。

（1）百度百科的定义：架构，又名软件架构，是有关软件整体结构与组件的抽象描述，用于指导大型软件系统各个方面的设计。

（2）维基百科的定义：架构即软件体系结构，是指软件系统的基本结构，以及创建此类结构的规则及这些结构的文档。每个结构包括软件元素，它们之间的关系，各个元素和它们之间的关系的属性，以及每个元素引入和配置的基本原理。

（3）ISO/IEC 42010 的定义：一个系统在其所处环境中所具备的各种基本概念和属性，具体体现为其所包含的各个元素、它们之间的关系，以及架构的设计和演进原则。

（4）IEEE 的定义：架构是环境中该系统的一组基础概念和属性，具体表现就是它的元素、元素之间的关系，以及设计与演进的基本原则。

（5）CMU 软件工程研究院的定义：架构是用于推演出该系统的一组结构，其具体是由软件元素、元素之间的关系，以及各自的属性共同组成的。

（6）TOGAF（The Open Group Architecture Framework，开放组架构框架）的定义：一个系统的形式化描述，或指导系统实现的构件级的详细计划。一组构件的结构、构件间的相互关系，以及对这些构件的设计和随时间演进的过程进行治理的一些原则和指导策略。

综合上述定义，可以看出，对于架构的定义有几个高频关键词：元素、结构、关系、原则、演进。架构相关元素按照一定的结构连接在一起，同时提供相应的原则和规范进行持续演进。架构就像建筑学中的体系结构，比如在故宫平面图中，整体的结构、房间的主次、彼此连通的道路通过一张图可以直观地展现出来，同时各个房间的大小也按照实际情况进行了精准的绘制，这其实就是架构的美妙之处。

1.2.2　架构的本质

架构的本质是对事物复杂性的管理，是对一个企业、一个公司、一个系统复杂的内部关系进行结构化、体系化的抽象，并把相关的目标和当前现状通过不同的视图进行直观展示，方便相关人员达成共识，指导和驱动数字化项目落地实施。在这个管理事物复杂性的过程中，有四个非常重要的架构思维，分别是抽象思维、分层思维、多维思维和演化思维。

1）抽象思维

抽象是对某种事物进行简化描述的过程，关注元素，忽视其他细节。抽象在架构设计中非常重要，抽象能力的强弱，直接决定着我们所能解决问题的复杂性和规模大小。例如积木城堡游戏，一个城堡由若干子模块组成，而每个模块最终由不同形状的积木搭建而成，这种自上而下或者自下而上的抽象组合过程在架构设计中十分重要。抽象关注元素，忽视其他细节，如图 1-5 所示的毕加索抽象画，毕加索对一只复杂的公牛进行了高度的抽象和简化。再比如，从电商角度，一个系统可能被我们抽象出不同的模块，以下订单为例，可能需要经过商品价格查询、库存更新、优惠方式计算、支付方式校验、物流方式更新等一系列流程，这一系列流程本身就是对高度抽象过程的总结。

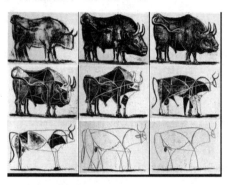

图 1-5　抽象思维举例：毕加索抽象画

2）分层思维

分层是在抽象的基础上进一步体系化地分析事物，因为抽象出来的元素可能不在同一层次，比如可能需要我们从业务模块的垂直层面或者系统功能的水平层面进行思考。分层思维是很重要的架构思维，比如我们看到的操作系统，就可能被分为内核、内存管理、输入和输出管理、文件管理、用户界面层；或者如图 1-6 所示的网络分层，经典的七层模型即物理层、数据链路层、网络层、传输层、会话层、表示层、应用层。再比如，人们经常讨论的技术架构包含部署架构、集成架构、开发架构、测试架构、运维架构、安全架构等，这些都是从不同层次进行划分的。

3）多维思维

随着事物复杂性的提高，我们往往需要从不同维度对事物进行分析。分层思维帮助我们从不同层面对事物进行分析，而多维思维要求在架构分层的基础上，从更广、更高的维度对事物进行综合分析。比如，一般我们在做架构设计时，需要分析业务需求、业务流程、领域建模、技术支撑，除了对每层进行分析，我们还需要分析什么业务与什么流程匹配、什么流程与什么模型对应、什么模型使用什么技术，同时要结合组织阵型、项目运营管理，从不同维度来进行全面的分析。

多维思维更多强调矩阵分析，比如衡量客户价值和客户创利能力的典型模型——RFM 模型（见图 1-7），通过三个维度不同分类的组合，分解出八种客户画像。

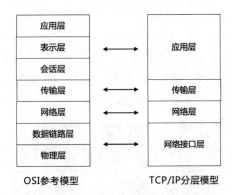

图 1-6　分层思维举例：网络分层

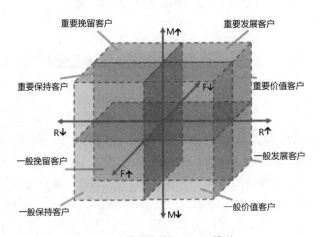

图 1-7　多维思维举例：RFM 模型

4）演化思维

架构是设计出来的，更是演化而来的。架构的形成是一个不断迭代的过程，而这个过程其实是对整个企业进一步有序化地重构和升级，以实现进化并支撑业务快速发展。可以说，人类世界是以分层方式一层一层搭建和演化而来的。架构模式不是固定的，比如架构经历了从单体模式到 SOA（Service Oriented Architecture，面向服务架构）模式，从 SOA 到微服务架构，从微服务架构到云原生架构的演变。再以云原生技术中的 Serverless 为例，图 1-8 所示为 Serverless 的演化，从物理机（Physical）时代、虚拟机（Virtualisation）时代、云计算（Cloud Compute）时代、容器（Container）时代到达无服务器（Serverless）时代，使用户无须关注程序运行环境、操作系统、网络配置、资源及容量，只要将精力聚焦在业务逻辑和技术上即可。

图 1-8　演化思维举例：Serverless 的演化

当然，基于架构的本质，反观我们平时接触到的架构，往往有一些典型的误区，具体体现在以下几个方面。

（1）缺乏全局架构视角。我们前文提到的数字化转型的首要切入路径是"全局战略，总体架构规划"，然而很多企业缺乏全局架构视角，认为架构仅指 IT 架构，或者更小的运维层面，其实架构涵盖企业的战略、业务、应用、技术、数据、产品、运维、部署、集成等方方面面，总体规划和全局视角非常关键。

（2）缺乏架构治理演进。架构设计不是静态的，而是动态演进的。只有不断应对变化的架构，企业才有生命力，因此企业需要借助相应的架构治理来推进架构的持续演进。这个过程也是体系化的过程，如相应的架构成熟度评估、相应的组织和决策机制、架构的设计原则和规范，以及长期的运营治理意识和机制保障是必不可少的。

（3）组织缺乏有效保障。架构需要组织的保障，一些传统企业仅仅要求 IT 部门的运维人员进行系统维护，对架构不够重视。其实，架构既需要全方面构建，也需要对应的组织保障，比如企业应设立对应的架构委员会，提升对架构的认知，同时明确对应的角色、权责，以及相关的人才培养和考核机制等，企业应更加包容和开放。

1.2.3　架构设计的基本原则

基于对架构本质的理解，关于架构设计业界有一些非常好的基本原则，比如《架构整洁之道》一书中提到的 SOLID 原则（下面各个原则的首字母）。这些虽然是面向服务设计的原则，但对于架构设计同样适用。

1）单一职责原则（Single Responsibility Principle）

基于康威定律的启示，每个模块有且只有一个被更改的理由。在架构设计过程中，特别是在抽象和封装过程中，应尽量设计得没有互相重叠（如相关的流程、服务功能），有明确的使用者和操作者，比如订单核心能力的最终修改，需要聚集在一个单独共用的模块上，这样职责清晰，也便于后续架构演进。

2）开闭原则（Open Closed Principle）

企业应对扩展开放，对修改关闭。也就是说，企业的架构要尽可能考虑扩展性，减少不必要的修改，比如企业可以采用模型的扩展、服务接口的继承、流程的编排、能力的组合等方式，通过分层和扩展解决用户不断变化的诉求，这样也有利于快速支撑业务发展。

3）里氏替换原则（Liskov Substitution Principle）

任何基类可以出现的地方，子类也可以出现，二者是"IS-A"关系，如绵羊是羊的一个种类。企业在进行架构设计时，如果有些架构是相互继承的，则要关注其中的继承关系，如从应用架构到具体部署架构的分解过程。另外，我们通常把核心的原子能力进行最小集的封装，在架构扩展设计中，任何对原子能力的扩展都需要维持原子能力的定位。

4）迪米特法则（Law of Demeter）

如果两个模块无须直接通信，就不应当发生直接相互调用，可以由第三方转发。在架构设计过程中，要尽可能减少不必要的相互调用，降低模块之间的耦合度，提高相对独立性。

5）接口隔离原则（Interface Segregation Principle）

在架构设计过程中，企业需要避免不必要的依赖，也就是最小化组件（或模块）之间的依赖度和耦合度。在架构设计中，主要要求尽量保持组件之间的耦合，这样既可以降低相互的变化影响，也可以增强组件的可复用性。架构的设计尽量不要依赖不必要的东西，比如业务架构应聚焦能力、流程，应用架构应聚焦领域、服务，技术架构应聚焦技术组件支撑等，避免修改一种架构要连带修改其他分层的架构。

6）依赖反转原则（Dependence Inversion Principle）

企业的高层策略不应该依赖底层细节，而底层细节应该依赖高层策略。比如，当设计服务的时候，下层服务不应该修改上层服务，如电商中的订单分层高于商品和促销，在订单层级可以修改商品库存、促销状态等，而反向操作是不允许的。

此外，业界还有一些比较经典的架构设计原则。

（1）正交性。架构设计要考虑全面，保持正交，职责独立，边界清晰，没有重叠。这类似于结构化思维中的 MEMC（Mutually Exclusive, Collectively Exhaustive）法则，即相互独立，完全穷尽。

（2）高内聚。同一层架构内应该是高度内聚的，就像一个不可分割的整体，否则就应该拆开。

（3）低耦合。不同层的架构间应该尽量降低耦合度，这样既可以减少相互的变化影响，也可以增强组件的可复用性。

（4）简单适用。架构并不是一成不变的，规划要全面，落地时要讲究合适原则和简单原则，应以符合当前业务发展需要为主要目标，而不是单纯为了设计架构而设计架构。

1.2.4 关于企业架构

从前文可以看出，应对数字化转型，企业需要将业务、应用、数据、技术等架构领域紧密关联，使得各领域形成一个有机整体，快速响应外部驱动、技术进步、战略调整等带来的各种变化，精确控制和协调各部分的协作，以打造敏捷性企业。因此，建立有效的机制使 IT 与业务更好地融合，进而产生更多的业务价值，提高企业核心竞争力等，成为企业亟待解决的问题，结合了战略、业务及 IT 系统的企业架构由此产生。

很多企业管理者缺乏数字化转型的指导和方法，因而往往无从下手。事实上，从企业架构入手是企业进行数字化转型的不错选择。笔者第一次接触企业架构这个概念是多年前在欧洲读研的时候，当时学习了相关的企业架构方法、建模理论、企业管理和整合管理等体系，刚学完没有体会到企业架构的作用，但在后来的工作中，特别是在阿里云做云原生解决方案架构师时发现企业架构对于整个架构设计有非常大的指导作用。企业架构有几十年的发展历史，有很多成功的案例，在各国都有较为广泛的应用，其在推进信息化建设方面可以起到很大的作用。在如今的云计算、移动互联和大数据时代，企业架构基础非常有效，如果结合先进的互联网和云原生技术，应用和实施与时俱进，并融入最新运营模式，就能助力企业数字化转型。

企业要想实现长期可持续发展，需要保证企业战略、业务、IT 的一致，而企业架构就是其中的"黏合剂"。企业架构的基本组成如图 1-9 所示。

图 1-9　企业架构的基本组成

（1）业务架构：把企业的业务战略转化成日常运作的渠道，承载了企业所从事业务的核心逻辑，涉及从战略到商业模式、价值链的转化，以及业务能力、业务流程，还包括组织结构和运营体系等。

（2）IT 架构：指导 IT 设计，是企业信息化建设的蓝图，包括应用架构、数据架构、技术架构。应用架构更多关注领域、服务和对应的功能，我们常说的应用、系统、组件等一般属于应用架构范畴；数据架构突出数据模型，包括相关的实体、属性、关系等，以及相关的数据分布和管理，数据架构强调对数据的管理和运营，如电商的"千人千面"等；技术架构是支撑整个架构体系的技术部分，涉及传统的单体架构、服务化、平台化，以及云计算中比较前沿的云原生技术架构体系，支撑系统的稳定、可靠及高性能。

1.2.5　企业架构给企业带来的好处

企业架构可以给企业带来很多好处，主要体现在以下几个方面。

1）创新

企业架构可以帮助企业实现业务的快速创新。企业架构设计可以根据市场的变化灵活地调整，以平衡 IT 效率与业务创新之间的关系，同时可以帮助企业管理创新。

2）提高效率

企业架构可以优化各个业务流程，打通各个业务流程环节，使得各流程充分协同，各部门可以安心地进行创新并合力助力企业形成市场竞争优势。

3）降低成本

在 IT 架构层面，企业架构可以避免重复建设，节约 IT 成本，并通过全局架构充分利用业务流程和人力资源，避免形成信息孤岛。

4）降低风险

企业架构是一个整体，可以帮助我们了解企业各个流程的风险，实现企业内部信息的对称，并通盘考虑和优化，避免信息不一致，从而降低风险。

5）组织协同

企业架构提供统一的沟通方式，可以保证组织的紧密协作，并通过对利益相关者之间的需求管理及显示的架构视图，让决策者缓解冲突，提高协同效率。

6）人才培养

企业架构可以帮助企业员工提高业务运营能力、增强全局意识，使其成为既懂业务又懂技术的核心战略人才，从而帮助企业培养全面的人才。

1.2.6　企业架构的基本框架

企业架构经过几十年的发展，已经形成比较系统的理论和方法体系。自 1987 年约翰·扎克曼（John Zachman）开展开创性工作以来，这个领域积累了大量的研究和实践，国内外很多专家和学者从不同角度做过探讨和分析。此外，企业架构已经形成 TOGAF、FEAF、DoDAF、Gartner 等，还有大量的咨询公司和研究机构等提出了各自的理论框架。

尽管目前企业架构的定义并没有统一标准，但可以明确的是，企业架构是企业战略和总体规划的组成部分，目的是帮助企业有效地组织资源和完成 IT 战略。企业架构要从企业整体业务战略出发，从整体运作和提升竞争力角度出发，站在全局的高度，明晰企业所处的行业、发展阶段、目标和竞争环境等，认清核心业务战略和 IT 战略，提出关键业务流程和业务逻辑，明确总体目标，并根据进一步与之匹配的 IT 架构进行多方位呈现，同时通过实施的落地项目进行架构落地，最后通过架构治理，提升日常运营及架构治理能力，完成迭代闭环。

企业架构的基本框架主要包括四个阶段，如图 1-10 所示。

1）企业战略分析

企业架构是为实现企业战略服务的。企业战略包括业务战略和 IT 战略，二者之间互相影响，环境的变化也会影响战略的制定，业务战略和 IT 战略要保持对齐。企业战略的分析需要通过需求调研，了解企业所处行业及其目标、发展阶段、战略、优势和劣势、竞争对手、信息化能力、核心竞争力，以及对应的商业模式，然后根据这些战略信息形成企业的基本组织框架、流程框架、业务逻辑框架，帮助企业找到最为紧迫的业务、信息化痛点和瓶颈问题，为后续阶段的发展奠定基础。

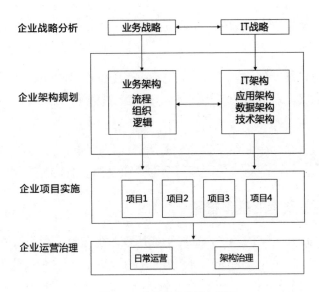

图 1-10　企业架构的基本框架

2）企业架构规划

企业架构是战略设计和数字化项目的桥梁，具有承上启下的重要作用。业务架构用来落实业务战略，包括流程、组织、逻辑等；IT架构用来落实IT战略，包括应用架构、数据架构、技术架构。业务架构和IT架构要保持对齐。

3）企业项目实施

企业项目实施承接企业架构规划，关系着企业战略是否能够落地。企业项目覆盖数字化项目，根据轻重缓急分阶段实施，包括IT项目和一些管理类项目。在企业项目实施过程中要分析各项目的前提条件、风险、投入和成效。

4）企业运营治理

日常运营是架构实施的保障，需要通过运营指标和相关机制来驱动架构的持续演进，并优化和完善架构体系。企业应通过相关决策权分布对投资、规划、预算、服务、安全、业务连续性及法律合规等进行控制和绩效度量。企业运营治理对架构演化和组织优化有重要的作用。

企业架构强调从现状到目标的整体管理过程，如果一个企业已经具备一定的架构沉淀，需要通过企业架构进行优化和迭代演进，那么很多架构理论可以提供一定的架构演进思路，其中通用的部分可以参考图1-11。

企业需要重点分析当前架构与目标架构的关系，并通过相应的业务架构、应用架构、数据架构、技术架构进行架构规划，同时通过实施治理进行架构的建设或迁徙。企业架构可以看作一种描述工具或者描述手段,对企业的业务、信息系统及它们之间的关系,通过不同的视角和维度进行描述,进而形成企业内共同的语言基础。同时,企业架构为企业提供了一个架构知识库,帮助形成可以分类管理、便于访问的企业架构资产。更重要的是,企业架构提供了一个企业数字化的系统过程,使企业内的业务需求与信息技术相结合,并提供了一套构建方法和实施准则。

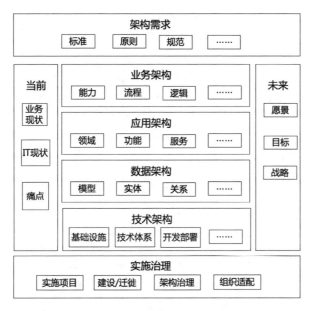

图 1-11 企业架构演进总体示意图

综合上面的分析,对企业架构我们可以有一个初步的定义:企业架构涉及整个企业,是一个系统过程,它表达了企业的关键业务、应用、数据和技术战略,以及它们对业务功能和流程的影响,是对企业多层面、多角度的规划和描述,主要包括业务架构、应用架构、数据架构和技术架构。企业架构可以帮助企业构建业务与 IT 之间共同的愿景和目标,制定一致的原则和方法,通过标准的交付物和流程来提高企业的整体运营效率,同时通过运营治理完成架构迭代和演进。

1.3 数字化云原生时代来临

企业架构可以助力企业数字化转型的规划和建设,其中企业 IT 架构是承接企业 IT 战略、对齐业务架构,以及具体 IT 项目落地的核心枢纽,让我们一起来看看企业IT架构的演进、云原生的核心技术及企业云原生架构如何助力数字化转型。

1.3.1 企业 IT 架构的演进

企业 IT 架构经过长期的发展，涉及企业整体的 IT 规划，企业 IT 架构的总体框架如图 1-12 所示，主要包括 IT 架构蓝图、IT 架构内容规划、IT 架构规范、IT 架构行业参考、IT 架构原则等，同时聚焦于企业应用架构、数据架构和技术架构。

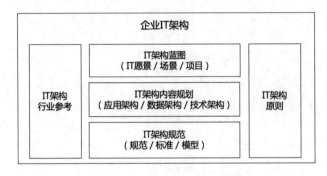

图 1-12　企业 IT 架构的总体框架

企业 IT 架构经历了几次比较大的技术演变，对企业应用、数据、技术的选型有着深远的影响。企业 IT 架构主要经历了如图 1-13 所示的集中式架构、SOA、微服务架构及云原生架构的演变，在这个过程中，伴随着分布式、服务化、互联网、云计算、大数据、人工智能等技术的变革，企业的业务和技术都得到了质的提升。

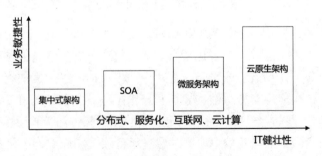

图 1-13　企业 IT 架构的技术演变

1）集中式架构

集中式架构又称单体架构，在互联网和云计算并未大规模兴起时，这个架构十分流行。进入 21 世纪以来，基于 Web 应用的 B/S 架构逐渐取代了基于桌面应用的 C/S 架构。B/S 架构的后端系统大多采用集中式架构。

2）SOA

SOA 是分布式架构的代表，阐述了对于复杂的企业 IT 系统应按照不同的、可重用的粒度划分，将功能相关的一组功能提供者组织在一起为客户提供服务，目的是解决企业内部不同 IT 资源之间无法互通而导致的信息孤岛问题。

3）微服务架构

微服务架构严格意义上讲是对 SOA 的进一步抽象总结，突出将服务划分成更细粒度的微服务。各个微服务之间是松耦合的，彼此可以独立升级、部署、扩展和重新启动，并通过标准协议和接口保持互通。

4）云原生架构

云计算改变了传统 IT 行业的消费和服务模式。云原生架构将充分发挥云计算的技术红利，最大化剥离非业务代码，并提供大量的非功能性需求，让云计算变得标准、简单高效、触手可及。

1.3.2　从集中式架构到 SOA

集中式架构分为标准的三层：数据访问层、服务层和 Web 层。数据访问层用于定义数据访问接口，实现对真实数据库的访问；服务层用于对应用业务逻辑进行处理；Web 层用于处理异常、逻辑跳转控制及页面渲染等。服务层是整个系统的核心，它既可以直接提供公开的 API，也可以通过 Web 层提供 API，同时服务层可以屏蔽底层实现细节。

集中式架构主要有业务和技术两个层面的问题。

（1）业务层面。大部分企业的信息系统并没有做到这一点——拉通信息系统，重塑组织协同，因为大部分系统都是从外部采购或者由外包公司开发的，由不同的团队进行维护，从而形成"烟囱式"系统，格式不一致，无法拉通和协同。比如，一个传统企业从外部采购了 CRM、MES、ERP、HR、OA、PLM、SCM、WMS 等系统，但是这些系统各自独立，各有各的数据库，各有各的权限管理。

（2）技术层面。随着 X86 硬件体系的成熟，很多应用抛弃昂贵、臃肿的大中型机，转向集中式架构。但随着应用规模迅速增长，集中式架构已无法无限制地提升系统的吞吐量，只能通过增加服务器的配置有限地提升系统的处理能力，但会到达垂直伸缩瓶颈。

为了解决集中式架构的问题，分布式架构应运而生。分布式系统指的是多个机器之间通过网络进行交互，从而实现一个共同的目标。利用分布式框架，一个业务可拆分为多个子业务，并部署在不同的服务器上，从而实现功能拆分、模块独立、方便扩展，进而通过集群分担压力并提高效率。在分布式架构中，当系统规模达到一定量级之后，要重点关注高性能、高可用、可扩展、成本、安全等方面。在分布式架构发展初期，诞生了很多典型的技术，如 CORBA、EJB、RPC、SOA 等。

分布式架构的典型代表是 SOA，即面向服务架构。SOA 旨在将 IT 资源整合成基于标准服务且能够重新组合的服务。SOA 强调服务化，以接口契约定义彼此的关系，以标准协议确保彼此的相互连接，通过企业服务总线（Enterprise Service Bus，ESB）实现不同系统之间不同接口的调用。

虽然 SOA 相比集中式架构有了质的改变，但还是无法支撑业务的快速创新。同时，SOA 也带来了额外的技术复杂度，如在 CAP 定理中，互联网应用往往偏向可用性而舍弃强一致性，通过最终一致性来实现。另外，ESB 的交换方式本质上并没有打通数据孤岛，数据在各个系统还是有孤立、重复的情况。

1.3.3　从 SOA 到微服务架构

2014 年，微服务概念被 Martin 提出，进而开始广泛流传。从本质上来看，微服务既是 SOA 的进阶和升级，也是 SOA 的进一步抽象总结，尝试通过更细的服务粒度来解决 SOA 带来的问题。另外，随着互联网的飞速发展，人们发现在 SOA 中常使用的传统 IOE 架构已经不能满足海量业务规模的并发要求，于是产生了 Spring Cloud、Dubbo 等微服务框架。

微服务是指将大型复杂软件应用拆分成多个简单应用，每个简单应用描述一项小业务，并进而拆分为更细粒度的微型服务，每个服务独立运行，服务之间采用 RESTful API 等轻量级通信机制。服务可以使用不同的开发语言和数据存储技术。微服务的核心是消除单点。各个微服务之间是松耦合的，可以独立升级、部署、扩展和重新启动，并通过接口契约、标准协议等保持彼此互通，从而实现频繁更新而不会对最终用户产生任何影响。

相比集中式架构，微服务架构有很多优势，如交付速度更快、故障隔离范围在更细粒度的进程级别，可用性由于服务的有效隔离粒度而更高，架构持续研究更简单、技术栈更灵活、可扩展性更强、可重用性更高、对业务的响应更快。

当然，由于服务拆分导致要维护的微服务数量增多，微服务也带来了一些弊端，如资源成本增加、运维复杂度提高、对开发人员的技能要求和对团队组织结构的要求提高。在服务治理和运维方面，微服务需要更加关注配置管理、服务发现、负载均衡、弹性扩缩容、分布式调用链路、日志监控、自愈恢复等技术细节。

1.3.4　从分布式架构到云原生架构

分布式系统带来的运维和管理成本、开发和部署周期等，促使云计算逐步普及。云计算改变了传统 IT 行业的消费和服务模式，实现了从产品向服务的转变，并通过互联网自助式方式，提高了效率和敏捷度。云计算的具体应用模式主要有 SaaS（软件即服务）、PaaS（平台即服务）及 IaaS（基础设施即服务）。如今，云计算已经是国内外互联网"大厂"的必争之地，Amazon AWS、Microsoft Azure、阿里云、腾讯云、华为云、金山云、百度云、京东云等纷纷涉足云计算。

云计算已经进入高速发展阶段，云计算是云原生等创新技术的重要载体和试验场。在数字经济浪潮中，传统行业的数字化转型，已成为云原生产业发展的强劲驱动力。笔者在阿里云做云原生解决方案架构师的时候，经常遇到客户问什么是云原生？对企业有什么好处？怎样结合云原生进行架构设计？总体而言，云原生能够帮助我们实现业务应用与基础设施的解耦，因此其被看作新一代云计算的"操作系统"。

云原生的概念由 Paul Fremantle 于 2010 年在一篇博客中提出，他的目的是构建一种符合云计算特性的标准来指导云计算应用的编写。2015 年，Matt Stine 在《迁移到云原生应用架构》中推广了云原生概念，提出了符合云原生架构的几个特征："12 要素"、微服务、自服务、基于 API 协作、抗脆弱性。2015 年，云原生计算基金会（Cloud Native Computing Foundation，CNCF）成立，其把云原生定义为容器化封装+自动化管理+面向微服务；2018 年，CNCF 对云原生的定义增加了 Service Mesh 和声明式 API。

不同的组织对云原生的定义有所不同，即使同一组织在不同时期对其定义也不同，目前云原生还没有标准定义。云原生从字面上看是 Cloud + Native，即云计算+土生土长，也就是让我们的业务"土生土长在云上"。首先，从 Cloud 的角度来理解，云本质可以看作一种提供稳定计算存储资源的对象，而云资源的一些基本属性，如虚拟化、弹性扩展、高可用等赋予了云原生"云"的含义。然后，从 Native 的角度来理解，就是需要让我们的应用在最初的时候就基于云的特点来设计，云原生应用和传统在云上运行的应用有所不同，传统业务属于"外来人口"，而在上云"落户"的过程中，并不是简单地部署到云上就万事大吉了，设计模式、架构思想、研发体系、组织文化等都需要按照云原生来进行变革。比如，云是一种分布式架构，我们的应用也要基于分布式架构，而微服务、Service Mesh 或者 Serverless 这种将服务或函数拆分成一个个模块的松耦合系统提供了这样的机制。同时，这位"土著居民"的生命周期，从设计、开发、部署到运维都应该是基于云的理念来实现的，需要容器或者 DevOps 来实现。另外，针对多种云端，云原生应用也可以进行很好的连接。

云原生技术和产品体系分为两个层面，如图 1-14 所示。其一是 Cloud Hosting 部分，即生长于云，也就是将系统和应用部署在云上，比如通过云计算的计算、存储、网络等服务，围绕基础设施的成本和性能、应用架构的稳定性、开发运维的效率等，让系统更加易于运维、成本最小化性能发挥到极致。其二是 Cloud Native 部分，即云原生技术和产品，需要基于云原生的相关技术对业务和系统进行改造，这些技术和产品包括容器服务、微服务治理、Service Mesh、Serverless、DevOps、数据库、消息、中间件等开放标准的原生产品服务，让系统更加弹性、可靠、松耦合、易于管理和观测，充分发挥云计算的优势。

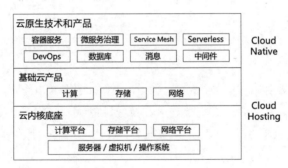

图 1-14　云原生技术和产品体系

关于云原生架构的定义，阿里云在 2020 年发布的《云原生架构白皮书》中给出了比较明确的定义：云原生架构是基于云原生技术的一组架构原则和设计模式的集合，旨在将云应用中的非业务代码部分进行最大化的剥离，从而让云设施接管应用中原有的大量非功能特性。

云原生架构可以带给 IT 架构非常多的好处，主要体现在以下几个方面。

（1）降低开发复杂度和运维工作量。云原生把三方软硬件的能力升级为服务，使得业务代码的开发人员不需要掌握复杂的分布式或者底层网络技术。比如，Serverless 和 Service Mesh 将大量分布式和服务治理的技术细节下沉，让企业更加关注业务本身，提升研发效率。

（2）提供大量非功能特性。让云原生来提供非功能特性，如高可用能力、可扩展能力、容灾能力、易用性、可测试性、安全特性等能力。

（3）自动化的软件交付。云原生采用容器等技术，通过标准的方式对软件打包，容器及相关技术可以屏蔽不同环境间的差异，进而基于容器做标准化的软件交付，提升资源利用率，提供统一的基础设施，如操作系统、容器、Kubernetes。

1.3.5　云原生的核心技术

云原生的核心技术包括容器、微服务、Serverless、Service Mesh、DevOps 等。

1）容器

作为标准化软件单元，容器将应用及其依赖项打包，使应用不再受环境限制，进而可以在不同环境间快速、可靠地运行。容器的核心技术是 Docker 和 Kubernetes。Docker 基于操作系统虚拟化技术，能够共享操作系统内核，几乎无资源损耗，并且能快速启动，提升系统的应用部署密度，同时通过 Docker 镜像解耦应用与运行环境。Kubernetes 凭借优秀的开放性、可扩展性、可移植性及活跃开发者社区，成为容器编排、分布式资源调度的事实标准，助力应用一致地运行在多种云环境中。

2）微服务

微服务也是云原生的核心技术，从云原生架构和技术演化角度，微服务经历了四代演化。第一代，自行解决上下游寻址、通信及容错等问题。第二代，引入服务注册中心来完成服务的自动注册和发现。第三代，到了 Service Mesh，微服务基础能力演化成为一个独立进程——Sidecar，其功能包括服务发现、调用容错及丰富的服务治理功能，如权重路由、流量重放等。第四代，开始尝试 Serverless，微服务进一步由一个应用简化为微逻辑，被下沉到 Sidecar 中的能力越来越丰富，如资源绑定、链路追踪、事务管理、安全等。

3）Serverless

Serverless 属于无服务器架构，让用户无须关心程序运行环境、操作系统、网络配置、资源及容量，只要将精力聚焦在业务逻辑和技术上即可。从架构抽象上看，Serverless 让技术能力更加下沉，将部署这个动作从运维中取消。Serverless 有 BaaS 和 FaaS 两种形态。BaaS 是后端即服务，如存储、数据库、中间件、大数据、AI 等领域全托管的云形态服务；FaaS 是功能即服务，它把应用逻辑拆分成多个函数，每个函数通过事件驱动的方式来触发执行。Serverless 函数编程是事件驱动方式，与传统编程方式有所不同；另外，Serverless 的成功案例、行业标准、初次访问性能、开发调试等目前还不太完善。不过，伯克利（加利福尼亚大学伯克利分校）曾大胆预言：Serverless 计算将会成为云时代默认的计算范式，将会取代 Serverful 计算模式，接入更多的支撑服务，更加安全和易用。

4）Service Mesh

Service Mesh 是在微服务架构之上发展起来的技术，目的是将微服务间的连接、安全、流量控制和可观测等通用功能下沉为平台基础设施，实现应用与平台基础设施的解耦。这样一来，开发者不用关注微服务相关治理问题，从而可以聚焦业务逻辑本身，提升应用开发效率和业务创新能力。Mesh 化架构是把中间件框架从业务进程中分离，让中间件与业务代码进一步解耦，从而使得中间件升级对业务进程不会造成影响。实施 Mesh 化架构后，大量分布式架构模式，如熔断、限流、降级、重试等都由 Mesh 进程完成，因此业务代码的制品中即使不包含这些三方软件包，也能获得更好的安全性，同时可以对流量控制、环境隔离、自动化测试等提供有力的支持。

5）DevOps

DevOps（英文 Development 和 Operations 的组合词）是一组过程、方法与系统的统称，是一种重视"软件开发人员（Dev）"和"IT 运维技术人员（Ops）"之间沟通合作的文化、运动或实践。Gartner 对 DevOps 的定义：这是一种使用敏捷方法、协作和自动化交付解决方案的业务驱动方法，为云原生提供持续交付能力。在云原生架构中，强调应用研发运维生命周期的全方位管理，包括业务需求、架构设计、开发测试、发布上线、运维保障等，突出基础设施的资源规划、系统应用的开发框架规范、代码管理规范及持续集成交付的自动化和健壮性。云原生技术极大地简化了软件部署和运维，比如容器技术和 Kubernetes 服务编排技术的结合，解决了应用部署自动化、标准化、配置化问题。微服务通过拆解服务，降低了服务间的耦合性，提高了部署灵活性。Service Mesh 让中间件的升级和应用系统的升级解耦。Serverless 具有运维自动化、按需加载、弹性伸缩、敏捷部署等特点。同时，DevOps 通过 IaC（Infrastructure as Code，基础设施即代码）、GitOps、OAM（Open Application Model，开放应用模型）等多种方式提高云原生应用生命周期的运维效率。

1.3.6 企业云原生架构助力数字化转型

数字化转型的蓬勃发展给云计算带来巨大的机会，同时促使云原生作为云计算的服务新界面进入快速发展阶段，进而赋予企业新的增长机遇。就像集装箱加速贸易全球化进程一样，云原生技术正在助力云计算普及和企业数字化转型。全面使用云计算服务和云原生技术落地系统架构的时代已经到来。作为释放云计算技术红利的新方式，云原生架构如果结合企业架构的特点，从方法和理论、工具集、技术最佳实践角度出发，重塑和升级整个企业架构，改变企业的 IT 根基，则能助力企业的数字化转型。

图 1-15 所示为云原生架构与企业架构相结合的基本框架。从图 1-15 中可以看出，整个企业架构以典型的框架为基本内容，如战略规划、规范原则、业务需求、组织结构等，从而驱动业务架构和 IT 架构。云原生架构主要对应 IT 架构部分，包括应用架构、数据架构及技术架构。而云原生 IT 架构核心与云原生技术和产品、云原生关键设计点、云原生典型技术能力、云原生技术最佳实践紧密相连，进而通过云原生架构治理完成整个闭环。其中，一些需要特别关注的设计细节如下所述。

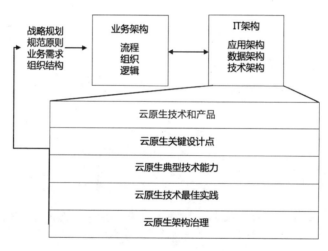

图 1-15　云原生架构与企业架构相结合的基本框架

（1）云原生技术和产品：涉及云原生特色的技术和产品，如容器、微服务、Service Mesh、Serverless、DevOps 等。

（2）云原生关键设计点：体现云原生架构设计方面的核心能力，包括服务化、可扩展性、无服务器能力、监控能力、高可用能力等。

（3）云原生典型技术能力：包括云原生典型的技术细节，如流量调度、配置管理、服务治理、日志监控、安全生产、异步通信等。

（4）云原生技术最佳实践：包括云原生特有的一些最佳实践，如高可用性、可扩展性、性能优化、容灾、秒杀、压测等。

（5）云原生架构治理：涉及架构持续演进迭代，如相关运营指标、决策权机制、组织架构优化、基于云原生的架构迭代目标、选取云原生技术、架构评审和风险控制等。

云原生架构生于云、长于云，是云计算的"下一站"，可以让开发者更加聚焦业务实现。云原生架构的未来也将更加易于操控、开放、无边界、无服务、安全。我们有理由相信，结合企业架构和云原生技术，将极大地助力企业实现数字化转型。本书的后面章节也将对相关内容逐步展开介绍，让我们继续探索数字化转型架构之道。

第 2 章

企业架构的理论

企业架构经过几十年的发展，有非常多的理论和相关实践，本章我们首先来讨论一下企业架构的基本概念，然后介绍企业架构的发展，最后重点对几个典型的企业架构框架理论展开介绍，包括 Zachman、TOGAF、FEAF、DoDAF、eTOM、ArchiMate、Gartner，并对这些理论进行综合分析，指出如今对企业架构提出的新的挑战。

2.1　企业架构的基本概念

企业架构（Enterprise Architecture，EA）经过几十年的发展，有很多专家、组织、企业、研究机构活跃在这个领域，他（它）们提出了很多理论并收获了很多相关实践。企业架构，即"企业"+"架构"，前文中我们对"架构"进行了讨论，架构的本质是对复杂性事物的管理，是对一个企业、一个公司、一个系统复杂的内部关系进行结构化、体系化的抽象，并把相关的目标和当前现状通过不同的视图进行直观展示，方便相关人员达成一致的认识，指导和驱动数字化项目落地实施。对于"企业"，TOGAF 将其定义为有着共同目标集合的组织的聚集，如企业可能是一个完整的公司、公司部门、科室，或通过连接聚集在一起的多个职能群组。从广义来看，企业既可以表示企业内一个特定领域，也可以包含相关的团队或组织。如果是集成扩展型企业，那么除了内部的业务单位，还包含伙伴、供应商和客户。

关于企业架构，我们来看看一些人员和组织给出的定义。

- 麻省理工学院：企业架构是业务流程和 IT 基础设施的组织逻辑，反映企业运营模式的集成和标准化需求。

- SearchCIO.com：企业的概念蓝图，定义了一个组织的结构和运营，企业架构的意图是确定组织如何能够最有效地实现其当前和未来的目标。

- John Zachman：企业架构是构成企业的所有关键元素及其关系的综合描述，是企业的描述性表达，以及企业创建后进行改变的基线。

- 美国的 Clinger-Cohen 法案（1996）：企业架构是一个集成的框架，用于演进或维护现存的信息技术和引入新的信息技术，来实现组织的战略目标和信息资源管理目标。

- The Open Group：企业架构主要定义所有构成企业的不同元素，以及这些元素怎样相互关联。

- Gartner：企业架构是通过创建、沟通和优化用以描述企业未来状态和发展的关键原则，以将业务愿景和战略转化为有效的企业变更的过程。

- 微软：企业架构是一种概念性工具，可以帮助组织了解自身的结构和工作方式。它提供了企业地图，并将其用于业务和技术变更的路线规划。

从以上诸多定义可以看出，企业架构并没有统一的定义，不过我们可以发现在上述定义中的一些共性，如图 2-1 所示。在传统模式中，企业从战略规划到项目实施是脱节的，没有经过顶层思考和有效的架构规划，而企业架构作为战略和项目的桥梁，从企业的整体战略规划出发，将业务战略和 IT 战略通过企业架构进行呈现，通过业务架构明确企业关键业务流程和逻辑，进一步明确与之匹配的 IT 架构，进而分解为应用架构、数据架构、技术架构，并通过数字化转型项目实施交付，进而进行运营治理，通过持续迭代反向推动战略规划，完成闭环。

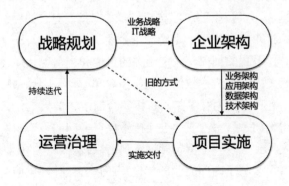

图 2-1 企业架构与战略规划、项目实施、运营治理之间的关系

企业架构可以帮助企业解决数字化转型中的许多问题，如业务创新、降本增效、风险控制、组织协同、技术升级等。2017 年，麦肯锡与亨利商学院开展了一项关于企业架构影响的调查，调查结果显示，使用企业架构的企业比没有使用企业架构的企业，数字化转型成功率高 62%、IT 复杂度降低 67%、成本节约 47%、产品推向市场快 34%、稳定性提高 26%。企业可以基于企业架构的指导，优化业务运营模式，落实企业战略，改进业务流程，使企业运转更加高效。企业架构可以使企业在同一语义、语境下协同开展跨领域合作。数字化转型的难点并不在于理论、方法、工具等，而在于整个企业结合相关方法，内部多方协同，进而通过项目落地，最终达到企业整体战略目标的过程。

企业架构也让企业越来越重视 IT，使得优质的 IT 系统成为企业的核心竞争力之一。IT 部门不是企业的成本中心，而是为驱动业务部门而存在的。IT 系统以企业架构为依据和指导，把控信息系统的设计方案落地，保证整体工程的统一、规范、有序开展。项目组内部通过统一语言、统一过程，保证行为和内容的一致性，并优化组织架构，推进整体企业架构的治理和演进，提高 IT 投资回报，减少 IT 项目和系统的风险。在技术方面，IT 系统通过分布式、服务化、互联网、大数据等技术，提升整体服务的效率。

2.2　企业架构的发展

2.2.1　企业架构的演进

企业架构的历史可以溯源到 20 世纪 70 年代，当时美国军方启动了 C4ISR 计划，目的是建设一个大而全的系统来管理通信指挥作战的所有资源，将美国军事指挥重大战略决策及指挥员对下属部队实施指挥控制管理时所用的设备、器材、程序等资源都关联起来。但那时候并未形成体系化的架构理论，经过多场战争的磨砺，这个系统逐步成熟，形成的理论在 2003 年发展成 DoDAF，即美国国防部体系架构框架。

1987 年，当时在 IBM 工作的 John Zachman 发表了著名的论文《信息系统架构框架》，首次提出了“信息系统架构框架”的概念。这篇论文中并没有明确提出企业架构这个概念，但其提出了一个企业信息系统的构成所需要的全部元素及它们之间的关系。这篇论文在业界被奉为企业架构框架理论的开山之作，John Zachman 因此被称为“企业架构框架理论之父”。

企业架构的概念其实是美国政府机构提出来的。1996 年，美国颁布的
Clinger-Cohen 法案要求美国政府用企业架构来改善各联邦政府获取和管理信息技
术的方式。1999 年 9 月，美国联邦政府 CIO（首席信息官）委员会发布了联邦企
业架构框架（FEAF），来指导联邦机构之间的公共业务流程、技术引入、信息流
和系统投资。2002 年 2 月，美国政府管理和预算办公室（OMB）基于 FEAF 开发
了联邦企业架构（FEA），提出了五层参考模型，在联邦机构程序内和跨机构程序
间，通过跨部门的分析找到重复的投资及相互的差距，助力联邦政府范围内的互
操作、协同、交互。

随后，企业架构的理念很快得到了各个咨询公司和研究机构的认可。最早对
企业架构进行研究的研究机构是 Meta Group，它于 2000 年发表了《企业架构案头
参考》，提供了一个经过验证的关于企业架构实施的方法论。微软、IBM、惠普等
厂商也纷纷加入，希望应用企业架构来定位自身产品和服务。2005 年，Gartner
将 Meta Group 收购，进而提出了 Gartner 架构框架。

此外，其他行业也在探索企业架构。比如，eTOM 已经成为服务供应商企业
架构运营管理的工业标准；BIZBOK 提供了一种通用的业务架构分析领域的方法；
CBM（中国生物医学文献数据库）通过对 IBM 和多个咨询公司方法论进行总结，
提出了针对企业架构中组件业务模型的分析方法；ArchiMate 聚焦于领域建模角
度，起源于荷兰，得到了荷兰政府及各工业院校的支持。

随着政府、企业、咨询公司、研究机构及各行业厂商的不断加入，企业架构
的理念越来越受关注，这期间出现了一些研究团体和标准框架。目前，影响最大
的企业架构框架理论是由 The Open Group 提出的 TOGAF。TOGAF 的发展经历了
漫长的过程，The Open Group 于 1993 年开始应客户的要求制定企业架构的标准，
于 1995 年在美国国防部的许可下，基于 TAFIM（Technical Architecture Framework
for Information Management，信息管理技术架构框架）发布了第一版 TOGAF，发
展至今已经到了 TOGAF 9.2。各国际主流厂商也在积极推动 TOGAF 的普及，如
SAP、IBM、惠普、Oracle、金蝶等。

2.2.2 相关法律法规的推动

企业架构在欧美国家应用得比较广泛，有一部分原因是相关法律法规的推动。

- 美国 Clinger-Cohen 法案：用以改善美国联邦政府获取和管理信息技术的方
  式，并要求美国相关机构使用正式的企业架构流程。

- 美国 Sarbanes-Oxley 法案（美国公众公司会计改革和投资者保护法案，2002）：企业必须用企业架构管控企业，提供内部控制评估的证明，包括将与信息技术相关的控制过程记录在案。

这些法律法规是企业架构推广的强大驱动力。从企业架构的产生、发展和推广过程来看，企业架构是经济和社会发展到一定阶段的必然产物。随着经济全球化的发展及我国综合实力的不断增强，可以预计，企业架构结合先进的互联网、云原生等技术在我国企业中的应用前景十分广阔。

2.3　企业架构框架理论

企业架构经过几十年的发展，形成了许多架构框架理论，这里我们重点介绍其中比较典型的 Zachman、TOGAF、FEAF、DoDAF、eTOM、ArchiMate、Gartner 等。

2.3.1　Zachman

Zachman 框架理论被 John Zachman 于 1987 年提出，在业界享有盛誉。Zachman 框架是一种用于企业描述表示的二维分类方案，它由包含 36 个单元格的矩阵构成，每个单元格都关注企业的某个特定方面。

1）框架内容

表格中的每一行代表在信息系统构建过程中所涉及的不同干系人在描述信息系统时所采用的视角（见图 2-2）。

	数据 （What）	功能 （How）	网络 （Where）	人员 （Who）	时间 （When）	动机 （Why）
范围/ 规划师视图	业务对象列表	业务过程列表	业务场所列表	重要组织列表	重大事件列表	企业目标和 战略列表
业务模型/ 所有者视图	概念数据模型	业务过程模型	业务物流模型	工作流模型	控制时序	企业计划
系统模型/ 设计师视图	逻辑数据模型	应用体系结构	系统地理分布 结构	人机交互结构	过程结构	业务规则模型
技术模型/ 建造者视图	物理数据模型	系统设计	技术体系结构	表现结构	控制结构	规则设计
详细表述/ 分包者视图	数据库定义	程序	网络结构	安全结构	时序定义	规则说明
产品/ 运行中的企业	数据	功能	网络	人员	日程	策略

图 2-2　Zachman 框架

- 范围/规划师（Planner）：包括整个信息系统描述所处的环境上下文、内外部的各种约束，以及系统支持的业务范围，规划系统在功能和成本等方面的整体性要求。

- 业务模型/所有者（Owner）：有关最终产品的概念视图，反映最终产品的使用特性，描述业务实体和各实体之间的关系。具有此视角的干系人包括最终产品的客户或用户。

- 系统模型/设计师（Designer）：有关最终产品的逻辑视图，提供系统功能和数据模型，反映最终产品的本质规律及逻辑约束。具有此视角的干系人包括工程师、架构师、系统设计师等。

- 技术模型/建造者（Builder）：反映在产品构建过程中现有技术的物理约束，包括系统开发的工具、技术方案和平台等。具有此视角的干系人包括软件工程师、系统实施所需的技术人员等。

- 详细表述/分包者（Sub-contractor）：为了达到生产目的而对复杂对象进行分解的详细描述，定义具体的业务需求、系统模块等，可分配给开发者开展工作。

- 产品/运行中的企业（Functioning Enterprise）：代表最终产品，是架构在客观现实中的实例体现，也就是运行中的企业本身。

表格中的每一列代表用于描述信息系统的某一个方面。

- 数据（What，什么内容）：用于表示组成事物的模型，也包括数据模型。
- 功能（How，如何工作）：用于表示功能和转换行为，如流程、功能模型等。
- 网络（Where，何处）：用于表示各组成部件的位置及它们相互之间的关系，如物流、网络模型等。
- 人员（Who，何人负责）：用于描述什么人应该做什么事，如人力模型、工作流模型等。
- 时间（When，什么时间）：用于描述事物发生的时间及不同事物之间的相对时间关系，如生命周期和时序图等。对企业来说，这部分内容就是时间、动态模型等。
- 动机（Why，为什么做）：用于表示最终结果和意义。对企业来说，这部分内容就是动机模型等。

（2）框架的含义

Zachman 框架具有以下三种含义。

- 每个架构制品只能存在于一个表格单元中。每个架构制品的定义都必须是清晰的，不应该出现在两个或两个以上的表格单元中。

- 表中所有单元都应该填充完整。每个单元都是关键的，不应该缺失。
- 表中每一列的内容需要相互关联。例如，拥有者视图的语义模型必须在设计师视图的逻辑数据模型中得到映射。

Zachman 框架从本质上来说是对企业架构描述的一种分类法，可以用来对复杂的系统进行分解，确保每个人的每个关注点都被照顾到，并确保业务需求可以被映射到技术实现上，同时技术实现可以回溯到业务需求上。这样就可以加强业务人员与信息技术人员的沟通和协同。

2.3.2　TOGAF

TOGAF（The Open Group Architecture Framework，开放组架构框架）是提供了一整套方法和工具的企业架构框架。TOGAF 是一个跨行业、开放的框架，在全世界得到了广泛的使用。它基于一个迭代的过程模型，包含企业最佳实践和可重用的架构资产。它可以帮助企业设计、评估并建立机构的正确架构，为企业提供可落地的方法体系和参考。TOGAF 在国际上已被验证，可以帮助构建企业 IT 架构，在提升业务灵活性的同时，提高信息系统应用水平。TOGAF 得到了 IBM、惠普、SAP、Oracle 等厂商的积极推动及大部分福布斯排行榜 50 强企业的应用。

TOGAF 由 The Open Group 于 1995 年发布，历经演化，2018 年发布最新版——TOGAF 9.2。The Open Group 是一个非营利性标准化组织，是一个技术中立的机构，致力于提出各种技术框架和理论结构。TOGAF 还有官方 The Open Group 的认证体系，架构师可以通过考试获得 TOGAF 企业架构师资格国际认证。TOGAF 的关键是架构开发方法（Architecture Development Method，ADM），对开发企业架构所需要执行的各个步骤及它们之间的关系进行详细的定义，以发展能够满足客户需求的企业架构。

2010 年 3 月 18 日，全球著名的市场咨询和顾问机构 IDC 公司发布了《架构企业未来——2010 企业架构中国管理者调查报告》。报告显示，中国逾七成大型企业已开始构建企业架构，TOGAF 是认知度与接受度最高的架构框架。超过一半的企业了解 TOGAF 的框架开发方法，37.5%的企业选择 TOGAF 作为其企业架构设计方法。企业在考虑框架开发方法时，最关心的几个重要因素包括：架构的技术基础是否为业务导向、是否是开放的架构、是否可以落地实施、是否有成功案例、是否有对 SOA 的支持能力。TOGAF 的优势和价值恰恰在此。

1）主要组成部分

TOGAF 主要包含以下内容。

- TOGAF 简介：介绍 TOGAF 及其核心概念、版本变化。
- ADM：TOGAF 的核心，介绍 TOGAF 具体的架构开发方法。
- ADM 指引和技术：介绍使用 ADM 的相关指南和技巧。
- 架构内容框架：介绍 TOGAF 的内容框架，包括元模型、可重用企业构建块、典型交付物等。
- 企业连续系列：介绍分类方法和工具，对架构活动经过进行分类和存储。
- TOGAF 参考模型：提供两个架构参考模型，即技术参考模型（Technical Reference Model，TRM）和集成信息基础设施参考模型（Integrated Information Infrastructure Reference Model，III-RM）。
- 架构能力框架：介绍企业架构的组织、流程、技术、角色、责任等。

TOGAF 各组成部分之间的关系如图 2-3 所示。图 2-3 左面的业务愿景和驱动力是输入部分，右面的业务能力是输出部分，TOGAF 将二者有效地关联起来，使得企业的业务愿景和驱动力可以结合企业架构框架和方法促进业务能力的提升，同时通过业务运营，反向给予企业反馈和新的驱动力。

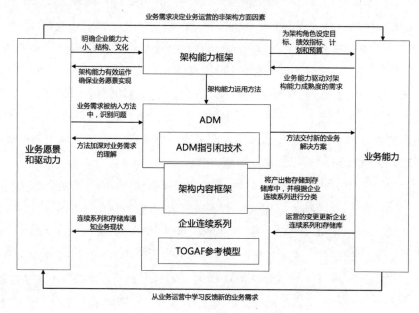

图 2-3　TOGAF 各组成部分之间的关系

图 2-3 的中间部分是 TOGAF 的核心，这部分又分为架构能力框架、ADM、企业连续系列三大部分。首先通过架构能力框架来定义架构能力，然后通过 ADM 指引和技术进行支持，最后将产生的产出物存储到存储库中，并根据企业连续系列进行分类，同时有参考模型作为参考。

架构能力框架：为了在一个企业中最大化地发挥企业架构的效能，一系列适当的组织结构、流程、技能、角色和责任等需被定义并结合起来，而架构能力框架正为组织好这些元素提供了指南。

架构能力框架主要包括以下内容。

- 架构能力建设指导：在组织内部建立一套架构能力的指导原则。
- 架构委员会指导：对建立和运作企业架构委员会的指导。
- 架构合规和契约：确保项目符合架构、契约定义和使用的指导原则。
- 架构治理的指导原则：对架构治理的框架指导原则。
- 架构成熟度模型：评估和量化企业架构成熟度的模型。
- 架构技能框架指导：对承担企业架构工作的人员进行角色、技能和规范的指导。

ADM 是 TOGAF 中最为核心的部分，提供架构开发方法，它将企业架构的建设过程划分为几个步骤，并对每个步骤的输入、输出及过程都进行了详尽的说明（见图 2-4）。ADM 可以帮助企业了解和改善现有架构，在此过程中可以进行裁剪，可以多轮迭代，也可以多个项目并行在 ADM 的不同阶段。ADM 各个阶段的内容如下所示。

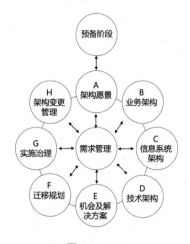

图 2-4　ADM

预备阶段：架构设计的准备过程，也是迭代的起始过程，目的是做好企业架构项目的准备，包括定义特定的架构框架、支持策略、原则等。

A．架构愿景：关注企业愿景、范围、业务驱动力等准备情况。企业需要在这个阶段定义架构项目的规模、风险承担者及架构视图，这个不是一次就能做完的，需要通过持续演进和沟通慢慢实现。

B．业务架构：创建业务架构，独立于技术，关注业务能力、流程，并进行与业务相关的架构视角分析。

C．信息系统架构：顺接业务转向 IT 的重要架构，内部再分为应用架构和数据架构，两个阶段可以串行或者并行进行。

D．技术架构：关注基础设施、中间件、数据库及一些支撑管控平台，如高可用、容灾、合规等相关技术体系。

E．机会及解决方案：聚焦实施阶段，包含对交付物的描述、对解决方案的组合和集成、对内外部供应商的确认等。

F．迁移规划：聚焦迁移规划，从基线架构过渡到目标架构，确保详细规划与架构愿景保持一致，和项目实现团队一同创建可行的实施和迁移规划。

G．实施治理：关注实施的架构性监管，定义约束及架构契约，需监控每个项目和解决方案是否遵循架构规划，在合规性上不能妥协，追求长期愿景。

H．架构变更管理：关注架构的变更管理，架构变更管理的目标是确保架构能够实现其原有的业务愿景。

另外，需求管理是 ADM 中的一个特殊阶段：管理架构需求的流程，适用于 ADM 周期的所有阶段。需求管理过程是一个动态的过程，需要关注企业需求的识别、存储，并与企业 ADM 其他阶段的输出与输入产生互动，是 ADM 过程的核心驱动。

ADM 为开发企业架构的每个阶段提供了详细的定义和说明，包括每个阶段的目标、活动、输入、步骤、输出、技巧和交付物等。其中，业务架构、信息系统架构、技术架构是 ADM 的核心阶段，这三个阶段决定企业架构是否成功。

企业连续系列是企业架构资源库的一种视图，它为企业中的各种架构和解决方案制品提供了一种分类和组织的方法。企业连续系列提供了结构化模型，可以存储架构资产和相应的解决方案，如模型、模式、架构描述等。企业架构资源库为企业提供了可重用的参考资料，内容可以来自企业内部或行业外部，在企业架构建设过程中所产生的交付物也会持续地在企业架构资源库中更新。这部分主要包括以下能力。

- 对企业连续系列及其目的的解释。
- 使用企业连续系列来开发企业架构。
- 对架构进行分类和分割的特征的概览。
- 通过架构存储库提供一个结构化框架的概览。

2）核心架构制品

ADM 过程各阶段涉及的核心产出物，在 TOGAF 中叫作架构制品，主要包括以下内容。

- 预备阶段：原则目录。
- 架构愿景：干系人映射矩阵、价值链图、解决方案概念图。
- 业务架构：组织/人员目录、角色目录、业务服务/功能目录、业务交互矩阵、人员/角色矩阵、业务足迹图、业务服务/信息图、功能分解图、产品生命周期图等。
- 信息系统架构（数据）：数据实体/数据组件目录、数据实体/业务功能矩阵、系统/数据矩阵、类图、数据传播图等。
- 信息系统架构（应用）：应用组合目录、接口目录、系统/组织矩阵、角色/系统矩阵、系统/功能矩阵、应用交互矩阵、应用通信图、应用和用户位置图、系统用例图等。
- 技术架构：技术标准目录、技术组合目录、系统/技术矩阵、环境和位置图、平台分解图等。
- 机会及解决方案：项目背景图、效益图。
- 需求管理：需求目录。

2.3.3　FEAF

FEAF（Federal Enterprise Architecture Framework）是美国联邦政府 CIO 委员会在 1999 年提出的"联邦企业架构框架"，是自 Clinger-Cohen 法案后第一个面向联邦企业架构的框架理论。FEAF 是一个以架构建设过程为重点的企业架构框架理论，同时提出的片段架构（Segement Architecture）的概念对于以后的 FEA 具有很大影响。

FEA 是一个商业驱动框架，可提供更加以公民为中心、注重成果和以市场为基础的服务。FEA 应用 FEAF 理论，用以简化联邦企业流程、降低成本，加强跨机构和业务线信息共享。FEA 并不是一个严格意义上的企业架构框架，而是一种企业架构的具体实例。架构内容的定义和架构过程的描述是 FEA 的核心内容，除此之外还包括企业架构评估框架（EAAF）及联邦过渡框架（FTF）。

1）企业生命周期

2001 年，CIO 委员会发布了《联邦企业架构实施指南》，用于为各个企业提供构建企业架构的指导，并且该指南介绍了将企业架构融入各个企业生命周期的方法。

在这里，企业架构过程是一个独立运行的迭代过程，而除此之外一个企业的良性发展还需要企业工程和项目管理、资金规划和投资控制过程，如图 2-5 所示。在这三个核心过程中，企业架构过程作为企业架构的构建、维护和使用的指导；资金规划和投资控制过程为企业投资的选择、控制和评估提供工具；企业工程和项目管理对企业各个实施项目进行管理。

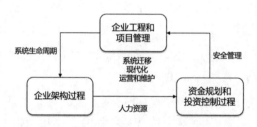

图 2-5　企业生命周期

CIO 委员会对企业架构过程的描述与 TOGAF 中的 ADM 有着相似之处，二者都采用了循环迭代的方式，并且大部分步骤都有着相似的意义和内容。CIO 委员会将企业架构过程分为九个步骤，这些步骤列举如下。

- 取得上层主管的认同和支持。
- 建立企业架构管理组织。
- 定义架构过程和方法。
- 开发基线企业架构。
- 开发目标企业架构。
- 开发序列计划。
- 使用企业架构。
- 维护企业架构。

● 控制与监督。

2）FEA 参考模型

FEA 包含一系列便于在联邦各机构中进行跨部门分析的参考模型，这些参考模型有助于在整个联邦企业范围内或在某个部门中寻找重复投资、识别差距和合作机会。FEA 参考模型形成了一套框架，通过业务和性能驱动方法，这样各部门可以用统一的方式来描述联邦企业架构的重要组成元素。FEA 参考模型序列包含以下五层参考模型（见图 2-6），各部门需要通过五层参考模型描述当前架构和目标架构，找出之间的差别，并细化到各个项目中，进而对这些项目实施管理，促进企业架构的演进。

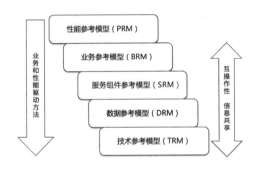

图 2-6　FEA 五层参考模型

● 性能参考模型（Performance Reference Model，PRM）：输入、输出及最终结果；定制的性能指标。

● 业务参考模型（Business Reference Model，BRM）：业务线；机构、客户与合作伙伴。

● 服务组件参考模型（Service Component Reference Model，SRM）：服务领域、服务类型；业务与服务组件。

● 数据参考模型（Data Reference Model，DRM）：主题域、超类、信息交换；数据对象、数据性质、数据展现。

● 技术参考模型（Technical Reference Model，TRM）：服务组件接口、互操作性；技术、建议。

3）FEA 实施指南

OMB 于 2007 年年底发表了《FEA 实施指南》，用以指导如何开发和利用联邦企业架构，从而改善联邦企业效能。

效能改善生命周期是一个迭代循环的过程，各部门通过结合各个实践领域，逐步实现其战略目标。这个过程分为架构阶段、投资阶段和实施阶段三个阶段，每个阶段都包含一些彼此相关的流程，整体驱动各种需求的实现，而这些需求主要来自两个方面。

- 自上而下的需求，即部门为了改善效能而主动制定的战略目标。
- 自下而上的需求，即在实际运行中产生的需求，如系统改进目标。

这其中的演进过程本身也是企业架构逐步细化的过程。企业架构一开始以部门级的信息整合体的形态出现，经过细化转变各个具体领域的片段架构，并最终体现为解决方案架构。企业架构、片段架构和解决方案架构采用不同的详细度，为各个层面的干系人提供整体视图，它们之间的关系如图 2-7 所示。片段架构更关注部门的核心任务领域、业务服务和相关企业服务；片段架构继承了企业架构所使用的框架方法，重用各种架构资产和规范标准，并根据业务领域进行扩展。解决方案架构一般限制在一个项目范围内，面向的干系人一般是系统用户及开发人员；解决方案架构受企业架构标准的约束。此外，FEA 提供了企业架构价值评测过程，针对企业架构的开发过程进行跟踪，监督企业架构中 IT 投资决策、重用度、标准达成、干系人满意度等方面的指标完成情况。

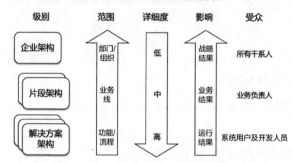

图 2-7　不同级别架构对比示意

2.3.4　DoDAF

DoDAF（Department of Defense Architecture Framework）是由美国国防部制定的架构框架理论，DoD 是美国国防部的简称。在企业架构领域，DoDAF 并没有 TOGAF 的知名度高，它主要在军队系统内应用。

DoDAF 借鉴美国国防部总体架构的基本原则，定义整个与国防有关的信息系统总体架构，目的是确保各个指挥组织、服务提供和各个部门的系统架构描述一致。DoDAF 提供解决人员、流程和技术融为一体且结构化的架构方法集，各种架构相互融合，具体应用时需要针对场景来设计具有自身特点的架构标准方法。

1）框架范围

DoDAF 的框架范围如图 2-8 所示。

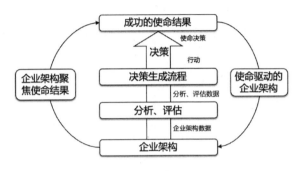

图 2-8　DoDAF 的框架范围

- 使命驱动：提供顶层架构的概念、开发指引、最佳实践和方法集合，支持指挥、管理和能力域的决策流程。
- 聚焦数据：可确保架构师通过视图和模型为决策者提供可视的数据支持，基于类似通用语言，为团队架构开发和信息交互提供指引。
- 方法和技术：适用于开发、维护、使用、分析、评估整个过程，以及相关的拼接和连接。

2）八大视图

DoDAF 框架大体上可由八大视图组成，为了保持各个视图间的一致性和整体性，DoDAF V2.0 定义了 52 个制品来展示从需求到实施的整个架构。但不是所有制品都是必需的，可以按需使用。DoDAF V2.0 八大视图如图 2-9 所示。

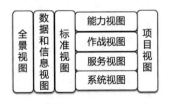

图 2-9　DoDAF V2.0　八大视图

- 全景视图（All Viewpoint，AV）：提供对整个架构描述的整体信息，如架构描述的范围与背景。

- 数据和信息视图（Data and Information Viewpoint，DIV）：体系化地描述业务需求和业务流程规则，如属性、特征和相互关系。
- 标准视图（Standards Viewpoint，StdV）：各部分或元素间组合、交互和互依赖性的最小集合，确保系统满足特定需求，包括技术标准、执行惯例、规则和标准。
- 能力视图（Capability Viewpoint，CV）：描述能力，用于实现符合企业愿景的企业目标。
- 作战视图（Operational Viewpoint，OV）：描述组织、任务或活动，以及之间交换的信息。
- 服务视图（Services Viewpoint，SvcV）：涉及与作战活动相关的支持系统、服务和互连功能。
- 系统视图（Systems Viewpoint，SV）：包括自动化系统、连通性和系统功能方面的信息。
- 项目视图（Project Viewpoint，PV）：描述项目计划、投资组合计划，每个项目交付相应的系统或功能。

3）实施方法

DoDAF 的实施方法包括六个步骤。

（1）确定架构用途。定义架构的用途及预期用途，确定架构开发中使用的方法、所需的数据类别，以及通过客户满意度等指标来衡量过程。

（2）确定架构的范围。确定架构的范围，范围定义了边界，这些边界建立了架构描述的深度和广度，建立了架构的问题集，助力定义架构的上下文，并定义架构所需的细节信息。

（3）确定数据需求。选择数据实体与属性，保持架构的一致性。数据类型包括业务行为规则、需要完成的活动、指挥关系、任务列表等。

（4）进行架构设计。对所有数据进行组织分类，并关联到架构存储库中，输入和编辑现有体系结构模型，以备后续分析和重用。

（5）对架构进行分析。对架构进行静态和动态分析，包括试验及进行相关的测试，以确定架构数据的有效性。

（6）生成架构成果文件。生成基于基本数据查询的体系架构产品描述，其描述应当与既定模型保持一致，具有可重用性且能被共享，并进行最终架构成果文件归档。

2.3.5　eTOM

eTOM（enhanced Telecom Operations Map，增强的电信运营图）是 TOM（Telecom Operation Map）的计算机化、企业战略化提升，主要包含对电信运营企业架构的规范描述。

目前，TOM 已经成为服务供应商运营管理的工业标准，但其只包含运营管理过程，而没有覆盖整个企业的业务流程。eTOM 是基于 TOM 发展而来的，把 TOM 扩展到企业构架层面，包含业务运营、企业管理流程、市场营销流程、客户保留流程等，帮助企业理解与客户服务管理相关联的端到端处理过程。

eTOM 是一种业务流程模型或框架，其作为电信运营业务流程向导的蓝图，从业务视图来描述需求，对业务流程进行分析，进而经过系统分析与设计，形成解决方案，最终通过一致性测试，然后投入实际运行。eTOM 模型图把战略流程管理从运营流程中分离出来，形成两个部分：一部分为战略、基础设施和产品功能流程组，另一部分为运营功能流程组。

eTOM 业务流程模型分为多个视图层次，图 2-10 所示为其 Level 1 视图，Level 1 视图主要包括以下三个部分。

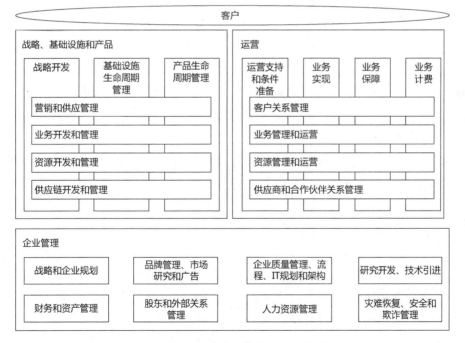

图 2-10　eTOM 业务流程模型（Level 1 视图）

- 战略、基础设施和产品过程：指导运营过程，包括战略开发、基础设施生命周期管理、产品生命周期管理。
- 运营过程：eTOM 的核心，包括运营支持和条件准备、业务实现、业务保障、业务计费，以及相应的准备过程和销售管理过程。
- 企业管理过程：强调企业层面的过程目标，包括所必需的基本业务过程，与企业中的其他过程形成交互。

除了这三个主要的部分，eTOM 又被分为四个层次。

- 市场、产品和客户关系管理：包括销售和渠道管理、营销管理、产品和定价管理、客户关系管理、问题处理、SLA（服务等级协议）管理、计费等。
- 服务管理：包括业务的开发和配置、业务问题管理和质量分析、业务使用量的计费等。
- 资源管理：企业基础设施的开发和管理，无论这些设施是为产品提供支持还是为企业本身提供支持。
- 供应商和合作伙伴关系管理：包括支持产品和基础设施的供应链管理，以及其他供应商和合作伙伴之间日常运营的管理。

eTOM 的目的是通用性，因此它通常独立于组织和业务，强调业务驱动、以客户为中心。eTOM 支持两种不同的视图来细化和分组业务过程。

- 垂直的过程分组：描述端到端的业务过程，如整个计费流程所涉及的过程。
- 水平的过程分组：描述面向功能的过程，如管理供应链所涉及的过程。

2.3.6　ArchiMate

ArchiMate 是一种整合多种架构的可视化业务分析模型，属于企业架构描述语言。ArchiMate 从业务、应用和技术三个层次，物件、行为和主体三个方面，以及产品、组织、流程、资讯、资料、应用、技术等多个领域来进行描述。ArchiMate 是 The Open Group 发布的企业级标准，可以作为 TOGAF 的图形建模工具。

1）与 TOGAF 的关系

ArchiMate 起源于荷兰，一开始聚焦于领域建模角度，在建设过程中得到了荷兰政府及各工业院校的支持。2008 年，ArchiMate 的主导权被转移到 The Open Group 的手中，目前已发展到 ArchiMate 3.1 版本。相对于 ArchiMate 1.0 版本，ArchiMate 3.1 版本不仅在多个方面对原来的内容进行了修订，并将 ArchiMate 与其手中的 TOGAF 标准进行了很好的整合，使 ArchiMate 可以在企业业务、信息系统和技术层面进行描述，并提供了一定的对迁移与实现的扩展性。图 2-11 所示为 TOGAF 与 ArchiMate 之间的结合关系。

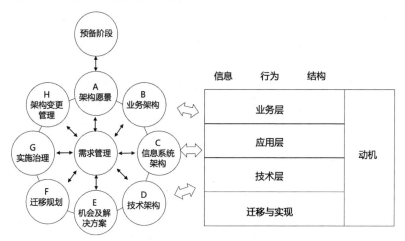

图 2-11　TOGAF 与 ArchiMate 之间的结合关系

2）架构概念与分层

ArchiMate 的基础是 IEEE 1471 标准，该标准定义了用于描述系统架构的基本概念及其之间的关系，为系统的定义、分析和描述提供了理论基础。图 2-12 所示为 ArchiMate 的基本概念及其之间的关系。

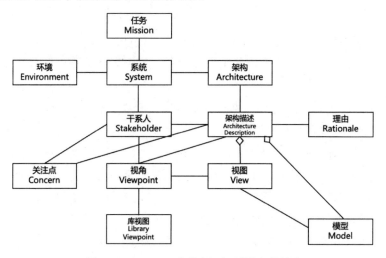

图 2-12　ArchiMate 的基本概念及其之间的关系

为了做好不同层次概念的平衡，ArchiMate 也对概念进行了分层，分为通用概念、企业架构概念、领域或企业特有概念。层次从上到下概念越来越专业，层次从下到上概念越来越通用，方便沉淀和复用。

2.3.7 Gartner

Gartner 在企业架构建设领域中积累了大量实践经验，它以此为基础对外提供关于企业架构方面的各种最佳实践。严格来讲，Gartner 不算企业架构框架理论，因为它不提供企业架构的内容和建设方法。因此，如果企业要借助 Gartner 的力量来建设企业架构，一般需要购买咨询服务，或者参考 Gartner 提供的实例自行建设企业架构。

虽然没有高度抽象且规范化的通用方法论，但是 Gartner 关于企业架构有着自己的理念。Gartner 将企业架构看作动态的过程，并且认为企业架构建设的起点应该是企业的发展目标，而不仅是当前现状。一个成功的企业架构应该能将业务和技术联系起来，提供统一的针对企业发展方向的愿景规划。

2.4 企业架构框架理论综合分析

前文对各个企业架构框架理论进行了介绍，下面我们来综合分析一下这几个理论的特点。

Zachman 历史悠久，影响广泛，对企业架构交付物进行了分类。它提供了一种通用的架构建设方法，有着非常重要的意义。但严格来讲，Zachman 并没有明确提出企业架构的概念，它提出的主要是企业架构描述的一种内容分类法。另外，Zachman 虽然描述了企业架构的内容，但缺乏对架构开发过程的描述。Zachman 更像静态画面，缺乏企业架构治理和动态演化。同时，Zachman 缺乏判别标准，即没有高成熟度框架可以参考。

TOGAF 相对于其他框架理论，具有更加标准、更加通用的特点，TOGAF 提出的是一套经过高度抽象的方法论，包括从企业愿景到具体的业务架构、IT 架构，进而到项目实施等全生命周期，不依赖于任何一个具体的组织形式。企业均可对 TOGAF 进行裁剪或与其他框架进行整合。因此，TOGAF 得到了广泛的应用，也是业界十分流行的企业架构框架。但 TOGAF 偏理论框架，对结果的保证程度和业务联系不紧密，同时在云计算、互联网时代，其针对企业的快速变化应用得还比较有限。

FEAF 多应用于政府，FEA 为美国联邦政府提供电子政务顶层设计。FEA 更像一种基于 FEAF 的最佳实践。FEA 既含有针对架构内容的分类法，又具备架构过程描述，还包括用于评估架构的方法，所以 FEA 更加具备企业架构框架的特性，特别是其中的片段架构。不过，FEAF 较少被企业使用。

DoDAF 主要应用于美国国防部，目的是在架构和信息化建设方面，提高部队的指挥效能，其主要在军队方面应用较多，DoDAF 对企业架构的影响虽然不如 Zachman 和 TOGAF 那么大，但其也推动了现在学术界比较热门的关于"System of Systems"（分散系统）理论的研究，DoDAF 对企业架构也有着重要的借鉴价值。

eTOM 主要应用于服务供应商，是运营管理领域的工业标准。严格来讲，eTOM 是一种业务流程模型框架，是业务模型策略的一部分。eTOM 提供了顶层的企业流程模型参考，但并没有全面涵盖 IT 架构、技术架构及相关的开发过程，同时缺乏整体的架构治理演进方面的指导。

ArchiMate 是一种整合多种架构的可视化业务分析模型，属于企业架构描述语言，提供了具有参考价值的各层架构的元数据模型，也提出了分层架构的概念。不过其在国内应用得比较少。

Gartner 没有提供企业架构内容分类，也不提供相应的建设方法，严格来讲，Gartner 不是一种企业架构框架理论。Gartner 主要提供一套企业架构模型和相关的实际案例，需要企业进行购买咨询服务或者自行借鉴。

此外，对于一个架构框架理论的分析，我们还可以从多维度综合分析，如下面这些维度。

- 分类法完整度（Taxonomy Completeness）。
- 过程完整度（Process Completeness）。
- 参考模型指南（Reference Model Guidance）。
- 实践指南（Practice Guidance）。
- 成熟度模型（Maturity Model）。
- 业务关注度（Business Focus）。
- 治理指南（Governance Guidance）。
- 划分指南（Partitioning Guidance）。
- 视角目录（Perspective Catalog）。
- 厂商无关度（Vendor Neutrality）。

- 信息易获取性（Information Availability）。
- 价值获取效率（Time to Value）。

2.4.1 理论共性分析

Zachman、TOGAF、FEAF、DoDAF、eTOM、ArchiMate、Gartner 等架构框架理论虽然各有不同和侧重，不过总体上殊途同归，都是从企业实际的角度出发，指导企业创建符合自身特点的企业架构。下面我们来看一下它们的一些相似之处。

1）从企业顶层视图出发

几乎所有的企业架构框架理论都从企业顶层视图出发，对企业的管理范围按从大到小进行分析，从整体企业的价值链到企业战略、规划、需求，到架构规划，再到项目落地实施，基本都强调企业架构生命周期，在每次迭代循环中，都强调对目标、范围和相关干系人的识别，同时形成对当前和目标架构的描述，并分析差距、找出区别，最后分析整体的效果。

2）业务与技术结合

不同的企业架构框架理论都是希望建立更易于被业务理解的视图，并成为构建 IT 系统的桥梁。很多企业在进行信息化建设时，常常以技术为主导，把关注点放在当前问题的 IT 实现上，缺乏全局思考，与业务脱节，导致上线的新系统往往无法对业务提供有效的支持，无法适应快速变化的需求；同时造成系统重复建设和系统"烟囱式"林立的情况。在数字化时代，业务即 IT，IT 即业务，我们不能独立看业务与 IT。在外部环境迅速变化、内部环境日益复杂的情况下，一个完备而科学的企业架构对企业来说极为重要。

3）企业架构的结构化指导

几乎所有的企业架构框架理论都包含创建和维护企业架构的过程、企业架构的内容描述，以及对应的建设过程、方法及指导原则。另外，它们还提供相关的对于架构产出物的管理，如相关的描述工具、知识库和信息资源库。不同企业架构框架基本都包含业务架构、应用架构、数据架构、技术架构。这些架构的细节在不同的理论中不尽相同，但都是从不同干系人的视角来对其具体内容进行归纳和分类的。

4）企业高层及组织的意义

企业架构包含业务到信息系统的各个方面，涉及企业内大多数人，因此其需要企业高层的推动。企业高层决定着企业的发展战略，而企业架构将这些战略在各层中贯彻，通过数字化技术加以实施。此外，企业也需要相应的组织适配，如 IT 部门组织架构的转型、人才绩效和激励等，需要与其他企业管理过程一起协同合作，从而保障企业的良性发展。

5）迭代循环与长期演进

企业架构是一个循环演进的过程，在演进过程中需要适当的治理，以保证每一次演进都是在有序、受控的环境下进行。在企业架构的开发过程中，企业可以通过构建自己的企业架构成熟度来对整体状态进行评估，使得企业架构作为多种利益相关者间、系统间、人与系统间无障碍沟通的桥梁。

2.4.2　数字化时代面临的挑战

在数字化时代，企业面临业务和技术的多重挑战。企业架构框架相关理论对数字化有非常重要的借鉴意义，但是企业不能盲目崇拜和过分依赖，需要在实践中注意以下几点。

（1）切勿生搬硬套。没有哪个企业架构框架适用于所有企业，虽然都有成功案例，但并不意味着每个企业都可以完全照搬，抛弃自己的真实需求和业务特色。企业需要根据自身情况选择合适的框架，并进行裁剪、补充、完善，形成自己的特色，与时俱进，借助框架进行企业架构的开发。

（2）灵活适配。很多企业架构框架理论之所以在国内企业中应用得不是很多，主要是因为它们的体系过于庞大和臃肿，有一定的门槛，这就要求企业找准业务的切入点，从业务分析和实际需求入手，着眼于业务价值的迭代实现，小步迭代、敏捷发展，逐步建立整体的企业架构体系。

（3）与时俱进。敏捷适配需要 IT 架构的变革，需要与时俱进。当前，云计算的"下一站"是云原生，通过拥抱云原生技术，构建敏捷、高效的企业 IT 架构体系是企业数字化转型弯道超车的捷径。这就需要企业结合具体业务场景及云原生技术，灵活应用相关理论，打造业界领先的企业架构。

第 3 章

企业架构方法论

企业架构的核心是方法体系。本章从方法论引入,进而讨论企业架构方法论的内容,包括企业战略计划、企业架构规划、项目实施管理、架构运营治理等;接着讨论企业架构中核心的四大架构,即业务架构、应用架构、数据架构、技术架构,以及它们之间的关系,与数字化、云原生的关系;同时给出一些企业架构的实施参考。

3.1　企业架构方法论概述

3.1.1　什么是方法论

笔者在与很多企业探讨数字化转型的架构设计过程中,以及在关于企业内的架构理论的讨论中,经常会提到"方法论"这个概念。百度百科对方法论的定义:方法论,就是关于人们认识世界、改造世界的方法的理论。方法论,即"方法"+"论",首先,它是解决某种问题领域的方法的方法,这个方法更加体系化、全面化,并且有足够的通用性和普适性,如前文提到的 Zachman、TOGAF 等框架理论;其次,它是对事物讨论、分析、总结的过程,除了照搬公式,更重要的是讨论的过程,是可以基于此指导具体参考、可适配和实践的,如设计模式、最佳实践等。一个好的方法论要对解决问题的方法高度总结和提炼,探讨问题的本质,通过体系化地分析问题,重复讨论内部各种因素的关系和矛盾,并通过相关的指引可以适配到具体子问题领域。这么看，方法论既抽象又具体。

方法论需要参考架构的思维模式，如抽象思维、分层思维、多维思维和演化思维。此外，我们可以通过以下三种策略模式来进行分析。

- 自上而下：总体规划，分步实施。这是一种演绎的方式，经过从宏观上把握顶层方向，洞察客户背后的本质需求，定义问题，分析问题，然后将具体问题分解为子系统工程实施。
- 自下而上：由点到面，步步为营。这是一种归纳的方式，通过用例堆积，分类归纳，逐步扩大范围，在实践中通过试点工程，场景聚焦，积累经验，由个性形成共性，全面推广。
- 上下结合：将自上而下的演绎分解和自下而上的试点规划相结合。这是笔者十分推荐的一种方式，自上而下关注战略层面，从全局出发，从业务痛点和诉求出发，高屋建瓴；而自下而上关注战术层面，从具体的试点工程进行落地验证，反复迭代并优化整个过程。这是一个动态的过程，两个步骤相辅相成，可以交替或者同时进行。

3.1.2　企业架构方法论的内容

企业架构对企业数字化转型具有重要意义，这里给出一个对于企业架构的参考定义。

根据前文可知，企业架构涉及整个企业，是一个系统过程，是对企业多层面、多角度地规划和描述，包括企业的关键业务、应用、数据和技术战略，以及对业务功能和流程的影响。企业架构主要包括业务架构、应用架构、数据架构和技术架构。

从中我们可以看出，企业架构可以帮助企业分析业务与技术的相互影响，使企业采取适当的行动，帮助企业建立快速响应变化的能力。企业架构可以系统地描述、分析、改变企业的结构和组成，从而达到企业战略目标。在构建企业架构的方法论时，我们需要结合经典的企业架构框架及先进的云原生技术。这里给出企业架构方法论参考，主要包括四个部分，如图 3-1 所示。

1）企业战略计划

数字化转型要为实现企业战略服务。企业战略进一步可以分解为业务战略和 IT 战略，二者之间互相影响。根据这些战略的分析和设计，形成企业战略计划，包括企业的基本组织框架、流程框架、业务逻辑框架，帮助企业找到最为紧迫的业务和信息化痛点、瓶颈问题，并将企业战略计划作为指导企业架构和数字化项目的重要顶层指导方针。

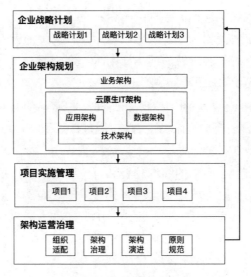

图 3-1 企业架构方法论

2）企业架构规划

企业架构是连接企业战略计划和数字化项目的桥梁，有承上启下的重要作用。业务架构用来落实业务战略，包括业务能力、业务流程、业务逻辑等。云原生 IT 架构用来落实 IT 战略，包括应用架构、数据架构、技术架构。业务架构和云原生 IT 架构要保持对齐。应用架构涉及对应业务的领域分析、功能识别、服务分析等，包括相关的应用、产品、系统和组件等的规划和设计；数据架构突出数据模型，相关的实体、属性、关系等，以及相关的数据分布和管理，还包括与大数据相关的数据分析和运营；技术架构是支撑整个架构体系的技术部分，包括技术选型、技术体系、研发体系、运维体系等，并以云原生技术架构为指引，支撑整个架构的快速、敏捷、稳定和高效。

3）项目实施管理

项目实施管理承接企业架构，关系到战略能否成功落地。依据企业架构的设计，结合战略计划，分解出若干数字化项目。数字化项目还可以进一步分为管理咨询类项目和数字化转型 IT 项目，并根据项目的轻重缓急分阶段实施。在项目实施过程中，要分析各项目实施的前提条件、风险、投入和成效，采用先进的软件工程和项目管理方法，如最小可行性产品（Minimum Viable Product，MVP）理念、敏捷开发、DevOps、持续交付等，最终实现企业战略和企业架构的落地。

4）架构运营治理

日常运营是架构实施的保障，企业需要通过运营指标和相关机制来驱动架构的持续演进，并优化和完善架构体系。架构运营治理需要建立治理机制，构建架构成熟度模型和评估机制、架构委员会管理机制、架构原则规范制约机制等。此外，企业还需要指导企业组织适配，包括相关数字化的能力框架、绩效激励、人员培养，并且需要构建企业架构持续演进的机制，包括架构过渡、架构扩展、持续演进和运营管理。架构运营治理既是整个战略计划和企业架构的重要保障，也是企业架构动态化的体现。

虽然各个部分的内容不尽相同，但企业架构遵循以下基本的指导思想。

- 识别并定义高层的策略、目标及驱动力。
- 创建针对架构的高层的期望和战略计划。
- 细化战略计划，在业务、数据、应用和技术等层面进行详细描述。
- 对当前架构和目标架构进行差距分析。
- 将差距分析转化为解决方案，进而形成项目规划。
- 应用云原生等先进技术实施并管理这些架构项目。
- 在所有过程中监控内外部环境的变化，通过日常运营和架构治理将变化反馈到架构建设过程中。

3.1.3　各部分的关系

企业架构中各部分的干系人及其关注点如图 3-2 所示。企业架构向上衔接企业战略，向下连接数字化项目。企业高层关注企业战略，部门经理关注业务架构，IT 架构师关注云原生 IT 架构，IT 开发人员关注数字化项目，运营师和架构师等关注架构的运营治理。

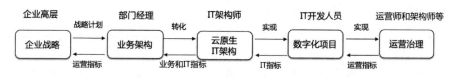

图 3-2　企业架构中各部分的干系人及其关注点

从运营治理的视角来看，各个层次需要通过数字化运营及相关指标来驱动。

举个例子，如果企业战略是营收增加 20%，那么实现该目标需要对业务架构进行改造和升级，比如增加销售渠道 20%、链路成本优化 30%、增加创新产品投入 30% 等；进而通过 IT 架构和具体的数字化项目进行转化和落地，比如经过云原生体系上云、IT 成本优化 40%、应用研发效率提升 30%、核心链路稳定性提高到 99.99%。需要注意的是，企业架构需要关注业务与 IT 之间的转化关系，这种转化通过业务架构来进行驱动。日常运作的流程、IT 系统、项目都应该在业务架构的指导下进行。如果没有业务架构而直接从企业战略到 IT 系统，就会出现运营与战略脱节、各个业务环节缺乏统一协调等问题。当然，协调好业务和 IT 的关系，让业务和 IT 协调一致，是数字化转型的关键。

企业架构中涉及很多领域和概念，覆盖企业活动的整个过程。企业架构中四种架构之间有着紧密的联系，如图 3-3 所示。

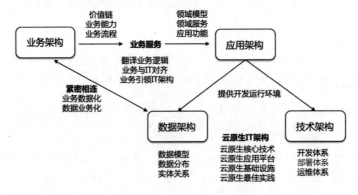

图 3-3　企业架构中四种架构之间的联系

业务架构是企业架构的基础：描述企业的价值链、业务能力、业务流程等。业务架构也涉及企业组织和治理间的结构和交互关系；同时关注内外部协作关系，描述企业如何满足客户需求，进行市场竞争，与合作伙伴合作，建立生态体系和运营模式等。业务架构是描述从战略计划到企业各部分如何运转的工具。业务架构的输入主要包括企业战略计划、愿景目标、需求痛点、商业模式等，主要输出包括业务能力、业务流程等。

应用架构是企业架构的缩影：描述对应的应用及系统的规划和设计。应用架构包括应用间的相互关系及核心流程的呈现，应用架构一般通过领域建模来识别领域模型、服务模型，核心是将业务架构的业务流程和服务翻译成人们可以看懂的应用服务和服务流程。此外，应用架构还包括系统、产品、解决方案等层面的系统级抽象。

数据架构是企业架构的核心：描述企业架构的数据模型、数据分布、数据资产之间的结构和关系。数据架构以业务架构为基础，而反过来业务又通过数据得以体现，也就是"一切业务数据化，一切数据业务化"，数据通过应用架构进行承载，应用通过数据进行关联，所以说数据架构是企业架构的核心。

技术架构是企业架构的支撑：描述技术体系，包括开发体系、部署体系、运维体系等。技术架构包括业务、数据、应用对应的软硬件能力，包括 IT 基础设施、中间件、网络、通信等。技术架构经历了从单体架构、分布式架构、微服务架构到现在的云原生架构模式，支撑整个架构的快速、敏捷、稳定和高效。

云原生 IT 架构应用先进的云原生核心技术，如容器、微服务、Service Mesh、Serverless、DevOps 等，让整体企业 IT 架构享受云原生技术红利，并提供云原生应用平台和对应的基础设施，通过相关的设计模式和技术最佳实践指导企业开展云原生上云及应用升级。

3.1.4　业务和 IT 的关系

不同类型的企业，其业务和 IT 在企业中的定位不同，促使业务和 IT 之间的关系也有比较大的区别，业务和 IT 之间的关系大体上可以分为四种模式，如图 3-4 所示。

- 模式一：传统业务推进模式。此种模式是常见的模式，企业发展由业务推动，IT 支持业务发展落地。组织形态上也体现如此，如集团、各业务线、IT 部门等。传统的零售业、制造业、鞋服业等大部分采用此种模式。
- 模式二：双战略推进模式。此种模式是业务战略和 IT 战略并进的模式，是 IT 作为核心竞争力之一的模式，突出 IT 战略对业务战略的支撑，强调 IT 和系统的能力，使 IT 成为行业竞争的优势，重视 IT。电商行业、新零售行业、金融行业等普遍采用此种模式。
- 模式三：技术竞争力模式。此种模式是企业把创新 IT 作为主要竞争力，IT 战略影响企业战略，从而影响业务架构模式。强调科技的互联网企业（如美团、百度、腾讯等）都属于这个阵营。
- 模式四：服务竞争力模式。当企业 IT 成为核心业务，并成熟稳定后，IT 能力和服务（包括产品及相关的解决方案）可以满足其他企业业务和技术的需求，成为技术服务提供模式。互联网技术公司大多采用此种模式，如阿里云、腾讯云、AWS、Azure 等。

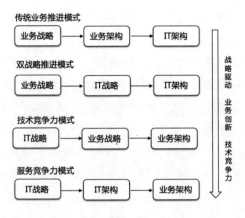

图 3-4　业务与 IT 之间的关系

目前，越来越多的企业向后两种模式进行转型，突出技术竞争力。企业高层如果不了解最新技术的发展和应用，则会错失更多的商业机会；而更好地结合业务发展和 IT，形成"双螺旋"提升，将赋予企业新的"DNA"，使得企业在数字化时代脱颖而出。此外，IT 管理者也需要积极、主动推进信息技术的应用，做好业务创新和 IT 创新的桥梁，提升在管理层中的话语权，助力企业数字化成功转型。

3.2　企业战略计划

企业战略既是企业的核心生命力，又是企业高层密切关注的企业命脉。企业战略分为业务战略和 IT 战略，二者互相影响。

- 业务战略：企业内外部的环境变化、市场机会、企业商业模式等因素影响企业的业务战略。
- IT 战略：信息化能力、备选技术、技术可行性、技术竞争力等因素影响企业的 IT 战略，同时 IT 战略服务于业务战略。

在制订企业战略计划的过程中，有以下几个关键点。

1）战略和商业模式的创新

传统企业战略关注成本、质量等，而数字化时代更关注个性化、客户体验、产品品质、时效性和便捷性，所有新的产品和商业模式以此展开，有时需要新的思考。比如，21 世纪 eBay 和淘宝的电子商务之争，处处体现了商业模式的创新：eBay 采取收费模式，淘宝推出免费模式；eBay 认为买卖双方少交流更高效，淘宝推出阿里旺旺促进买卖双方交流；eBay 让买家先付款，淘宝推出由支付宝来做担保进行交易。

2）从客户需求和体验出发

电商平台、O2O、送货到家、VR 技术等的目的都是提升客户体验，提升服务的便捷性和个性化，最大限度减少中间渠道。从客户需求和体验出发的关键在于连接能力，连接客户，连接外围，形成生态共同体。

3）组织与人才的培养

数字化需要创新型组织和人才，因此企业在制订战略计划的过程中也需要充分考虑组织适配，培养需要的数字化能力，打造数字文化，吸引和培养数字化人才。数字化时代最宝贵的是人才，发现、招募并保留数字化人才是企业数字化转型成功的关键。

3.3 企业架构规划

企业架构规划可分为八个阶段，所有阶段都围绕需求管理这个核心，需求管理过程是一个动态的过程，关注企业痛点的识别和需求的输入和输出。从生命周期和内部的迭代，这八个阶段又可分为四次迭代（见图 3-5），相关描述如下所述。

迭代一：获得战略计划。

准备阶段架构愿景：这是做好企业架构规划的准备阶段，关注企业愿景、范围、业务驱动力及准备情况评估，获得高层的承诺和支持，建立企业架构的基本框架、策略和原则等。这个阶段与业务架构设计紧密相连，可以反复进行迭代。

迭代二：企业架构设计。

阶段一，业务架构设计：创建业务架构，独立于技术，关注企业的价值链、业务能力、业务流程等，是企业架构的基础。业务架构也涉及企业组织和治理间的结构和交互关系。这个阶段也要识别业务需求，分析现状和目标之间的差距，明确业务架构和业务模型。

阶段二，企业 IT 架构设计：顺接业务转向 IT 的重要架构，内部又分为应用架构、数据架构和技术架构，明确对应的场景和模型，最终明确 IT 架构。

阶段三，应用架构设计：描述对应的应用及系统的规划和设计，包括应用间的相互关系、核心流程的呈现，应用架构也包括系统、产品、解决方案等层面的系统级抽象。

阶段四，数据架构设计：描述企业架构的数据模型、数据分布、数据资产之间的结构和关系，确定数据访问及持久化机制，最终明确数据架构。

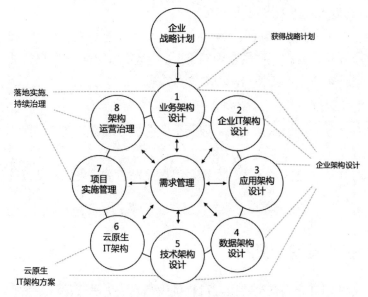

图 3-5　企业架构规划的八个阶段

　　阶段五，技术架构设计：进行技术体系设计，包括开发体系、测试体系、运维体系，以及基础设施、中间件、网络、通信等综合的企业 IT 软硬件技术架构。

　　迭代三：云原生 IT 架构方案。

　　阶段六，云原生 IT 架构：承接技术架构设计，应用先进的云原生核心技术，如容器、微服务、Service Mesh、Serverless、DevOps 等，构建云原生应用平台和对应的云原生基础设施，完成云原生数字化转型的方案。

　　迭代四：落地实施、持续治理。

　　阶段七，项目实施管理：包括架构迁移和实施管理所需的各项活动，对项目进行成本和收益分析、风险评估、制订详细的实施计划，并通过先进的敏捷开发、DevOps 等理念进行项目管理。

　　阶段八，架构运营治理：包括日常运营和架构治理的保障，建立治理机制，构建架构成熟度模型和评估机制、架构委员会管理机制、架构原则规范制约机制等，促进组织架构优化、人才能力管理，完成架构持续演进与架构资产管理。

　　每个阶段的关注点有所不同，特别是企业架构规划阶段，企业基本可以按照以下方法来创建和管理企业架构。

　　• 选择参考模型、视角和工具。

- 描述基线架构。

- 描述目标架构。

- 进行差距分析。

- 定义候选路线图。

- 解决对架构愿景的影响。

- 进行正式干系人评审。

- 架构定稿。

- 创建架构定义文件。

3.3.1　业务架构规划

企业业务类型繁多，业务架构强调从战略计划业务逻辑转化，通过对业务能力的识别和管理，优化业务流程，共同完成业务整体性蓝图。企业可以将组件化业务模型（CBM）作为业务模型化的指导，以此来整合和指导业务流程。组件化业务模型涉及以下步骤。

（1）通过战略分析与评估，将企业战略转化为具体指标及实现指标所对应的关键能力。

（2）从企业当前组织架构、业务和产品服务等角度，以目标、资源、活动、治理、服务五个维度对企业当前业务能力进行抽象，形成业务能力组件地图。

（3）分析业务组件服务，梳理当前的所有流程，形成流程和服务体系。

（4）结合战略分析，得出企业具体需要的核心业务能力组件。

（5）寻找热点业务能力组件，对业务能力组件进一步从组织、流程、IT、治理、资源等维度进行分析。

3.3.2　IT 架构规划

通过业务架构的规划，企业业务以结构化的方式定义，为结构化的企业 IT 架构的规划提供了支撑的基础。IT 架构规划如下所示。

应用架构的规划：根据领域设计来进行设计，可以分为领域、实体、值对象、领域服务、应用、应用组件、功能组件、服务等多种概念，进而完成领域的识别、服务的划分，以及服务对业务能力和流程的覆盖和映射，并通过层次化的划分（如表现层、应用层、服务层、基础设施层等进一步的分层），进一步指导应用、系统和相关功能的设计，包括接口、范围、实体的关系等，在此过程中可以借鉴和参考DDD（领域驱动设计）、服务化、微服务等相关理论知识。

数据架构的规划：要从企业的整体、长期的数据层面出发，构建企业数据的规范化、一致性、准确性和完整性，并基于此挖掘数据的价值，支撑企业数据管理和经营决策分析。在此过程中，企业要通过数据标准、数据治理、管控流程和技术工具等制定规划，并协同业务架构、应用架构、技术架构层面的数据形成统一、完整的数据标准，形成相应的数据模型、数据关系及进行对应的数据管理。

技术架构的规划：通过构建企业开发平台、运维平台来协助系统的统一管理，助力上层应用架构、数据架构的落地，结合云原生技术、容器化技术、敏捷交付、精益管理等构建开发和运维一体化的平台，并结合项目管理来推进数字化的落地实施。

3.4 项目实施管理

企业数字化项目的实施有两种策略。第一种是破釜沉舟，推倒重来。这种策略适合在企业数字化建设非常陈旧，现有系统改动非常困难，已经严重制约了业务发展，"牵一发而动全身"时采用。这种策略要求企业高层对数字化有强烈的转型动力，但此策略风险比较高，是一种破釜沉舟的做法，短期投入产出不明显。第二种是敏捷迭代。这是一种"小步快跑，步步敏捷试错"的方法，即挑选企业关键的业务痛点，进行敏捷开发迭代，步步为营。这种策略实施的风险比较小，不过对整体规划和架构演进有一定的要求。

我们在前文中介绍了数字化转型的切入路径，包括总体架构规划、以创新商业模式为出发点、设计核心业务场景和流程、利用云原生技术，以及试点项目先行，持续演进。这里的试点项目先行就是上一段中提到的第二种敏捷迭代的策略。关于敏捷迭代的项目推进方式，有一些关键理念需要考虑。

（1）围绕客户的端到端优化。企业在选择业务场景时，需要打破部门的边界，从企业架构层面为客户提供更多的价值。例如，一个电商交易流程，涉及商品、库存、支付、物流、促销、会员等。通过建立面向客户的场景，企业可以发现具有改进价值的流程和IT系统。数字化的目标是利用先进且符合企业现状的技术来改进客户体验流程，通过自主、自动、智能等手段优化原有流程。

（2）系统开发MVP理念。MVP理念非常适合项目推进，可以促使企业抓住最核心的流程，去除多余功能。比如，一个电商系统，最核心的是正向交易链路，如购物车、下单、支付环节。在信息化时代，有一些延期、超出预算的大型项目，而根据"反摩尔定律"，每 18 个月系统的价值就会降一半。数字化转型注重适度和投资回报率（ROI），项目的开发周期也要尽可能迭代进行。

（3）采用敏捷开发模式。数字化项目需要更加拥抱敏捷开发模式，如云原生倡导的持续集成演进、DevOps、GitOps 等理念。敏捷开发模式需要开展组织和运营模式的变革，需要建立敏捷的开发技术体系。特别需要注意的是，企业应提高对 IT 团队的重视程度，CIO 等企业高层应参与到关键环节，专业化、跨职能、以客户为中心，依靠实时决策、快速迭代推进项目。

另外，企业还需要考虑"双模 IT"的项目实施策略，该策略最早由 Gartner 提出，旨在"维稳"的同时"图新"。"双模 IT"要求 IT 系统将"稳态"和"敏态"相结合，特别是当企业既是传统企业，又有互联网诉求时，数字化转型要考虑将传统集中式和新型云原生分布式架构相结合，构建"稳态"和"敏态"和谐共存的新型 IT 架构。比如，传统的数据中心、ERP、财务、OA 等系统，以内部管理和稳定性为第一诉求；而电子商务、会员营销、在线交易、O2O 等更需要敏捷的 IT 环境来适应多变的市场变化和客户诉求。

下面介绍如何开展数字化项目。在数字化项目开展之前，企业需要制订详细的项目计划，将责任落实到团队和个人，并通过项目管理体系保障各项工作顺利开展。数字化项目的实施过程需要关注以下几点。

1）战略与愿景的制定

- 数字化战略：数字化项目根据企业架构的规划和指引，承接企业战略，在项目实施阶段必须明确与相关企业架构及企业战略之间的关系，并且与其他项目形成合力，这是成功的第一步。
- 转型聚焦：数字化项目是为落地服务的，它需要最终转型为价值服务，数字化需要聚焦以客户为中心的体系，聚焦客户体验，并根据客户需求持续迭代。
- 资源投入：企业需要准备数字化转型的专用资源，需要支持业务模式、流程、产品、服务的优化，新技术的研发和引入也需要人力和资金支持。

2）人才与文化的培养

- 高层支持：数字化项目的实施需要企业高层的推动，企业高层应在超前的战略视野和席位水平上建立企业强大的凝聚力和领导力。
- 文化适配：需要改善传统的商业模式、业务流程和运营方式，需要具备勇于尝试和风险承受能力，鼓励创新与协作。

- 数字化技能：需要数字化技能，企业应注重培养数字化人才，引入数字化技术和工具，也应重视相应激励措施的制定。

3）流程的改造与治理

- 变革管理：变革管理计划要丰富且落地，并且根据相应的规范原则、评估机制等提升效果转化。

- 运营治理：数字化需要企业统筹进行架构治理，需要从架构扩展、演进、迁徙的具体落地细节出发，同时需要做好运营管理，并通过新的关键绩效指标（KPI）等进行激励。此外，在数字化初期可能对企业绩效有一定的负面影响，但一旦初期取得成功，整体企业绩效就会逐步提升。

4）技术与能力的提升

- 云原生技术应用：云原生技术的引入使基础设施、应用建设、架构模式、研发模式、系统能力等得到了质的飞跃，企业需要拥抱新技术，选择适合自己的演进方向。

- 平台化、服务化：打造平台化商业模式，拥抱生态体系，将传统价值链转换为多维价值网络，打造多向连续的价值业务平台。同时，企业应拥抱服务化理念，将自身的核心服务打造成多种产品和解决方案的组合形态，如独立部署、SaaS 化等，以满足不同客户的需求。

这里，我们对前文描述的项目实施策略、理念和关键点进行小结，如图 3-6 所示。

图 3-6 项目实施的策略、理念和关键点

3.5 架构运营治理

企业架构运营治理对于企业架构的持续迭代和演进至关重要，企业架构是动

态的，需要架构治理的框架，也需要持续迭代的机制，架构运营治理框架主要包括以下几个部分（见图 3-7）。

- 架构治理框架：主要涵盖架构运营治理的机制，如架构委员会制度、架构成熟度规范、架构治理的评估和审核制度。
- 组织适配：主要涉及适配企业架构的组织架构，包括组织架构转型、对应的"权责利"的制定、人员角色和技能要求、相关绩效激励、人员培养和组织文化等。
- 原则规范：架构通过架构资产库进行沉淀，同时制定企业架构的总体原则和相关规范，以及对应的架构行业参考实践。
- 架构演进：企业架构需要持续演进，通过对应的架构过渡机制、架构扩展机制及运营治理机制，实现架构的动态演进。

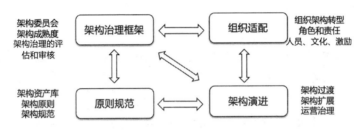

图 3-7　架构运营治理框架

架构治理是在整个企业范围级别针对管理和控制企业架构、其他架构的实践。它包括以下活动。

- 基于控制论思想，对所有架构构件和活动的创建和监控进行控制，确保组织内架构的有效引入、实施和演进。
- 实施一个组织体系，以确保能达到组织内外部标准和要求。
- 建立若干流程以支持在约定的条件下对上述流程的有效管理。
- 建立并描述影响企业架构的决策结构，包括架构委员会和相关干系人。
- 建立评估机制，定义响应的流程、标准、角色和检查点。

1）企业架构委员会

数字化转型需要一个做决策的组织，我们称之为企业架构委员会。企业架构委员会主要对运作的条例负责，其需要能够在可能发生冲突的情况下做出决策，并为采纳这些决策的后果承担责任。因此，企业架构委员会应该成为架构中所有关键利益相关者的一个代表，并且通常由一组负责审查和维护整体架构的执行人员组成。企业架构委员会的成员需要涵盖架构、业务、技术和运营等各个领域。下面列举一些可以由企业架构委员会负责并承担完全责任的事项。

- 架构及团队分工原则和指导。
- 子架构之间的一致性。
- 识别可重用的组件。
- 企业架构的灵活性，以满足业务需求并利用新技术。
- 架构原则的贯彻执行。
- 提高团队架构领域成熟度水平。
- 确保采用基于架构的开发方法体系。
- 为所有关于架构的变更提供决策的基础。
- 提供逐步升级的冲突决策机制。

2）成熟度模型

企业架构成熟度模型是一个根据各种选定因素为企业架构进行评估的有效方法。成熟度的实际水平为企业架构提供了一个能力测评及用于改善能力的指导方向。企业架构成熟度模型应该覆盖企业的各项核心特性，如业务和技术方面，并且可以根据自身情况进行修改并打造自己的特色。

有了成熟度模型及决策机制，企业就需要在架构治理过程中进行架构评估，确保 IT 开发项目与架构的一致性。一方面，企业可以对项目影响进行评估，来清楚地说明企业架构如何影响组织内的重大项目；另一方面，企业可以对架构进行评估，具体评估企业架构的适配度。

以下是一些架构成熟度模型的参考维度。

- 数字化能力：业务快速响应、组织适配、数字化运营。
- 架构规划能力：企业架构方法体系、企业架构完备度、架构资产能力。
- 过程管理能力：敏捷项目、架构治理。
- 云原生技术能力：服务治理能力、弹性扩展能力、无服务器化程度、可观测性、稳定性、自动化水平。

3）组织适配

数字化转型的一个关键是组织架构的升级，组织架构的本质是为实现企业战略目标而进行的分工与协作的安排。企业的战略商业模式体现为业务流程，而流程实施的主体是各企业组织，同时组织的形态直接影响企业架构的规划和项目的落地。另外，组织架构还受企业内外部环境、发展战略、组织规模、人才培养等多种因素的影响。

传统企业的组织架构大多属于直线型、职能型、事业部型、矩阵型、网络型。这些组织架构对内的信息流，是自下而上收集，中心决策，自上而下分解，定岗定责，层层回报。虽然理论上企业的每一个部门组织都为企业的最终战略目标贡献着部门价值，但实际上看到的更多的是每一个部门组织均从自己部门的利益和角度思考问题，部门内部的协同、协作还算顺畅，一旦涉及跨部门或组织的协同操作，则效率极其低下，出现了"部门墙"现象，导致系统"烟囱式"林立，员工排斥创新，互相推诿，不适合数字化转型。比如，产品设计部门、生产制造部门、市场营销部门各自建设了 PLM、MES、CRM 系统，在保护企业机密数据的理由下，"烟囱式"林立。

数字化的组织阵型需要充分协调架构管理团队、架构师团队、业务团队、IT团队、运营团队、系统研发团队及项目管理团队之间的分工和关系。数字化时代组织架构的特点如图 3-8 所示。

图 3-8   数字化时代组织架构的特点

- "权责利"变革：组织更加灵活，企业从组织上进行优化和变革，打通"部门墙"。通过企业架构的指引，结合项目实施，构建虚线、实线网格型组织架构，优化 KPI 绩效考核制度，以最终完成企业战略和业务目标为最终指导原则。

- 包容开放：优化资源分配、运营协同、激励导向，并通过数字化理念和文化进行导向，过程中拥抱多元观点，充分沟通和讨论，突出民主共识及包容开放。

- 迭代运营：民主共创，探索试错，分步实施，敏捷行动，并通过小范围、低成本地试点逐步推进，同时积极反思与调整。此外，企业架构需要持续运营治理，这需要企业对运营非常重视，包括对应的团队配置和人员培养。

- 赋能自驱：数字化企业架构的落地强调"多兵种一颗心一场仗"，团队上下协同作战。个人有强大的自驱力，同时充分与他人沟通，坦诚地向他人提出意见，在总体价值上达成一致，并以客户为中心，从业务场景出发，端到端地解决客户问题。

4）原则规范

企业架构需要遵循一些原则和相关规范，原则规范贯穿整个企业架构过程。架构原则是指导架构决策和流程管理的重要依据，时刻让团队思考如何更好地做好企业架构，如何更好地满足企业战略和业务诉求，如何更好地支撑业务发展。架构原则还可以分为不同的层面，如关于架构规划的原则、关于架构运营治理的原则等。架构原则的定义包括名称、声明、依据和相关的影响。一个优质的原则应该是易懂、健壮、完整、一致和稳定的。

除了在第 1 章中我们提到的 SOLID 原则及正交性、高内聚、低耦合、简单适用等，这里我们再总结一些通用的企业架构原则以作参考。

- 统筹规划、分步实施：企业架构要从总体上进行规划，要有统一的战略路线；在项目分解实施时，要根据资源、能力、环境等条件分步骤、有计划地进行。
- 顶层设计、迭代推进：需要有前瞻性、先进性和整体性的顶层设计，然后在具体实施过程中敏捷迭代，不断反馈。
- 架构先行、实施在后：企业架构的作用非常重要，需要进行总体的规划，然后实施项目。
- 业务导向、服务载体：业务是基础，企业各个交付件应以服务为载体、以标准接口交互为手段。
- 技术前瞻、实用为本：要有先进且实用的技术。技术是工具，业务需求是根本，服务应用是载体。
- 数据贯穿、一致统一：数据贯穿企业架构的各个部分，不同的架构只是表现形式不同，本质是对同一数据的一致性表达。
- 开发运维、合二为一：开发和运维要形成统一，交付的是服务而不是产品，二者要共同协调，联合推进。
- 基础抽象、共享下沉：将业务方面稳定、可靠的基础服务沉淀成共享服务，技术方面应用云原生进行技术能力下沉，如服务流量控制、可观测等。
- 充分沟通、集中治理：架构要进行充分的论证，开放思想，决策后的架构要集中治理，并且应该符合架构治理委员会的制度规定。

5）架构资产库

企业架构的最终资产需要进行有效的沉淀，构建起架构资产库，为整个企业架构提供资产沉淀，也为持续演进提供有效的基础，助力更好地协同。架构资产库的主要构件如下所示。

- 架构元模型：描述经组织裁剪的架构框架的元数据及相关应用方式。
- 架构原则规范：描述原则指导、架构实施规范参考等，指导整个架构过程。
- 架构能力：定义架构的核心能力，如业务能力、流程管理能力、服务能力等。
- 架构交付物：也叫架构制品，如架构图、架构目录、矩阵、文档等，还包括应用架构视图、业务需求工作说明书、组织架构人员责任矩阵等。
- 参考库：提供指引、模板、模式和其他行业或者特殊领域的架构参考。

6）架构演进

企业架构是一个动态过程，其中架构治理非常关键。架构治理有两个指导思想：一是尽可能重用，在已有的架构能力上扩展或针对特定领域增强，防止重复"造轮子"；二是充分沟通，清楚自己在整体架构中处于什么位置，需要如何改进，而这种沟通的基础需要建立一种运营导向机制，以相关指标作为参考。

在架构演进中，比较重要的是架构的扩展能力，体现架构的通用和开放能力，架构扩展示意图如图 3-9 所示。架构需要提供基础能力和扩展能力，需要采用一种非常灵活的方式来管理架构，从而使得企业在不同阶段可以根据自身需要对其进行裁剪和改造。底层通过最小集合定义为核心企业架构能力，并在此基础之上支持后续扩展内容的加入。除此之外，企业架构能力还可以根据自身特性，在更具深度的层次上定义若干元模型扩展，包括动机扩展、服务扩展、流程扩展、数据扩展、技术扩展、界面扩展及治理扩展等。

图 3-9　架构扩展示意图

持续演进需要充分沟通，沟通的一个重要基础是通过运营掌握数据，通过衔接 IT 架构，再到业务架构的运营、KPI 的设定，并对应业务能力和业务场景，进而满足企业的业务战略。这个过程需要进行运营团队的建设，其实很多互联网公司除了研发团队、产品团队，还有一个重要的团队就是运营团队。运营人员需要有较强的数据分析能力、团队沟通能力、运营策划能力及数字化能力。运营人员需要与业务架构师和技术架构师充分沟通，对业务架构、应用架构、数据架构、技术架构各阶段应用不同的 KPI 进行驱动，并通过数据分析进行展示，可视、可观、可测地数字化驱动整个企业架构的运行。

3.6 企业架构与数字化的关系

企业数字化是通过架构方法，利用 IT 和基础设施，实现企业战略和业务目标的过程。这个过程通过企业架构进行战略的落地，并通过具体项目进行落地实施，在此过程中企业架构对数字化有几层关键含义。

1）企业架构实现对业务逻辑的翻译

企业架构通过各种架构手段，将企业战略对应的业务逻辑翻译成现实的应用系统等，也就是映射业务逻辑。我们从业务架构中识别这些业务逻辑，从应用架构中实现这些业务逻辑，从数据架构中管理业务逻辑的数据，再从技术架构中维护和保障业务逻辑的平稳运行。业务逻辑从整体上构成了企业的业务能力，这种逻辑的转换思想也在几种架构中联系十分紧密，虽然各自有所侧重，但本质上是对业务逻辑的一致性表达。

2）业务流程和服务承载企业的业务能力

企业架构对业务能力的承载通过服务和流程来实现。企业的业务能力可以通过业务能力组件进行划分，业务能力组件又可进一步分解为业务流程，进而业务流程对应到应用层面，则是一个个服务的组合。如图 3-10 所示，应用通过服务组件的组合形成应用模块，应用模块进一步组合成子系统。这里的关键是如何进行服务的拆分和定义，流程如何进行组合。这里有很多指导原则，比如拆分到可以被有效复用，高内聚、低耦合，符合 SOLID 原则，同时可以被引用系统算法逻辑所实现；而流程的组合也应尽量结合业务能力进行组合和拆分。

3）数据衔接数字化的业务和 IT

数据是衔接业务与 IT 的纽带。业务架构承载企业的业务逻辑，而数据架构将业务逻辑中的信息状态进行记录。可以说，数据就是一切。数字化转型的核心是对数据的处理，比如有的企业建设数字化的目的就是沉淀会员数据资产，分析交易数据。需要强调的是，数据贯穿企业架构各个部分，并不仅限于数据架构，不同的架构只是侧重不同、表现形式不同，本质都是对同一数据的一致性表达，如图 3-11 所示。

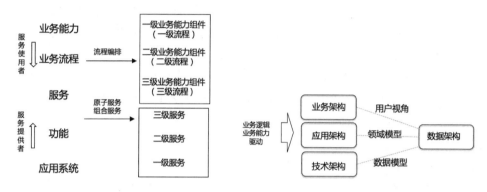

图 3-10　流程和服务承载业务能力　　　　图 3-11　企业架构的数据一致性表达

4）技术保障数字化项目成功落地

企业 IT 架构承载着 IT 战略的落地，同时是企业将技术作为核心竞争力的有力武器。通过应用先进的分布式、微服务、云原生技术，企业 IT 架构可以让企业最大化剥离业务实现中的非业务代码，从而使企业从非功能特性中释放大量的精力，降低开发复杂度和运维工作量，采用敏捷开发、自动化交付等手段，并通过组织建设、项目管理、持续迭代等加速应用上线。

3.7　企业架构与云原生的关系

随着互联网技术的高速发展，虚拟化技术、云计算等得到了发展和推进，容器化技术、敏捷交付、精益工程等也快速发展，DevOps、微服务、云原生等也渐渐被人们所知晓。云原生以应用为中心，让应用得以最大限度享受云计算的红利。企业架构也要与时俱进，在面向市场、面向用户的同时，拥抱云原生等新技术。

云原生架构将云应用中的非业务代码部分进行最大化剥离，从而让云设施接管应用中原有的大量非功能特性，使业务在不再受非功能性业务中断困扰的同时，具备轻量、敏捷、高度自动化的特点。云原生包括基于云原生技术的一组架构原则和设计模式的集合，如"12 要素"、服务化治理原则、弹性可扩展原则、服务无状态原则、可观测和监控原则、高可用稳定原则、自动化交付原则和零信任安全原则等。这里我们重点看一下企业架构与云原生之间的关系。

3.7.1　云原生与企业战略的关系

架构必须服务于企业战略，云原生架构也不例外。云原生架构和以往的架构升级不同，云原生架构不仅是技术升级，更是对企业核心业务流程的重构。企业的定位无论是建立新型的业务战略，还是通过技术创新提升企业的IT战略，技术的核心竞争力都是非常重要的，特别是对于高科技的互联网公司，事实上即使是传统企业也会从新技术中获得大量红利，达到更广泛、更高效地互动连接。在数字化转型的过程中，越来越多的企业将IT战略作为企业战略中的重要角色，促使技术赋能业务创新，CTO、CIO、CDO等岗位也体现了技术在企业战略中的重要位置。

3.7.2　云原生与业务架构的关系

业务架构将企业的业务能力通过场景、流程、服务进行管理，实现的一个重要的方式是采用编排思想，比如业务能力是一些对外流程的编排，流程是活动及服务的编排，解决方案是产品级别的编排，产品是功能层面的编排。这种编排思想在云原生架构中非常重要，比如云原生应用是对应用服务的编排、Kubernetes是对容器资源的编排、Service Mesh是对微服务的编排、IaaS是对基础资源的编排。在Kubernetes中，一切皆资源，如机器、存储、计算、服务，而这些资源的组合依赖编排。这种编排云原生"与生俱来"，对应的编排很自然地从业务能力传递到云原生的具体技术细节，并通过一些自动化的调度和协调能力，通过系统很好地固化下来。传统模式下技术赋能业务的流程比较长，比如技术选型、POC测试、试点和推广；而当大量使用云服务后，由于更快地连接和试错，以及统一平台和技术依赖的优势，让业务得以更快地试错和创新。

3.7.3　云原生与应用架构的关系

云原生通过应用平台来提供企业架构涉及的相关应用系统的快速研发和交付。云原生为应用架构提供应用生命周期的管理能力。云原生应用平台可以由多个组成部分共同完成，如CaaS（容器、Kubernetes等）、aPaaS（Service Mesh、CI/CD等）、BaaS（中间件、数据库等云托管服务）、FaaS（Serverless、Function、Trigger等）；同时，涉及维护这个应用平台必要的能力组件，如监控报警、日志诊断、配置执行、质量安全、资源管控等。云原生应用平台本质上是连接应用架构与交付落地的纽带，聚焦在如何合理设计和实现，进而顺利交付和运维。云原生应用平台将应用和运行环境解耦，避免静态环境信息，具备可观测性及自包含性，同时可以结合低代码技术，帮助企业快速完成应用的搭建。

3.7.4　云原生与数据架构的关系

数据是企业架构的核心，当然在云原生中也不例外，云原生数据管控如图 3-12 所示。比如，DaaS 提供数据分析、大数据等能力云上托管；Kubernetes 的面向终态就像一个黑盒，通过可观测的状态来判断是否达到终态，过程是否完善、是否健康。这个过程通过执行、日志、配置、状态的数据管控，达到可驱动、可记录、可控制、可观测，从而基于云原生的数据驱动方式，为数据架构提供强大的数据支撑和分析能力。

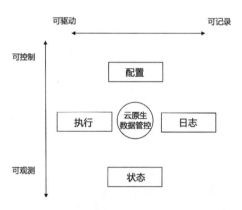

图 3-12　云原生数据管控

3.7.5　云原生与技术架构的关系

数字化业务对技术架构的主要诉求是业务连续性和业务快速上线。这些能力诉求被云原生架构转化在技术、产品、工具、流程等多个层面。云原生的核心技术包括容器、微服务、Serverless、Service Mesh、DevOps，还包括与基础设施相关的编排、监控、日志、网络，与容器和 Kubernetes 相关的 CaaS，与中间件相关的存储、消息、配置、文件，与应用 PaaS 相关的模板、编程、状态协调、开发框架，以及 BaaS、FaaS、DaaS 等其他相关领域的技术。技术层面随着这样的趋势，计算单元的粒度越来越细，模块化程度越来越高，自动化运维程度越来越高，弹性效率越来越高，故障恢复能力越来越高。相关数据显示，通过采用容器技术可以降低 30% 以上的运维支出，同时可以通过 DevOps、IaC、GitOps、OAM 等提高云原生系统的运维效率。此外，云原生也吸引了很多技术开发者，CNCF 2020 年发布的《云原生开发状态报告》显示，全球约有 470 万名云原生开发者，占全部后端开发者的 36%。

3.7.6　云原生与项目管理的关系

在云原生架构中，应用的粒度越拆越细，更多技术上的代码都下沉到底层基础设施。云原生追求的是更敏捷和更稳定的应用运行时技术。从项目的维度来看，企业需要管理好云原生不同层面的生命周期，如解决方案、产品、应用、服务、Pod 等（见图 3-13），以及支持的中间件、aPaaS、FaaS 等服务的生命周期，同时需要处理好各种配置的依赖关系。对于 DevOps、CI/CD 流程，项目管理需要清晰地定义云原生应用从研发、测试、发布、运维、运营整个交付流程，标准化定义涉及的参与角色、度量指标、成熟度模型、API 规范等，探索如何更好地进行团队合作和持续迭代。

图 3-13　云原生项目生命周期管理

此外，项目管理需要关注研发模式的变化。在传统研发模式中，开发人员需要关注各种软件开发工具包（SDK）、非功能性组件、各类运维事件。在采用云原生技术之后，大大简化了研发过程，比如通过新的语言协议或其他更友好的方式对基础设施、运维、托管等进行简化。这种简化促使项目管理需要注重代码审核、开发规范及编程文化等。

3.7.7　云原生与运营治理的关系

运营治理中强调的治理框架、成熟度模型、组织适配、原则规范、架构演技等对于云原生架构也十分重要。云原生改变了应用研发的模式，也带来了技术上的变革，促使我们需要考虑更多的运营治理的原则和方法。这里我们简要总结一下云原生架构经典的设计原则——"12 要素"原则。

（1）基准代码：一份基准代码（Codebase）、多份部署（Deploy）。

（2）依赖：显式声明依赖关系。

（3）配置：在环境中存储配置。

（4）后端服务：把后端服务当作附加资源。

（5）构建、发布、运行：严格分离构建、发布和运行。

（6）进程：以一个或多个无状态进程运行应用。

（7）端口绑定：通过端口绑定提供服务。

（8）并发：通过进程模型进行扩展。

（9）易处理：快速启动和优雅终止，最大化健壮性。

（10）开发环境与线上环境等价：尽可能保持开发、预发布、线上环境相同。

（11）日志：把日志当作事件流。

（12）管理进程：把后台管理当作一次性进程运行。

在这些原则中，一个核心的运营治理思想是应用服务治理能力与业务逻辑解耦，解除之间的绑定，通过标准化的平台、服务、应用协议，将业务和技术的耦合进行有效的分离，并通过云原生容器、微服务、Service Mesh、Serverless 等得以实现，如服务通信、服务发现、流量转移、流量熔断和限流等，还可以通过日志监控等手段进行全链路追踪。这些代码库被构建在应用程序之外，通过云原生应用平台来加以管理。

3.8　企业架构实施参考

企业架构涵盖的内容非常多，在数字化实施的过程中，企业一定要从自身的实际战略和诉求出发，不可生搬硬套。这里给出一个在实施过程中，需要建设的一些平台和系统的参考。这个参考并没有涵盖所有内容，它只是数字化转型内容的一个子集，也不是固定不变的，希望给读者提供一个总体的框架，即企业架构在落地过程中大概需要完成哪些部分的建设（见图 3-14）。

企业战略	战略计划管理平台			
业务架构	业务板块　　业务触点 业务能力　　流程编排			
应用架构	领域服务　　应用　　共享中心 产品　解决方案　开放平台			
数据架构	数据模型　　数据分析　　大数据			
技术架构	云原生应用平台 云原生基础设施 云原生技术组件　中间件　前端　安全			
集成架构	后台系统　外部系统　商业套件			
项目管理	研发平台　　测试平台　运维平台　工具体系			
运营治理	组织架构　架构治理　资产库　运营平台			

图 3-14　企业架构实施参考

从图 3-14 中可以看出，企业架构的核心包括企业战略、业务架构、应用架构、数据架构、技术架构、集成架构、项目管理、运营治理等。企业战略需要战略计划管理平台的支持；业务架构应从用户需求出发，需要关注各业务板块、业务触点，通过流程编排构建业务能力；应用架构应注重领域服务，构建出对应的应用、产品、功能、解决方案，同时包含可以复用和共享的共享中心，这种共享中心本质上是一种应用架构的体现；数据架构通过数据模型、数据分析及其他大数据技术提供数据能力；技术架构通过云原生应用平台、云原生基础设施、云原生相关的技术组件，并结合中间件、前端、安全等其他技术搭建；集成架构把企业内外部的系统进行有效集成；项目管理通过研发、测试、运维、工具进行一体化的建设；运营治理通过组织架构、资产库、运营平台等对整个架构进行持续治理。

下面我们通过一个虚拟的鞋服企业案例，来看看企业架构在数字化转型过程中架构设计的实践。假设有个上市企业 ABC，ABC 是一个传统的鞋服企业，由于新型冠状病毒肺炎疫情的影响，其面临业务和技术上的多重困难，急需通过数字化转型来打破"烟囱式"的建设方式，打通线上和线下全渠道的运营模式，达到业务的快速响应，并通过松耦合云原生平台的建设提高技术平台能力。让我们一起来帮助该企业从企业架构视角进行分析和规划。

我们可以基于企业架构的规划方法，设计出如图 3-15 所示的企业架构示意图。首先，对企业进行战略升级，以构建新零售全渠道模式为业务战略目标，以积极拥抱云原生等新技术为 IT 战略目标。然后，在业务架构层面，进行多触点业务输入，如设立直营门店、分销订货、建立 CRM 系统等，在全渠道运营过程中构建业务能力；在应用架构层面，进行多个共享应用的建设，包括渠道、商品、库存、交易、结算、会员、营销、支付，进而通过数据架构中数据中心的建设提升数据能力；在技术架构层面，使用云原生技术，如 Kubernetes、Serverless、Service Mesh、DevOps，并基于 IaaS，整合企业的后端内部系统。最后，基于企业架构的设计，ABC 建立了架构原则和理念，并沉淀和打造出了企业核心架构资产，也培养了一批既懂业务又懂技术的架构人才，其数字化转型获得了成功。这里的案例仅展示了非常基本的企业架构，后面的章节中我们还会进一步就这个案例展开详细介绍。

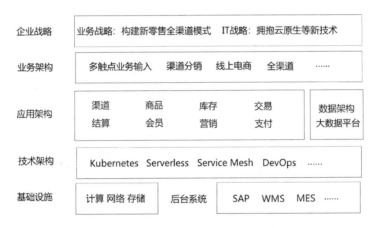

图 3-15　ABC 企业架构示意图

第 2 篇
企业架构设计

企业架构是连接企业战略计划和数字化项目的桥梁，有承上启下的至关重要作用。企业架构的核心是四大架构的设计，即业务架构、应用架构、数据架构、技术架构的设计。在本书的第 2 篇中，我们重点就四大架构的设计展开介绍，看看各自的架构本质、核心策略、设计方法、通用原则及一些相关的最佳实践。

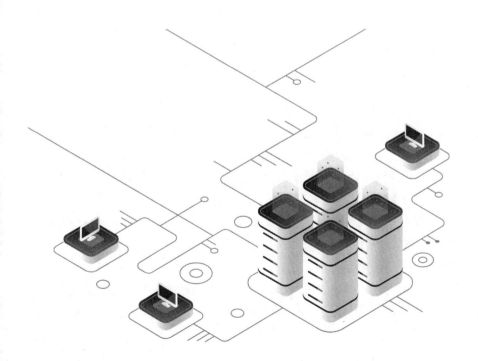

第 4 章

业务架构设计

业务架构是企业架构的基础，它在整个企业架构中扮演着至关重要的角色。业务架构是明确从企业战略计划到企业各部分如何运转的工具，其从企业的全局视角，对后续企业架构及业务运营方向提供指导。业务架构也涉及企业结构和各部分交互关系，关注内外部协作关系，描述企业如何满足客户需求、进行市场竞争、与合作伙伴合作、建立生态体系和运营模式等。本章我们主要介绍什么是业务架构，业务架构的理论参考，业务架构包括哪些主要内容，如何设计业务架构，以及一些业务架构的参考设计等。

4.1 业务架构概述

业务架构（Business Architecture）来自业务，我们先来看看什么是"业务"。在百度百科中，业务被定义为"各行业中需要处理的事务，但通常偏向指与销售有关的事务，企业最终主要以销售产品、销售服务、销售技术等为主要盈利模式。"在 TOGAF 中，业务被定义为"任何与产品和服务的售卖相关的组织行为"。可以看出，业务最终的目的是"售出产品，换取利润"，业务是为企业产生盈利的工作和经营活动，一般指面向客户销售商品。

业务架构是企业架构的基础，它是一个企业蓝图，提供一种业务层面的共识，是为支撑企业业务的目标而定义的一套运作管理体系的结构化描述，描述各级组织日常业务运作、模块化和层次化的业务能力结构，为应用架构、数据架构、技术架构提供指引。业务架构与企业战略计划直接相关，是企业战略计划转化为实际项目及日常运营的关键。

广义的业务架构与企业的业务板块和组织结构有密切的关系，既涉及企业的核心业务板块，如技术研发、生产制造、采购供应、市场销售、客服服务等纵向业务，又涉及支撑企业日常运营的运营部门和财务、人力、行政、仓储、IT 等支撑部门的横向业务（见图 4-1）。业务架构可以明确企业人员、资金、信息化、服务等企业资源如何进行部署和分配。

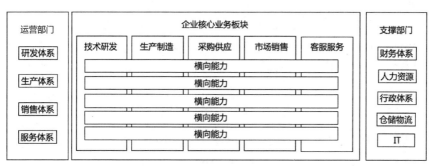

图 4-1　业务架构与业务板块

业务架构是基于企业战略计划确定企业各组织部分如何运转的机制，是从战略范畴到战术范畴的转化，是对企业战略计划和业务需求的高度总结。比如，需要开展什么业务？产品和服务的市场定位是什么？如何进行市场竞争？需要具备什么样的资源、技术等？如何与利益相关者达成一致的业务理解？这种战略的转化需要从企业的商业模式及业务价值链进行分析。

现实中，很多企业对业务架构不够重视，要么没有体系化的业务架构，要么将业务架构作为 IT 的一小部分。其实，业务架构在企业架构中承载着非常重要的作用，如果没有一个好的业务架构来准确表达企业的业务，则会对企业数字化转型效果产生很大影响。

4.2　业务架构的理论参考

业务架构是一个整体性、全局性的蓝图，涉及企业业务的方方面面。在传统的企业架构分析中，业务架构可以从一些方面进行业务的梳理和架构设计，如企业的产能（如产能、批次）、设施（是集中还是分散）、技术（是采购软件还是自己研发）、平台（如资源成本分析平台）、人力（如员工的技能）、生产安排（如库存调度）、质量体系（如质量保障体系）、组织（如组织的"权责利"）等。

在经典的 TOGAF 内容框架中，业务架构主要包括以下四个部分。

- 战略目标：可以采用综合平衡计分卡，将战略目标、KPI、绩效考核作为业务架构战略目标的载体。
- 业务组件建模：是业务架构设计的起点，将一个企业所涉及的全部业务活动进行组合，是对企业中复杂的业务流程与海量数据的业务活动进行的简化。
- 业务流程：是业务架构分析的核心，提供流程分类框架，分为战略层、运营层和支持层三大类，进而按照价值链、业务域、逻辑关系层与活动层进行逐步设计，是 TOGAF 架构的流程支撑与载体。
- 组织架构：是企业的"骨骼"，是企业的运筹体系，是实现转型的组织保障。在业务架构设计中，除了要明确企业的部门、岗位、职责，还要明确组织与业务和职能之间的关系，建立对应的矩阵。

业界有一些关于业务架构的研究理论，其中 BIZBOK 是一种通用的业务架构方法，介绍了业务架构的知识体系，由 The Open Group 进行开发和维护，在国际上有不少企业应用，不过国内企业应用得还比较少。在 BIZBOK 中，业务架构与企业的业务架构蓝图和场景相关，涉及以下内容（见图 4-2）。

业务架构基础，是业务架构的核心内容。

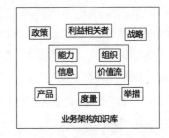

- 能力（Capabilities）：企业做什么？
- 信息（Information）：使用什么词汇？
- 组织（Organization）：企业如何组织？
- 价值流（Value Streams）：企业如何向关键利益相关者提供价值？

图 4-2　BIZBOK 业务架构知识参考

业务架构扩展信息，将为业务提供更大的洞察力。

- 战略（Strategies）：企业应如何竞争和发展？
- 政策（Policies）：什么决定了战略、投资和行动？
- 利益相关者（Stakeholders）：谁是内部和外部参与者？
- 举措（Initiatives）：如何实现目标和目的？
- 产品（Products）：为客户提供什么？
- 度量（Metrics）：业务表现如何？

4.3　业务架构的内容框架

不同的企业或理论对企业架构具体涉及的内容的设计或描述有所不同。但在企业架构的组成要素中，其中有几个非常高频，这里我们从整体企业架构的角度，聚焦较重要的几个组成部分展开分析。如图 4-3 所示，业务架构承接战略计划，并为企业 IT 架构与项目运营提供指导，是企业战略计划转化为实际项目及日常运营的渠道，业务架构包括以下核心要素。

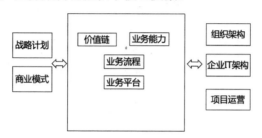

图 4-3　业务架构内容框架

- 商业模式：本质上是企业战略计划中对企业业务的商业模式的描述，回答企业用什么方式盈利，如何盈利，开展什么业务等。

- 价值链：描述企业的业务价值链条，本质上是业务流程的顶层能力和流程的体现。

- 业务能力：执行产生价值结果的活动的能力体现，过程中可能包括组件化的分析，对企业的业务进行全面、直观的反映。

- 业务流程：由一系列业务活动经过一定的逻辑方式组合起来，以实现某种业务目标的过程。

- 组织架构：与业务架构密切相关，包括业务划分、相关的职责和权利，也涉及绩效考核。

我们再通过图 4-4 来看看这些概念之间的关系。从战略角度主要回答 Why，客户需要什么，企业通过商业模式回答要做什么，战略计划是什么，并伴随着组织结构的设定。业务架构主要回答 What 的问题，通过对战略计划的分解，产生价值链，并进而分析出业务能力及业务流程，业务能力关注结果，业务流程关注过程，再结合核心的业务活动，进而产出业务架构。从架构视角来看，业务架构是企业 IT 架构的输入，领域服务、领域模型、数据模型等都是企业 IT 架构的范畴，进而从方案视角设定企业产品和解决方案。之后，通过实施视角回答 How 的问题，也就是通过项目落地实施，产出产品与服务的具体组合，进而交付给客户，同时经过治理运营进行持续的迭代优化。

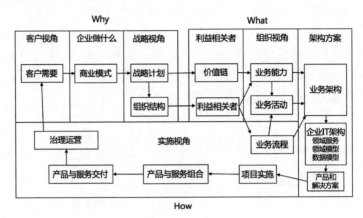

图 4-4　业务架构各元素之间的关系

4.4　业务架构的价值

业务架构可以带来以下好处。

（1）业务架构以业务战略为导向，对企业的关键业务流程、组织架构进行整体规划，明确彼此之间的关系，确保业务战略的实现。

（2）业务架构可以帮助企业界定业务的范围和边界，并确定组织中的定位分布，同时从业务视角更好地规划系统，从全局和顶层加以考虑，总体协同。

（3）业务架构为企业 IT 架构提供指引，是应用架构、数据架构、技术架构重要的参考和输入。

（4）业务架构通过对业务的梳理，促进业务流程的优化，同时促进新业务、新产品和解决方案的迭代。

（5）业务架构帮助企业干系人对齐战略思路，以客户为中心，向战术的落地项目转型，保证战略、运营、技术的衔接。

（6）业务架构从组织层面通过顶层的业务视角，加强跨业务部门的对齐和沟通，为后续项目落地实施、IT 投入提供指引。

（7）业务架构加速企业培养懂业务的人才，通过共同的业务语言、业务思维，了解企业内外部的环境，使得这些人才懂产品、懂渠道、懂客户、懂策略、懂经营，为企业的长期发展提供强大生命力。

4.5　业务架构的关键要素

4.5.1　商业模式

在几个与业务架构相关的关键要素中，我们先来看看商业模式。管理大师德鲁克曾说过："当今企业之间的竞争，不是产品之间的竞争，而是商业模式之间的竞争。"商业模式本质上是企业战略层面需要考虑的，但由于其对业务架构有着至关重要的作用，我们在此进行分析。商业模式是企业生存的"窍门"，可以帮助企业将内外部各要素整合起来，形成一个完整、高效、具有独特核心竞争力的运行系统，从而满足客户需求、实现各利益相关方价值的最大化，最终使企业持续盈利。商业模式最核心的三个组成部分是创造价值、传递价值、获取价值，三者是密切相关的环节。

- 创造价值：基于客户需求，提供价值方案。
- 传递价值：通过资源配置和相关行动来传递价值。
- 获取价值：通过一定的盈利模式来持续获取利润。

1．商业模式举例

在互联网和数字化时代，企业尝试突破传统商业模式的束缚，将生产、营销、交易、物流、支付等合为一体，打破时空的限制，并结合移动互联网、大数据、人工智能、云计算等，从根本上改变人们的消费理念和生活方式。同时，新零售也在尝试转型，如线下实体转线上发展，线上电商寻求线下突破。这里我们来看几种典型的电商商业模式。

- B2C（Business to Customer）：企业与消费者之间，是电商最普遍的模式，指商业零售，商家直接面向消费者，在线上销售自己的产品和服务。典型的例子如天猫、京东等。
- B2B（Business to Business）：企业与企业之间，也就是供应方和采购方之间通过电商作为中间运营者达成产品和服务的交易，解决供应商上游到中游的问题。典型的例子如阿里巴巴等。
- C2C（Customer to Customer）：消费者与消费者之间，针对海量商品和类目，做更加个性化的定制，形式与 B2C 比较接近，更加注重商品品质和服务。典型的例子如淘宝、微店等。
- C2M（Customer to Manufactory）：消费者与工厂直接对接，定制化生产和消费。C2M 去掉了消费者和制造商之间的品牌商、零售商，更加注重定制服务与增值服务。典型的例子如淘宝特价版、拼多多等。

- O2O（Online to Offline）：线上与线下的融合。比如，线上获取信息，引流到线下购买；在线下体验后，将消费者引流到线上下单。这是典型的新零售商业模式，如今很多传统企业在 O2O 上发力。

商业模式没有确切的行业标准，因为各个企业的经营之道不同，就新零售来说，我们可以从多种角度拆分出不同的商业模式。比如，从交易模式角度，可以分为直营、分销、寄售等；从履约链路角度，可以分为实时购、次日达等；从库存的角度，可以分为预售、共享等；从会员营销角度，可以分为优惠活动、付费会员等；从用户体验角度，可以分为直播、拼团、秒杀等。

2．商业模式分析工具

对于商业模式的分析有很多方法，各个咨询公司（如普华永道、德勤、毕马威、IBM、麦肯锡等）都进行了商业模式分析。商业模式分析是极其专业和复杂的，这里简单介绍两种商业模式分析工具。

1）魏朱六要素商业模式模型

魏朱六要素商业模式模型是比较典型的商业模式分析工具，其认为商业模式主要包括六个主要要素，如图 4-5 所示。

图 4-5　魏朱六要素商业模式模型

- 定位：应该提供什么样的产品和服务来实现客户的价值。定位是企业战略选择的结果，是商业模式分析的起点。
- 业务系统：达成定位所需要的业务环节，以及相关角色之间合作与交易的方式，业务系统是商业模式的载体。
- 关键资源能力：使业务系统运转所需要的重要资源和能力。
- 盈利模式：指企业如何赚取利润，涉及各价值链中利益相关者之间利益的分配方式。
- 现金流结构：是企业经营过程中产生的现金收入和支出的链条，反映该商业模式的投资价值。

- 企业价值：是企业的投资价值，是评判企业商业模式优劣的标准。

2）商业模式画布

商业模式画布应用得非常广泛，最初是由亚历山大·奥斯特瓦德（Alexander Osterwalder）提出的，通过商业画布的九宫格，我们可以将企业商业模式可视化，全面分析企业的商业情况。商业模式画布主要包括九个部分，如图 4-6 所示。

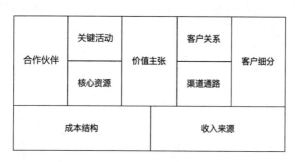

图 4-6　商业模式画布九宫格

- 价值主张：为客户提供什么产品、服务及价值，以及帮助客户解决什么问题？价值主张是企业区别于竞争对手的地方，通过各种元素提供价值，如新颖、性能、定制、把事情做好、设计、品牌、价格、成本、风险低、可达性和可用性等。

- 客户关系：与客户建立什么样的关系？客户关系包括个人协助、专属服务、自助服务、自动化服务、社区、共同创造等。

- 客户细分：目标客户群体是谁？根据客户的不同需求和属性，对客户群体进行细分，以满足所选择的客户群体的需求。客户细分群体存在不同的类型，如大众市场、利基市场（特殊需求的小众市场）、区隔化市场、多元市场等。

- 核心资源：拥有什么核心资源可以保障商业行为的执行？比如，实体资产、知识资产、人力资产、金融资产等。

- 关键活动：需要做哪些事情才能使得产品和服务能够正常运行？比如，制造产品、解决问题、构建平台和相关的服务网络。

- 渠道通路：通过什么方式将产品和服务触达客户，使得客户可以为之买单？渠道通路的思考分为五个阶段，包括认知、评估、购买、传递、售后。渠道可以分为自有渠道（如店面）、合作伙伴渠道（如分销商）、自有渠道和合作伙伴渠道的结合，同时从新零售角度还可以分为线上渠道、线下渠道及O2O渠道等。

- 合作伙伴：主要需要和哪些上游和下游企业深度合作？合作关系分为四种，即战略联盟关系、竞争合作关系、新业务合作关系、供应商和购买方关系。合作的本质是资源的互换，并从合作中共赢。

- 成本结构：在所有的商业运作过程中是否都考虑了成本？常见的成本结构类型有成本驱动和价值驱动，成本结构需要考虑固定成本、可变成本、规模经济及范围经济。

- 收入来源：业务的主要收入来源是什么？产生收入的方法有资产出售、使用收费、订阅收费、租赁收费、授权收费、经济收费、广告收费等。

举个例子，对一个手机品牌商来说，客户可能细分为年轻的大众市场、平台型和有手机周边的多元市场；价值主张是为年轻一代提供形象化、品质化差异服务；渠道主要是自有渠道和合作伙伴渠道；客户关系主要以社区粉丝运营为主；收入来源以销售手机及周边产品为主；核心资源主要是实体资源和知识产权；关键活动主要是手机生产、销售和服务；合作伙伴主要是生产和物流伙伴；成本结构主要是手机硬件、软件开发及平台费用。

4.5.2　价值链

价值链建立在商业模式的基础之上，下面我们进一步分析业务架构的价值链。价值链是由战略管理学家迈克尔·波特（Michael Porter）于1985年提出来的，"每一个企业都是在设计、生产、销售、发送和辅助其产品的过程中进行种种活动的集合体。所有这些活动可以用一个价值链来表明。"

举个例子，铅笔从原材料到最终使用，涉及木材、石墨芯的获取、加工，以及铅笔的设计、制造、销售等，这些环节都是价值链的一部分。与价值链概念相关的还有产业链、供应链、生态链，其实它们的实质是相同的。价值链用于描述从开始到结束创建企业的产品和服务所需的所有业务活动，如采购、设计、生产、销售、服务等。价值链分析为企业提供了可视化模型，以更好地分析这些活动。

价值链分析是企业分析自身为创造产品而进行的活动的一种方法，一旦对活动进行了分析，企业就可以利用结果来评估增强竞争优势的方法。企业可以通过提高效率、降低成本、提高差异化等增强竞争优势，为目标市场提供最大价值。

1. 价值链分析步骤

1）确定业务的主要活动和支持活动

各种业务相互关联的活动共同构成了价值链，包括从原材料到最终产品所需的每一个环节。具体可以参考后面的"波特价值链分析模型"。

2）分析活动的价值和成本

分析每项活动如何为客户和整个业务提供价值。

3）找到获得竞争优势的机会

完成价值分析后，查看活动的成本，确定哪些活动不具有成本效益，哪些活动可以优化。

2. 波特价值链分析模型

在价值链分析理论中，比较典型的是"波特价值链分析模型"。如图 4-7 所示，该模型主要分为两个部分：基本活动（纵向）和支持性活动（横向）。基本活动一般涉及企业各个业务端口的部门；支持性活动一般涉及企业的贡献部门。

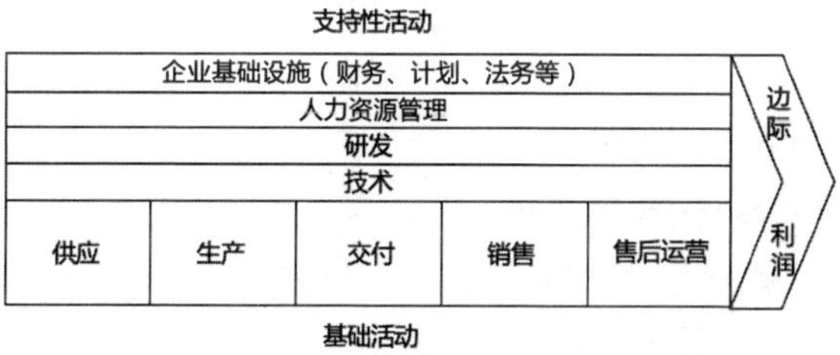

图 4-7 波特价值链分析模型

1）基本活动

- 供应：从供应商那里获得材料和资源的方式。
- 生产：资源的生产方式，最终产生产品或服务。
- 交付：完成后分发的交付过程。
- 销售：如何呈现并销售到理想的目标市场。
- 售后运营：为客户提供支持，包括对产品的售后、服务和日常运营。

2）支持性活动

- 坚实的基础设施：对财务、计划、法务等做出业务决策和有效地管理资源。
- 人力资源管理：管理员工所涉及的所有流程和系统。

- 研发：企业产品和服务的研发能力，企业的价值差异所在。

- 技术：技术体系发展有助于企业价值链创新。

在企业的核心竞争力分析方面，波特也提供了关于竞争力的"五力分析"，可以帮助企业选择竞争策略。波特五力模型在一个简单的模型中汇集了大量不同的因素来分析一个行业的基本竞争格局，主要包括以下五个部分。

- 供应商议价能力。

- 买方议价能力。

- 新进入者的威胁。

- 替代品的威胁。

- 行业内现有竞争者的竞争。

此外，在实际工作中，一些企业经常使用 SWOT 分析法来分析企业的竞争力，将与研究对象相关的内部优势和劣势、外部的机会、威胁等，通过调查列举出来，并依照矩阵排列，然后进行系统分析，从中得出一系列相应的结论。SWOT 的含义如下所示。

- S（Strengths）：优势。

- W（Weaknesses）：劣势。

- O（Opportunities）：机会。

- T（Threats）：威胁。

4.5.3　业务能力

业务能力代表企业运行其业务所需要的全部核心能力，是从业务视角为实现特定目的或结果而可能拥有或交换的特定能力或产能。

业务能力需要尽可能与商业模式和价值链对应起来。之所以说业务能力很关键，是因为它通过业务结果和价值来表达，从而确保与战略和业务的衔接，与客户旅程和战略场景的外部视角相联系，同时促使业务与 IT 保持一致。

业务能力本身比较粗粒度，可以帮助企业从不同的视角进行业务规划。在 TOGAF 中，由角色、流程、信息和工具的组合可以实现业务能力。在其他理论中，也将业务能力看作一些企业架构概念的分组，包括人、组织、功能、流程、业务服务、信息数据、应用、基础设施，同时映射到企业的项目和解决方案当中。业务能力可以提供独立于当前组织结构、业务流程、应用系统及产品或服务组合的业务视图。

在业务架构的体系当中，业务能力最为重要的是把企业业务最核心的业务功能体系化地表现出来。比如，图 4-8 所示为电商常见的业务能力示例，涉及对店铺、商品、会员营销、订单交易、物流库存、结算支付、售后服务等各方面的管理，这些管理所产生的能力就是顶层的业务能力，同时可以分解为多个下层业务能力。比如，订单交易可分解为平台订单、自营订单、第三方订单、订单寻源、订单拆分等。

店铺管理	商品管理	会员营销管理	订单交易管理	物流库存管理	结算支付管理	售后服务管理
自身店铺管理	后台类目	会员等级	平台订单	出库管理	支付管理	退货管理
经销商管理	前台类目	会员权益	自营订单	入库管理	发票管理	换货管理
组织管理	商品上架	会员标签	第三方订单	物流发货	对账管理	评价管理
	商品详情	优惠券发放	订单寻源	共享库存	库存对账	投诉管理
	商品图片	优惠券核销	订单拆分	第三方物流		
	商品价格	活动管理				

图 4-8　电商常见的业务能力示例

1）业务能力分析方法

业务能力分析方法很多，我们可以从以下方法入手。

- 自上而下：首先确定最高级别的业务能力，再将各项能力分解为更详细的子能力。这种方法需要强有力的治理和高层的支持。

- 自下而上：从业务的不同部分定义业务能力，并进行自下而上的归纳构建。这种方法比自上而下的方法耗时多。

- 上下结合：将自上而下和自下而上的方法相结合，对业务能力模型进行提炼。

无论采用何种方法，分析业务能力均涉及几个重要的信息，如商业模式、价值链、组织结构及当前的业务战略计划。企业在分析业务能力时要从多种业务维度进行，如预购从支付方式维度、次日达从时间维度、店铺红包从优惠券维度。在业务能力的构建中，企业需要注意以下事项。

- 业务能力的命名最好采用"名字+动词"的组合方式。

- 尝试 MECE 分析法，即相互独立，完全穷尽。

- 确保在堆栈中的每个级别的粒度都保持在相似的级别。

- 业务能力需要迭代和持续改进，不要浪费太多时间在每次迭代上。

- 试着在实际的项目情况下，与其他人一起对模型做检查。
- 业务能力可以为企业 IT 进行能力的梳理，但其不是解决所有问题的"灵丹妙药"。
- 业务能力重点是描述正确的事，而不是如何去做。
- 业务能力要有结果，有明确的价值，但不是具体的流程和价值流。
- 业务能力要有明确的界定能力，并且有一定层级关系。
- 业务能力相互之间要做到能力是唯一的。
- 业务能力进一步分解，体现在业务流程的活动级别。
- 业务能力的分层是能力的归组关系，并不是流程分解的关系。

业务在迭代循环中，也可以通过一些指标进行评估，构建业务能力热点映射图，相关的考虑维度可以有以下几点。

- 战略贡献。
- 有效性。
- 收入贡献。
- 成本分摊。
- 业务单元覆盖率。
- 关键性。

2）业务能力分层

业务能力具有分层，分层是在类别和层次内对业务能力进行分类和分组的过程。分层的目的是使业务能力更容易被理解。各个分层为不同的干系人提供不同的层次。例如，顶层通常代表战略执行职能，中间层通常代表业务的核心和面向客户的要素，而底层通常将那些后台内部系统能力进行分组。不同角色关注不同层次的能力。在实践中，业务能力通常被分解为三至六个业务能力级别。

从传统行业的参考模型来看，业务能力可以分为纵向和横向两个维度，如图 4-9 所示。纵向是职能层次，可分为战略规划、管理控制、操作执行三个层次；横向是业务层次，是企业创造价值的能力，涉及市场、生产、研发、行政、人力、财务、信息化等方面。

- 战略规划：企业高层管理者负责的范畴。明确战略方向，建立总体的方针和政策等。
- 管理控制：企业中层管理者负责的范畴。负责把战略落实到日常的运营当中，监督和管理相关业务和技术指标。

- 操作执行：进行具体操作的活动和执行动作，注重作业效率和处理能力，通常以任务的形式进行分解。

	市场	生产	研发	行政	人力	财务	信息化
战略规划	市场规划	生产规划	研发规划	行政规划	人力资源规划	财务规划	企业IT规划
				制度体系建设			
管理控制	营销年度计划和控制	生产年度计划和控制	研发年度计划和控制	行政年度计划和控制	组织体系年度计划和控制	财务年度计划和控制	企业IT年度计划和控制
	销售年度计划和控制	生产专项计划和控制	研发项目年度计划和控制	行政专项年度计划和控制	人力资源专项年度计划和控制	财务专项年度计划和控制	企业IT专项年度计划和控制
操作执行	销售项目管理	生产项目管理	产品研发管理	计划过程管理	组织工作	投融资管理	企业IT项目管理
	客户管理	进度管理	研发项目管理	资产管理	招聘管理	税务管理	企业IT建设项目
	产品管理	汇款管理	研发需求管理	行政和工程事务管理	培训管理	会计管理	企业IT基础设施
	合作单位管理	生产管理		采购管理	薪酬管理	固定资产管理	企业IT运维建设
	竞争对手管理	安全管理		风控管理	人事管理	资金管理	
	市场要素资源管理	外委管理		合同管理	绩效管理	成本管理	

图 4-9　业务能力分层参考

这种分层的业务能力思想在各个行业中均有广泛应用，如电商行业。图 4-10 所示为电商业务能力分层参考，横向维度关注市场、客户、商品、支付、履约、物流等，纵向维度关注支撑层面的解决方案、产品、基础能力，以及销售和服务层面的售前引导、售中使用和售后服务。

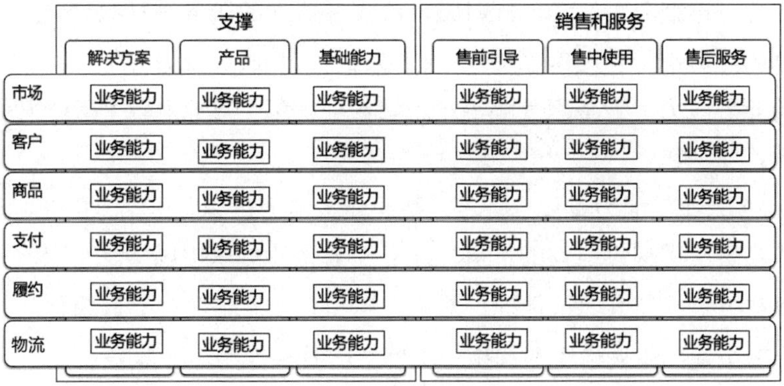

图 4-10　电商业务能力分层参考

3）业务能力增量

业务能力也有资产化的能力，需要持续迭代和沉淀，企业可以基于已有的业务能力进行进一步的优化，这就引出了"业务能力增量"的概念。在大多数情况下，业务能力增量只是改变业务能力的某些方面，而不是引入全新的功能，同时业务能力增量对应架构治理当中的过渡架构。

如图 4-11 所示，业务能力增量是业务能力的附加部分，对应过渡架构及后续的项目增量。过渡架构是当前和未来状态架构间的中间形态。业务能力增量记录实现业务或 IT 策略所需的每项业务能力的变更细节。业务能力可以分解为一个或多个能力增量。业务能力增量之间具有依赖性，可能存在先后顺序。

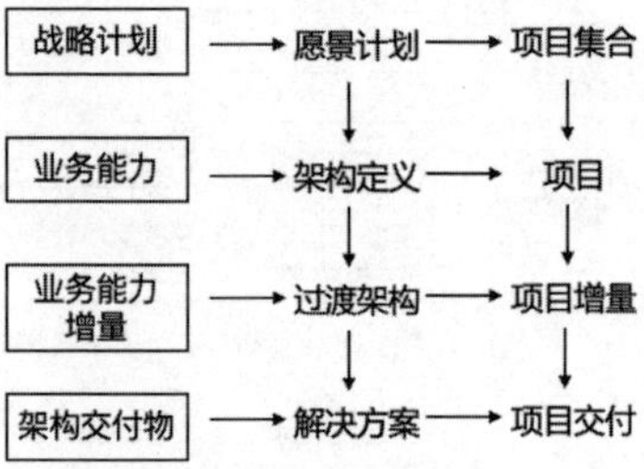

图 4-11　业务能力增量

4）业务能力组件

在业务架构中，为了进一步有效地管理业务能力，通常进行业务能力组件。业务能力组件就是把企业的产品、销售、采购、生产、财务等业务功能转变成业务模块。业务能力组件是构建专业化的业务功能模块，在一张图上就可以直观地显示出企业的业务能力。

企业可以将基于组件的建模（Component Based Modeling，CBM）作为业务能力组件的理论参考。CBM 不仅是对企业高层次的描述，还是一个内容丰富的业务模型设计工具，通过组件化的方式对企业进行分析和设计。一般来说，企业根据业务的复杂程度，会有 100～200 个业务能力组件，涵盖企业所有的业务活动。每项能力可以再细分为活动，同时结合流程及后续的服务进行组合。

最终的业务组件模型图是一个二维矩阵，纵轴代表企业的管理层级，横轴代表企业的业务能力。业务组件模型可以按照业务能力和责任级别两个维度对组件进行组织。

图 4-12 为业务能力组件示意图，按照业务能力划分各个活动并形成组件，使企业从较高层次掌握该组件的价值。业务能力组件可以由以下几个层次组成。

- 战略级别：向其他组件提供战略方向和企业策略，并促进组件间的配合。
- 管理级别：在战略级别和操作级别之间发挥作用，如监控业绩、管理例外。
- 操作级别：实际操作执行层面的业务行动，促进企业的价值实现，为最终客户使用。

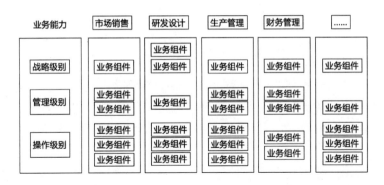

图 4-12　业务能力组件示意图

业务能力组件与业务流程不同，每个业务能力组件都可能成为一个独立的业务模块。如图 4-13 所示，每个业务能力组件包括五个维度。

- 业务目标：在组织内部存在的目的，表明该组件向其他组件提供的价值。

- 活动：为了实现业务目标，每个组件都要执行一系列相互独立的活动。

- 资源：完成活动需要的各种资源，如人员、知识、资产等。

- 管理：治理模式，通过相对独立的实体方式进行管理。

- 业务服务：每个业务能力组件都可以通过服务的方式进行交互。

图 4-13　业务能力组件的组成部分

业务能力组件的特征包括以下几点。

- 由一定的资源、技术与人员组成，具备一定的业务能力，有明确的业务目标。

- 业务能力组件之间没有明显的界限，既可以独立完成，也可以组合调用。业务能力组件是多个业务活动的聚合，通常采用松耦合的形式。

- 业务能力组件覆盖企业所有的业务活动，既可以由企业自身承担，也可以外包给其他组织。

- 业务能力组件是独立的业务模块，承担特定的职责。输入和输出要求高度标准化，业务能力组件不能直接使用其他组件内部的活动和资源，需要使用标准接口。

- 业务能力组件有自己的资源，包括 IT 资源、服务资源、数据资源、组织资源等。具体的资源分析需要通过后续架构（如应用架构、数据架构、技术架构等）进行分解和映射。

4.5.4 业务流程

1. 业务流程概述

业务流程是由一系列的业务活动经过一定的逻辑组合起来，从而实现某种业务目标的过程。业务流程是业务架构设计阶段非常重要的内容。业务流程关系到企业各类资源的利用效率，并且会映射到企业 IT 架构中的应用功能及系统集成需求的具体形态。

业务流程与商业模式、价值链密切相关，业务流程可以初步理解为价值链的进一步流程细化。业务流程与业务能力有所区别，虽然二者都是企业业务活动的组合，但二者的定位不同：业务能力是面向企业核心业务的，注重能力的体现，是对结果的考虑，不关注具体的流程分解；而业务流程聚焦在流程本身，是面向场景的，是对过程的考虑，通过流程将活动进行组合来解决某个问题，一个企业的业务流程往往是企业业务运作的关键。

业务流程涉及关键的业务活动，如销售、营销、生产、采购、服务等，以及执行这些活动的角色及其之间的交互，同时关注执行过程中的流程规范，如行业规则、专业准则和企业制度等。如果企业需要贯标 ISO9000，则需要把该标准中涉及质量的流程找出来进行对标检查，并找到差距进行优化。流程可以进一步分解为不同的层次，包括主流程及各级子流程。业务流程也是连接各业务部门的载体，端到端流程大多是跨部门或跨能力领域的，在过程中实现增值。

这里举一个通用的例子。如图 4-14 所示，在电商系统中，下单是比较标准化的流程，包括订单校验、商品信息获取、会员信息获取、优惠信息查询、价格计算、库存查询、物流方式查询、支付方式查询、库存锁定、订单状态变更，最后完成下单操作，而这其中的每一步可能涉及不同的部门或者组织。当然，不同的电商系统有不同的活动和顺序，如有的还需要风险控制，有的需要先进行库存锁定再计算价格，有的在下单过程不需要考虑支付方式，而这些流程就是企业特有的核心业务逻辑。

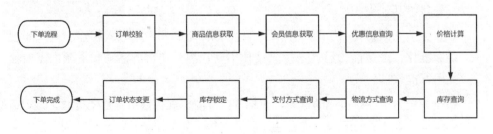

图 4-14　电商系统下单通用流程

在数字化转型过程中，梳理企业的业务流程也是工作重点之一，并且需要根据对内外部环境的分析，梳理商业模式、价值链、业务、流程之间的关系，对企业现状（AS-IS）、目标（TO-BE）进行分析，对业务流程进行变革，从而梳理出需要落地的项目。关于提到的几个关键概念的关系，这里也进一步说明一下。企业的愿景、企业的内外部环境、所拥有的资源和能力决定企业战略，企业战略决定商业模式和价值链，而进一步要求企业必须具备某些业务能力和各种业务流程。组织为实现战略和执行流程而生，业务能力和业务流程决定组织结构；数据是流程执行时传递的对象；业务决定 IT，IT 能使流程运转得更顺畅、高效。

2．业务流程设计原则

- 整体性原则：业务流程需要以企业业务战略为导向，流程的设计与运行不能束缚于部门的界限，需要从企业总体视角出发。
- 面向客户原则：流程设计需要从客户需求出发，从业务本身的痛点出发，以一种简单、便捷、体验良好的路径来实现。
- 灵活性原则：业务流程中的活动的衔接机制应该是松耦合的，并可以根据企业内外部环境的调整快速变化，如可以通过配置、流程扩展等达到快速变化。
- 价值性原则：业务流程需要面向业务价值，企业应对流程中不增值的环节进行最大化合并和优化。
- 标准化原则：业务流程在设计过程中需要考虑输入、处理、输出的标准，标准化更易于实现流程间的衔接与交互。

3．业务流程理论参考

关于业务流程的理论很多，比较著名的有 PCF、BPMN、SIPOC、ARIS、IDEF3，下面我们一起来看看这些理论。

1）PCF

PCF（Process Classification Framework，流程分类框架）是由美国生产力与质量中心（APQC）提出来的。它是一个通用的流程管理分类参考，提供了一定的流程管理和改善标准。PCF 将运营与管理等流程汇整成 12 个企业级流程类别，每个流程类别包含许多流程群组，共计 1500 多个作业流程和相关活动。

PCF 把流程进行了分层，分为流程类别、流程群组、作业流程和作业活动。

- 流程类别：第一层级，最高阶的分类项目，如 8.0 财务资源管理。

- 流程群组：第二层级，隶属于流程类别的特定流程领域，如 8.2 财务合同管理。
- 作业流程：第三层级，一般标准的作业流程，如 8.2.3 财务合同审批流程。
- 作业活动：第四层级，组成作业流程的一系列相关活动，如 8.2.3.1 确定合同模板。

基于这种分层参考，下面我们一起来看看企业中的不同流程分类。图 4-15 所示为企业业务流程分层参考，包括运营流程、管理和支持流程。

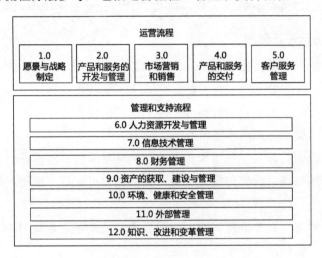

图 4-15　企业业务流程分层参考

2）BPMN

BPM（Business Process Management）即业务流程管理，致力于帮助设计人员识别、描述和分解业务处理过程。BPM 强调持续流程管理和运营，需要依据业务活动与其所服务的经营目标的关系，对流程、职责等进行设计，通过流程规范和优化，保证所有活动最大限度地支持企业最终的价值目标。

BPMN 是用来描述 BPM 的工具和理论，目前由对象管理组织（Object Management Group，OMG）进行维护和管理。BPMN 是一种图形化的建模工具，提供了一种简单易懂的方法，目前比较流行的版本是 BPMN2.0。BPMN2.0 包含协作视图（Collaboration View）、流程视图（Process View）、编排视图（Choreography View）。同时，BPMN 通过流程描述了一项具体工作所需进行的有序活动。流程定义由一系列执行语义的活动、事件、网关和顺序流等元素组成。协作视图通常包含两个或两个以上池（Pool），代表相互协作的参与者，一个池可以包含多个泳道

（Lane）。在相互协作过程中，参与者通过消息流（Message Flow）进行交互。编排视图关注参与者的消息交互。图 4-16 所示为 BPMN 流程图示意。

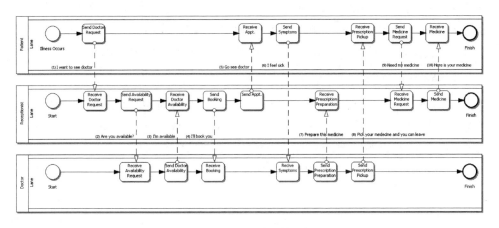

图 4-16　BPMN 流程图示意

3）SIPOC

SIPOC 中的各个字母代表供应者（Supplier）、输入（Input）、流程（Process）、输出（Output）和客户（Customer），此模型由质量大师戴明提出，是常被用于流程管理和改进的模型之一，也可以帮助企业识别核心过程。如图 4-17 所示，SIPOC 的具体内容如下所示。

- 供应者：向核心流程提供关键信息和其他资源的组织。
- 输入：供应者提供的资源等。
- 流程：使输入发生变化，成为输出的一组活动。
- 输出：流程的结果和产出物。
- 客户：接受输出的人、组织或流程，也包括内外部厂商。

供应者	输入	流程	输出	客户
内外部供应者	数据	Step1	服务	最终用户
前期流程	请求	Step2	产品	后续流程
系统应用	组件	Step3	解决方案	内外部厂商
	原材料	Step4	数据	

图 4-17　SIPOC 的具体内容

SIPOC 提供了一个高层次的流程设计方法，企业可以先设计出流程的各个步骤，再设计出流程的主要输出物，以及这些输出物的使用者和后续流程，进而识别对输入和输出的要求，最后确定输入物的供应者。这些步骤对后续的企业 IT 架构是非常好的输入。SIPOC 有助于进行跨职能部门流程的分析，有助于构建全景视图，可以帮助企业改善工作流程，找到低价值活动并加以改进。

4）ARIS

ARIS 是一种面向流程的模型结构，描述一种集成化信息系统模型框架，可用来发展、优化并集成系统。ARIS 以面向对象的方法描述企业的数据视图、功能视图、组织视图和资源视图，并通过控制视图来对这些视图加以控制，从而降低业务流程分析的复杂性。每个视图可以独立发展，不相互依赖，最后由控制视图来关联。ARIS 包括以下部分。

- 数据视图：描述事件和环境条件，它们表现了信息对象的各种属性，包括技术术语模型、扩展实体关系模型。
- 功能视图：既可以是任务、操作或活动，也可以是由时间和成本来定义的特性。功能由操作与被操作对象组成，描述流程规则和流程结构，即描述要实现的功能及功能间的关系。
- 组织视图：描述使用者和组织单元间的结构关系，主要包括组织架构图。
- 资源视图：描述企业的设备和资产，以及它们的属性，主要包括产品服务图、服务交互图等。
- 控制视图：通过事件驱动过程链方法将数据视图、功能视图、组织视图、资源视图进行关联，主要包括增值链图、事件驱动过程链图、过程选择矩阵图。

5）IDEF3

IDEF 是用于描述企业内部运作的建模方法。IDEF 由美国空军发明，共包括 16 种方法，其中 IDEF3 定位为过程描述获取（Process Description Capture），与流程相关。IDEF3 为收集和记录流程提供了一种机制，它可以记录事件的状态，为系统、过程或组织的工作沉淀提供了一种结构化的表示方法。IDEF3 的功能包括记录调研过程中的原始数据，确定信息资源在业务流程的作用，记录决策过程，管理数据配置和变更策略，进行系统设计，提供仿真模型。IDEF3 将系统过程知识进行结构化处理和存储，记录与企业处理过程相关的优先和因果关系。

4．业务流程生命周期管理

业务流程的生命周期管理非常重要，很多企业对业务流程进行了一定的管理，但不太深入，缺乏对流程设计、运行的有效控制和管理，需要进行流程建模和建立监控的机制。这里提供一个通用的业务流程生命周期管理方法，包括业务活动分析、业务流程设计、业务流程模拟、业务流程运行、业务流程监控和业务流程优化。

- 业务活动分析：将业务能力进行分解和细化，抽取出业务能力组件中的业务活动。业务活动粒度与范围可以参照企业原有业务活动的范围。

- 业务流程设计：将分解的业务活动按照一定的处理逻辑进行组合，将业务活动视为业务流程设计的组成部分，选取不同的业务活动与不同的组合方式完成不同业务流程的设计。

- 业务流程模拟：将设计后的业务流程归置于不同的业务场景进行模拟运行，通过改变业务流程的输入或者改变业务流程的处理方式，对业务流程进行测试，并对业务流程在运行中的处理逻辑、岗位、操作标准、信息传递给出清晰的定义。

- 业务流程运行：与对应后续应用和系统建立初步的关联关系，初步确定应用需要具备的主要功能，给予应用架构足够的输入，进而确保业务流程可以正常运行。

- 业务流程监控：业务流程运行一段时间之后，需要建立相应的运行指标，以分析是否符合预期，哪里存在效率优化点，是否达到预期性能指标，从而找出不合理之处。

- 业务流程优化：将监控中不合理之处反馈出来，并通过优化机制，提出改进方案，展开下一轮流程的优化设计。

业务流程是不断循环迭代的过程，因此要考虑系统落地、版本迭代等与后续应用架构、技术架构的衔接；同时在企业战略计划、业务能力有所调整时，业务流程也需要做出相应的调整。

5．业务流程的设计

1）基于价值链的业务流程设计方法

这种方法主要是从价值链的角度进行业务流程的分解。流程设计需要遵循价值链活动，制定统一的流程层次。业务流程可以分解为不同的级别，一般分解为

1～5 个级别。基于价值链的业务流程设计方法如图 4-18 所示。

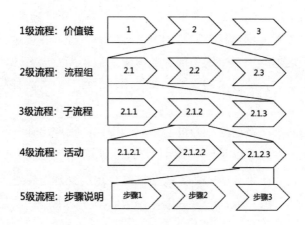

图 4-18 基于价值链的业务流程设计方法

- 1 级流程：价值链，最高层次的业务流程，承接企业业务价值链和最高层级的业务组件，每个部分代表一个业务流程链条。
- 2 级流程：流程组，对一级流程模块进行流程分解，是一组流程的集合。
- 3 级流程：子流程，包含具体子流程的组合，对应所产出的相关业务操作。
- 4 级流程：活动，代表流程的行动，体现为业务操作层面的具体动作。
- 5 级流程：步骤说明，完成活动的一系列步骤说明，对应标准的作业指导书（SOP）。

2）基于业务组件的业务流程设计方法

不同业务活动之间的不同逻辑组合会形成不同的业务流程，同时不同的业务活动可以形成不同的业务能力。如果已经对企业的业务能力进行了分析，那么也可以基于业务组件来设计业务流程。

业务能力与业务流程不是一个维度，如图 4-19 所示，业务能力注重能力的体现，不关注具体的流程分解；业务流程聚焦流程本身，是面向场景的。比如，订单下单的核心流程可能包括订单查询、库存校验、促销价格计算等多个活动，而这些活动可能最终映射到不同的业务能力，如订单履约业务能力、促销价格计算业务能力等。业务活动是业务能力组件和业务流程的"基本零件"。业务能力组件是由业务活动组成的，业务活动通过组件的标准界面与外界交互。业务流程从用户场景出发，将进行各种具体的操作，操作之中包含各种活动。

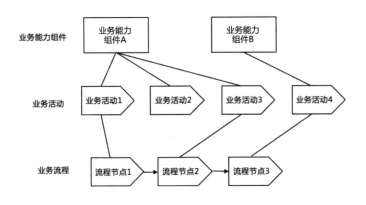

图 4-19　基于业务组件的业务流程设计方法

3）业务流程设计的工具

流程图有多种表现形式，如泳道图、SIPOC 图、UML 图、IDEF 图等，其中笔者比较推荐泳道图。一个流程图可能包含多种元素，如过程、连接、判断、文件、数据、归档、备注，同时可以有多层嵌套和循环等。流程图可以由多种工具来完成，如 PPT、Visio、Visual Paradigm、OmniGraffle、ProcessOn、IBM WebSphere Process Modeler 等。流程引擎工具有 Activiti、JBPM 等。

无论使用什么方法和工具，都是为了梳理业务流程、发现流程问题、优化和改进流程，并通过监控反馈，提升业务运营水平和业务架构的设计效率。

4.5.5　业务平台

在数字化时代，企业越来越专业化、外包化，企业通过打造业务平台及生态体系，使内外部业务能力无缝衔接，并通过合作伙伴和客户协作创造价值。业务平台帮助企业基于业务架构进行分步决策，明确业务在哪里执行，由什么类型的团队执行。在构建业务平台时，我们可以从以下几个层面进行综合考虑。

- 接触客户的程度：衡量一项业务能力是否需要直接面向客户。企业需要综合考虑多种渠道，如自有渠道、社交媒体、电商平台等，并且结合众多渠道对业务能力进行合理布局，确保客户线上和线下的体验一致。

- 作业量：从运营作业量的角度来衡量业务组件的作业规模，根据作业量的大小，决定业务组件专业化、自动化及标准化的程度。如果作业量并非非常高，则可以由专业小团队负责。

- 差异化：衡量一项能力是否是企业差异化竞争力，如果是则需要加大投入，反之则可以采用外部采购或者服务外包的形式。

- 企业特色：衡量一项业务是企业独有的，还是行业内通用的。企业独有的业务可以提升企业的核心竞争优势，建议企业对其进行资源倾斜，如自主研发、引进专家等。

企业可以根据正在考虑的业务（如价值链、业务能力、业务流程）处于哪个象限，并结合每个象限的设计建议进行分析。此外，企业可以根据一些要素做进一步分析和调整，如企业的发展阶段、运营成本、风险控制、市场成熟度、政府监管、外包接受度等，综合各种情况进行多维度分析。根据业务平台分析矩阵，企业可以发现哪些是自身核心竞争力，需要自建自研，哪些不太重要，可以外采外包，如图 4-20 所示。

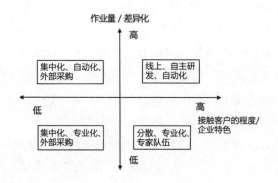

图 4-20　业务平台分析矩阵

如今，一个大的趋势是向线上发展，企业应积极拓展在线平台、线上渠道，构建自营线上营销和电商体系。在制定策略之后，企业要在策略基础上建立制约机制，防止冲突，比如可以建立业务责任制、白名单机制等。

4.5.6　组织架构

组织架构是依据企业的战略计划，对企业部门、岗位进行设置，并形成相对稳定的、科学的管理体系，使企业机构能够支持业务流程和企业发展的需求。

组织架构对业务架构非常关键。比如，在业务流程梳理中，需要依据业务流程的运行规律与处理逻辑，在业务流程的各个环节中安排合适的人员，保障组织的灵活性与权责。业务架构也要考虑对应组织的业务需求与发展，对各部门的岗位、人员、角色、权限、职责、考核体系做清晰的定义，保障业务流程中每个节点的权限。

业务架构涉及的核心利益者包括业务战略制定者、企业高层、规划团队、投资与风险控制团队、业务团队、运营团队、IT 团队等。从业务架构本身的设计角度而言，其也需要构建专门的团队，相关的人员组成如下。

- 负责人：由企业高层担任，负责协调资源及部门的关系，关注结果。
- 业务架构师：对整体业务架构设计和维护负责，确定方法，领导设计团队。
- 业务分析师：实践业务架构设计方法，进行具体的业务能力、业务流程等的梳理。
- 业务专家：企业内外部的业务专家，提供行业和关于运营的专业知识，评审设计方案。

组织架构的设计原则如下。

- 管理明确原则。
- 职责与职权对等原则。
- 有效管理幅度原则。
- 灵活性原则。
- 客户导向原则。
- 执行和监督分设原则。
- 专业分工和协作原则。
- 精干高效原则。

4.6　业务架构设计方法

接下来我们看看如何设计业务架构。业务架构设计流程主要包括以下几个步骤，在实践过程中，企业可以对下面这些步骤选取部分或者加以修改，核心目的是将企业的业务表述清楚。

1）业务调研

业务调研是业务架构的准备阶段，是对企业业务的全面了解，建议以企业战略计划为核心输入，并收集企业业务相关信息，比如内部的一些资料，公开的财报等。在调研之前需要制订调研计划，确定什么人在什么时间调研什么，计划中需要涵盖调研主题、参与部门、议题、目标、方式等。在调研开始后，最好安排高层进行访谈，目的是关注总体期望值和获取支持，这有助于深入了解企业组织结构，以及当前的行业现状与挑战、竞争对手、业务方向、战略规划。企业高层在访谈过程中要尽量缩小范围，采用聊天的方式，这样有助于了解真实情况。之后，企业要对自身业务进行详细的调研，核心目的是对业务进行全方位的了解，关注业务场景、业务核心角色、业务主次、业务痛点、业务需求等。这个过程可能需要与各业务关键角色进行多次交流，还可能需要进行实地考察等。在业务调研过程中，企业应尽量通过场景来引导客户、关注业务现状和痛点。

2）分析商业模式与价值链

在进行了业务调研后，我们对企业的业务有了整体的了解，这时进一步需要进行业务的分析和整理。首先，分析商业模式，通过商业画布的九宫格我们可以将企业商业模式可视化，全面分析企业的商业情况；然后，我们应对企业的价值链进行分析，明确产品和服务的核心链条，找出企业核心的业务场景、业务痛点和业务需求。

3）分析业务能力

接下来我们需要分析业务能力，将企业核心的业务活动通过业务能力进行表达，可以采用前文提到的上下结合的方法分析业务能力，通过图形化的方式进行清晰的展示。在此过程中，我们需要考虑业务能力的热点映射、业务能力分层、业务能力增量，同时通过业务能力组件进行组件化，从业务目标、活动、资源、管理及业务服务进行分析，并从战略、管理、执行等层面进行多维度考虑。

4）分析核心业务流程

在关键业务能力和关键活动分析出来之后，应对核心业务流程进行分析，既可以基于业务能力的分析方法进行分析，也可以基于价值链进行分析。业务流程要清晰地定义活动、流程、数据、角色及目前流程的痛点，同时通过数据展示内外部的联系，如业务协作、信息流向等。

业务流程的核心为"四流"，即商品流、信息流、物资流、资金流，这里不用过分强调流程的规范，只要将核心流程通过图的形式清晰地展示出来，保证业务人员和技术人员都可以看懂即可。

5）描述当前和目标业务架构

接下来我们需要进行业务架构的整理，核心是通过业务能力、业务流程的梳理，找到核心的业务活动，并梳理出对应的业务功能，最后将业务流程和业务能力组合成一张业务功能矩阵图。这张矩阵图是后续的应用架构、数据架构、技术架构重要的输入。这时候，我们得到了初步的业务架构，此时还需要描述当前和目标业务架构，不用关注如何来实现这个过渡。

6）描述周边关系

把一些周边关系融入业务架构的设计当中也很重要，包括周边内部和外部业务的关联，相关业务的集成，信息的流转。这样做的目的是完善分析出的当前和目标业务架构，从而进行 GAP 分析，找到合理的迁移过渡业务计划，逐步明确实现目标架构所需要的能力、流程、活动，并制定演进路线图和确定业务能力的优先级。

7）评估业务架构

我们可以通过架构委员会对业务架构进行整体的评估，并邀请相关的业务专家参与。在评估业务架构时，应重点分析业务架构的各个组成要素，当前和目标业务架构，业务能力与业务流程是否合理，是否将企业的业务逻辑表达清楚，是否对战略计划进行了业务层面的分解，是否可以指引后续 IT 架构等，争取能够提供一个沟通所有利益相关者的有价值的业务架构，使得企业所有人员可以清晰地了解业务架构的定位与未来方向。

8）确定业务架构

至此，业务架构已初步梳理完毕，不过整个架构是一个迭代的过程，需要做好版本管理，并在架构资产库中做好管理，同时沉淀对应的各种架构视图。另外，我们还可以在这个过程中通过一些仿真或者其他企业架构视图或工具，对当前业务架构进行不断的验证，促进下一次迭代优化。

4.7　业务架构设计关键点

1）全局性

业务架构涉及企业业务的方方面面，但它描述的是全局的、高层次的规划和设计，主要提供业务方向性的指导，而不是进行具体的业务规则，因此业务架构要关注企业战略的落地和全面的优化，放眼全局和未来，不要局限在业务细节中。更重要的是，业务架构是一种思维模式的转化，很多企业对业务架构不够重视，缺少从企业战略到 IT 架构及项目的转化，没有建立业务架构相关体系，盲目照搬一些其他企业的方案，而没有结合自身的特点。虽然一些企业通过流程改造得到了局部的优化，但缺少支持企业战略的、全面的业务架构优化和创新，从而分散了精力，导致行业同质化严重，阻碍了业务发展。

2）复用度

业务架构是业务的全面展示，要求业务能力和业务流程在必要的时候可以得到复用，这就需要在设计的过程中考虑业务的全面性、规范性、资产沉淀、持续演进，并且可以通过一些平台能力的支撑，促进外部资源的整合，提升丰富度（如流量、商品供给和渠道），并通过一些规范和准则与行业的相关标准进行对比，并且及时进行优化。我们应使用业务的语言、逻辑去描述业务，加深企业内部的统一认知，促进业务架构在企业中的便捷沟通。

3）扩展性

业务架构需要易于变化，以快速适应新的业务需求，这就需要其具备强大的扩展能力，方便灵活组装，可以快速根据业务能力与业务流程需要进行扩展。这就需要有一定的平台能力的支撑，如业务能力的扩展、业务流程的扩展。以流程为例，一些流程编排、规则配置、流程引擎、界面规则扩展都可能需要考虑，如流程编排中可能对活动节点、业务逻辑配置、任务触发等进行扩展。同时，需要结合后续应用架构的服务编排、数据架构的模型编排及 Low-Code 形式的界面编排扩展形式整体提高扩展能力。

4）运营性

运营性强调业务架构指导业务运营的本质，需要通过日常的运营将业务进行综合的管理，比如业务的可视化，是否可以做到需求可视、业务能力可视、运营结果可视，此外这种可视也体现在通过数字驱动、数字化运营等手段，可以对业务架构进行管控，包括测试、版本管理、迭代和优化、业务的集成、业务价值的分析等。

4.8 业务架构参考设计

我们继续通过 ABC 鞋服企业，来看看业务架构在其数字化转型过程中的重要作用。假设该企业旗下有多种女鞋、男鞋、童装品牌，也有自己独立的工厂、物流公司，同时拥有线下门店 5000 家，由于某些原因，其急需进行数字化转型升级，并且需要我们帮忙其从业务架构视角进行分析和规划。

1）业务调研

首先，让我们向企业 ABC 的高层及各个部门进行深入的业务调研。通过调研，我们得知企业战略计划，即希望通过新零售的全渠道建设，从市场销售体系出发，利用自身和合作渠道多触点，通过数字化转型项目，打造线下和线上融合，以消费者为中心的新零售模式。在调研过程中，我们获取了企业的组织架构等信息。通过业务调研，我们还得知企业的核心痛点。

- 线上投入不足，需要大力发展。
- 线下有多种渠道，管理成本高，客户体验不佳，投资回报有所下降。
- 当前库存问题严重，不同区域的库存难以共享，有的店铺库存积压严重，有的店铺缺货断码，库存信息不准确。
- 目前的会员体系薄弱，缺乏统一的会员体系。
- 业务割裂问题，缺乏端到端在线连接，比如存在商品信息割裂问题。
- IT 系统问题，有多个"烟囱式"系统，在关键节假日有宕机风险。

2）分析商业模式

接下来，我们基于战略计划和核心痛点进一步分析商业模式，在此过程中我们分析了商业画布九宫格，如图 4-21 所示。企业 ABC 的核心商业模式是全渠道的建设。什么是全渠道呢？全渠道是为了满足客户在任何时候、任何地点，采用任何方式购物的需求，采取线下渠道和线上渠道融合的方式销售商品或服务，为客户提供无差别的购物体验。

图 4-21　企业 ABC 的商业模式分析

我们重点来看看企业 ABC 现在的渠道。其线下渠道主要分为直营、联营、代理加盟等多种方式，主要需要考虑与加盟商之间的利益分配问题；线上渠道主要分为第三方平台、自建 App 等，企业 ABC 线上领域比较薄弱，在直播电商、微分销、自营电商方面非常乏力。

3）分析业务能力

经过全渠道商业模式的分析，企业 ABC 进一步识别了一些核心的业务能力，当务之急是将线下和线上业务一体化，即通过统一盘货、统一订单、渠道一体化、统一结算，使传统零售在"人货场"得到最大化延展。经过分析，我们得出如图 4-22 所示的企业 ABC 业务能力示意。

全渠道业务场景	线上下单，门店发货	线上下单，门店自提	线上下单，大仓发货	门店下单，跨店配送	门店下单，大仓发货
全渠道业务能力	全渠道商品流转	全渠道订单寻源	全渠道库存共享	全渠道分润结算	全渠道会员营销
业务能力组件	商品管理	订单管理	库存管理	结算管理	会员管理

图 4-22 企业 ABC 业务能力示意

接着我们对企业 ABC 全渠道需要的业务能力进行分析，然后对这些能力进行组件化的描述，主要集中在商品、订单、库存、结算、会员管理等方面。全渠道业务能力包括以下几项。

- 全渠道商品流转：需要共享给各个销售渠道，不同的商品设置不同，企业需要管理参与门店、参与商品，需要提供商品生命周期的管理。
- 全渠道订单寻源：需要确定不同渠道的订单如何流转，从哪里履约发货。需要统一管理线下和线上的所有订单，并通过一系列可配置的派单寻源规则，综合考虑派单规则。
- 全渠道库存共享：需要建立多层的库存管理体系，提高库存统一周转和服务效率，支持多渠道库存实时共享，以防止商品超卖。
- 全渠道分润结算：需要分析多种类型的结算规则，统一制定分润标准，在会员归属方、销售方、平台方、收款方、发货方中，对不同场景确定业绩提成或者归属原则。
- 全渠道会员营销：需要打造线下和线上一致的会员体验，建立会员等级制度及权益制度；营销活动统一管理、优惠券统一发放及核销等。

4）梳理业务流程

接下来，我们对企业 ABC 的业务流程进行了梳理，此过程涉及客流、信息流、资金流、物流、商流等多种流程的梳理。比如，与商品相关的供应商管理、门店管理、线上商品类目管理；与信息流相关的信息提供、单据流转、服务支持等；与物流相关的仓储、库存、运输、履约等；与资金流相关的支付、账户、结算等。

在这些流程中，比较关键的是核心交易流程、门店管理流程、履约支付流程、运营管理流程、逆向退款和退货流程等。这里我们以核心交易流程为例，如图 4-23 所示，其核心是通过订单校验，商品和会员信息获取，同时进行库存共享查询、订单寻源，进而进行库存锁定、价格计算，之后完成订单支付，再进行库存更新和订单状态变更。在此过程中，其他系统（如风险控制、物流等）通过异步传输方式进行交互（图中虚线部分），最后完成下单。

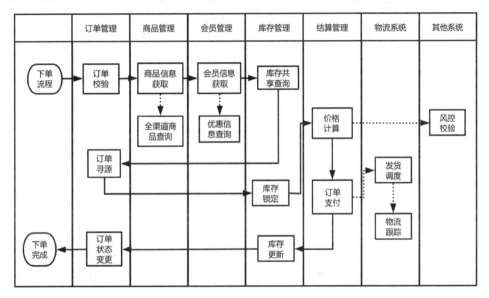

图 4-23　企业 ABC 下单流程示例

5）明确业务架构

进而，我们进行业务架构的梳理，一般包括梳理当前和目标架构，以及周边关系等。这里主要以目标架构为例，如图 4-24 所示，包括战略计划、全渠道业务能力、业务流程等；并将企业 ABC 的组织结构进行了展示，包括业务板块、支撑部门及前端销售触点。这里展示的是顶层业务架构，也可以将其进一步细分几个层次，并进而通过评审，与企业架构委员会和各业务负责人沟通和讨论，最终确定业务架构，为后续企业架构及项目实施提供关键的业务输入。

至此，企业 ABC 的业务架构已初步完成。当然，业务架构是一个非常复杂的过程，一些大型项目可能需历时数月，内容也更加细致，并且会经过多次迭代和优化。这个案例没有涉及本章介绍的所有设计方法细节，感兴趣的读者朋友可以在具体的项目中加以尝试。

战略计划	构建新零售全渠道模式，使线上和线下融合				
业务板块	品牌	市场	营销	销售	服务
前端销售触点	直营门店	加盟门店	电商平台	自营电商	微分销
全渠道业务能力	全渠道商品流转	全渠道订单寻源	全渠道库存共享	全渠道分润结算	全渠道会员营销
业务能力组件	商品管理	订单管理	库存管理	结算管理	会员管理
业务流程	商品上架	订单下单	库存锁定	支付结算	积分扣减
支撑部门	生产	研发	财务	信息化	人力

图 4-24　企业 ABC 业务架构示意

第 5 章

应用架构设计

企业 IT 架构包括应用架构、数据架构和技术架构，企业 IT 架构与业务架构共同构成了企业架构的核心内容。本章重点介绍 IT 架构中的应用架构。应用架构是对企业所有应用系统、服务及它们之间交互关系的整体描述，反映应用系统如何支撑业务运行及未来业务发展，同时需要体现应用与技术、数据之间的关系。其中我们会看看应用架构的本质、价值、设计框架、常用模式、核心策略、设计原则，并重点讨论应用架构的利器——领域驱动设计（DDD），并给出一些参考设计。

5.1 企业 IT 架构概述

企业 IT 架构承载着业务架构，并指导企业 IT 和具体项目的开展。业务的开展依赖 IT，而 IT 的需求来自业务。在企业 IT 架构设计过程中，我们需要关注 IT 与业务的关系，理解并转化业务方向，并进行正确的技术选型，提供 IT 的投资依据，结合数字化转型项目，提高企业业务和技术的核心竞争力。

图 5-1 所示为业务架构向 IT 架构转化的过程，业务架构为 IT 架构提供了企业业务的输入，通过对战略技术的转化，业务架构把企业的业务通过业务能力、业务流程及更细粒度的业务活动等业务需求具象化地展示出来。进而，IT 架构中的应用架构承接这些需求，通过领域驱动设计等设计方法，使用领域服务构建服务化能力，并通过服务化的功能接口等，逐步构建应用系统，同时结合业务发展，构建企业的产品和解决方案。在整个过程中，数据是核心，应用架构中构建的领

域模型对数据架构中的数据模型进行输入，指导数据实体等数据分布和分析，并通过技术架构的数据存储进行具体的数据管理。而应用架构产生的应用、产品、服务等内容通过技术架构提供的开发能力实施落地，比如使用微服务、云计算、云原生等应用服务开发方法，并通过技术架构中的基础设施、系统集成等完成整体技术底座的支撑和保障。

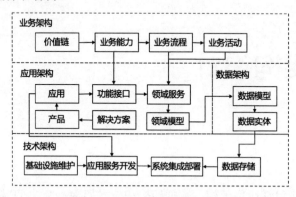

图 5-1　业务架构向 IT 架构转化的过程

企业 IT 架构主要包括应用架构、数据架构、技术架构，图 5-2 所示为基于云原生体系的企业 IT 架构总体框架，具体如下所示。

- 应用架构：涵盖应用、服务、应用组件、功能组件、服务接口等。核心是将业务架构的业务流程和服务翻译成人们可以看得懂的应用服务和服务流程，过程中涉及领域驱动设计、服务化、微服务等相关架构设计能力。此外，应用架构还包括系统、共享中心、产品、解决方案等层面的系统级抽象，这是整个 IT 架构的关键阶段，决定着企业为客户提供的具体的应用服务功能。

- 数据架构：描述企业架构的数据模型、数据分布、数据资产之间的结构和关系，是 IT 架构的核心。数据架构与应用架构的领域模型密切相关，并与技术架构的数据存储紧密相连。数据架构通过数据标准、数据治理、管控流程和技术工具等方面进行制定，并协同业务架构、应用架构、技术架构层面的数据形成统一、完整的数据标准。

- 云原生技术架构：通过构建企业开发平台、运维平台来协助系统统一管理，并结合敏捷交付、精益管理等管理开发和运维一体化的平台，协助应用和数据等数字化项目落地。云原生体系主要涉及云原生基础设施、云原生应用平台、低代码开发平台、云原生技术组件，以及一些集成平台和安全平台的构建。

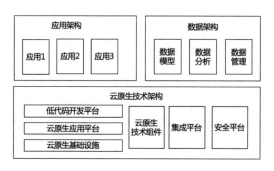

图 5-2　企业云原生 IT 架构总体框架

5.2　应用架构概述

应用架构是对企业所有应用系统、服务及它们之间交互关系的整体描述，反映应用系统如何支撑业务运行及未来业务发展，同时需要体现应用与技术、数据之间的关系。应用架构是业务架构、技术架构、数据架构，以及企业业务、文化、组织等的成果体现方式，核心是通过建模将业务流程和服务转化成应用系统层面的应用与服务等概念，决定了企业为客户提供的具体的应用服务功能。

5.2.1　应用架构的本质

应用架构的本质其实是建模的过程。从现实世界到软件应用世界，是一个不断抽象、不断建模的过程，即从业务架构中抽象出业务能力和业务流程，进而对系统和应用建立模型，通过不同层面的模型设计，层层抽象，最终得到用户可以使用的系统，这个过程的本质就是建模。

什么是模型（Model）？模型指用一个较为简单的东西来代表另一个东西。比如，科学模型中的数学公式极其简单并准确地表达了某种理论的计算原理。在架构设计中，模型本身是业务需求的映射，以需求场景为输入，需要根据业务场景来进行验证和完善；同时模型是连接业务和应用系统的桥梁，基于业务的理解，逐步展开，并产出应用中需要完成的服务、功能、接口等。另外，从落地层面，代码是模型的印证，最终模型在项目中通过具体的程序代码，把复杂的业务诉求构建成简单的模型，最终形成应用系统供用户使用。

什么是建模（Modeling）？百度百科是这样定义的：建模就是建立模型，就是为了理解事物而对事物做出的一种抽象，是对事物的一种无歧义的书面描述。《大象：Thinking in UML》中是这样定义的：建模是指通过对客观事物建立一种抽象的方法，用以表征事物并获得对事物本身的理解，同时把这种理解概念化，并将这些逻辑概念组织起来，构成一种对所观察的对象的内部结构和工作原理便于理解的表达。

建模的整个过程可大致分为业务建模和应用建模。业务建模的本质就是我们前文所讲的业务架构，通过把业务的各种信息作为输入，建立企业业务的顶层视图，核心是识别企业的业务能力和业务流程，以及各个业务活动的组成部分，思考从用户使用的业务场景视角，企业该提供什么样的业务，大致的业务分类和业务逻辑是怎样的，应如何提供这些能力等，逐步通过业务能力和业务流程将业务抽象为"一张图"。

应用建模是在业务建模的基础上，完成业务需求到应用系统模型之间的映射，最终设计出可以供用户使用并能具体解决用户问题的系统。应用建模更强调职责、依赖、约束关系，用于指导研发的落地实现，所以这个过程的核心是如何抽取核心概念，合理地划分这些模型层次，模型之间的边界是怎样的，如何控制模型之间的粒度等。应用建模可以使用不同的方法，如面向对象方法、面向数据方法、面向领域设计方法等，目前领域驱动设计是最受欢迎的设计方法之一。

我们再从业务架构和应用架构之间的关系来看这个建模过程，在从业务架构中识别出业务能力和业务流程后，将基本组成部分抽象成业务活动，而这些业务活动通过应用架构中的模型和服务进行映射，在此过程中，应用架构通过领域模型和领域服务，对业务能力和业务流程进行了翻译和关联，最终设计出相关的功能，并逐步抽象成产品和解决方案。

5.2.2 应用架构的价值

应用架构的价值主要体现在以下几点。

- 应用架构作为企业 IT 架构的核心，连接业务架构中业务能力、业务流程和业务需求，也能够连接数据架构的数据管理和使用，同时提出对技术架构和 IT 基础设施的要求。
- 应用架构向业务部门提供整体 IT 应用系统的服务和功能，确保将来的应用与业务需求一致，并保持整体架构的连贯性，对企业系统孤立、功能重复建设、灵活度差、难以共享等问题进行整合和优化。
- 应用架构对应用系统和服务的整体功能进行统一规划，建立企业应用系统的总体视图。同时，万物皆服务，以服务为中心的应用架构可以解决企业在开发、部署、运维、集成等过程中面临的问题。

- 应用架构区分企业共享部分与定制化部分，经过应用架构的分层设计，将通用、成熟的功能进行共享下沉，将个性化、特殊的功能开放到更前端的业务部门，便于功能的灵活扩展和业务的快速应变。

- 应用架构为企业产品化提供支持。经过应用的能力设计和服务识别，为企业进一步优化产品和相应的解决方案提供基于架构视角的主要参考。

- 应用架构协助团队沟通。通过维护统一、便于理解的应用视图，各业务和技术团队可以保持同频和一致，防止各部门进行重复建设。

5.3　应用架构设计框架

应用架构构建业务架构、数据架构、技术架构之间的关联关系。应用架构以企业业务架构为基础，规划整个企业所有应用系统的蓝图，将业务架构中业务流程、业务能力等落实到应用系统的具体功能和服务，并对数据架构的数据分析和管理提供诉求，对技术架构中涉及的开发平台、技术选型、基础设施、集成、安全等提出要求，指导后续架构的部署与构建。

应用架构的设计框架如图 5-3 所示，主要包括以下部分。

- 应用核心设计：对应用架构的核心内容进行设计，包括应用、领域服务、功能接口及对应的产品与解决方案等。

- 应用系统设计：应用对应的系统能力设计，确定系统的边界、定义、接口，包括系统对应的表现层、应用层、领域层、基础设施层。

- 应用架构管理：应用涉及的相关协同管理，包括应用共享、应用开发、应用集成等，也涉及一些技术组件。

- 应用架构原则规范：包括服务设计原则、服务分层原则、系统集成原则等，以及相关的开发规范、设计规范、设计工具等。

- 应用架构行业参考：包括通用的一些行业参考模型，提供企业参考、资产沉淀和复用。

从以上可以看出，应用架构设计的核心是应用核心设计，而实际过程中领域驱动设计是非常重要的理论参考，本章中将做重点介绍。

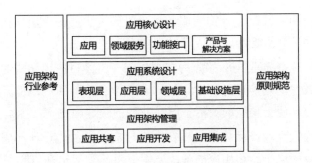

图 5-3　应用架构设计框架

5.4　应用架构常用模式

应用架构常用模式主要有以下几种。

1）集中式架构

集中式架构又称单体架构，传统企业根据各个业务部门的需求，开发了多个"烟囱式"系统，这种架构模式有很多弊端，在一些传统企业中还存在。

2）SOA（面向服务架构）

企业采用企业服务总线（ESB）来解决多系统之间复杂的接口交互模式，也就是传统的 SOA 模式。而随着互联网企业的发展，采用去中心化、去 IOE 的分布式服务架构，不需要 ESB 作为中心节点，而是进行直接发现和调用，以解决中心化服务扩展难、不适合互联网大流量要求快速响应的痛点。

图 5-4 所示为 SOA 参考应用架构，具体包括以下几个层面。

- 基础应用层：由操作系统和后台的应用系统组成，能够被系统组件调用。

- 系统组件层：实现 IT 系统服务功能，并确保服务的质量。

- 服务层：服务在这里注册和发现，也可以通过组合形成组合服务。

- 流程层：通过对服务层的服务组合和编排实现业务流程。

- 展示层：由服务使用者组成，构建前台的访问应用。

- 服务集成层：通常由 ESB 系统提供路由、多协议、转换等。

- 服务管理层：提供服务质量（QoS）服务，包括安全、管理和基础设施监控等。

- 数据层：为各层次的系统提供数据支持。

图 5-4　SOA 参考应用架构

SOA 并不是推倒重建企业的系统，而是在现有的系统之上进行包装服务，建立标准结构，方便互通和调用。SOA 也使得架构设计的过程从面向对象、面向组件的设计方法过渡到面向服务的设计方法，其强调以服务为中心的设计理念，接口和实现分离、服务提供和服务使用分层的设计思想。

3）事件驱动架构

事件驱动架构（Event Driven Architecture，EDA）以 SOA 为基础，以事件为单位进行各种处理。事件驱动的核心是事件，事件是历史，是事实，是已经发生的事。如图 5-5 所示，事件由事件源生成，并通过事件管理器进行发布，各种事件的订阅方根据需要进行订阅消费，可以直接处理该事件，或者即时转给其他订阅方，同时事件作为一种业务数据的载体，可以进行存储，从而在以后进行处理。

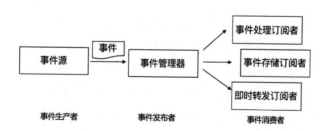

图 5-5　事件驱动架构示意图

事件驱动系统通常是异步的，事件生产者向事件管理器发布事件，如果事件消费者不可用，事件管理器将保留这个事件，之后再次转给事件消费者。事件生产者与事件消费者相对独立且解耦，事件生产者不需要知道哪个消费者会接收消息。

事件消费者彼此之间也互相解耦，每个消费者都可以接收全部或者部分消息。因此，事件驱动架构的系统更适用于包含较多未知因素的环境或者异步的环境，通过构建分布式高可用架构，提供事件生产者和事件消费者相对灵活解耦的能力。事件驱动架构适用于多种场景，比如有多个子应用且处理相同事件，需要实时处理大量数据，有复杂的事件处理等。

从领域设计角度，事件驱动架构也有广泛应用，比如基于事件风暴的分析方法。其中，事件源和订阅者都是具体的领域实体，事件管理器可以作为基础设施的一部分技术组件，这个过程会借助消息中间件来进行能力提供。

4）微服务架构

随着互联网技术的发展，SOA 技术进一步进化为以微服务为主流的分布式服务架构。微服务是一种分布式架构模式，微服务架构凭借其简单清晰、灵活可扩展、独立部署等优势，逐渐成为分布式架构的主流。微服务将大型复杂软件应用拆分成多个微小的服务，服务之间是松耦合的，每个服务描述一个小业务，可以独立地进行升级、部署、扩展和重新启动等流程，并通过接口契约、标准协议等保持彼此互通。

微服务架构由 SOA 演化而来，是 SOA 的一种特殊实现方式，突出将服务划分为更细粒度的微服务，按照业务领域划分，强调服务编排、服务治理、自动化运维，并具备高可用、性能要求、分布式事务一致等特点。微服务贯穿应用服务设计，我们在技术架构部分也会进一步讨论。

与集中式架构相比，微服务有降低系统复杂度、提高迭代效率、促进团队沟通、弹性扩展、容错能力、独立部署、可扩展性、跨语言编程等很多优点，这里挑选几个进行说明。

- 提高迭代效率：支持细粒度的独立迭代和发布，速度快。由于微服务架构中的每个小型服务是独立部署的，可以单个服务进行缺陷修复或者特性变更，无须重新部署整个应用程序，一旦发现缺陷，就立刻回滚服务。

- 促进团队沟通：单个小型服务仅需要一个小的开发团队就可以完成开发、测试和部署工作。相比之下，更大的团队通常意味着更低的沟通效率、更高的管理开销。

- 容错能力：当系统出现问题时，将仅影响单个小型服务，不一定导致整个应用程序中断；同时对应的数据也将会进行隔离，风险明显降低。

- 可扩展性：每个小型服务都支持独立水平扩展，无须扩展整个应用程序，资源的利用率高，扩展快速。每个小型服务都可以独立进行服务升级，并且结合持续集成工具可以进行持续发布，快速完成服务升级和发布流程。

微服务架构有很多好处，不过也存在以下一些挑战。

- 设计的复杂性：与传统架构的应用程序相比，微服务架构的组件更多。服务数量多意味着部署和管理的工作量更大，还需要考虑分布式系统的复杂性和分布式事务的处理难度。

- 开发、测试、部署难度：当服务拆分后，几乎所有功能都会涉及多个服务，所依赖的其他独立服务增多，此时处理好服务间的依赖关系成为关键。原本单个程序的测试会变为服务间调用的测试。测试变得更加复杂。

- 运维难度：由于可能采用不同的语言和框架，应用程序可能变得难以维护。整个应用分散成多个小型服务，这导致问题定位更加困难，同时可能增加服务间的通信量。

- 数据一致性：每个小型服务都仅负责各自相关的数据持久性，因此不同服务间的数据一致性很难达到。

5）云原生架构

分布式架构的出现是为了解决应用难以开发和维护的问题。企业通过不同层次的拆分（如垂直拆分），把应用拆分为多个松耦合的独立应用，各自独立部署和维护；水平拆分把通用的、共性的应用进行分层沉淀，形成共享的服务能力，这样可以对性能稳定性等问题进行统一处理和优化，防止重复开发。如今，架构朝着越来越轻量化、能力越来越下沉、应用越来越灵活的方向发展，到云原生时代达到了新的高度。

云原生将云应用中的非业务代码进行最大化的剥离，关注点分离，让云来负责原有的大量非功能特性需求，如可靠性、扩展性、可观测性、弹性、轻量、敏捷、自动化等。同时，有很多企业也在尝试"双 IT 架构"，即以云原生架构来应对敏态业务的快速变化，以及传统的基于 ESB 方式的架构应对稳态内部系统的管理，二者相互结合并互补。

5.5　应用架构核心策略

应用架构的核心是将应用的领域和服务进行分层划分，其中主要应解决的问题是如何制定边界，划分的粒度怎样定义，怎样对应用架构进行分层。这里我们先讨论一些核心策略。

1）应用架构边界策略

针对应用架构的边界问题，有以下策略参考。

- 高内聚：采取统一的概念和定义，在内部的修改不会影响到其他应用，内部功能在总体上保持一致，有助于隔离和管理。

- 单一职责：各应用服务的功能单一，有助于控制范围边界，保证职责的一致和完整；各应用服务可自治，如可独立部署、升级、自我恢复等。

- 制定限界上下文：各部分相关行为控制在一个显示边界的范围内，深刻理解业务场景，挖掘业务知识，识别合理的上下文，才能合理定义服务边界。

- 避免循环依赖及双向依赖：业务组件之间的依赖是分层和单项的，循环或者双向会导致职责不清晰。

- 避免采用技术边界来划分应用服务边界：比如通过 UI 层、逻辑层、存储层等，这是技术角度的划分方法，不适合以业务为核心的应用划分。

- 避免与微服务、云原生技术体系的技术细节相关联：这样容易把简单业务问题复杂化。此外，避免引入过多的 IT 概念，如云计算平台、技术组件、编程语言、软件框架等。

- 避免与数据共享和通信模式相结合：数据共享涉及单一数据和分布式数据，而与通信模式相结合会涉及传输过程状态、网络状态等。

- 跳出"部门墙"思考：避免受限于组织结构，如系统、需求、分析、开发、运维团队等。

2）应用架构粒度策略

应用架构的粒度粗细需要适度，不宜过粗或过细，应该在满足业务需要、应用场景、管理幅度、扩展方式等多个因素要求的基础上，保持应用和服务的规模。针对应用架构的粒度问题，有以下策略参考。

- 确定粒度的依据：比如功能、职责、组织、需要的资源等，以及可独立部署性、灵活性和可扩展性。

- 粒度确认规则：按照职责划分大小，如果是微服务角度，有时也可以以代码量工程为参考，提高开发效率，降低代码风险。

- 组织跨越原则：建立一个不需要频繁跨越服务和组织边界就可进行修改的应用服务。

- 功能单一且完整原则：功能的原子性，有回滚或重试能力；同时是完整的，如果再继续细分，就会失去业务意义。

- 粒度复杂性可控：可以演化、版本化的接口契约，并尽可能使用异步方式来解耦业务。

3）应用架构分层参考

结合边界和粒度的思考，应用架构可以从多种角度进行分层，下面给出一些通用的参考。

从企业要服务对象的粒度角度，可以有如下分层。

- 企业级服务：企业对外（如与合作伙伴、供应商或者开放平台）提供的服务能力，通过标准协议进行对接。
- 应用级服务：将业务通过应用服务的形式对外暴露，将企业核心的业务逻辑封装在应用、产品、解决方案中，对外提供能力。
- 流程服务：把多个服务聚合成一个服务流程并对外提供，可以通过流程引擎或者更友好的流程编排界面来提供。
- 数据服务：基于数据相关的服务，比如多系统的服务集成、多数据源的数据聚合，实现数据的共享。
- 服务：提供有价值的、可重复运行的、规范标准的服务活动组件，尽量无状态、可复用、松耦合、可治理。
- 微服务：更细粒度的服务形态，通过微服务构建的服务，可独立开发、部署和维护，并通过标准接口进行交互。

从应用中服务用途角度，可以有如下分层。

- 应用层：应用系统，由应用组件组成。
- 应用组件服务层：应用级别的组件服务。
- 共享服务层：应用级别共享服务内容。
- 基础服务层：核心共用的底层服务内容。
- 规则服务层：用于流程规则配置的服务。
- 资源服务层：基础资源，如主数据服务模型。

从用户访问层次角度，可以有如下分层。

- 表现层：对外展示，包括前台页面和各种用户端触点。
- 应用层：应用系统，由服务层服务组成。

- 服务层：服务组件，服务化的基本单元。

- 基础设施层：包括基础设施资源配置，如数据库连接等。

- 集成层：与外界集成，如企业服务总线。

5.6 领域驱动设计

在应用架构的设计中，领域驱动设计（Domain Driven Design，DDD）占据着非常重要的位置，可以说 DDD 是应用架构设计的核心。

DDD 为我们提供了一种架构设计方法，既面向业务，又面向技术，从业务需求到领域建模，从领域服务到技术转化，强调开发人员与领域专家协同。DDD 是埃里克·埃文斯（Eric Evans）在 2003 年出版的《领域驱动设计：软件核心复杂性应对之道》（*Domain Driven Design: Tackling Complexity in the Heart of Software*）一书中提出的具有划时代意义的重要概念，不过这种领域建模和设计的思想其实早在 20 世纪就有很多设计人员重视起来。DDD 通过统一语言、领域模型、领域划分和服务划分等一系列手段来降低软件复杂度。

DDD 的核心思想是业务与技术相结合的一种过程，既强调业务的理解，又强调应用领域建模方法的使用。DDD 本质上是面向对象分析的扩展和延伸，它基于面向对象分析技术进行了分层规划，同时对其中的核心概念和划分做了详细的指引。

5.6.1 DDD 的价值

DDD 对应用架构设计有非常大的指导作用，具体如下所示。

- 统一语言：团队成员会在有界的上下文中有意识地形成统一语言，便于沟通，减少分歧，以一种所有干系人都能理解的通用语言为相互交流的工具，在交流的过程中形成领域概念，然后将这些概念设计成领域模型。

- 业务知识沉淀：DDD 不以人为中心，而以业务为中心，通过承接业务架构的业务流程和业务能力，并且通过领域知识进行转化，进而反哺业务架构和应用架构。

- 边界清晰的应用服务划分：用领域模型划分边界来界定哪些需求是合理的，一些需求应该在什么地方实现，不断拉齐团队成员对需求的认知，让设计更加清晰和规范，分而治之，控制规模。

- 关注点分离：领域模型与数据模型分离，业务复杂度与技术复杂度分离，保持结构清晰，以应对不可预测性挑战。

- 团队协同：业务人员和设计人员共同参与，这样有助于创建大家都能理解的通用模型，并用该模型来沟通业务需求、数据实体和过程模型。

- 模型可扩展：很好地对业务需求进行了到领域服务的转化，同时是微服务及项目落地开发的纽带，领域模型是可扩展且易维护的，也提高了相应的可重用性和可测试性。

当然 DDD 也不是万能的，在采用 DDD 之前，我们需要考虑是否真正需要，思考以下几个问题可以帮助我们做出判断。

- 是否以数据为中心，所有操作都是数据库 CRUD？

- 业务逻辑是否只是少量的业务场景和用例？

- 应用功能是否稳定？

- 是否已经对业务领域足够了解？

如果以上问题的答案基本都是"是"，说明系统并没有复杂的业务逻辑，则可以用一般的面向数据的架构或者事务脚本等模式。但如果业务逻辑复杂、变化频繁、团队对该领域还缺乏一定的认知，需要进行领域模型和服务的梳理，那么 DDD 会帮助我们抽象和解决问题。

5.6.2　DDD 的设计理念

DDD 大体的分析过程如图 5-6 所示，其中比较关键的几个切入点是通用语言、领域、限界上下文。

1）通用语言（Ubiquitous Language）

业务人员和技术人员在协作过程中，如何讲同一种语言？在 DDD 中用通用语言来解决。通用语言是理解业务需求和梳理领域知识的过程，也是团队中各个角色就系统目标、范围与具体功能达成一致的过程。通用语言可以定义公共术

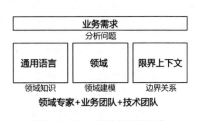

图 5-6　DDD 的分析过程示意

语，减少概念混淆，消除歧义和理解偏差，提升需求和知识消化的效率，达到概念和代码的统一，使得虚拟概念和具体实现一致。

通用语言可能由团队所有相关角色参加，如业务代表、产品经理、业务架构师、技术架构师、开发人员。同时，领域专家也非常关键，领域专家需要对业务

领域非常了解，或者能够跟领域专业人员学习到足够的领域知识。

通用语言建立的过程并不容易，因为技术人员和领域专家在沟通过程中存在"天然屏障"：技术人员考虑的是类、方法、算法、继承、封装、代码等；这些领域专家是不太懂的，他们考虑的是订单流程、库存状态、商品类目等。因此，在建立领域知识的时候，双方必须交换知识，彼此深度参与，才可能得出领域模型。知识的范围涉及领域模型的各个元素，如果一方感到困惑，那么应该立刻换一种方式，直到双方能够理解一致。

2）领域（Domain）

领域是用于确定范围和边界的，DDD 将业务上的问题限定归属在特定的边界内，而这些边界就可以叫作领域。为了降低业务理解和系统实现的复杂度，DDD 会将领域进一步划分为更细粒度，也就是子域。子域根据自身的重要程度和功能属性又可以划分为三类子域。

- 核心域：决定应用和系统核心竞争力，它是决定业务是否成功的主要因素，比如电商系统中关注的会员、商品、订单、交易、库存、营销等。
- 通用域：没有太多个性化的诉求，同时被多个子域使用的通用功能子域是通用域，比如统一的认证和权限管理系统。
- 支撑域：既不包含核心竞争力的功能，又不包含通用功能的子域，但该功能子域又是必需的，也就是支撑域，比如某个特定领域的数据字典。

领域中的核心是领域模型（Domain Model），领域模型具备自己的属性行为状态，并与现实世界的业务对象相映射，领域模型之间具备明确的职责划分，领域对象元素之间通过聚合和引用来关联相应的业务规则，同时反映通用语言中的领域知识。领域模型通过提炼领域对象，定义领域对象之间的关系、属性和行为，属于 DDD 的核心产物。

3）限界上下文（Bounded Context）

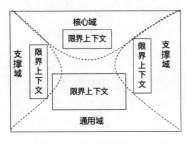

图 5-7　DDD 领域与限界上下文

领域帮助我们对系统进行拆分，而限界上下文帮助回答各领域之间的边界及它们如何交互，如图 5-7 所示。DDD 中有一个形象的比喻，"细胞之所以会存在，是因为细胞膜定义了什么在细胞内、什么在细胞外，并且确定了什么物质可以通过细胞膜"。这个"细胞膜"就是对限界上下文很形象的举例。再举个例子，我们在平时的人际沟通中，为了避免同样的词语产生歧义，我们会把这个词语带入语言上下文中去理解其语义。比如，当谈到"苹果"时，有的人可能想到平时吃的水果，而有的人可能想到苹果手机。

限界上下文是一个显式的边界，领域模型便存在于这个边界之内，通用语言必须限制在这个限界上下文之中。在微服务设计中，一般一个限界上下文理论上就可以设计为一个微服务。限界上下文对应用的边界交互有重要作用，可以帮助我们保持模型的一致性，避免边界之外问题的混淆。这一点很重要，因为在大多数组织中，某些术语在不同的业务领域或团队中有不同的含义。

在限界上下文中，通过上下文映射图（Context Map）确立上下文之间的关系，通过上下游来表达依赖，最后形成限界上下文如何在应用程序中相互配合的全局视图。上下文的交互方法有多种，在实际工作中，目前使用比较广的是防腐层和统一协议。

- 已发布的语言（Published Language）：两个上下文使用共同的语言，比如 SOA 服务总线定义了一堆 XML 模型，或者基于共享的文件或数据库，上下文可以基于此进行直接交互。

- 开放主机服务（Open Host）：又叫统一协议，为上下文之间的服务定义一套包含标准化数据结构在内的协议，比如基于 HTTP 风格的 RESTful 接口协议。

- 共享内核（Shared Kernel）：两个上下文使用一个共同的代码内核作为通用语言，比如两个工程使用同一个 Bean 基础模型库。

- 客户/供应商（Customer/Supplier）：一个上下文使用另一个上下文的服务，有显著的上下游依赖关系，比如基于 RPC 的服务交互方式。

- 顺从者（Conformist）：一个上下文使用另一个上下文的服务，但彼此之间的关系并不紧密，比如基于消息传递机制的交互模式。

- 防腐层（Anti-Corruption Layer，ACL）：使用一层适配层来协助上下文的交互，隔离业务逻辑，比如在商品子域和采购子域之间提供防腐层，将商品的变更进行收口，隔离子域内的后端业务实现。

这里先就领域和限界上下文举一个简单的例子，此处举一个关于购物车订单支付下单的例子。购物车进行在线的支付授权，订单处理下单过程，并触发支付域的付款结算。这里我们简化整个建模的过程，假设已经抽象出购物车域、支付域、订单域（通常购物车域也可以被包含在订单域内）。图 5-8 中只展示了核心的 Cart、Payment、Order。领域之间通过限界上下文进行交互，因为购物车域和支付域密切相关，需要等待支付授权，我们通过 ACL 进行关联；而订单下单和付款动作相对解耦，通过领域事件（后文会介绍）在订单已下单后，触发支付域的付款动作。

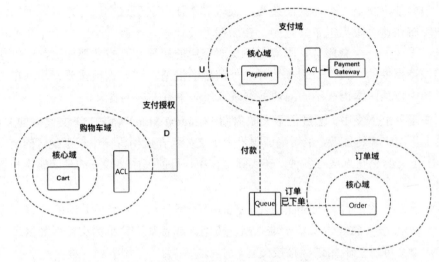

图 5-8　DDD 的一个简单例子

5.6.3　DDD 的核心概念

DDD 在构建领域模型的过程中，涉及比较多的概念，如图 5-9 所示。这里着重解读一下以下几个。

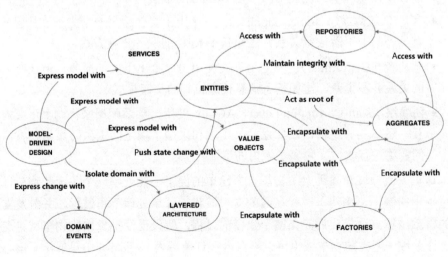

图 5-9　DDD 的核心概念

1）实体（Entity）

实体是一个具有唯一身份标识的对象，并且可以在相当长的一段时间内持续变化。我们可以对实体进行多次修改，一个实体对象可能和它先前的对象大不相同，但拥有相同的身份标识，即依然是同一个实体。对实体而言，重要的不是其属性，而是其延续性和身份标识。应用可以自动为实体生成唯一标识，比如 JDK 自带的 UUID、数据库的自增序列；有时也需要考虑综合业务语义，比如通过业务属性、时间、IP 等因素生成。

另外，实体具有可变性，这里需要引出两个概念：贫血模型和充血模型。贫血模型与 Bean 或者 DO 对象类似，一般只有 Getter 和 Setter 方法，只作为保存状态或者传递状态，不包含业务逻辑，这种只有数据没有行为的对象不是真正的领域对象；DDD 中的实体属于充血模型，会封装包含这个实体相关的所有业务逻辑，它既是多个业务属性的载体，又是操作或行为的载体。以订单（Order）为例，Order 有下单、发货和退单等行为，面向数据设计方式是将这些行为放到另一个服务 OrderService 中，而不是 Order 对象中。

2）值对象（Value Object）

值对象是只关心属性的对象，并且是一个没有标识符的对象。值对象本质上是一个集合，这个集合中包含若干用于描述目的、具有整体概念和不可修改的属性。它可以避免属性零碎，使属性归类更加清晰，从概念理解上也更加完整。值对象在领域模型中是可以被共享的，它们应该是不可变的，当有其他地方需要用到值对象时，可以将它的副本作为参数传递。

值对象与实体的区别在于，值对象一般依附于实体而存在，是实体属性的一部分。值对象没有唯一标识，当任何属性发生变化时，都意味着新的值对象产生。值对象功能单一，一般是贫血模型。以 Order 为例，订单下的送货地址（Address）就是典型的值对象。Address 并不随着 Order 的产生而产生，它相对不变，也不需要单独标识。

3）领域服务（Domain Service）

领域中的一些概念不太适合建模为对象，它们本质上是一些操作、一些动作，代表领域中一个重要的行为。这些操作或动作往往涉及多个领域对象，并且需要协调这些领域对象共同完成这个操作或动作，这就是领域服务。领域服务有一个重要的功能就是可以避免领域逻辑泄露到应用层。如果没有领域服务，那么应用层会直接调用领域对象完成本该领域服务执行的操作。

领域服务体现的行为一定是不属于任何实体和值对象的，但它属于领域模型的范畴，同时领域服务应该是无状态的，应确保领域服务和通用语言是一致的。领域服务是无状态的，领域对象是有状态的。虽然服务本身也是对象，但它没有属性，只有行为，因此说它是无状态的。以订单发货（OrderDelivery）为例，需要 Order 和履约两种实体之间通过一定的业务逻辑，确保事物可以作为领域服务。

4）聚合（Aggregate）

聚合的核心思想是将关联减至最少，这样有助于简化对象之间的遍历，使用一个抽象来封装模型中的引用。聚合由两部分组成：一部分称为根实体，是聚合中的特定实体；另一部分描述一个边界，定义聚合内部有什么。根实体是聚合中所包含的一个特定实体，是唯一允许外部对象保持对它的引用的元素，而边界内部的对象之间可以互相引用。除根实体外的其他对象都有本地标识，但这些标识只有在聚合内部才需要加以区分，因为外部对象除根实体外看不到其他对象。

聚合行为被视为一个整体，在每个行为完成时，必须满足聚合内部所应用的固定规则的要求，即保证数据变化的一致性。根实体最终检查固定规则，如删除操作必须一次删除聚合边界之内的所有对象。过程中有一些最佳实践，比如可以设计一些小的聚合，通过唯一标识引用其他聚合，并且在边界之外考虑最终的一致性。比如，订单域可能有很多实体，如 Order、子订单、订单明细、地址、物流信息、支付信息等，而在我们将它们聚合为订单域后，这些实体都聚焦在一起，并由 Order 这个实体作为聚合根对外交互。

5）工厂（Factory）

当创建一个对象或创建整个聚合时，如果创建工作很复杂，或者暴露了过多的内部结构，则可以使用工厂来进行封装。也就是说，将创建复杂对象的实例和聚合的职责转移到一个单独的对象，这个对象本身在领域模型中可能没有职责，但它也是领域设计中的一部分。设计模式中的工厂类和工厂方法与领域模型中的工厂概念是相似的，其可以帮助我们封装复杂的对象创建过程。

我们可以把工厂作为一种创建复杂对象和聚合的实现方式。工厂用来封装对象创建所必需的知识，它们对创建聚合很有帮助。当聚合的根建立时，所有聚合包含的对象将随之建立。

6）资源库（Repository）

在 DDD 中，资源库作为对象的提供方，能够实现对象的持久化，解耦领域内业务逻辑与底层持久化。如图 5-10 所示，每个聚合类型可以对应一个资源库，过程中需要避免实体和值对象成为单纯的充血模型，我们需要资源库把 ORM 框架与领域模型隔离，以屏蔽数据访问的技术复杂度。资源库可以获取持久化对象，使应用程序和领域设计与持久化技术解耦，让我们始终聚焦于模型，并且将所有对象的存储和访问操作交给资源库来完成。在面向接口和依赖注入机制支持下，资源库也容易通过 Mock 等方式进行测试。

图 5-10 资源库模式

工厂和资源库之间存在一定的关系，它们都能帮助我们关联领域对象的生命周期。然而，工厂关注的是对象的创建，而资源库关心的是已经存在的对象。当一个新对象被添加到资源库时，它应该是先由工厂创建过的，再被传递到资源库，以便更好地保存它。另外，资源库和数据访问对象（Data Access Object，DAO）的作用类似，但也有所不同，资源库以"领域"为中心，所描述的是"领域语言"，不涉及数据库实现的细节；而 DAO 是比资源库更低的一层，其包含如何从数据库中提取数据的代码。

7）领域事件（Domain Event）

领域事件表示领域中所发生的重要事件，在事件发生后通常会导致进一步的业务操作，或者在系统其他地方引起反应。领域事件非常重要，我们在系统设计过程中经常需要解耦，技术人员一般通过 MQ 方式进行；架构人员可能采用事件驱动架构（Event Driven Architecture，EDA）的方式。Serverless 架构中核心的就是基于事件编程，这一切的核心就是对领域事件的设计，不过当前大部分系统事件（Event）设计比较随性，从而导致 Event 滥用和无用情况发生，而领域事件是对我们很好的指引。比如，在订单的例子中，在订单下单后，会进行库存冻结、支付状态更新、物流同步等，这些都是对系统事件良好的解耦设计。

- Event 命名：Domain Name +动词的过去式+ Event，如 OrderCreatedEvent。
- Event 内容：Enrichment（Payload 中放 Data），Query-Back（通过回调拿到更多的 Data）。
- Event 管理：通过 MQ 等保存所有的 Events，并提供良好的 Event 查询和回溯。

- Event 处理：事件构建和发布、事件数据持久化、事件总线、消息中间件、事件接收和处理等。

下面通过图 5-11 就前文提到的一些核心概念做一个总结。

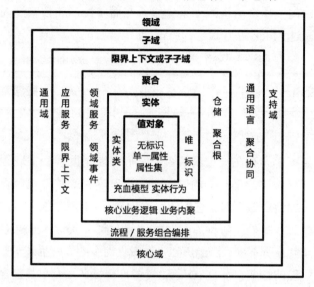

图 5-11　DDD 核心概念总结

5.6.4　DDD 常用的分析方法

DDD 常用的分析方法主要有用例分析法、四色建模法和事件风暴法。

1）用例分析法

用例分析是比较通用的领域建模方法，可以在比较传统的需求调研过程中结合领域模型的设计思路进行，核心是通过业务需求、场景流程等梳理用例，进而规划领域模型。

用例分析的前提是业务架构的需求输入，其中核心是业务能力与业务流程，比如电商领域的订单寻源、库存锁定、商品价格计算、优惠券核销等业务能力，以及订单处理、分单和拆单、逆向退款等业务流程。每个用例应该面向一个或多个场景，场景主要说明应用是如何和最终用户互动的，也就是谁可以使用应用做什么，从而获得一个明确的业务目标。编写用例时要避免使用技术术语，应该使用最终用户或者领域专家可以理解的语言，进而我们可以基于用例分析法，根据语义来整理用例，然后整理领域模型，大概步骤如下。

- 收集用例：从业务能力、业务流程、业务需求描述中进行提取，收集相应的名词、动词、形容词，以及对应的业务场景。

- 提取实体：从名词中定位出主要实体，如商品、SKU、品类等。
- 提取属性：从形容词中添加实体属性，如颜色、价格等。
- 添加关联：从动词或形容词中添加实体和实体之间的关联，如商品"包含"SKU，卖家"开设""多家"店铺等。
- 完善模型：识别出初步模型，验证并迭代模型，同时补充用例验证模型、业务流程验证模型。

举个关于电商的例子，假设有这样的需求描述："会员使用代金券兑换了很多促销的商品。"我们先从名词"会员""代金券""商品"中提取实体，并从形容词"促销的"提取商品的属性，进而将动词"使用""兑换"识别成关联，同时结合行业知识得知，代金券属于优惠券的一种，最终得出如图 5-12 所示的领域模型。

图 5-12 用例分析法举例

2）四色建模法

四色建模法在实践中也比较常用，其包括以下几个核心概念。

- 时间记录（Moment-Interval）：具有可追溯性的记录运营或管理数据的时刻或时段对象（如用粉红色表示）。
- 人货场（Party-Place-Thing Archetype，PPT）：代表参与到流程中的参与方、地点、物（如用绿色表示）。
- 角色（Role）：在时间记录与 PPT 对象（通常是参与方）之间参与的角色（如用黄色表示）。
- 描述（Description）：对 PPT 对象的一种补充描述（如用蓝色表示）。

简单地说，四色建模法关注的是，某个人（Party）的角色（PartyRole）在某个地点（Place）的角色（PlaceRole）用某个东西（Thing）的角色（ThingRole）做了某件事情（Moment-Interval）。

下面以一个课程报名缴费的例子对四色建模法进行说明。如图 5-13 所示，报名人可以为学生进行报名，产生对应的报名登记记录和课程表，进而缴费人进行缴费，产生缴费记录。在这个过程中，"人"有学生和课程，对应的"角色"是报名人和缴费人，完成的"时间记录"是报名登记记录、课程表及缴费记录，再加上一些补充描述。

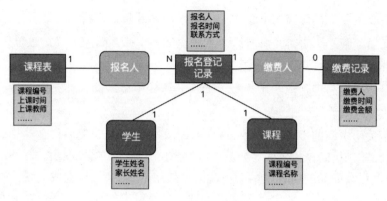

图 5-13   四色建模法举例

3）事件风暴法

事件风暴又称事件建模，与头脑风暴类似，可以快速分析复杂的业务领域，完成领域建模的目标。事件风暴是事件驱动设计的典型代表，是一种快速、轻量且未得到充分认可的群体建模技术，它对于加速开发团队非常适用。事件风暴法关注以下元素。

- 事件：发生了什么事情，产生了什么结果（如用橘黄色表示）。
- 属性：事件的输入、输出，是对时间的细化描述。
- 命令：某个动作的发起者，可能是人、外部事件、定时器等（如用蓝色表示）。
- 领域：领域的聚合、内聚、低耦合，聚合内部保证数据的一致性（如用黄色表示）。

简单理解就是谁在何时基于什么（输入）做了什么（命令），产生了什么（输出），影响了什么（事件），最后聚合成了什么（领域）。

事件风暴催化并加速整个建模过程，强调正确的人（业务人员、领域专家、技术人员、架构师、测试人员等关键角色都要参与其中）、开放空间（有足够的空间可以将事件流可视化，让人们可以交互讨论）、即时贴（至少三种颜色），关联的人充分讨论，集体决策，从价值角度来审视业务流程的合理性。领域事件容易促使业务人员和非业务人员达成共识。

下面通过一个电商的例子说明事件风暴的主要过程，如图 5-14 所示。首先，我们基于业务流程和业务流程的输入，对事件进行头脑风暴，主要识别应用层面的主要状态结果，比如识别出"商品已创建""库存已扣减""订单已支付"等；其次，我们来识别命令，即什么人做什么事，可以识别出运营人员可以添加商品和编辑库存，用户可以创建订单，并伴随着对应的事件；再次，我们来进行聚合，即将相关的实体聚合在一起，可以看到商品、库存、订单三个领域初步识别，并与相关的命令和事件结合在一起；最后，我们对这些领域进行边界划分，识别出对应的限界上下文。

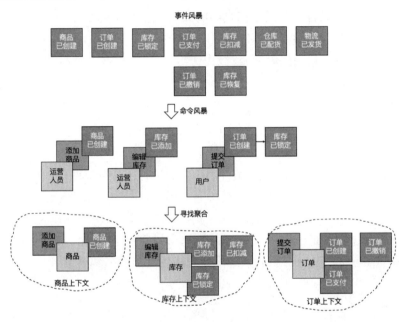

图 5-14　事件风暴举例

5.6.5　DDD 分层架构

DDD 在具体落地实施的过程中，强调四层分层结构，将核心概念进行有效的整合，各层的职能定义如图 5-15 所示。

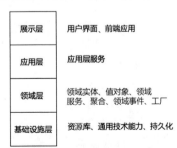

- 展示层：负责向用户界面或前端应用显示信息，完成前端用户交互。展示层的组件主要实现用户与应用交互的功能，因此它又叫用户接口层。一般建议用 MVC、MVP 或者 MVVM 模式来分隔组件为子层。

- 应用层：应用层是很薄的一层，负责展示层与领域层之间的协调，它是与其他系统

图 5-15　DDD 四层分层架构

的应用层进行交互的必要渠道，负责对领域层组件进行简单封装，例如事务、调用应用程序的任务。应用层要尽量简单，不包含业务规则或者知识，不保留业务对象的状态，只保留应用任务的进度状态，更注重业务能力或者业务流程的相关展示。应用类似于 Façade 模式，调用领域层和基础设施层来完成协调。

- 领域层：领域层是 DDD 的核心，包含一些核心概念，如领域实体、值对象、领域服务、聚合，以及它们之间的关系。它主要负责表达业务概念、业务状态信息及业务规则，具体表现形式是领域模型。DDD 提倡充血模型，即尽量将业务逻辑归属到领域对象上。

- 基础设施层：基础设施层向其他层提供通用的技术能力，为应用层传递消息（如 API 网关等），为领域层提供持久化机制（如数据库资源、中间件交互等），屏蔽技术底座能力（如底层服务的健康度检查、配置参数等）及其他通用的工具类服务。

除了比较经典的四层分层架构，DDD 还有一种松散分层架构，即平面型分层架构，如图 5-16 所示。平面型分层架构通过划分内部和外部，系统由内而外围绕领域模型展开。领域部分位于最内层，应用程序包含领域模型和业务逻辑，对于外部而言，通过各种适配器进行上下文集成，包括数据持久化、第三方数据集成，同时基于依赖注入和 Mock 机制，适配器完成便捷的替换和模拟。

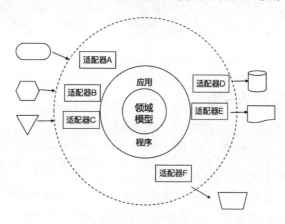

图 5-16 平面型分层架构

不论哪种分层架构，都遵循以下几个通用的 DDD 分层原则。

- 无环依赖原则：组件的依赖关系中没有环路，如果出现，则需要打破循环依赖。

- 稳定依赖原则：被依赖者应该比依赖者更稳定，同时组件的抽象程度应该与其稳定程度保持一致。一个稳定的组件应该是抽象的，这样便于扩展。

- 依赖倒置原则：高层次的模块不应该依赖低层次的模块，它们都应该依赖抽象。抽象不应该依赖具体，具体应该依赖抽象。

5.6.6　DDD 与周边概念的关系

下面我们来看看 DDD 与一些周边概念的关系。

1）DDD 与数据驱动设计的关系

DDD 给我们带来的是设计模式的改变。DDD 的设计模式与传统的面向数据驱动的开发模式有明显的区别，如图 5-17 所示。数据驱动设计从数据出发，先梳理 E-R 图（实体-联系图），设计数据库表结构，编写 DAO，然后实现业务逻辑。数据驱动设计主要采用贫血模型，业务逻辑散落在大量的方法中，当系统越来越复杂时，开发时间将成倍增长，维护成本很高。DDD 从领域出发，分析领域内模型及它们之间的关系，并进行领域建模，设计核心业务逻辑，进而实现技术细节。通过 DDD，定义领域模型，从而确定业务和应用的边界，保证业务与代码的一致性。在 DDD 中，领域模型和数据模型是解耦的，有时也不是一一对应的，因此在应用 DDD 进行设计时，一定要摆脱数据模型优先的束缚，不要让领域模型被数据模型"绑架"，设计出合理的领域模型是首要任务。

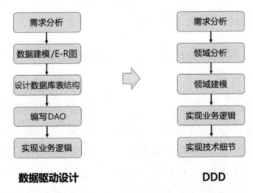

图 5-17　数据驱动设计与 DDD 的不同

2）DDD 与微服务的关系

微服务是技术层面的分布式技术架构模式，是技术实现和部署的范畴，它提倡将应用划分成更细粒度的服务，服务之间互相协调、互相配合，为用户提供最终价值。DDD 根据限界上下文设计出的领域模型和领域服务，通过微服务进行落地，并结合微服务及其他分布式技术（如 DevOps、CI/CD、秒杀、全链路压测等），加速系统的落地。一个域服务可由一个微服务来实现，也可根据 DDD 领域分析拆分为多个微服务，对外集合成统一的域服务。

3）DDD 与企业架构的关系

DDD 在企业架构中扮演着重要的角色。DDD 不仅是应用架构中领域建模重要的设计方法，同时在企业架构中承接业务架构，并对技术架构及具体落地时微服务等技术实现都有着重要的指导作用。更重要的是，DDD 建立了共同语言，让企业的业务人员和技术人员可以高效地沟通。同时，有些企业强调共享能力中心的设计和沉淀，DDD 可以作为其模型和服务建设方法，结合其他架构服务设计模式及相关的最佳实践，助力企业的架构设计与规划。

4）DDD 与开发实施的关系

DDD 带来了很多好处，本质上是设计模式的改变，让领域与数据解耦，从业务需求出发，从领域出发，分析领域内模型及它们之间的关系，并进行领域建模，设计核心业务逻辑，进而实现技术细节。DDD 起到了承前启后的关键作用，其不仅将业务人员和技术人员连接起来，还把系统从需求、设计、开发、部署、运维整个生命周期环节有效地串接起来，DDD 更多地从总体和顶层设计，从问题域、解决方案域、业务模型角度，不深度干预其他环节细节，边界清晰，关注点分离。

5.7 应用架构的设计方法

下面我们来看看应用架构的设计方法。应用架构的设计大概分为以下几个阶段。

1）阶段 1：准备阶段

准备阶段的首要工作是需求分析准备。通过业务架构中的业务能力与业务流程，进一步梳理业务流程，提取业务活动及相关操作。这个阶段要和业务团队紧密合作，了解真实的业务流程和业务需求，并通过业务语言建立统一的沟通语言，确定相关的流程图、状态图，对可能的业务域及相关的业务能力进行描述，识别关键场景和热点域。同时，要多方面收集信息，收集信息时可以从局部到整体或者从整体到局部，尽量将各域的关键信息都收集到。

2）阶段 2：领域模型设计

通过 DDD，结合第一阶段的需求分析，整理收集到的关键信息，并通过 DDD 的用例分析法、四色建模法或者事件风暴法，初步识别领域服务及相关的界限上下文等关键信息，进而得出初步的领域模型。在此过程中，分析应用相关的业务功能和应用组件，构建业务活动与应用的关系，建立映射，进而通过领域建模，识别核心领域功能、领域模型，分析应用架构的风格，并初步梳理应用架构对技术架构和数据架构的风格要求。

3）阶段 3：服务设计

服务设计主要包括服务识别、服务筛选、服务目录、服务分类、服务接口等。

- 服务识别：基于领域识别的服务，初步基于分层原则进行梳理，如服务之间的依赖关系、独立原则，作为候选服务列表。
- 服务筛选：对候选服务进行评估和筛选，可以从范围、复用度、敏捷度、能力要求、易用度、边界、风险、性能等多维度考虑。
- 服务目录：定义服务应用领域，定义服务和应用的边界，定义服务规约，识别服务类别和范围，如功能范围、安全策略、交互模式、质量要求等。
- 服务分类：根据服务的不同层次对服务进行分类，可以分为企业服务、应用服务、流程服务、数据服务、共享服务、微服务、集成服务等。
- 服务接口：进行服务的接口描述，为实现做指引。将抽象出来的业务服务进行接口化梳理，需要做到职责单一、进行版本管理等。

4）阶段 4：应用架构初步设计

此阶段进一步从整体分析应用架构。通过整体的一张图体现系统核心应用的分布，以及它们之间的交互关系，为后续数据架构和技术架构作为重要的输入。这时候，我们得到了初步的应用架构，接着可以进一步分析现状应用架构和目标应用架构，此时不用关注如何实现这个过渡，重点是明确当前和未来，进而我们可以通过架构委员会，对应用架构进行整体的评估，并且可以邀请相关的业务和技术专家参与。我们要重点分析应用架构的各个组成要素，现状应用架构和目标应用架构，领域模型和服务设计是否合理，是否可以指引后续架构和项目的进行，使得企业所有人员可以清晰地了解应用架构的定位与发展方向。

5）阶段 5：优化迭代

应用架构需要不断地迭代和优化，因为应用架构涉及系统的方方面面，连接着业务和技术，在这个过程中我们很容易有考虑不周之处，这就需要制订一个迭代的计划，同时需要包含架构治理层面，如用架构的评估和激励机制加以支持。

此外，从服务生命周期的完整性角度来说，除了服务设计，还涉及计划、设计、实现、测试、发布、运行、升级、弃用等生命周期。下面补充一些环节，大部分需要在后续章节的技术架构部分加以考虑。

- 服务实现：通过 DDD、微服务或者云原生方式，进行服务的实现，并考虑服务接口、版本、协议，以及服务开发、测试等流程。
- 服务注册：注册中心的协调，如注册中心与服务消费者、提供者之间的同步及问题排查等，确保相关的数据一致。
- 服务组合：通过对服务进行编排，构建组合服务或者流程服务，实现企业的业务流程，或者通过更友好的界面配置等低代码能力简化实现。
- 服务发布：服务对外发布，包括服务注册极限的管理，通过服务注册中心使得服务提供者和消费者可以进行交互。此过程包括灰度发布、滚动发布等发布形态。
- 服务部署：将服务部署到运行环境中，可以采用静态或者动态部署方式，并且需要考虑系统的资源，包括扩容、版本管理、升级策略等。
- 服务监控：监控服务的健康状况，如服务链路情况、基础资源情况等，对服务的安全性、性能和可用性进行服务追踪、性能优化、一致性和兼容性管理。
- 服务测试：测试服务的功能性和非功能性指标。
- 服务终结：服务的最后一个状态，不仅需要更新注册中心中服务的状态，还需要考虑终结的节奏，比如灰度分批，并与业务方沟通好。
- 服务治理：包括服务新增、修改、删除等版本管理，对应的升级替换管理，以及服务质量保障，如提供服务的 SLA 管理、部署和验收、集成管理等。
- 服务安全：对服务进行必要的访问控制、鉴权控制及必要的数据保护等。

在应用架构设计过程中，可以采用一些理论和工具，如 DDD、ArchiMate、UML（统一建模语言）等。不过，应用架构的重点是进行应用功能和服务能力的识别，最终的结果可以借助文档、绘图工具，我们可以选择通用的架构设计工具，如 PPT、Visio、Visual Paradigm、OmniGraffle、ProcessOn 等。

5.8　应用架构的设计原则

应用架构有比较多的参考设计原则，包括应用设计原则、服务设计原则、服务分层原则、微服务设计原则、接口设计原则、开发设计原则等。在实践过程中，我们可以选择性地加以参考。

5.8.1　应用设计原则

应用设计的总体原则可以借鉴第 1 章中介绍的架构设计原则，即正交性、高内聚、低耦合、简单适用等。此外，在应用设计过程中，还有如下参考。

- 边界清晰：每个应用的范围和边界要清晰，没有重叠，无重复定义的应用功能，同时应对应合理的组织。
- 拆分和分层：在满足业务需求的情况下，多考虑应用和系统如何拆分和分层，控制粒度，将核心、稳定、可复用的业务能力进行抽象和沉淀。
- 线性扩展：企业需要采用去中心化架构，服务尽量无状态，便于水平扩展。在设计时，还需要考虑应用和服务的扩展能力，如流程扩展、服务扩展、编排扩展、界面配置，以及开放能力和对外集成能力等。
- 数据化运营：应用功能内部数据共享最大化，应用功能之间共享最小化。通过运营指标驱动，增强数字化运维、监控告警、限流降级、性能分析和诊断等方面的能力。
- 异步化：互联网应用一般不苛求强一致性，而使用最终一致来平衡。在业务允许范围内，尽可能采用异步解耦，比如不同域之间异步调用，核心业务异步调用非核心业务，而同步调用的，需设置超时时间及重试机制等。
- 自动化管控：提升自动化运维能力，如自动部署、自动弹性扩容、自动升降级、自动限流降级等，降低运营成本，提高系统的稳定性和业务连续性。

5.8.2　服务设计原则

应用架构是以服务为中心的，在进行服务设计时需要遵循以下原则。

- 稳定性原则：一切以系统稳定为核心，不允许过度设计，应用架构应尽可能清晰、简单。
- 松耦合原则：各个应用确保稳定部分与易变部分、核心业务与非核心业务、服务提供者与服务消费者、核心服务与非核心服务、应用与数据、服务与实现细节等分离。
- 抽象化原则：确保应用抽象化、数据存储抽象化、服务计算抽象化。
- 容错原则：通过自治、冗余、延缓等手段提高服务的容错能力，通过服务自治、服务隔离、限流降级等避免出现连锁反应，通过集群容错、避免单点、服务中心容灾等提高系统容错能力。

- 安全性原则：采用多层安全防火设计，提高系统的故障恢复、应急响应能力，阻止来自外部的非法访问，预防黑客攻击，服务数据等安全合规，系统应具备数据备份和恢复能力等。

- 规范统一原则：通过统一接口方式和管控手段，统一规划建设、统一标准管理，信息共享，协同合作。

- 开放扩展原则：服务的数据交换符合行业标准，提供服务的扩展能力，包括服务流程、服务接口、应用等多层次定制化扩展能力。

- 服务无状态原则：服务设计为可以伸缩的，并且可以部署到高可用性基础结构中，尽可能减少服务的状态，或者通过分布式存储方式来保存。

5.8.3 服务分层原则

服务分层对于服务设计非常重要。对服务进行分层后可以使我们讨论问题聚焦在某一层上，降低问题的复杂度。一些服务分层原则如下。

- 高内聚、低耦合：服务分层的首要原则是高内聚、低耦合，即服务内部高度内聚，服务外部降低耦合度。在分层时，我们可以每次从不同的角度进行，通过多次优化，减少服务与服务之间的依赖。

- 基于通用性进行分层：稳定、通用的服务向下沉淀，个性、定制化的服务向上沉淀，同时可以设计一些变化的分层来隔离变化。另外，还有其他考虑维度，如是否是非功能性服务、是否是平台类型服务、是否是重要服务等。

- 团队规模参考：以垂直业务划分开发维护团队，澄清跨团队服务消费需求，并订立服务契约，3～8 人的开发维护团队为理想规模。同时，需要架构委员会处理跨域冲突，处理有冲突的服务能力归属等跨组织的协调问题。

- 数据访问原则：数据归属应该单一化，跨域数据读写需要尽量减少，并且严格遵循依赖原则及接口访问原则。

- 服务依赖原则：服务分层访问，上层可调用同层或下层服务，禁止下层调用上层服务，同时要对跨层访问次数加以限制，为后续限流降级打好基础。

- 共享服务划分原则：是否足够通用、普适，是否高度抽象，可以被不同业务进行定制和扩展；是否有业务价值，可以解决某种通用的业务问题；是否有业务数据的持续输入，架构运营的核心是数据，如果一个服务数据输入不足，则可以先不考虑共享；是否能力相对稳定，共享服务会迭代变化，但不应该变化过于频繁。

5.8.4　微服务设计原则

这里从应用服务设计角度介绍一些微服务设计原则。

- 业务优先原则：当有冲突时，以业务需求为核心。

- 顶层架构设计原则：以业务架构为设计基础，遵循顶层业务架构的设计。

- 稳定性原则：以稳定为中心，设计得尽可能简单和清晰，不过度设计。

- 依赖和分离原则：需要把稳定的服务部分与易变的服务部分进行分离，把核心业务微服务与非核心业务微服务分离，应用与数据分离，服务接口与实现细节分离。

- 异步松耦合原则：不同业务域间尽量异步解耦；核心业务与非核心业务间尽量异步解耦。

- 垂直划分优先原则：尽可能根据业务领域进行服务的垂直划分，这样更加关注业务实现，端到端负责，便于持续改进，减少调用次数。水平划分需要充分从总体考虑。

- 持续演进原则：应逐步划分、持续演进，避免服务数量的"爆炸性"增长。当服务数量增加时，需要考虑持续交付、微服务监控与治理等环节。

- 服务自治原则：服务需要提供 SLA，保持稳定性，可以独立开发、测试、部署和运行，避免发生连锁反应。

- 自动化驱动原则：可以结合 DevOps 和 CI/CD 等自动化工具，以及成熟的微服务治理框架，提高微服务生命周期的自动化效率。

- 微服务拆分原则：优先拆分比较独立的服务、通用服务、边界明显的服务、核心服务。

5.8.5　接口设计原则

服务之间交流的契约是 API，一个好的接口应该是无状态、标准且兼容的，技术上目前采用比较多的是 RESTful API。下面介绍一些通用的接口设计原则。

- 合适粒度原则：平衡可维护性与易用性。可提供普适的粗粒度业务逻辑片段，根据需求增加精细化的服务接口。

- 强描述性原则：服务名和方法的意义明确，表意精准，服务模式明确，比如是同步还是异步。

- 内聚完整原则：从服务消费者的角度，考察提供服务的完整性、功能的自治性。

- 语义接口原则：接口信息使用语义化封装，内外隔离，接口信息对象独立于服务内部的实现信息对象定义。

- 接口普适原则：接口信息基本属性尽量使用跨语言的基本类型（字符串、日期、数值等）。

- 扩展兼容原则：在保证易用性的前提下，尽可能考虑扩展性，避免未来频繁更改接口，同时做好版本管理。

- 服务命名原则：自描述，易于理解，并且有意义。

- 契约先行原则：当与其他团队交流时，双方的交流基础就是接口，要形成契约意识，对双方形成强有力的约束，并为双方提供保障。

5.8.6 开发设计原则

在开发过程中，一些关于设计阶段的通用参考如下所示。

- 定义相关的技术规范：包括服务设计规范、接口设计规范、Java 开发规范、产品使用规范、数据库使用规范、部署升级规范、运维规范、编程规范、日志规范、工程规范、安全规范等。

- 应用开发原则：边界清晰、应用内数据共享；应用间依赖最小化，不存在循环依赖；应用可管理、可监控、可开发、可扩展。

- 服务开发规范：考虑如下设计，如超时重试、快速失败、结果可预期、服务无状态、幂等性、乱序可容忍、无循环依赖。

5.9 应用架构与周边概念的关系

我们来看看应用架构与周边概念的关系。

1）与产品的关系

应用架构可以体现企业产品化的规划，有时产品架构可以用应用架构的形式表达，其本质上是以产品的视角进一步抽象领域建模，进而进行高度的产品抽象。产品设计本身是一个很大的主题，是产品经理关注的事情，应用架构关注更多的是产品的组成部分及各组成部分之间的关系。图 5-18 展示了企业架构中应用架构与产品的关系，可以看出，产品的原型设计、上线试运营、效果监控、产品化迭代与企业架构有紧密的联系，其中应用架构具有重要的作用，包括产品组装、能力扩展、领域服务、领域模型、应用组件等，可以给产品从产品形态、运营模式、迭代开发等方面提供很多反馈，对企业业务运营模式、产品迭代方向有着重要的指导作用。

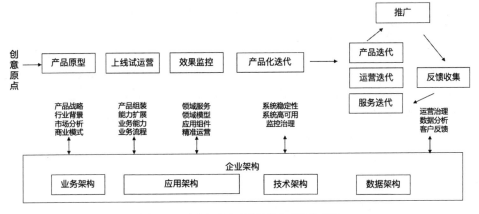

图 5-18　企业架构中应用架构与产品的关系

2）与解决方案的关系

有的企业在对外提供产品的同时，也对外提供解决方案，它们通过对客户聚焦的行业或特定领域提供解决方案，在服务好客户的同时也对产品进行更好地组合和优化。解决方案本身是企业架构之外的主题，不过从应用架构层面来说，解决方案属于整体的最上层，解决方案通过对产品、应用的组合，更加适应不同垂直细分客户的诉求。解决方案也可以进一步细分为行业解决方案、通用领域解决方案、产品定制解决方案、生态解决方案等，而行业解决方案还可以细分为新零售、金融、政府、教育、物流、医疗、能源、文化、旅游、房地产等。应用架构中的一些关键要素（如应用和服务）是否可以快速组合，是否可以重用和方便扩展，是否足够稳定等，也决定了解决方案的构建效率。

3）与服务、微服务的关系

应用架构与微服务的关系如图 5-19 所示。服务原则上有业务服务、应用服务、系统服务等多种分类。在业务架构中，业务服务要通过业务能力和业务流程来体现，在应用架构中是应用服务、系统服务所在的主体。应用服务是构成业务活动的基本单元，而业务活动是构成业务能力和业务流程的基本单元。同时，应用架构基于DDD，又可以分为应用层和领域层，也就是有

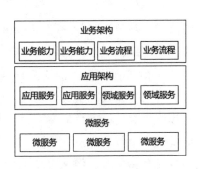

图 5-19　应用架构与微服务的关系

对应的应用服务和领域服务，通过层次的分离，可以很好地降低各个服务的复杂度及依赖度。

业务架构把企业的业务通过业务能力、业务流程及更细粒度的业务活动等具象化地展示出来。应用架构承接这些需求，通过 DDD，使用领域服务构建服务化能力，并通过服务化的功能接口等，逐步构建应用系统，同时结合业务发展，构建企业的产品和解决方案。微服务是应用架构的一种落地实现方式，其中很多设计原则的指导适合应用架构（如微服务的划分方法），同时涉及一些技术层面，这个在技术架构和项目运营治理中有所关联，如 DevOps 和 CI/CD。同时，微服务架构的设计过程从面向数据的过程转变为面向领域和面向服务的过程。微服务其实贯穿了应用服务设计、技术侧的微服务开发框架、项目管理与运维侧的持续集成和自动部署等。

4）与共享服务中心的关系

有些企业将核心能力以数字化形式沉淀为各种共享服务中心，并强调通用能力的沉淀，而本质上共享服务中心是应用架构的一部分，是其中共享应用或者共享服务的。应用架构的关键概念、DDD 建模方法、相关的原则规范对共享服务同样适用。在电商领域，后台系统（如商品系统、订单系统、库存系统等）以共享服务中心的方式，承担通用的共享能力，整合、屏蔽下层系统，提供前端敏捷访问。

5.10　应用架构参考设计

1．TAM 应用架构参考

TM Forum 理论提供了一个关于 The Application Framework（TAM）的企业应用架构的参考。TAM 是 TM Forum 中开放数字化架构框架的一部分，为企业应用架构框架提供了一个通用的方法，如图 5-20 所示。

TAM 涵盖产品、运营、服务、保障等纵向业务，以及市场销售域、产品管理域、客户管理域、服务管理域、资源管理域、供应商/合作伙伴域、企业管理域等多领域需要的应用功能参考，这些多维的应用功能地图为定义和复杂的应用系统提供了一个范例。这个模型既没有根据 DDD 给出分析的过程，也没有给出具体的领域模型和服务，但从整体上给出了一个企业在不同域中需要考虑的核心应用功能，有比较高的参考价值。

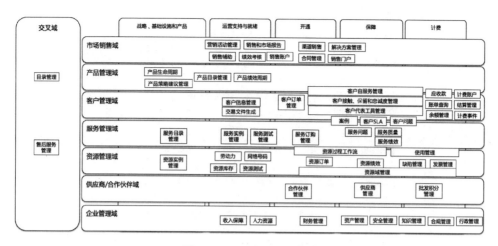

图 5-20　TAM 应用架构参考

2．企业 ABC 应用架构参考

新零售应用需要的功能和服务多样，接着前文提到的鞋服企业 ABC 案例，我们来看看应用架构如何进一步结合业务架构落地。在业务架构部分，一些业务能力，如商品流转能力、库存平衡能力、订单寻源能力、分润结算能力、会员营销能力等，同时伴随着很细致的业务流程。应用架构为了承载这些业务能力和业务需求，需要进行应用与服务的构建。图 5-21 所示为企业 ABC 应用架构框架参考，其大体把应用分为四层（其中业务能力承载自业务架构，这里先不包含进来）。

- 前台应用：面向不同的用户的前端触点应用，这些应用直接面向最终用户，是业务能力和业务流程的入口。比如，面向线下门店店员的 POS 系统，面向线上营销人员的自营电商、第三方电商，以及多种多媒体营销渠道（如微信、微博、抖音），或者一些直播、微分销平台等。

- 核心应用：支撑业务的核心能力，形成企业的共享复用能力，支撑业务能力和业务流程的沉淀，通过核心的领域服务进行承载，可能涉及企业的多个方面，如商品系统、渠道系统、库存系统、交易系统、用户系统、会员系统、营销系统、结算系统等。

- 后台应用：企业内部的稳态的管理系统，更多需要和核心应用及前端进行对接，提供企业内部管理的方方面面，如生产管理、物流管理、仓储管理、财务管理、人力资源管理、行政管理、物料生产管理、其他资源管理等。

- 基础设施：支持这些系统的基础设施，如计算设施、存储设施、网络、中间件、安全设施、云原生等。

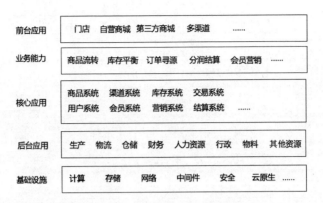

图 5-21　企业 ABC 应用架构参考

企业 ABC 在具体的核心应用系统设计中，进一步可以聚焦相关的主要能力、领域模型及领域服务，建模过程可以参考 DDD 及相关的应用架构设计方法，进而可以得到如图 5-22 所示的领域模型。整个设计过程的内容比较多，这里只做简要说明，这里仅展示几个核心的领域，比如用户域、会员域、营销域、订单域、商品域、库存域，里面的实体、值对象、领域服务及领域事件等仅展示部分内容。

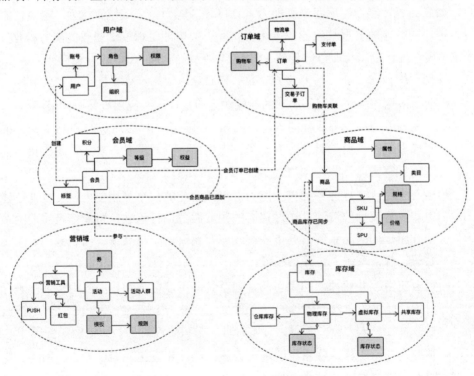

图 5-22　企业 ABC 核心领域模型

企业 ABC 对不同的核心领域进行应用系统建设，为了方便开发和管理，每个领域对应一个应用系统，这里简单总结一下这些应用系统的主要能力、核心模型（包括聚合、实体、值对象等）和核心服务（包括领域服务、领域事件等）。

1）商品系统

- 主要能力：建立和维护统一的商品库，并提供商品的管理和运营能力，为上层业务提供简单、统一的商品与服务。

- 核心模型：商品、类目、品牌、价格、属性、产品 SPU、SKU、商品详情等。

- 核心服务：基础数据管理，包括品类管理、产品 SPU 管理、SKU 管理、属性管理等；品牌类目管理，包括商品品牌的维护与查询，商品类目的维护与管理；商品发布管理，包括商品上架和下架管理、商品发布与编辑等；价格管理，包括销售价、批发价、零售价，以及价格生效/失效时间；商品组合管理，包括组合 SKU、临时组合等；评价管理，包括商品评价、回复管理等；产品管理，包括对产品模板的创建、编辑、查询、禁用等。

2）渠道系统

- 主要能力：建立和维护统一的上游和下游组织网络渠道，并提供地区、门店、店铺、供应商、经销商等管理和运营能力，为上层业务提供简单、统一的渠道与服务。

- 核心模型：门店、店铺、供应商、经销商、类目、地区等。

- 核心服务：渠道数据管理，包括对渠道的创建、编辑、查询、停用等；渠道关系管理，包括渠道与仓库的关系、渠道与组织的关系、供应商与组织的关系等；店铺管理，包括商户管理、店铺会员管理、店铺装修、店铺开通等；其他服务，如门店管理、供应商管理、经销商管理等。

3）库存系统

- 主要能力：对仓库统一管理，管理所有的物理仓、门店仓、电商仓，提供统一库存管理模型和算法，支持多渠道库存实时共享，基于虚拟库存模型实现库存共享和自动调配。

- 核心模型：实体库存、逻辑库存、共享库存、渠道库存、出入库单据、出入库单据明细、出入库通知等。

- 核心服务：库存管理，包括库存寻源、库存占用、库存共享、自动调配等；库存状态管理，包括可用、在途、占用、共享等；仓库管理，包括逻辑仓、实体仓、渠道仓的管理；货品管理，包括货品出入库、调拨、盘点等；库存同步，包括渠道仓库、逻辑仓库、实体仓库之间的同步。

4）交易系统

- 主要能力：交易系统也可以叫订单系统，新零售应用主要围绕订单来进行，负责企业业务交易订单的整个生命周期管理，包括订单生成、合并拆分、流转、发货、退换货等，涉及企业多种业务模式，如线下门店自提、线上销售、O2O等，特别是通过订单的不同交易节点进行流程编排和配置化等。

- 核心模型：主订单、子订单、订单状态、订单明细、订单日志、退货单、换货单、物流单。

- 核心服务：购物车管理，包括购物车商品添加、编辑、查询等；正向交易管理，包括交易订单生成、订单转换、发货通知等；逆向交易管理，包括商品换货、退货、退款等；订单数据管理，包括交易订单记录等；订单管理，包括订单拆分合并、订单寻源等；订单状态管理，包括已加购、待付款、待发货、已收货、售后中、退货中、退款中等。

5）用户系统

- 主要能力：存储和维护统一的用户和组织库，并提供人员信息、组织机构、用户信息的管理和运营能力，为上层业务提供统一的用户与服务。

- 核心模型：用户、员工、组织、角色、权限、账号等。

- 核心服务：组织管理，包括对组织级别、组织属性及属性组管理；人员管理，包括人员添加、查询、角色权限配置等；账号管理，包括系统账号、密码管理等。

6）会员系统

- 主要能力：统一会员生命周期管理，促进用户购物、提高用户黏性，提高AIPL转化，关注拉新转化、复购、客单价等。支持多个品牌会员体系，以及会员权益发放与兑换，会员积分、等级权益的服务，通过会员系统收集和分析会员的消费行为和画像；支持多种业务场景，如社交营销、消费即会员、无感积分等。

- 核心模型：会员、等级、权益、积分、成长值、画像、付费会员、会员标签等。

- 核心服务：会员运营管理，包括会员注册、个人信息维护、会员卡办理等；会员体系管理，包括会员体系的创建、积分规则、成长值规则、等级、权益等；会员积分管理，包括积分获取、核销、清零、兑换等；基础信息服务，包括成长等级、审核认证、行为触点服务、积分活动等。

7）营销系统

- 主要能力：提供营销体系，如活动支持满减、满赠、满折、特价、抽奖、红包等，支持营销活动规则的制定和发布，支持多渠道优惠券、折扣券的管理、发券及核销。

- 核心模型：活动模板、营销活动、活动规则、营销工具、优惠券等。

- 核心服务：活动模板管理，包括营销活动的策略类型、策略模板、规则配置、动作模板等；活动管理，包括基本信息、店铺圈选、商品管理、活动频次、触发条件，活动发布等；优惠券管理，包括优惠券的发放、领取、查询、使用、核销等。

8）结算系统

- 主要能力：提供企业核心财务结算管理，提供业务规则、结算规则、业务结算、财务对账等服务能力。

- 核心模型：资金账户、支付渠道、结算类型、结算主体、结算单、支付网关等。

- 核心服务：结算主体管理，包括经销商主体、企业多主体管理等；结算规则管理，包括结算来源、转换规则、支付方式等；资金账户管理，包括经销商资金账户、信贷维护和审批等；财务结算管理，包括采购结算、经销商结算、商场结算、O2O 结算、跨企业主体结算、财务对账、结算风险管理等。

上面提到的众多系统都可以通过本书介绍的应用架构设计方法来进行设计，这里我们以渠道系统中的一个子系统——店铺系统为例，进一步看看通过领域建模方法构建应用架构中核心的领域模型和领域服务的过程，如图 5-23 所示。

首先，我们做准备工作，从业务架构的业务流程和业务能力出发。店铺系统是电商平台的一部分，主要面向买家、卖家及平台运营者。这里对卖家进行分析，可以看到主要涉及注册、开店、店铺装修、店铺营销及店铺推广，同时我们从业务能力中识别了一些关键的业务活动，如注册时提交资质审核资料，开店时创建店铺等。其次，我们初步分析出一些领域，包括店铺域、商品域、库存域、营销域等。再次，我们进行领域模型的设计，结合 DDD 等方法，可以得出店铺基本信息、店铺类目、店铺库存、店铺商品、店铺装修、店铺运营等基本领域实体，并且建立它们之间及它们与其他领域模型的关系。最后，我们根据 DDD 的上下文，对店铺域和其他域（如商品域、装修域、营销域）进行上下文分析，并建立各自的领域服务及彼此之间的交互关系。在完成店铺应用系统的核心设计后，我们可以按照这个思路来构建其他应用，并逐步构建整体的企业应用架构。

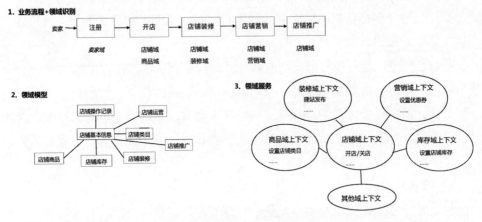

图 5-23　店铺子应用系统举例

第 6 章

数据架构设计

数据架构指的是遵循数据架构设计框架和相关设计原则，对企业的数据资产进行标准化描述，从而提供统一的数据环境和数据化管理框架。本章我们重点介绍数据架构的设计框架、规划、设计方法、设计步骤，以及典型的数据架构技术、数据架构原则和规范，并给出一些通用的数据架构参考设计，最后介绍云原生时代的数据架构技术体系。

6.1 数据架构概述

6.1.1 什么是数据

数字化转型的核心是数据，数据化的价值依赖于数据的标准和质量，数据对一个企业来说至关重要，它也是整个信息化建设及企业架构的核心。数据具有多样性，有结构化的、非结构化的，与业务相关的、与系统相关的，企业内部的、企业外部的等。

从数据的价值来看，可分为数据本身的和由数据分析产生的。数据本身并没有太多价值，重要的是数据进一步带给我们什么。我们可以从数据中提炼出信息，总结出知识，并可以进一步通过技术来更智能地分析这些数据的深层次价值。这需要数据思维，一种重视事实、追求数据本质的思维模式。

6.1.2　什么是数据架构

数据架构作为企业架构的重要组成部分，是连接业务架构与应用架构的纽带，是企业架构的核心，主要描述企业架构的数据模型、数据分布、数据资产之间的结构和关系。数据架构涉及数据模型，相关的实体、属性、关系等，以及相关的数据分布和治理。

数据架构的目的是建立一个标准、统一、通用、共享的公共数据平台，使其既能够满足业务处理需要，也能够为上层应用提供一个共享、开放的数据访问环境，并在此基础上充分分析和挖掘数据的价值，有效地支撑企业数据经营决策。

从企业架构的视角来看，数据架构扮演着重要的作用。比如，在 Zachman 企业架构理论框架中，第一列是数据，第二行是概念数据模型，第三行是逻辑数据模型，第四行是物理数据模型，第五行是数据库定义，由此可以看出数据的关键作用。图 6-1 展示了数据架构在企业架构中的位置，可以看出，数据架构需要对接整个企业架构的数据要求，对应业务架构中业务能力、业务流程、业务活动的数据支撑，以及对应应用架构中领域模型、领域服务和应用功能的数据映射，同时通过技术架构的数据存储、数据库、云原生等技术能力进行数据存储。数据架构将领域模型和相应的服务抽象映射到对应的数据模型，并对数据模型中数据项、数据项中的属性、数据项之间的关系进行清晰的定义，构建数据项与应用系统之间的关系，从而实现从业务、应用到数据之间的平稳过渡和紧密关联。

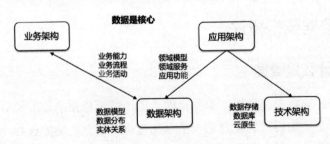

图 6-1　数据架构在企业架构中的位置

数据架构需要基于业务架构、应用架构和技术架构，保持数据的完整性和一致性。同时，数据架构需要考虑相关的数据技术，比如存储层如何通过技术选型降低 CAPEX（资本性支出）和 OPEX（运营成本）等，如何通过数据库中间件和云原生技术架构模式提高系统的高可用和高并发，如何应用大数据、人工智能、搜索引擎等技术提升数据分析的价值。

6.1.3　数据架构的价值

数据架构的价值主要体现在以下几个方面。

- 数据架构可以有效地支持企业战略目标和业务架构的落地，发掘企业对数据的诉求。
- 数据架构设计会使业务流程应用系统变得更加流畅，更加易于理解和维护。
- 数据架构描述企业核心的数据资产，进行数据的沉淀。
- 提供数字化转型系统在数字层面的参考，提供相关原则和规范。
- 通过数据思维，为企业各方面利益干系人提供数据管理方法。
- 提供标准、一致、通用、共享的公共数据平台，为不同业务和应用提供友好的共享数据访问能力。

6.2　数据架构的设计框架

数据架构注重从总体上规划企业的数据资源，比如数据架构规划、数据架构设计方法、数据架构设计步骤、数据架构技术及数据架构原则和规范，如图 6-2 所示。

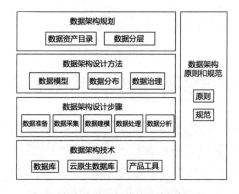

图 6-2　数据架构的设计框架

- 数据架构规划：对企业数据资产进行梳理，形成数据资产目录，同时对业务流程和领域模型等进行数据映射，通过顶层的数据分层规划，实现与其他架构的松耦合和数据共享、复用。
- 数据架构设计方法：包含数据模型、数据分布和数据治理，构建统一的数据体系。
- 数据架构设计步骤：进行具体、可实操的数据准备、数据采集、数据建模、数据处理及数据分析，并且应按步骤进行。

- 数据存储技术：包含数据存储的相关技术选型，比如数据库、存储、云原生数据库、相关产品工具等，本质上属于技术架构体系，由于与数据架构紧密相关，故在此统一介绍。
- 数据架构原则和规范：比如存储选择、数据库设计、数据开发治理规范、参考行业模型等，提供指导和约束。

6.3 数据架构规划

数据架构规划是从企业整体角度出发，基于战略目标、业务架构及应用架构的规划输入，进行数据架构规划的过程，主要包括数据资产目录和数据分层两部分。

6.3.1 数据资产目录

通过对企业各部门及各业务的数据资产的梳理，初步构建企业的数据资产目录，对数据进行分类和定义，建立数据模型，在数据资产目录的梳理过程中，可以结合业务活动及领域模型，构建出基于数据的主题域，包括主题域分组、各个主题域、对应的业务对象、相关数据实体和属性等，形成数据资产目录雏形。

6.3.2 数据分层

我们可以进一步根据企业的特点，对数据资产进行分层，合理的分层对于数据架构十分重要。一些常见的数据分层思路如下所示。

- 结构化数据与非结构化数据。结构化数据是有固定格式和有限长度的数据，是企业应用系统管理的核心数据资源，一般由数据库来管理；非结构化数据是不定长、无固定格式的数据，比如企业管理的制度规范、技术文档等，一般 OA 或者知识管理类系统，以及半结构化数据，如 CSV、日志、XML、JSON 等格式的数据。
- 企业级数据与应用系统级数据。从数据建模角度看，企业级数据主要作为企业的数据标准，包括概念数据模型和逻辑数据模型两大类，定义核心业务实体、实体之间的关联关系、相关的业务规则；应用系统级数据是在某些应用或系统中相对具体的数据。
- 元数据和过程数据。元数据又称主数据，是企业业务中相对静态、不变的实体信息描述，是业务运行所必需的关键信息；过程数据通常指的是在业务流程中产生的记录业务变化的数据，进一步还可以分为 OLTP（在线交易类型，如交易订单状态）和 OLAP（在线分析类型，如用户购买行为的分析）等类型。

下面我们来看看一些常用的数据分层参考，从数据的处理过程角度，可以分为不同的层次。

- 数据采集层：把数据从各种数据源中采集和存储到数据存储器上，过程中涉及转移、交换、选择、过滤和清洗等手段，包括数据分片、路由、结果集处理、数据同步等。
- 存储分析层：包括 OLAP、OLTP、实时计算、离线计算、大数据平台、数据仓库、数据集成、数据挖掘、流计算，涉及结构化数据存储、非结构化数据存储、大数据存储等。
- 数据共享层：涉及数据共享、数据传输、数据交换、数据集成等。
- 数据应用层：涉及应用系统、产品功能、领域模型、实时查询、数据接口等。

从云计算的微服务角度，数据可以分为 IaaS、PaaS、SaaS 等类型。

- IaaS：提供基础设施服务能力，比如数据库、存储、网络、物理硬件等，更加考虑成本性能、稳定性、易维护性、准确性等。
- PaaS：提供基础应用平台，比如数据一致性事务框架，微服务调度管理、消息收发，以及共享服务的能力提供，更加考虑稳定性、通用性、完整性等。
- SaaS：负责对外部提供业务服务，比如基于共享服务的编排组合，对外 API 透出，更加考虑用户角度的灵活性、易用性、适用性等。

6.4　数据架构设计方法

数据架构的目的是将企业的数据资产进行有序管理，从而充分发挥数据的价值。在实践中，数据架构需要做好三个方面的工作，即数据模型、数据分布和数据治理，如图 6-3 所示。

图 6-3　数据架构的工作

6.4.1　数据模型

数据模型是描述数据与数据之间关系的模型，包括数据概念模型、数据逻辑模型、数据物理模型。数据模型需要遵循数据标准，数据标准包括元数据标准和对应的数据模型标准。其中，定义良好的元数据和数据模型是实现数据共享、一致性、完整性与准确性的基础。

1）元数据定义

元数据是描述数据的数据，描述数据之间的定义和属性，比如数据库的元数据有表、列、行、字段等，定义企业最重要的内部基础数据类型。元数据可以帮助我们定义数据的模型标准，包括业务元数据、技术元数据、管理元数据等。元数据管理是为了厘清元数据之间的关系，元数据管理可以进一步分为对元数据的获取、存储、维护、分析、质量管理等。

元数据在业界有很多研究，比如 FEAF 中就对元数据的参考模型给出了定义，同时在低代码领域，基于元数据的编程也是非常重要的话题。这里我们先看看 FEAF 中对元数据定义的一种标准参考，其将元数据分为三个标准领域。

- 数据描述（Data Description）：对数据的统一描述，支持数据的发现和共享；核心的元数据包括实体、关系、属性、数据类型、数据资产等。
- 数据上下文（Data Context）：对数据进行归类，便于数据的发现，支撑数据资产定义；核心的元数据包括主题、数据资产、分类法、数据资源等。
- 数据共享（Data Sharing）：支持数据的访问和交换；核心的元数据包括提供者、使用者、交换包、数据定义等。

2）数据模型定义

数据模型是数据架构的核心，针对组织、人员、客户、供应商、财务等元数据确定业务定义和规则、编码规范、数据类型、数据格式，保证最重要的数据准确、完整和一致。企业应集中进行数据的清洗，并以服务方式把元数据传送给对应的应用系统。数据模型可以通过 E-R 实体关系图来进行建模，实现对数据及其关系的表述，可以指导 IT 的开发，是从应用架构的领域模型到系统数据层面转化的基础。

数据模型包括概念数据模型、逻辑数据模型、物理数据模型。

- 概念数据模型：根据实体及实体之间的关系，从宏观角度分析和设计的企业的核心数据结构。
- 逻辑数据模型：根据逻辑数据实体及实体之间的关系，准确描述业务规则和领域模型的逻辑关系，定义相应的数据来源及相关维度关联。
- 物理数据模型：按照一定规则和方法，将逻辑数据模型中定义的逻辑数据实体、属性、属性约束、关系等内容，转换为数据库可识别的实体关系。

数据模型在定义过程中要注意以下几点：

- 数据模型与领域模型有对应关系，但并不是一一对应的。数据模型主要从数据的角度出发。
- 数据实体不能脱离业务或者应用独立存在，特别是概念数据模型和逻辑数据模型。
- 数据实体设计尽量遵循第三范式。每个数据实体的属性不要重复定义，不应包含其他数据实体中的非关键字类型的属性，特殊场景除外。
- 多层数据要进行一体化设计，元数据管理和数据模型管理融合，数据同时需要不断地持续迭代。

6.4.2　数据分布

数据在业务应用的数据流全景视图中，重点关注数据的分布关系，比如典型的数据源分布、信息流、数据流，以及业务流程和应用能力是如何通过数据进行联动的。一方面，企业需要分析数据对应的业务，即分析数据在业务各环节的创建、引用、修改和删除的关系；另一方面，企业需要关注数据在单一应用中的数据结构与各功能模块之间的引用关系。

在数据分布中，一个比较重要的话题是数据存储。企业数据有不同的类型，需要不同的数据存储、一致性事务要求、数据库查询操作能力等。比如，结构化数据采用关系型数据，非结构化数据采用 NoSQL 类型，同时还有文档类型、图数据库、列式数据库、分析型数据库、搜索引擎数据库、时序数据库等多种类型，同时随着云原生的兴起，云原生数据库也是一种趋势。

6.4.3　数据治理

数据治理是 IT 架构治理的组成部分，承担着明确数据治理主题和责任机制、建立数据治理标准，并通过管理制度和流程控制加强对数据生命周期全过程管理的职责。数据治理主要包括以下几个方面。

1）数据标准管理

建立一套符合自身实际，涵盖数据定义、业务操作、应用功能多层次数据的标准化体系。数据标准可以分为以下三类。

- 基础类数据标准：在日常业务开展过程中产生的具有共同业务特性的标准。
- 指标类数据标准：满足内部管理及外部监管的要求，在基础数据基础上按统计、分析规则加工后的可定量化的数据标准。
- 专有类数据标准：在细分业务经营及管理分析中涉及的特有数据。

一个结构化且全面的数据管理方法可以促进对数据的有效使用，过程中需要关注元数据及相关的应用组件是否被清楚地定义，重要的业务活动和应用组件是否都构建了数据标准，应用之间信息交换和数据转化的复杂程度是否可以覆盖等。

此外，标准需要涵盖对质量的管理，具体包括以下几个方面。

- 准确性：在接入、转换、分析、存储、传输、应用流程中不存在错误。
- 完整性：数据库应用或所有记录、字段都完整存在。
- 一致性：在整个数据库的定义和维护方面，确保数据在整个过程中是一致的。
- 时效性：数据与真实业务应用同步在时间容忍度（数据的更新频度）内。
- 可靠性：提供数据的数据源必须可靠、稳定。

2）数据生命周期

数据需要考虑完整的生命周期，并根据相应的标准规划进行细化，相关的生命周期需要重点考虑以下阶段。

- 数据生成及传输阶段：按照标准生成数据，保证数据的准确性和完整性。数据传输过程中要考虑保密性和合规性，防止数据泄露或被篡改。
- 数据存储阶段：关注保密性、完整性、可用性和一致性，操作要由数据的Owner（所有者）部门来执行。
- 数据处理和应用阶段：分析、处理数据，以挖掘有价值的信息，保证数据的安全，只输出分析后的结果。
- 数据迁移阶段：制订合理的迁移计划，提供有关数据转换和清洗等方面的指标，同时需要考虑新系统上线的数据割接应急方案。
- 数据销毁阶段：主要涉及数据的保密性，此过程需要采用必要的工具，要有完整的记录。

3）数据服务管理

数据服务是为了更准确地向边界提供数据访问和分析能力，从而用企业内部多年的数据沉淀反哺应用业务系统。这需要企业对数据进行深度加工，包括通过各种报表、工具来分析数据，通过建立统一的数据服务平台来满足跨部门的数据流转，提高处理效率。

在此过程中，企业需要重点关注数据对外呈现的接口规范，比如数据统计维度的规范、数据展示统一框架、数据发布与共享模式等。这种数据接入方式可以防止数据重复录入和冲突，并且通过数据同步、数据维护、备份恢复、数据上传方式的机制保证了数据的准确性和可靠性，同时提供访问控制策略和数据共享策略，对数据与外部系统的交换进行规范和控制。

4）数据安全管理

数据安全至关重要，进行数据安全管理可以保障企业的核心数据资产不被泄漏。企业在进行数据安全管理时需要关注以下方面：数据使用的安全性，比如数据访问的操作权限，应用通知权限、数据水印、数据印章等；数据隐私问题，比如敏感信息的脱敏；数据操作入口统一，比如单点登录；数据安全合规，比如数据审计、数据合规；建立安全管理制度，比如数据安全管理规范、隐私管理办法、管理决策审计等。

6.5　数据架构设计步骤

数据架构的设计是一个持续迭代、优化的过程，设计步骤如图 6-4 所示。

图 6-4　数据架构设计步骤

1）数据准备

准备阶段聚焦在企业的数据输入，比如数据架构规划、数据资产目录、业务架构与应用架构输入，以及业务数据层面的需求，并确定相应的数据流程；聚焦于数据流向，需要梳理数据全景图。此外，数据准备阶段需要确定核心的数据有哪些维度，对应的数据管理者、生产者和使用者，与数据相关的业务和应用边界。同时，通过数据标准，明确数据层面的数据标准，比如数据接入和生命周期管理规范，定义业务和应用对应的数据术语和统一语言，建议企业内部需要共同遵守的数据规则。

2）数据采集

在数据准备之后，就需要进行数据采集了。数据采集包括数据源的准备、接入和传输，相关数据的定义，确定元数据及相应的数据含义，确定数据的统计口径；确定数据的来源；明确数据的更新频率，是实时更新还是按时更新；数据的更新方式，同时梳理数据相应的主要实体和关键指标，明确数据的范围边界，确保各方使用的数据口径统一。同时，企业需要考虑技术角度的数据采集效率、准确率和日志记录等方面。数据采集阶段非常重要，它会直接影响数据建模的质量。

3）数据建模

此步骤进行数据模型的建立，包括概念建模、逻辑建模和物理建模，E-R 图是比较常用的建模方式，描述数据实体、属性和关联关系。首先，进行概念建模，这个过程主要是自上而下地创建数据模型，从数据全景出发，不局限在具体的主键和字段，注重数据主题域的关系及与领域模型的映射。其次，进行逻辑建模，详细定义概念模型的业务主键和逻辑主键，对实体属性进行规范。需要注意的是，设计需要遵循第三范式，达到最小的数据冗余。最后，进行物理建模，通过对数据库的规范，将逻辑数据模型实例化为物理数据模型，根据数据存储介质的不同，需要对物理数据模型进行相应的优化，并对数据进行具体的数据存储设置。

4）数据处理

通过数据建模，我们对数据进行了标准、规范的定义，接下来需要对数据进行处理，一般涉及以下几个步骤。首先，进行数据抽取，在传统的数据处理中，有 ETL（Extract、Transform、Load）等处理方法，过程中需要关注数据操作的幂等性。然后，进行数据清洗和过滤，数据采集和数据建模的过程一般是不规整的，需要对其中的缺失值、重复、关联等进行清洗，并对过程中发现的异常进行统计和处理，以提高数据的质量。最后，需要对数据的日志进行分析，比如日志分级、日志标记和告警、日志备份和去重等。

5）数据分析

经过数据采集、数据建模和数据处理后，接下来需要进行数据分析，过程中需要结合行业知识，并对数据进行相应的整合，比如通过相关的数据报表分析、多维分析，建立相应的数据可视化能力，并提高数据的敏捷性，可根据不同视角展示数据的内容，逐步达到可控、可视，提供决策支撑环境，使得数据有效地支持企业决策。另外，数据分析还与数据挖掘和人工智能相关，企业可以通过大数据算法发现数据的深层次价值。数据分析可以按照独立的数据分析项目来推进，并通过模型和方法的迭代进行优化。同时，数据分析可以借助不同的商业智能（BI）工具进行，同时需要专业人才（如数据分析师）。

6.6　数据架构技术

数据架构的核心技术与数据库和存储技术相关，近年来随着技术的发展，越来越多的数据存储技术可以支持多种数据类型。即使使用同一类型的数据存储技术，不同技术的功能及适用的场景也不尽相同。大部分数据存储的引擎都内置存储、查询、处理数据的基础功能，也有部分数据存储的处理和存储功能分离，提供的对外 API 能力也不相同。下面我们分别来看看数据库技术和存储技术。

6.6.1　数据库的发展历史

数据库已经发展了几十年，下面简要回顾一下数据库的发展历史。1980—1990 年，数据库属于商业起步阶段，此时 Oracle、IBM DB2、Sybase，以及 SQL Server 和 Informix 等 OLTP（Online Transaction Processing）数据库开始出现。1990—2000 年，开源数据库兴起，出现了 MySQL、PostgreSQL 等；同时出现了一些 OLAP（Online Analytical Processing）数据库，来应对大量的数据分析诉求，如 Teradata、Sybase IQ、Greenplum 等。2000—2010 年，以 Google 为代表的互联网公司逐渐推出了 NoSQL 数据库，比如 GFS（Google File System）、Google Bigtable、Google MapReduce "三大件"。GFS 解决了分布式文件系统问题，Google Bigtable 解决了分布式 KV（Key-Value）存储的问题，Google MapReduce 解决了在分布式文件系统和分布式 KV 存储进行分布式计算和分析的问题；三大件的核心是通过分布式技术对数据的强一致性需求进行弱化，通过集群的水平扩展来处理，进而衍生了 NoSQL 数据库来应对非结构化和半结构化的海量数据处理，比如现在的一些典型 NoSQL 代表如文档数据 MongoDB、缓存 Redis 等。在 2010 年以后，出现了 AWS Aurora、Redshift、Azure SQL Database、Google Spanner、阿里云的 PolarDB 和 AnalyticDB，它们的特点是具有云服务、云原生、一体化分布式、多模和 HTAP 能力。

总体来说，数据库的演进经历了从结构化数据在线处理到海量数据分析，从关系型数据库到数据仓库，再到如今异构、多源云原生的发展历程，在此过程中，License 传统方式逐步淡出舞台，数据库开源及云上数据库逐步成为主流方式。

6.6.2　数据库的分类

数据库主要分为四类，即 OLTP 数据库、NoSQL 数据库、OLAP 数据库及数据库服务和管理类工具，这也是云数据库厂商发力的四个方向。

- OLTP 数据库：传统的关系型数据库，用于事务处理的结构化数据库，典型例子是银行的转账记账、订单下单、商品库存管理等。其面临的核心挑战是高并发、高可用及高性能下的数据正确性和一致性。典型的云数据库代表是 AWS RDS、Azure SQL Database、阿里云的 RDS 和 PolarDB。
- NoSQL 数据库：存储和处理非结构化或半结构化数据（如文档、图、时序、时空、KV），不强调数据的一致性，以此换来系统水平拓展、吞吐能力的提升。典型的云数据库代表是 AWS DynamoDB、AWS ElasticCache、Azure Cosmos DB，以及阿里云的 MongoDB、Redis 等。

- OLAP 数据库：应用场景是海量的在线实时分析数据、数据类型复杂及分析条件复杂的情况，能够支持深度智能化分析。其面临的挑战主要是高性能、分析深度、与 TP 数据库的联动及与 NoSQL 数据库的联动。典型的云数据库代表是 AWS 的 Redshift、阿里云的 AnalyticDB 等。

- 数据库服务和管理类工具：比如数据传输、数据备份、数据管理、管控平台等，以简单的形式提供给 DBA 及数据库开发者。典型的云数据库代表有 AWS 和 Azure 的 Database Migration Service，阿里云的数据传输服务（Data Transmission Service，DTS）。

接下来，我们分析一下典型的数据库类型。

1）关系型数据库

关系型数据库即传统的 OLTP，全称是 Relational Database Management System（RDMS）。大部分 RDMS 都提供结构化查询语言（SQL）用于检索和管理数据。一个或者一系列数据库的操作可以构成一个事务（Transaction）。RDMS 的数据结构（Schema）通常需要提前定义，所有的读写操作都要遵循 Schema。

关系型数据库可以被分成三个基本的模块，包括关系模型，即表格、索引、外键、范式等；事务处理（ACID），即原子性（Atomicity）、一致性（Consistency）、隔离性（Isolation）、持久性（Durability）；查询优化，即 SQL 的解析、改写、优化、执行等。

关系型数据库的典型代表是 MySQL、PostgreSQL，以及阿里云的 RDS、PorlarDB 等。关系型数据库适用于频繁创建和更新记录，对数据结构需要强制约束，需要高度规范化的数据，不过单个数据条目数据量不大；数据具有高度完整性，追求最终一致性；索引和关系可以被准确地维护。关系型数据库适用于库存管理、交易管理、报表管理、财务管理等。

2）Key-Value 数据库

Key-Value（KV）数据库是 NoSQL 的一种，键作为唯一标识符，键和值可以是任何内容，我们可以将任意数据存储为一组键值，并通过键来检索存储值。在大多数情况下，键值存储仅支持简单的查询、插入和删除操作，读取或写入单个值都是原子性操作。键值存储模型对简单查找操作进行了深度优化，查询非常快速。因为键值存储可以在多个节点之间轻松分配数据，所以具有非常强的可伸缩性。如果需要修改某个值，无论是修改部分还是修改全部，应用程序都必须覆盖重写这个值的所有数据，因此键值存储更新效率较低。

常见的 KV 数据库有以下几种。

- Redis：最流行的键值对存储数据库，是一个使用 ANSIC 编写的开源、支持网络、基于内存、可选持久性的键值对存储数据库。
- Cassandra：开源分布式 NoSQL 数据库系统，集 Google BigTable 的数据模型与 Amazon Dynamo 的完全分布式架构于一身，是一种流行的分布式结构化数据存储方案。
- LevelDB：由 Google 所研发的 KV 嵌入式数据库管理系统编程库，以开源的 BSD 许可证发布。

KV 数据库非常适合不涉及过多数据关系和业务关系的数据，同时能有效地减少读写磁盘的次数，比关系型数据库存储拥有更高的读写性能，不过数据的特点是非结构化和不可预知的。以 Redis 为例，KV 数据库的优点主要体现在：性能极高（Redis 支持每秒 10 万次以上的事务数）；丰富的数据类型（Redis 支持 String、Hash、List、Set、Sorted Set、Bitmap 和 Hyperloglog）；丰富的特性（Redis 支持 Publish/Subscribe、通知、Key 过期等）。KV 数据库 Redis 的缺点也比较明显，主要是不支持强一致性，Redis 不能完全保证原子性，发生故障时不可以进行回滚，所以在使用 Redis 时，需要根据业务场景进行设计，因为并不是所有场景都需要强 ACID 原则，比如视频直播、电商秒杀等场景。

3）文档数据库

文档数据库通常使用类似 JSON 或 XML 的格式存储文档，每个文档都包括命名字段和数据。数据既可以是简单的值，也可以是列表、子集合这样的复杂元素，通过唯一的键来进行查询。通常，文档中包含单个实体的数据，如一名用户或者一个订单的数据。一个文档中含有的数据，在 RDMS 中可能分布在不同的表中，可以解决关系型数据库数据结构扩展不方便的问题。

典型的文档数据库是 MongoDB，这是一种面向文档的数据库管理系统，由 C++ 撰写而成，以此来解决应用程序开发社区中的大量现实问题。2007 年，MongoDB 由 10gen 团队所发展，并于 2009 年正式对外推出。

文档数据库的优点是可以频繁进行插入和更新操作，数据不需要规范化，新增字段简单，可以兼容历史数据，容易存储复杂数据；文档数据库的缺点和 KV 数据库类似，对事务的支持较弱，也不支持复杂查询（如 Join 查询）。文档数据库适用于对读写分离的应用、社交网络、游戏等高频访问业务，以及对数据结构要求不高的业务。

4）图形数据库

图形数据库是一种 NoSQL 数据库，基于图论来存储实体之间的关系信息。图形数据库由两种元素组成：节点和关系。每个节点可以代表一个实体（如人、地点、事物），关系则用于描述节点之间是如何关联起来的。图形数据库可以非常高效地查询社交网络等一系列互相具备关系的节点数据，并分析节点之间的关系。

常见图形数据库如下所示。

- Neo4j：是由 Neo4j 公司开发的，具有原生图存储和处理数据的符合 ACID 的事务数据库。根据 DB-Engines 排名，Neo4j 是最流行的图形数据库。

- ArangoDB：是由 triAGENS GmbH 开发的原生多模型数据库系统。该数据库系统支持三个重要的数据模型（键/值、文档、图形），其中包含一个数据库核心和统一查询语言。

- Titan：是一个可扩展的图形数据库，用于存储和查询包含分布在多机群集中的数百亿个顶点和边缘的图形，并且支持事务。

图形数据库适用于具有多种复杂关系且动态随时间变化的数据类型，具有基于图论的设计灵活性、开发敏捷性，并且支持事务。图形数据库的缺点是节点等有数据的限制，并且对拆分不太支持。其适应的场景包括社交网络、推荐引擎、知识图谱和 IT 运营等。

5）列式数据库

在列式数据库中，数据是按列而非行存储的。列式是经常需要一起访问的相关数据分组，而行把许多列数据与本行的行键（Row Key）关联起来。同一个列式的数据会存储在一起，同一个属性的所有值会被存储在一起。当查询时可以仅对需要查询的列进行处理，这样可以大幅降低 I/O，提升性能，支持大量并发用户查询，其适用于海量数据查询场景。另外，列式中任意给定对象的行都可以动态变化。

常见的列式数据库如下所示。

- HBase：Apache 的 Hadoop 生态中的一员，运行于 HDFS 文件系统之上，为 Hadoop 提供类似于 BigTable 规模的服务。同时，MapReduce 这个计算框架在 HBase 之上提供了高性能的计算能力，以处理海量数据。HBase 的基本概念包括 Rowkey（行键）、Column Family（列族）、Column（列）、Version

Number（版本号）、Cell（单元格）。

- BigTable：是一种压缩的、高性能的、高可扩展性的，基于 Google 文件系统（GFS）的数据存储系统，用于存储大规模结构化数据，适用于云端计算。

列式数据库主要适用于批量数据处理和即时查询，有高效的存储空间利用率，普通的行式数据库一般压缩率在 3∶1 至 5∶1，而列式数据库的压缩率一般在 8∶1 至 30∶1，同时查询效率高。列式数据库的缺点是不适合扫描小量数据，不适合随机更新，不适合执行含有删除和更新的实时操作，不支持事务的正常回滚。列式数据库的适用场景为大数据量且有快速随机访问的需求，写密集型且对性能和可靠性要求非常高的应用，不需要复杂查询条件来查询数据的应用，比如大数据场景、广告营销场景等。

6）分析型数据库

分析型数据库是面向在线统计分析、即席查询等发掘信息数据价值的数据库。数据分布在多个服务器上，最大限度地提升可伸缩性和可扩展性。分析型数据库可以轻松处理 CSV、parquet、ORC 等格式的文件。分析型数据库的优势在于超强的实时数据分析能力、高可用和可扩展性、广泛的生态。

OLAP 数据库的典型代表是阿里云的 AnalyticDB，可以支持海量数据实时高并发在线分析，具备行列混存引擎，能够支持高吞吐写入和高并发查询，并且支持海量数据处理，支持多表、中文及复杂分析；利用向量化技术，支持结构化数据和非结构化数据的融合处理。

分析型数据库适用于企业 BI 任务，以及高并发实时数据分析任务。分析型数据库适用的场景包括数据仓库服务、大数据分析及 ETL 离线数据处理、数据湖分析、在线高性能查询、多模数据分析及异构数据源联合分析等。

7）搜索引擎数据库

搜索引擎数据库可以让应用程序搜索到保存在外部数据存储中的数据，支持为体量巨大的数据创建索引，并提供对这些索引的实时访问。这些索引是基于多个维度的，用于支持对超大文本数据的自由搜索。

搜索引擎数据库的典型代表如下所示。

- Elasticsearch：是一个基于 Lucene 的搜索引擎。它提供了一个分布式多用户能力的全文搜索引擎，基于 RESTful Web 接口，能够实现实时搜索，稳定、可靠、快速、安装方便。
- Solr：是 Apache Lucene 项目的开源企业搜索平台。其主要功能包括全文检索、命中标示、分面搜索、动态聚类、数据库集成及富文本处理。

搜索引擎数据库适用于基于多个数据源和服务构建的数据索引，并且查询效率高，可扩展。搜索引擎数据库的缺点是对事务型支持不足，不支持事务的正常回滚，更新性能较低，内存占用大。搜索引擎数据库适用的场景包括分布式的搜索引擎、数据分析引擎、全文检索、结构化检索、复杂的即席查询、对海量数据进行近实时的处理。

8）服务和管理类工具

这里主要介绍一些通用的服务和管理类工具。常用的数据分类方法有决策树法、KNN 法、SVM 法、Bayes 法和神经网络。通用的数据建模工具有 E-R 图、CASE 工具、UML、Oracle Designer 等。对于数据传输的迁移，可以采用阿里云的 DTS，它支持多种数据源间的数据传输，支持集数据迁移、数据订阅及数据实时同步，并支持公共云、混合云场景，可以解决远距离、毫秒级异步数据传输难题。另外，在云数据库类型中，各大云服务厂商也提供了其他工具能力，如数据库备份、数据库管控平台、数据库 SQL 监控和分析等。

6.6.3　存储技术

除数据库之外，数据架构还要考虑数据的存储问题，这里主要介绍以下几个方面。

- 对象存储：主要用于存储离散单元（对象）。每个对象都在一个被称作存储桶的扁平地址空间的同一级别里，一个对象不会从属于另一个对象。对象存储适合存储和检索较大的二进制对象，如图像、视频、音频、大型文档，以及 CSV、Parquet 和 ORC 等格式的常用于大数据场景的文件。对象存储可以用于管理和存放海量非结构化数据。典型的云存储服务有 AWS 的 S3、Azure 的 Blob Storage、阿里云的 OSS。
- 块存储：可以像使用物理硬盘一样格式化及建立文件系统，具有高性能和低时延的特点，支持随机读写。典型的云存储服务有 AWS 的 EBS、Azure 的 Managed Disks、阿里云的块存储。
- 共享文件：可共享访问、弹性扩展、具有高可靠性及高性能的分布式文件系统，提供共享访问。典型的云存储服务有 AWS 的 Elastic File System、Azure 的 Files、阿里云的文件存储。
- 归档和备份：存储和归档不常访问且长期存在的数据，以及备份和恢复云上文件。典型的云存储服务有 AWS 的 S3 Glacier、Azure 的 Storage Archive Access Tier、阿里云 OSS 的归档存储。

- 批量离线数据传输：PB 级别端到端的离线数据迁移服务，能够使用安全设备将大量数据传入或传出云端。典型的云存储服务有 AWS 的 Snoball Edge、Azure 的 Data Box、阿里云的闪电立方。

6.7 数据架构原则和规范

数据架构中需要制定相应的原则和规范，指导数据架构的规划和设计。这里就与数据架构相关的数据架构总体原则、数据治理规范、数据存储开发规范进行介绍，这些原则和规范是笔者根据自身经验总结出来的，大家可以作为参考，但不能生搬硬套，在实践中需要灵活应用。

6.7.1 数据架构总体原则

- 整体性原则：数据架构必须根据总体方案统一规划，进而多级实施。
- 基于业务原则：数据是为业务服务的，承载着相应的业务能力和应用功能，与领域模型相对应。
- 标准化原则：统一规划数据服务标准、数据交换标准，以及提供数据读写访问功能、基本数据处理逻辑。
- 隔离原则：数据与应用分离原则、数据异构原则、数据读写分离原则。
- 数据一致性原则：数据必须一致，每个数据系统内限制获取次数，各部门需要遵循整个公司的数据定义，并尽量共享已有数据。
- 数据安全原则：保证业务和应用的信息安全和运行安全，同时关注数据质量，确保数据的可用性、准确性及完整性。

6.7.2 数据治理规范

- 数据按对象进行管理，明确数据对应的组织（Owner），每个数据都只能有唯一的 Owner。
- 从企业架构层面、业务和应用全局视角来定义数据治理相关规范，并紧密结合其他企业架构。
- 数据治理各项标准需要长期迭代，并在企业层面制定相应的奖惩措施。

- 为了降低数据之间的耦合度，可以通过设置主副数据的方式进行数据解耦。

- 当业务数据量过大时，单一数据响应吃力，可以考虑分库分表、多级数据缓存等方式。

- 数据治理的目的是数据共享，通过数据的优化治理，实现数据准确、完整、一致、可靠。

6.7.3 数据存储开发规范

图 6-5 所示为数据存储设计的一些注意事项，包括数据标准体系、数据资产共享、数据模型和元数据的关键信息，同时包括数据存储开发规范，这里就以下几个方面进行展开。

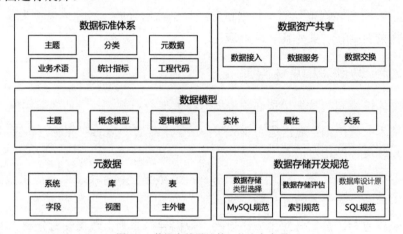

图 6-5　数据存储设计的一些注意事项

1）数据存储类型选择

我们在选择数据库时，需要以需求为导向，权衡多种因素，如数据量、并发量、实时性、一致性、读写分布、安全性及运维成本等。具体地，我们可以参考以下原则。

- 根据不同存储需求进行选择：企业架构数据类型多样，单一的数据存储很可能满足不了所有需求，我们可以采用针对不同存储需求组合数据库的方式，比如将业务交易数据存储在关系型数据库中，将 JSON 文件存储在 MongoDB 中，将应用程序日志存储在 Elasticsearch 中，将 Blob 对象存储在对象存储空间中。

- 根据应用场景进行选择：不同类型的应用系统可使用不同类型的数据库，

比如内部的管理型系统，数据量和并发量都不大，可选择关系型数据库；大流量的电商系统或者活动促销型系统可选择 NoSQL 数据库；日志或者搜索类应用选择日志搜索型数据库；实时交易事务型应用（如 OMS）可采取关系型、NoSQL 和一致性事务组合方式；离线分析报表系统可选择列式或分析型数据库。

- 优先考虑可用性：根据 CAP 原则，我们在使用分布式系统时，需要在可用性和一致性间进行权衡。在面向互联网应用中，建议优先考虑可用性，通过最终一致性来实现更高的可用性。

- 考虑团队能力：在选择数据库时，我们需要考虑开发队伍的技术能力。新的技术可能需要开发人员了解新的使用模式、查询优化、性能调整等。

- 考虑事务处理能力：在选择数据库时还需要考虑事务处理能力，特别是在多种数据库场景下，单个事务可能将数据写入多个数据存储中，需要设计补偿事务来撤销已完成的数据处理操作。

2）数据存储评估

虽然我们确定了数据库类型，但各种类型的数据库还有很多开源或商业化的技术产品，我们可以从以下几个维度来考虑。

- 功能点：比如数据格式、数据大小、规模和结构、数据关系、一致性、Schema 灵活性、数据迁移能力、数据生命周期。

- 性能效率：服务连接数、响应时间、吞吐量、可扩展性、实时性。

- 可维护性：监控报警、日志查询、协议许可、售后服务、DevOps 适配性。

- 可靠性：SLA、复制或备份、容灾能力等。

- 可移植性：托管服务、地域可用性、数据本地/外部/云上迁移能力等。

- 安全性：加密和验证、审计、网络安全等保合规、数据脱敏、防泄漏、全链路的数据校验。

- 成本：总成本、ROI 等。

3）数据库设计原则

针对数据库本身的设计，有以下通用的设计原则。

- 原始单据与实体之间的关系一般是一对一关系，也可以是一对多或者多对多关系。一般而言，一个实体不能既无主键又无外键。

- 表及字段之间的关系，尽量符合第三范式。有时为了提高运行效率，可以降低范式标准，适当增加冗余。

- 尽量减少多对多的实体关系设计，可以增加第三个实体。

- E-R 图尽量结构清晰，关联简洁，实体和属性分配合理，没有低级冗余。

- 尽量减少数据库中的表、组合主键、表中的字段，防止数据库频繁打补丁。

- 可以通过优化 SQL、分批分表、增加缓冲区、适当增加冗余等方法提高数据库运行效率。

- 数据结构和存储方案建议经过评审并沉淀成文档，做好版本管理。

4）MySQL 规范

- 表的命名最好加上"业务名称_表的作用"，表名不使用复数名词。

- 表名、字段名应使用小写字母或数字，数字不要在开头。

- 表必备三字段：id、gmt_create、gmt_modified。

- 每张表必须设置一个主键 ID，且这个主键 ID 使用自增主键。

- 主键索引名为 pk_字段名；唯一索引名为 uk_字段名；普通索引名为 idx_字段名。

- 单表列数目必须小于 30，若超过则应该考虑将表拆分；单表行数超过 500 万行或者单表容量超过 2GB，才建议进行分库分表。

- 合适的字符存储长度，不但可以节约数据库表空间、节约索引存储，而且可以提升检索速度。

- 如果存储的字符串长度几乎相等，则使用 Char 定长字符串类型，减少空间碎片。

- 禁用保留字，如 DESC、Range、March 等，参考 MySQL 中的保留字。

5）索引规范

- 业务上具有唯一特性的字段，即使多个字段的组合，也应建成唯一索引。

- 超过三个表禁止 Join。需要 Join 的字段，数据类型必须绝对一致；当多表关联查询时，保证被关联的字段有索引。

- 当建立联合索引时，必须将区分度更高的字段放在左边。

- 利用覆盖索引（只需要通过索引即可拿到所需数据）来进行查询操作，避免回表查询。

- 在较长 Varchar 字段，例如在 Varchar（100）上建立索引时，应指定索引长度，没必要对全字段建立索引，根据实际文本区分度决定索引长度即可。

- 如果有 ORDER BY 的场景，则请注意利用索引的有序性。

6）SQL 规范

- 为了充分利用缓存，不允许使用自定义函数、存储函数、用户变量。

- 在查询中指定所需的列，而不是直接使用"*"返回所有的列。

- 禁止使用外键与级联，一切外键概念必须在应用层解决。

- 应尽量避免在 Where 子句中使用"or"作为连接条件。

- 不允许使用"%"开头的模糊查询。

- 如果有国际化需要，那么所有的字符存储与表示，均以 UTF-8 编码。

- 事务中需要锁多个行，要把最可能造成锁冲突、影响并发度的锁往后放。

- 减少死锁的主要方向，就是控制访问相同资源的并发事务量。

- 无 Where 条件下的性能排序：count(字段)<count(主键 ID)<count(1)≈count(*)。

- 避免使用 Select *，在查询中，不要使用"*"作为字段列表。

- 避免大字段存储传输，优化子查询，尽量避免在 1000 以内。

下面介绍一下分库分表。分库分表有以下几种形态。

（1）水平分库：以字段为依据，将一个库中的数据拆分到多个库中。每个库的结构都一样；每个库的数据都不一样，没有交集；所有库的并集是全量数据。水平分库适用于总并发高且难以根据业务归属垂直分库的场景。

（2）水平分表：以字段为依据，将一个表中的数据拆分到多个表中。每个表的结构都一样；每个表的数据都不一样，没有交集；所有表的并集是全量数据。水平分表适用于单表的数据量过高的场景。

（3）垂直分库：以表为依据，将不同的表拆分到不同的库中。每个库的结构都不一样；每个库的数据都不一样，没有交集；所有库的并集是全量数据。垂直分库适用于总并发高，可以根据业务归属切分的场景。

（4）垂直分表：以字段为依据，将表中字段拆分到不同的表中。每个表的结构和数据都不一样；所有表的并集是全量数据；一般来说，每个表的字段至少有一列交集，一般是主键，用于关联数据。垂直分表适用于单表的字段过多，并且热点数据和非热点数据在一起的场景。

分库分表有一些工具支持，比如阿里云的 DRDS。分库分表的步骤建议：（1）评估当前数据库的瓶颈，确定是否一定要分库分表；（2）如确定，则选择切分方式，分库还是分表、水平还是垂直；（3）根据当前容量和增长量评估分库或分表个数；（4）选 Partition Key，注意要拆分均匀，同时考虑其他关键字段的查询；（5）制定分表规则，如 Hash 或 Range 等；（6）执行，比如采用双写的方式；（7）考虑扩容问题，并尽量减少数据的移动。

6.8 数据架构参考设计

6.8.1 通用数据架构

这里给出一个通用的数据架构以供参考，如图 6-6 所示，通过分层的视角列出了一些相对核心的层次，每个层次的内容并不固定，我们需要根据具体的业务和数据需求进行调整。

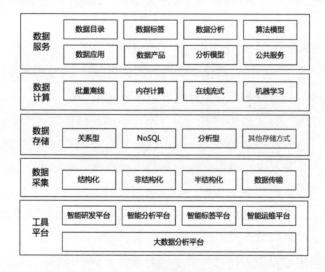

图 6-6　通用数据架构

- 数据服务：构建数据服务层，通过接口服务化方式对外提供数据服务，比如对应的数据目录、数据标签、数据分析、算法模型（如智能补货算法、信用风险模型、商品推荐模型、客户留存模型、转化漏斗算法），并结合相应的数据应用、数据产品和分析模型，提供对应的公共数据服务能力。

- 数据计算：数据只有被整合、计算才能被用于洞察规律、挖掘潜在信息，实现数据价值，可以包括批量离线、内存计算、在线流式、机器学习等。

- 数据存储：支撑数据的数据库及存储技术，包括关系型、NoSQL、分析型、其他存储方式，具体的分类和选型可以参考本章相关内容。

- 数据采集：一套标准的数据采集体系，包括结构化、非结构化、半结构化数据的采集，还要做好数据传输。
- 工具平台：需要搭建一些工具或平台，比如智能研发平台（从数据开发流程上辅助开发人员进行数据研发，如构建数据模型、算法开发、数据服务等）、智能分析平台（针对数据进行灵活、快速的分析，支持多数据源、多维分析、多图表组件、多用户权限、多屏等）、智能标签平台（进行标签的定义、可视化及相应的管理）、智能运维平台（对工具平台的服务组件及集群节点的健康状态进行监控）、大数据分析平台（构建大数据处理分析能力，包括相应的组件）。

6.8.2　结合应用架构

在应用架构中，我们介绍了一些基于 DDD 的通用应用中心，核心是对应的领域模型。在数据架构中，可以很好地承接这些领域模型到数据模型，并逐步形成相应的数据和存储规划。这里需要强调的是，领域模型和数据模型并不一定是一对一的关系，前者面向 DDD 的领域实体，后者面向数据规划层面，比如一个会员积分领域模型，可能对应数据库中的会员积分表、积分明细表、积分快照等多张表。

这个过程也需要结合数据架构设计方法和步骤，对整体数据进行分析，这里推荐结合应用架构进行数据架构，如图 6-7 所示。

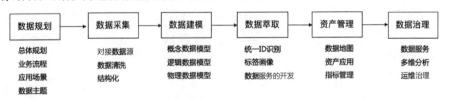

图 6-7　结合应用架构进行数据架构

- 数据规划：总体规划，根据企业战略计划、业务架构和应用架构相应输入（如业务流程和应用场景），明确需要建设的数据主题域、相关的资源配置、技术选型等。
- 数据采集：对接相应的数据源，根据对应数据进行基础的采集、清洗和结构化处理。
- 数据建模：明确对应的主题，同时确定相应的聚合粒度、对应的数据指标、总体规范定义等。
- 数据萃取：根据数据进行萃取管理，识别统一 ID，建立标签画像，进行相应数据服务的开发。

- 数据资产管理：整合数据服务能力，构建数据地图，并结合资产应用和指标管理体系，沉淀数据模型等关键数据资产。
- 数据治理：将数据服务进一步标准化、可视化，并经过多维分析和运维治理，对数据的生命周期进行治理。

6.8.3 结合数据仓库

数据仓库（Data Warehouse）是数据处理、分析的有效手段，有着几十年的发展历史，可以有效地助力数据架构的设计和建设，可以说数据架构的很多理念来源于数据仓库。数据仓库是一个面向主题的、集成的、反映历史变化的数据集合，用于支持管理决策和信息的全局共享。数据仓库的主要功能是将 OLTP 所累积的大量资料，通过数据仓库理论所特有的方法进行分析整理，并提供给 OLAP、大数据等技术。

在数据仓库中，数据按照功能和量级主要分为四层，通过不同层次的架构过程实现从数据资产向信息资产的转化，并且对整个过程进行有效的元数据管理及数据质量处理。

- 操作性数据层（Operational Data Store，ODS）：面向主题的、集成的、不断变化的数据，是可选部分，具备 OLTP 的特征。
- 明细数据层（Data Warehouse Detail，DWD）：将来自不同系统的同类数据源按照某种维度进行聚合，形成统一聚合数据，比如将不同电商平台的订单数据聚合，形成宽表。
- 汇总数据层（Data Warehouse Summary，DWS）：加强指标维度退化，提炼粗粒度常用维度、常用指标的汇总模型；同时根据某一时间内实体的事件轨迹，形成公共主题宽表，比如根据客户属性、购物经历、偏好等形成全面客户洞察。
- 应用数据层（Application Data Store，ADS）：增加个性化的标签衍生，并基于应用进行数据组装，比如大宽表、趋势指标等应用型数据。

6.8.4 结合大数据

数据架构与大数据密切相关，随着大数据技术的发展，大数据分析能力逐步成为数据架构核心能力。大数据本质上是以一种分治思维把复杂的计算任务分发出去并进行汇总，主要的流程有收集、传输、存储、处理、分析、检索、挖据和应用。搭建大数据平台需要考虑解决数据采集的组件、数据处理的计算引擎、各种数据存储组件，以及数据作业调度、权限、安全管理组件等。同时，企业需要对数据规模进行评估，包括数据总体量、数据日增长量、数据存储周期等。

目前，大数据相关技术选择面很广，其中 Hadoop 生态占主流，比如数据采集可选择 Flume、Kafka、Logstash、RocketMQ 等；数据存储可选择 HBase、Ignite、HDFS、TiDB、Parquet 等；数据计算引擎可选择 MapReduce、Hive、Spark、Flink、TensorFlow、Kubernetes 等；数据作业调度可选择 Azkaban、Oozie、Airflow 等；数据权限可选择 Ranger、Kerberos 等。当然除了这些开源组件，还有很多成熟的商业化大数据产品，在计算性能、运行稳定、技术支持等方面有很多优势，比如 AWS 的 Redshift，阿里云的 MaxCompute、DataWorks 等。同时，大数据对外提供的服务层也有一些工具支持，比如定制报表、智能缓存、事件分析、数据挖掘、智能算法等。比如，可视化 BI 工具有 AWS 的 QuickSight、Azure 的 Power BI 及阿里云的 Quick BI。

大数据平台本质上是数据架构及应用数据仓库的延伸，目的是构建企业全统通的数据综合体系，向下承接云计算能力，线上提供数据智能化应用服务。它通过数据架构技术，对海量数据进行采集、计算、存储、加工，之后形成标准数据，形成大数据资产，最终形成数据 API，为企业和客户提供各种高效的数据服务。大数据平台建设的基础是数据仓库和数据中心，并结合大数据技术，更加关注提供给业务的分析型数据服务，如个性化推荐、千人千面等。通过大数据平台的赋能，企业可在全渠道、上下游生态链中用数据指导运营，实现一切业务数据化、一切数据业务化，助力零售数字化建设，比如沉淀消费者画像、精准广告投放、进行品牌数字化，以及利用会员历史数据，分析会员生命周期，实现会员管理数字化。

另外，数据湖（Data Lake）也属于广义的大数据范畴，数据湖是以自然格式存储的数据的系统或存储库，通常是对象 Blob 或文件。数据湖通常是企业所有数据的单一存储，包括源系统数据的原始副本，以及用于报告、可视化、分析和机器学习等任务的转换数据，经过数据抽取、数据解析、数据处理等对外提供数据 API 能力。数据湖比较关键的模块有分布式存储引擎、流数据处理引擎、分布式计算引擎。目前，Hadoop 是十分常用的数据湖技术，另外商业化的有 AWS 的 Kinesis Analytics、Azure 的 Data Lake Analytics、阿里云的数据湖分析（DLA），它们可以支持多种大数据源。

在提到大数据时，也会常常提到人工智能等，结合人工智能可以提供更丰富的数据智能服务和应用，业界比较典型的有机器学习类 AWS 的 SageMaker、Azure 的 Machine Learning、阿里云的机器学习 PAI；自然语言处理类 AWS 的 Lex、Azure 的 Speech Services 和 LUIS、阿里云的机器学习智能语音交互和 NLP；人脸图像识别类 AWS 的 Rekognition、Azure 的 Cognitive Services、阿里云的人脸识别和图像识别服务等。

6.9　云原生时代的数据架构技术体系

进入云原生时代，数据存储技术也面临着全新的挑战，比如从数据架构维度，如何达到存储和计算分离、支持大规模扩展、支持分布式机制，多服务器安装部署，以及如何达到高可用、机制弹性、资源高效利用。从技术维度，云原生数据库还需要具备以下能力。

（1）多模：多种存储方式，多种查询接口和标准，均由同一套数据库引擎来支撑。

（2）智能化和自动化：借助机器学习、人工智能技术，与数据库内核进行结合。

（3）软硬件一体化设计：将软硬件结合在一起，发挥系统的优势。

（4）行存与列存一体化：将行存和列存结合起来，在一套系统里实现行列混存。

（5）弹性扩容：使得存储和计算可以实现独立扩容。

（6）分布式能力：数据库分库分片，有需要时只需要增加节点，需要处理分布式事务等技术。

云原生数据库需要应对上述的挑战，当前云原生数据库的典型代表有阿里云的 PolarDB 和 AnalyticDB、AWS 的 Aurora、Snowflake 等。这里重点介绍一下 PolarDB。

PolarDB 是阿里巴巴自主研发的关系型分布式云原生数据库，兼容 MySQL、PostgreSQL、Oracle。计算能力最高可扩展至 1000 核以上，存储容量最高可达 100TB。PolarDB 采用存储和计算分离的架构，计算节点共享一份数据，提供秒级故障恢复、全局数据一致性和数据备份容灾服务。PolarDB 既具有商业数据库稳定可靠、高性能、可扩展的特征，又具有开源云数据库简单开放、自我迭代的优势。

第 7 章

技术架构设计

在企业架构中，技术架构是支撑整个企业架构体系的技术部分，也是企业架构中 IT 架构的最后架构阶段。本章我们首先学习什么是技术架构，技术架构设计框架、常用模式、设计原则，以及技术架构制图；然后讨论技术基础设施上云、技术平台典型技术；最后讨论一些技术架构最佳实践。

7.1　技术架构概述

技术架构也是我们常说的软件架构、系统架构，是将业务需求和应用功能转变为技术实现的过程。技术架构在软件开发过程中应用得比较普遍，受到广大技术人员的普遍关注，它是有关软件整体结构与组件的抽象描述，用于指导大型软件系统各个方面的设计。技术架构可以帮助我们梳理系统边界、识别系统需求、识别系统风险和问题优先级、确定技术方案和路线，让团队之间达成共识且相互约束，并指引团队适应业务和技术的变化。

在企业架构中，技术架构是支撑整个企业架构体系的技术部分，也是企业架构中 IT 架构的最后架构阶段。技术架构以业务架构中的业务需求、业务能力、业务流程为指导，是从应用架构和数据架构的具体形态导出的对企业数字化系统和 IT 基础设施进行整体部署的一组技术标准规范、原则和最佳实践，并包含相关的技术选择标准、产品选择方案、技术实施路线等，目标是优化整个企业的 IT 运行环境，实现 IT 对业务服务高效率地交付。

从广义上来讲，技术架构涉及技术研发的方方面面，包括业务、数据、应用对应的软硬件能力，比如 IT 基础设施、中间件、网络、通信等。同时，技术架构从技术上指导应用系统的开发、部署、测试、交付、运维等，提出公共性、支撑性的指导，推进资源共享和系统协同，发挥现有资源和基础设施的效用，提升业务系统的互操作性。技术架构解决的问题包括技术分层、技术框架选择、开发语言选择、非功能性需求实现等。

技术架构的好处主要有以下几点。

- 理解对齐，形成共识：软件系统是为了实现用户需求，特别是针对企业架构，不同的人有不同的视角，技术架构需要将业务架构、应用架构、数据架构的需求转换成技术人员可以理解的技术语言。需求的实现往往可以有多种途径，如何选择途径？如何拆分系统？选择技术 A 还是技术 B？这些都需要通过技术架构描述并记录下来，让大家理解对齐，形成共识。

- 标准规范，术语统一：软件开发的不确定因素很多，特别是大型企业的技术落地过程，往往有多种技术规范和标准，包括行业通用的和企业内部的，如开发规范、部署规范、稳定性保障规范等。同时，在技术层面有很多术语，不同的人有不同的理解，技术架构需要定义和解释清楚系统中涉及的关键概念，特别是非功能特性的选择和技术方案，并在整个架构设计和描述过程中使用标准和一致的术语。

- 言之有物，资产沉淀：如同讨论产品交互时对照产品原型图，讨论代码 Review 时需要看代码一样，技术架构也有相应的实物，即架构制图（简称架构图）。架构图是软件开发的高层次抽象，是架构持续演进的具体承载，也是技术团队的核心资产，对系统开发、新人培养等具有重要的作用，是技术团队的灵魂所在。

- 团队协同，明确分工：技术架构提供企业更有效地管理研发的流程，方便团队协同，比如通过构建企业开发平台、运维平台来协助系统的统一管理，进而结合上层应用架构、数据架构的落地，通过新技术（如云原生技术、容器化技术、敏捷交付、精益管理等软件工程管理技术）构建开发和运维一体化的平台，清楚地定义各团队的分工边界，确保业务需求和应用功能的稳定落地。

7.2　技术架构设计框架

技术架构涉及技术架构规划、技术平台、基础设施，以及技术架构标准原则、最佳实践等。技术架构总体框架如图 7-1 所示。

- 技术架构规划：对技术架构统一规划的指导，包括架构模式、架构方法、架构制图等。
- 技术平台：技术架构的平台组件能力，包括开发平台、数据平台、移动平台、低代码平台等，以及核心的典型技术，如服务治理、监控告警、流量调度、消息服务、缓存等。
- 基础设施：支撑技术架构的基础设施，比如计算、存储、网络、安全及云原生基础设施等，可以充分考虑企业上云相关技术。
- 技术架构标准原则：企业技术方向性的通用原则，如通用技术原则、技术框架原则、服务开发设计原则、架构制图原则等。
- 技术架构最佳实践：技术架构典型的实践，如一致性、高并发、高可用、安全生产、压测、秒杀、企业上云等。

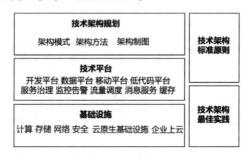

图 7-1　技术架构总体框架

7.3　技术架构常用模式

技术架构模式基于经常出现的问题，给出通用、可复用的技术方案。技术架构常用模式既包括一些传统模式，如分层架构、事件驱动架构、SOA，也包括一些新兴模式，如微服务架构、上云架构、云原生架构等。企业需要结合自身业务和技术的实际特点，选择合适的技术架构模式。

1）单体模式

所有业务逻辑全部在一套系统中，是大而全的体系，没有服务化，没有分层，单机集中式数据库，存储过程复杂。这种架构适用于业务发展早期，这时产品的完善性、系统扩展性、部署规模的要求都不高。很多企业在发展初期，在技术方面的投入并不大，主要以外采系统为主，包括 CRM、MES、ERP、HR、PLM、SCM 等系统，各个系统各自独立，各自有单独的数据库及权限管理。单体模式的缺点是造成"烟囱式"发展，信息化协同不便，业务需求响应有限。

2）分层架构

分层架构是一种客户端/服务器端架构，将系统软件分成了多个层次，通过层次的抽象提供相对便捷的扩展和复用能力。每一层都是围绕一种功能的抽象，各负其责，有利于系统开发、测试、管理和维护。最常使用的分层架构是 MVC 三层架构，将模型、表现、控制进行分离，除此之外，后文介绍的很多架构模式本质上是分层架构的进一步演进。

3）事件驱动架构

事件驱动架构（EDA）是使用解耦、单一用途的事件处理组件来异步接收和处理事件的架构。一个事件驱动系统一般由事件消费者和事件产生者组成。事件驱动在分布式系统、异步处理系统、高并发削峰填谷等场景中广泛使用。事件驱动架构当然也增加了一定的复杂度，包括事务性、数据一致性、事件顺序、重复消费等方面。

4）微内核架构

微内核架构（Microkernel Architecture）是一种面向功能进行拆分的可扩展架构，有时也可以称作插件化架构，比如 Eclipse 类型的 IDE、UNIX 操作系统，都是参照微内核架构设计的。微内核主要分为核心系统和插件系统，核心系统拥有能使应用运行的最小功能逻辑，插件系统是独立存在的系统，包含特殊的处理逻辑、额外的功能和定制的代码，能拓展核心系统业务功能。微内核架构设计的难点是核心系统的通用性、插件系统的扩展性和灵活性。

5）RPC 架构

RPC 架构是远程过程调用架构。当时，很多企业采购了 ESB 和数据交换工具，将不同的流程打通，做到信息拉通、数据集成、协同管理。RPC 框架主要包括网络通信、序列化或反序列化、传输协议和服务调用等组件。远程服务提供者以某种形式提供服务，调用相关信息，远程代理对象通过动态代理拦截机制生成远程服务的本地代理，让远程调用在使用上和本地调用一样。网络通信通过序列化或反序列化方式对网络传输数据进行有效的传输。服务调用可以分为同步调用、异步调用等方式。传输协议可以使用 TCP 和 HTTP。Dubbo 是 RPC 架构典型的分布式框架代表。

6）SOA

SOA 通过服务化技术进行系统的拆分，进而把一个单一的大系统按逻辑拆分成不同的子系统，通过服务接口来通信，是面向服务的设计模式，最终需要总线集成服务。过程中引入中间件、消息、分布式数据库等技术组件，通过 ESB 与企业系统进行集成和交互。这种架构适用于业务发展中期，这时企业对产品的完善性和精细性有了一定的需求，团队也越来越大，扩展性主要依赖服务化的能力。

7）微服务架构

微服务架构本质上是 SOA 的演进，在被 Martin Fowler 等人推广后，由于其实用性，越来越受到大家的重视。微服务由一组小型自治服务组成，每个服务实现单个业务功能，每个服务是小型的、独立的、松耦合的，每个服务代码库都是独立的，每个服务负责持久化自己的数据或者外部状态，通过使用定义良好的 API 进行通信。微服务架构的好处很多，比如提高研发效率、支持更专注的团队、提高可扩展性、隔离业务和数据、有更小的代码基线；同时带来一些挑战，比如复杂度高、部署和运维困难、数据一致性问题、版本控制问题、组织文化考验等。

8）大数据架构

大数据架构是数据架构的一种，其主要进行大数据的技术处理和分析海量数据。该架构是大数据解决方案的蓝图，处理的工作包括批量处理大数据源、实时处理数据、预测分析及机器学习。大数据架构的优势是应对大规模数据处理，通过并行度提升性能，弹性伸缩，与现有方案（如物联网、BI 等）互通；其挑战在于相关大数据技术、团队技能储备及数据安全等问题。

9）上云架构

云计算已成为社会的公共的基础设施，企业上云也被人们广泛接受。在企业数字化转型过程中，首先应使用云作为企业的技术基础设施，并逐步应用云计算的红利，逐步将应用迁移到云上，这就诞生了上云架构。上云架构有很多优势，比如极致的弹性、降本增效、加速 IT 设施发展、提升系统稳定性、加强资源整合等；其挑战是对企业的技术团队能力要求高、整体架构与企业的对接和整合不容易等。

10）云原生架构

云原生是云计算的"下一站"，云原生的代表技术有容器、服务网格、微服务、不可变基础设施和声明式 API。这些技术能够构建容错性好、易于管理和便于观察的松耦合系统。运行在其上的应用被称作云原生应用，云原生架构是依赖云产品和云原生技术构建的 IT 架构，生于云、长于云并最大化运用云的能力，让开发者聚焦于业务本身。云原生的设计理念是面向分布式（Distribution）、配置（Configuration）、韧性（Resistancy）、弹性（Elasticity）、交付（Delivery）、性能（Performance）、自动化（Automation）、诊断性（Diagnosability）及安全性（Security）等方面。

7.4 技术架构设计原则

下面从不同维度给出技术架构的设计原则。

1）通用技术架构原则

- 业务需求导向原则：企业业务战略计划决定了企业架构的发展方向，同时决定了企业的整体 IT 架构。技术的首要任务是支撑业务发展，技术需要结合业务需求及业务架构、应用架构、数据架构的要求输入，从而快速实现 IT 投资的回报。

- 实用性原则：IT 需要以实用为原则，不能一味地追求市场上最先进的技术平台，需要结合企业实际的业务发展。

- 复用原则：遗留的系统和数据都是宝贵的资产，在技术改造过程中，要最大限度地保护现有 IT 资产，并充分结合新一代技术架构的技术特点，在复用的基础上进行创新。

- 开放与标准化原则：尽量采用国际上通用的技术标准体系，充分考虑主流的开源及商业化选择。统一且成熟的技术标准可以保证系统的一致性和兼容性，同时减少企业在非功能性技术方面的投入。

- 分布式架构参考设计原则：一个良好的分布式系统需要充分综合考虑相关的能力，比如应用服务能力的线性扩展、高并发下的高性能响应、服务治理能力、数据化运营能力、全链路监控跟踪等。

- 尽可能应用无状态：仅当业务需要时才呈现使用状态，尽量保持应用无状态，这样更易于扩展。

- 尽可能异步设计：仅当无法异步时，才进行同步调用，尽量考虑异步设计。

2）技术架构标准和规范

- 架构模式标准化：包括应用平台的架构模式选型标准、微服务架构设计标准、应用平台开发标准等,通过统一的应用平台架构来规范应用的整体结构,并涵盖未来应用系统、遗留系统及需要集成与整合的系统。

- 技术选型标准:需要从企业实际角度提出技术选型管理标准,结合市场上主流开源和商业技术组件,以及企业技术的发展趋势,综合考虑技术的架构、功能、性能、集成难度、实施难度等因素。
- 基础设施选型标准:针对企业的服务器、存储、数据、网络等综合基础设施,比如采用云原生基础设施能力,充分考虑企业上云过程的利与弊。
- 系统非功能性能力管理:充分考虑系统的非功能性能力,权衡投入产出比,评估 IT 系统管理的复杂度,确定是否采用一系列开源或商业化产品加以辅助管理。

3)通用非功能性原则

提到非功能性,技术架构可能涉及多个方面,如稳定性、可扩展性、一致性、可移植性、兼容性、可配置性、可降级性、可部署性、可发现性、故障透明性、容错性、可检验性、可安装性、完整性、可维护性、可管理性、模块性、可操作性、可恢复性、可靠性、重现性、弹性、可复用性、稳健性、安全性、可服务性、合规性、可持续性、可测试性、可追溯性等。当然这些特性可能并不会在一个系统中全部满足,需要结合企业实际需求进行针对性的开展。下面是 ISO/IEC 25010 标准定义的系统软件产品质量中所考虑的非功能性,包括以下八大类别。

- 功能适合性:功能完整度、功能正确性和功能恰当性。
- 性能效率:响应时间、资源利用率和容量。
- 兼容性:多版本共存和互操作性。
- 易用性:可学习性、可运维性、自动纠错、UI 美观度、可访问性。
- 可靠性:成熟度、容错性、可恢复性。
- 安全性:机密性、完整性、不可伪造性、权威性和可审计性。
- 可维护性:模块度、可复用性、可分析性、可修改性、可测试性。
- 可移植性:可适配性、可安装性、可替代性。

4)微服务设计原则

微服务设计原则如下所示,有的前文已提到过。

- 稳定性原则:以稳定为中心,设计得尽可能简单和清晰,不过度设计。
- 依赖和分离原则:需要把稳定的服务部分与易变的服务部分进行分离,把核心业务微服务与非核心业务微服务分离，应用与数据分离，服务接口与实现细节分离。

- 异步松耦合原则：不同业务域间尽量异步解耦；核心业务和非核心业务间尽量异步解耦。

- 垂直划分优先原则：尽可能根据业务领域进行服务的垂直划分，这样更加关注业务实现，端到端负责，便于持续改进，减少调用次数。水平划分需要充分从总体考虑。

- 持续演进原则：应逐步划分、持续演进，避免服务数量的"爆炸性"增长。当服务数量增加时，需要考虑持续交付、微服务监控与治理等环节。

- 服务自治原则：服务需要提供 SLA，保持稳定性，可以独立开发、测试、部署和运行，避免发生连锁反应。

- 自动化驱动原则：可以结合 DevOps 和 CI/CD 等自动化工具，以及成熟的微服务治理框架，提高微服务生命周期的自动化效率。

- 微服务拆分原则：优先拆分比较独立的服务、通用服务、边界明显的服务、核心服务。

- 提前准备原则：开展微服务前需要做一些准备，比如研发环境和流程上的转变、构建自动化工具链、服务注册与发现、流量调度、监控等。

7.5 技术架构制图

在架构设计领域，架构制图是针对系统架构某一个方面的一种描述，将系统的技术方案、技术选型通过视图的方式进行展现。架构制图可以帮助团队内部和团队之间消除沟通歧义，提升协作效率。一图胜千言，无图无真相。图是直观而形象的，顺应了人类与生俱来的视觉识别本能，一张图所能传达的信息非常多。常见的技术架构制图有功能架构制图、系统分层架构制图、系统链路架构制图、部署架构制图、开发架构制图等。

7.5.1 架构制图的原则

国际上对架构描述设立了专门的标准（ISO/IEC/IEEE 42010:2011），架构制图是架构的载体，从制图本身角度，架构制图需要关注以下几个方面。

- 深刻理解制图目标：架构制图需要有明确的目标，需要准确、完整、清晰、一致、简洁。

- 明确受众及关注点：比如业务、产品、开发、测试、运维、外部客户、行业专家等。

- 考虑全面，有所侧重：架构制图需要跳出图本身，全面展示涉及的内容，避免"只见树木，不见森林"；同时需要针对受众和关注点有所侧重，略去与当前视图无关的细节。

- 充分采用设计方法：建议采用结构化思维，比如金字塔原理、结论先行、以上统下、归纳分组、逻辑递进。

- 采用多种架构视图：可以采用不同的视图来进行描述，比如从工程制图角度，有主视图、俯视图、左视图等。

- 遵守统一的图例规范：比如 UML 中泛化、聚合、组合、依赖等关系的表达，以及各种方框、虚实线、箭头的含义，特别是组件之间的交互方式，比如同步或异步。

- 持续优化迭代：与软件一样，架构制图也有版本，核心是表达清楚图的内容，突出最重要的地方，架构制图的粒度、类别、内容等可以逐步完善。

7.5.2　架构制图的方法

1）UML

UML（Unified Modeling Language）是统一建模语言的简称，它是一种由一整套图表组成的标准化建模语言。UML 用于帮助系统开发人员记录软件系统的产出。UML 主要使用图形符号来表示软件项目的设计，帮助项目团队沟通和进行软件设计。

UML 总共包含十几种不同类型的图，可以覆盖软件设计领域各种制图需求，如图 7-2 所示，主要分为如下两大类图。

- 结构图（Structural Diagrams）：通过对象、属性、操作和关系等，强调系统的静态结构，包括类图（Class Diagram）、组件图（Component Diagram）、部署图（Deployment Diagram）、对象图（Object Diagram）、包图（Package Diagram）、组合结构图（Composite Structure Diagram）。

- 行为图（Behavioral Diagrams）：通过展示对象之间的协作关系及对象内部的状态改变，强调系统的动态行为，包括用例图（Use Case Diagram）、活动图（Activity Diagram）、序列图（Sequence Diagram）、状态机图（State Machine Diagram）、通信图（Communication Diagram）、交互概述图（Interaction Overview Diagram）、时序图（Timing Diagram）。

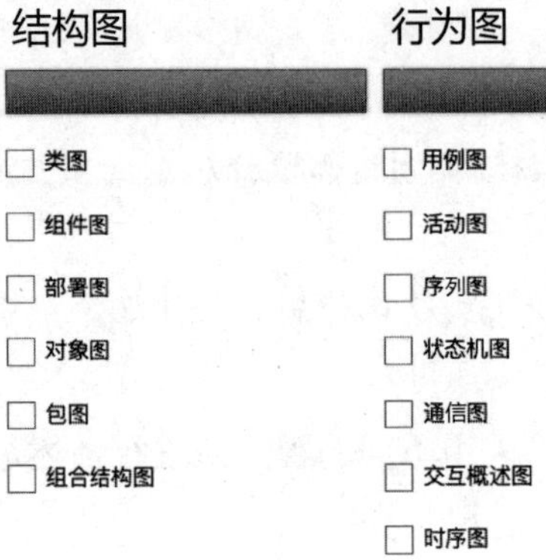

结构图	行为图
☐ 类图	☐ 用例图
☐ 组件图	☐ 活动图
☐ 部署图	☐ 序列图
☐ 对象图	☐ 状态机图
☐ 包图	☐ 通信图
☐ 组合结构图	☐ 交互概述图
	☐ 时序图

图 7-2　UML 核心制图

下面简单介绍几种常用的 UML 制图。

- 类图（Class Diagram）：类图是一切面向对象的核心建模工具，描述系统中对象的类型及它们之间存在的各种静态关系。

- 组件图（Component Diagram）：组件图描述组件如何连接在一起以形成更大的组件或软件系统。它展示了软件组件的体系结构及它们之间的依赖关系。

- 用例图（Use Case Diagram）：用例图从用例的角度描述系统的功能需求，它是系统预期功能（用例）及其环境（参与者）的模型。

- 活动图（Activity Diagram）：活动图用于展示工作流程，它支持选择（Choice）、迭代（Iteration）和并发（Concurrency）。活动图描述目标系统的业务流程。

- 状态机图（State Machine Diagram）：状态机图描绘允许的状态和转换，以及影响这些转换的事件，有助于可视化对象的生命周期管理。

- 序列图（Sequence Diagram）：序列图根据时间序列展示对象如何进行协作。它展示了在用例的特定场景中，对象如何与其他对象进行交互。

对于通用的一些 UML 原则，《码出高效：Java 开发手册》给出了比较详细的介绍，这里挑选并提炼其中几条。

- 在需求分析阶段，如果与系统交互的对象超过一类并且相关的用例超过 5 个，则使用用例图来表达更加清晰的结构化需求。

- 如果某个业务对象的状态超过 3 个，则使用状态机图来表达并且明确状态变化的各个触发条件。
- 如果系统中某个功能的调用链路上涉及的对象超过 3 个，则使用时序图来表达并且明确各调用环节的输入与输出。
- 如果系统中模型类超过 5 个，并且存在复杂的依赖关系，则使用类图来表达并且明确各类之间的关系。
- 如果系统中超过 2 个对象之间存在协作关系，并且需要表示复杂的处理流程，则用活动图来表示。
- 谨慎使用继承的方式进行扩展，优先使用聚合或组合的方式。
- 在进行系统设计时，根据依赖倒置原则，尽量依赖抽象类与接口，这样有利于扩展与维护，需要注意的是，应对扩展开放，对修改闭合。
- 在系统设计阶段，共性业务或公共行为抽取出来公共模块、公共配置、公共类、公共方法等，避免出现重复代码或重复配置的情况。

2）"4+1" 视图模型

1995 年，Philippe Kruchten 发表了题为 "The 4+1 View Model of Architecture" 的论文，引起了业界的关注。此论文提出了一种用来描述软件系统体系架构的模型，以架构为中心场景驱动和迭代开发等方式实现设计。"4+1" 视图模型基于不同项目干系人，从 4 种基础视图和场景方面来描述软件需求，如图 7-3 所示。

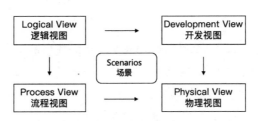

图 7-3　"4+1" 视图模型

- 场景（Scenarios）：场景用于描述系统的参与者与功能用例间的关系，反映系统的最终需求和交互设计，通常用用例图表示。
- 逻辑视图（Logical View）：逻辑视图用于描述系统软件功能拆解后的组件关系，反映系统整体组成与系统构建过程，通常用组件图和类图表示。

- 物理视图（Physical View）：物理视图用于描述系统软件到物理硬件的映射关系，反映系统的组件部署关系，通常用部署图表示。

- 流程视图（Process View）：流程视图用于描述系统软件组件之间的通信时序、数据的输入和输出，反映系统的功能流程与数据流程，通常用时序图和活动图表示。

- 开发视图（Development View）：开发视图用于描述系统的模块划分和组成，以及细化到内部包的组成设计，反映系统开发实施过程，通常用组件图和包图表示。

3）C4 模型

C4 模型来自《程序员必读之软件架构》（*Software Architecture for Developers*）一书，C4 模型是一种"抽象优先"的架构制图方法，它是受 UML 和"4+1"视图模型的启发而开发出来的，但相对而言，C4 模型更加简单和轻量，只包含少量的一组抽象和图表，易于学习和使用，如图 7-4 所示。

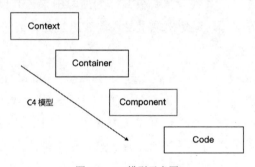

图 7-4　C4 模型示意图

C4 代表上下文（Context）、容器（Container）、组件（Component）和代码（Code）分层的图表，可以用这些图表来描述不同缩放级别的软件架构，每种图表适用于不同的受众。C4 模型最关键的思想就是自上而下对系统的静态结构进行逐级拆分，依次描述各层次对象的职责、关系和外部依赖。此外，它还可以包含动态视图、部署视图等补充视图。举个例子，一个软件系统由多个容器（如数据库、应用）组成，一个容器由多个组件组成（如微服务和技术组件），一个组件由多个代码（如接口类、实现类、领域对象类）结构组成。

4）Arc42

严格来说，Arc42 并不是一种架构制图方法，而是一个架构文档模板。在架构描述中，虽然"图"比"文字"优先级更高，但实际项目还是需要有文字的架构文档的。Arc42 可以专门用于帮助大家更好地编写架构文档。Arc42 中比较重要的是 Context（背景；上下文）、Building Block View（基础构成要素视图）、Runtime View（运行时视图）和 Deployment view（部署视图）。

除了上述几种方法，在软件行业还有很多优秀的架构制图方法及对应的工具，如 SysML、AADL、ArchiMate、BPMN。这些方法或工具也可以组合使用，比如架构制图采用 C4 模型，架构文档框架采用 Arc42。架构制图本身也有不少工具，比如传统的 Microsoft Visio、Rational Rose 类型的软件，以及 Draw.io、ProcessOn、OminiGraffle、PlantUML、StarUML、Visual Paradigm 等。

当然，不论使用什么方法和工具，一个团队形成一致的工具使用习惯是关键。架构制图的核心是向干系人表达清楚架构，目的是与他人沟通并达成共识，工具只是辅助手段，有时手绘也是可以的。

7.5.3　技术架构视图参考

技术架构视图可分为多种类型，比如系统功能架构、开发架构、测试架构、部署架构、运维架构、安全架构、集成架构、数据交互架构等视图，下面简要介绍几种技术架构视图。

1）开发架构视图

开发架构视图提供软件系统各模块的组织结构，涉及系统的各个层面，包含软件复用技术应用、设计和测试的标准化、代码组织管理等。开发架构主要面向技术开发人员，一方面强调软件开发生命周期的各阶段，另一方面重视对已有资产的封装、管理和重用，强调统一建模和设计的重要性。

图 7-5 展示了一个例子，从分层角度，开发架构包括网关层、应用层、服务层、技术底座层、基础设施层等。整个框架体现一个目标：以基础设施层为依托，以技术底座层为开发准则，以应用层和服务层为核心，通过网关层，全面为各层次提供高质量的服务。其中，网关层更体现不同用户和终端的接入；应用层和服务层承接应用架构的部分能力；技术底座层更体现统一的技术与开发管理能力，如应用管理、项目管理、集群管理，这一层提供统一的资源分配及调度，并提供完整的 CI/CD、DevOps、代码托管等能力，打通业务开发与基础设施，屏蔽基础设施中复杂的技术细节，并提供对接其他系统的能力；基础设施层提供基础资源，

比如计算资源、数据存储资源、服务资源等。

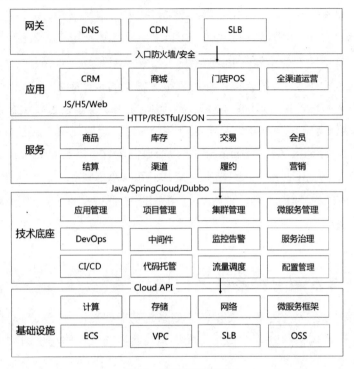

图 7-5　开发架构示意图

2）部署架构视图

部署架构视图一般比较程式化，主要面向运维人员，维持系统运行的各种服务，包括运维安全管理、网络设施管理、基础服务管理、配置管理、基础设施和环境管理，以及相关的规章制度和管理流程等。部署架构有时也叫作物理架构，需要考虑一些因素，比如网络情况、流量调度、隔离的环境、运行时功能或数据迁移、状态性能监控、系统配置、数据和系统备份及还原等，还要考虑如何保障系统的稳定性，在出现运行故障时能够进行容错和快速恢复，包括安装、迁移、管理和支持活动，同时这些活动需要尽可能自动化。

图 7-6 展示了一个基于 Spring Cloud 体系的部署架构，包括服务注册集群、服务配置中心、业务服务容器、服务监控和保护、流量控制和负载均衡、认证鉴权等集群组件的部署。

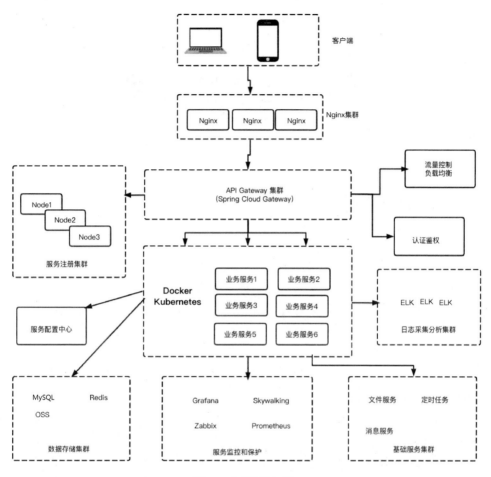

图 7-6　部署架构视图

3）安全架构视图

安全架构视图定义了企业向业务部门提供的安全范围和功能，贯穿整个企业架构的安全环节，是业务安全运行的基础架构，如图 7-7 所示。安全架构包括身份和访问管理、开发安全管理、运维安全管理和集成架构安全等，以及合规等安全运营管理等。安全架构对企业非常重要，涉及的面很广。比如，从系统数据安全角度，需要敏感数据保护、数据传输加密、数据存储加密等；从系统应用安全角度，涉及应用防火墙保护、应用配置安全、代码安全、漏洞扫描等；从系统账号安全角度，需要进行身份认证、访问授权、账号管理、操作审计等；从系统安全监控运营角度，需要进行威胁检测、配置检查、日志审计、备份恢复等。

图 7-7 安全架构视图

7.6 技术基础设施上云

从技术架构基础设施角度，越来越多的企业选择使用云计算，逐步将企业的应用搬到云上。这里我们来看看企业上云的好处和通用方法。

什么是上云？上云指的是企业以云计算的服务能力为基础，进行信息化系统及相关业务应用的建设并对外连接的过程。上云可以帮助企业解决技术统一、业务统一的问题；可以支持敏捷开发，加速业务快速创新；还可以帮助企业降本增效。云计算通过资源池和虚拟化技术，让应用和底层基础设施解耦，进而提高资源的利用率，并通过资源弹性使得云基础设施和传统 IDC（互联网数据中心）对比具有明显优势。

企业上云一般可分为三种类型，如图 7-8 所示。第一类是新托管（Rehost），通过迁移的方式，将线下物理机替换为云上虚拟机，比如计算、存储、网络的云资源；第二类是新平台（Re-platform），用托管的云服务替换线下自建应用基础设施，并越来越渗透到 PaaS 层，比如数据库、中间件、监控、应用生命周期等，从而具备更好的弹性、稳定性和自治运维能力；第三类是重构/新架构（Refactor/Re-architect），进行深层次的微服务或云原生应用架构改造，以及对应的 DevOps 整体研发流程改造。可以看出，上云不仅是简单地使用一些计算、网络、存储等云资源，更重要的是从 Rehost 向 Re-platform，进而向 Re-architect 升级。在此过程中，虽然上云的成本和复杂性逐步增加，但是在其他方面（比如敏捷性、弹性、可用性、容错性等）的收益也在持续增加，因此企业上云需要综合考虑自身的业务和技术特点，选择适合自己的上云节奏。

在上云过程中，企业需要遵从以下原则。

（1）选择好架构模式：要充分结合各种架构模式的优缺点，根据具体的应用场景进行选择，比如 N 层架构、微服务架构、事件驱动架构、大数据架构及高性能计算架构等。

图 7-8 企业上云的三种类型

（2）单一还是多云：企业需要结合实际现状，一般多个供应商对接的成本更高，但如果企业一定要与多个供应商合作，则建议将相对独立的应用模块放在同一个云中，将其他应用模块放在另外的云，而不是将单个应用模块部署到多个云中。

（3）充分评估转化成本：当选择云供应商或者云服务时，需要充分评估转化成本，不同的云及云产品在功能、性能、成本、可靠性等多方面都有差异，因此要进行综合评估。

（4）重视非功能性：一个设计良好的上云架构在满足功能性需求的同时，需要充分考虑非功能性需求，尽可能利用云服务来简化这些非功能性需求的实现，需要重点考虑性能效率、可靠性、兼容性、可执行性和可维护性。

企业应用上云需要紧密结合自身的业务和技术特点，可以采用以下通用的几个步骤。

1）确认上云需求

首先需要收集和确认应用上云的需求。此过程需要结合其他架构（如业务架构、应用架构），并与不同的人员交流和讨论，收集各方的痛点。从上云的视角来看，需要重点考虑工作负载（工作负载对高可用及容灾的需求）、业务增长（如大促峰值的增长）、成本管理（如资源消耗等）、时间目标（如恢复时间目标等）、安全合规（如数据隐私等）等。

2）考虑架构原则

在确认了上云需求之后，需要综合考虑架构模式和原则，明确上云的非功能性需求，比如比较多种架构模式，以及确定是使用单一还是多云提供商，同时评估上云的转化成本和风险，并重点考虑性能效率、可靠性、兼容性、可移植性、可维护性等原则，确定上云的核心架构原则与相应指标。

3）选择云上服务

使用标准云产品是上云的关键路径，可以帮助我们全面解耦应用与云资源，充分利用云计算带给我们的技术红利，让云服务最大限度地解决企业的非功能性需求。云上服务也有非常多的种类，涉及基础设施、接入层、中间件、消息、数据存储、大数据、安全、产品研发等多个方面。

4）制订上云方案

进而，企业可以基于需求、架构原则及云服务选型制订整体的上云方案，建议从全局视角进行总体规划，并对核心的架构原则及云服务选型进行充分阐述，并制订出具体的分步实施计划，并请企业高层（如 CTO/CIO）及架构委员会进行评审。

5）实施上云项目

企业可以通过项目进行推进，包括上云的项目管理、组织流程、质量保障、风险识别等，特别是相关的进度和上云前的各种压测，以及一些上云过程中的预案处理。

云计算的"下一站"是云原生，企业上云的趋势也是云原生基础设施。Gartner 将云原生基础设施划分成四大类，如图 7-9 所示，主要分为 IaaS、CaaS（Container as a Service）、Serverless Containers（如 ASI）、FaaS（如函数计算）。可以看出，从下往上，计算单元的粒度越来越细，越来越体现云原生的特质，体现在模块化程度、自动化运维程度、弹性效率、故障恢复能力等方面。可以说，云原生基础设施是应用研发和运维的最佳实践的组合（如容器化、持续集成和交付、不可变基础设施等），使分布式系统更加可靠、易管理和易观测，提升研发运维的效率；同时使云原生的优势和云厂商的传统优势（如规模、稳定性和弹性）完美结合，并通过开放的社区标准与各大云提供商的商业化服务能力，极大地改变了用户的心智。可以预计，云原生基础设施将大大简化企业上云的过程，并结合新一代计算单元、Serverless Containers、函数计算、分布式云环境等更加灵活地适配企业多种上云诉求。

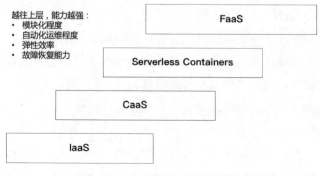

图 7-9　Gartner 对云原生基础设施的分类

7.7　技术平台典型技术

技术架构由多种技术组成，过程中可能涉及非常多的具体技术，图 7-10 展示了技术架构核心技术。

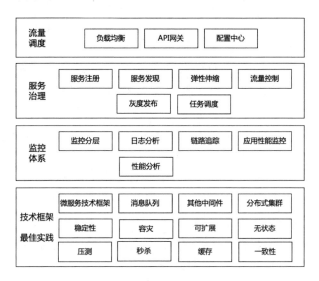

图 7-10　技术架构核心技术

下面我们就技术架构中核心的流量调度、服务治理、监控体系、消息列队、微服务技术框架等进一步展开介绍。

7.7.1　流量调度

流量调度是技术架构中的核心技术，包括负载均衡、API 网关、配置中心，以及一些高级特性，如容灾。

1）负载均衡

负载均衡（Load Balance）是将请求分摊到多个操作单元上执行。如图 7-11 所示，来自客户端的请求通过负载均衡被分发到各个服务器，根据分发策略的不同产生不同的分发结果。负载均衡不仅对流量进行了再次分配，还可以起到类似队列的作用，作为请求和服务之间的缓冲区，来缓解请求的压力，进而实现削峰填谷。负载均衡可以帮助扩展服务器的处理能力、增加吞吐量、提高系统的灵活性。负载均衡的本质是对流量的管理，在系统可容纳的前提下，把资源留给最优质的流量使用，在节省成本的同时确保系统不会被冲击崩溃。

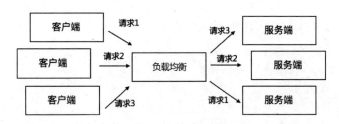

图 7-11　负载均衡示意图

负载均衡解决方案已经是业界比较成熟的方案，通常分为硬件负载均衡和软件负载均衡。硬件负载均衡需要在服务器节点之间安装专门的负载均衡设备，常见的有交换机、F5 等。软件负载均衡的解决方案很多，常见的有 LVS、Nginx 等，我们通常会针对特定业务在不同环境中进行优化。以 Nginx 为例，它提供一个成熟的、可扩展的、高性能 Web 服务器和反向代理，Nginx 便于部署、配置和二次开发，并可管理授权、权限控制、负载均衡、缓存及提供应用健康检查和监控。

负载均衡的网络消息转发一般集中在传输层和应用层，由于传输层在 OSI 七层模型中位于第四层，业界也常称之为四层负载均衡，它是基于 IP 地址和端口号进行负载均衡的，常见的有 F5 和 LVS 等产品。应用层在 OSI 七层模型中位于第七层，因此集中在应用层的负载均衡是基于 URL 和请求头等应用层信息进行负载均衡的，常见的有 Nginx，过程中还会包括 SSL、Web 应用防火墙等特性。

在云服务广泛使用的今天，还有一种负载均衡的策略是把资源尽可能向消费者侧分布，这里的典型代表是内容分发网络（Content Delivery Network，CDN），这是一种用于内容分发的虚拟网络。依靠部署在各地的边缘服务器，CDN 通过负载均衡、内容分发、调度，可以让用户就近获取所需内容，从而缓解网络拥塞，提高访问速度和命中率。

负载均衡算法有很多，大体上分为静态的和动态的两大类。

（1）静态负载均衡算法：随机算法、轮询算法、加权轮询算法。

（2）动态负载均衡算法：最少连接数算法、服务调用时延算法、源地址哈希算法。

2）API 网关

API 网关一般作为后台服务的入口，企业需要特别关注，API 网关主要具有以下作用。

● 门户功能：提供统一服务入口。

- 隔离作用：作为服务的应用边界，防止腐化。
- 解耦作用：使微服务各方独立、自由、高效、灵活。
- 路由功能：应对外部应用，提供前端应用的路由能力。
- 封装功能：封装服务内部结构，为各个客户端提供 API。
- 脚手架功能：提供便于扩展的注入点，包括授权、过滤、流量控制、监控、负载均衡等。

在进行 API 网关设计时需要考虑如下能力。第一，需要考虑流量调度的问题，比如如何将入口的流量路由到后段，如何从后段服务中进行负载均衡，如何将流量在多个实例间按比例或者按其他策略分发。第二，需要考虑调用轨迹与调用监控，这样可以及时发现问题。第三，需要考虑安全问题，要有良好的安全策略，从而把非法访问拦截在外，比如采取认证鉴权、黑白名单等。第四，需要考虑一些流量控制手段，比如限流机制、熔断机制、流量染色等。基于此，一个良好设计的 API 网关内部可能由多种能力组件构成，比如服务路由组件、协议转换组件、流量控制组件、负载均衡组件、认证监控组件、数据缓存组件、超时熔断组件、自动告警组件、API 网关管理台等。第五，需要关注高可用、安全性、高性能、扩展性、服务目录管理、API 全生命周期管理。

API 目前设计是将 RESTful 作为约定规范，RESTful 主要基于 HTTP 定义 API，有以下常见的 HTTP 请求方法。

- Get：用于检索并获取位于指定 URI 处的资源。
- Post：用于在指定的 URI 处更新资源。
- Put：用于在指定的 URI 处创建或更新资源。
- Delete：用于删除指定 URI 处的资源。
- Patch（Update）：对资源局部进行更新。
- Head：获取资源的元数据。

其中，Post、Put 和 Patch 很容易弄混。Post 请求用于创建资源，Put 请求用于创建资源或更新现有资源，Patch 请求用于对现有资源的局部进行更新。Put 请求必须是幂等的，如果客户端多次提交同一个 Put 请求，那么结果应始终相同，而 Post 和 Patch 请求没有这样的要求。

常用的 API 网关产品如下所示。

- Apigee：提供 API 管理软件，包括 API 平台管理、API 分析、开发者工具、数据分析等。

- Amazon API Gateway：Amazon 托管式服务，提供二次开发平台，让开发者创建、发布、维护、监控和保护任意规模的 API。
- 阿里云 API 网关：提供 API 托管服务，覆盖设计、开发、测试、发布、售卖、运维监测、安全管控、下线等 API 各个生命周期阶段。
- Zuul：Spring Cloud 体系中的 API 网关。
- Mashape Kong：可扩展的开源 API 层工具。

3）配置中心

在分布式系统中，应用和机器的数目众多，单个应用的不同配置需要分发在多台机器上，各应用之间存在复杂的配置依赖，如系统启动时所需要的启动数据和预加载信息、数据库连接信息、连接池信息、权限管理数据、用户信息等。同时，各种配置的存储方式和版本不同，比如 XML、YML、Property 文件，注册表，数据库等。在传统架构的应用发布过程中，修改一个应用配置需要将整个应用重新打包发布，过程烦琐且容易出错。

配置中心的目的就是解决上述问题，统一集中管理系统和服务的配置，如图 7-12 所示。配置的三要素是快速传播、变更不频繁、与环境相关。为了增加读的性能，有时使用本地缓存或者集中式缓存，不过需要注意数据的一致性；为了提高实时性，企业可以使用心跳监听和定时同步的机制；为了提高可用性，可以使用冗余服务、缓存等机制。

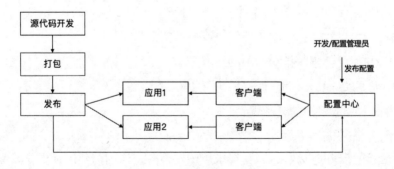

图 7-12　配置中心示意图

配置中心的非功能性需求是配置的安全性、实时性、动态管理、版本管理、环境与应用解耦、高可用、灵活性、可靠性、可用性、审计功能。配置中心一般包含以下组件。

- 配置中心端：提供配置获取、更新接口，以及动态异步推送接口，支持配置更新的实时化通知。
- 客户端：管理客户端配置响应，比如自动 Reload、动态上报等。
- 配置管理界面：提供配置管理界面，包括配置的修改、发布等，配置存储，响应的上传、下载、更新等，以及实时通知客户端等。

常用的配置中心技术产品如下所示。

- Nacos：开源技术，致力于打造一个更易于构建云原生应用的动态服务发现、配置管理和服务管理平台。目前，Nacos 主要包含分布式配置中心、服务注册与发现能力。
- 应用配置管理（ACM）：Nacos 的商业化版本，是一款在分布式架构环境中对应用配置进行集中管理和推送的产品。与 Nacos 相比，其具备高可用与高性能、敏感配置的安全保障、支持灰度发布等。

7.7.2　服务治理

服务治理主要包括服务注册与发现、弹性伸缩、流量控制、灰度发布、任务调度等。

1）服务注册与发现

服务注册与发现指的是使用一个注册中心来记录分布式系统的全部服务信息，以便让其他服务能够快速找到这些已注册的服务。

服务注册与发现的本质是服务路由。服务路由可以分为直接路由和间接路由。直接路由需要服务消费者感知服务提供者的地址信息，比如基于配置中心或者数据库来存储目标服务的具体地址。直接路由的缺点是消费者直接依赖提供者的地址，增加了彼此的耦合度，同时配置中心或者数据库本身需要额外的维护成本。间接路由体现了解耦的思想，本质是一种发布-订阅模式。服务注册与发现示意图如图 7-13 所示。

在服务注册的过程中，服务实例将自己的服务信息（如端口、服务名等）注册到服务注册中心，服务注册中心将服务信息及服务健康状态通过 API 暴露出来。服务消费者通过服务注册中心获取到服务实例信息，去请求服务提供者提供服务。当服务地址发生变化时，服务注册中心将服务变化推送给服务消费者，同时服务消费者会配置缓存机制以加速服务路由，特别是当服务注册中心不可用时通过本地缓存实现服务的可靠调用。此外，服务注册与发现还需要对服务实例的健康状态进行实时监控，当服务实例不可用时，将通知各服务消费者移除无效服务实例。另外，一个服务可能存在多个服务实例，需要根据不同的负载均衡算法来保持均衡。

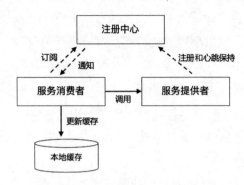

图 7-13　服务注册与发现示意图

服务发现主要包括以下组件。

- 服务注册中心：进行服务注册、销毁等。
- 服务发现组件：服务目录查询、服务地址查询。
- 本地服务缓存库：一般在客户端，暂时缓存获取的服务信息。
- 注册中心服务存储库：存储服务信息，如 KV 存储服务配置信息。
- 服务管理平台：后台管理服务集群的状态，监控服务异常，检查服务注册信息，进行统计分析等。

服务注册与发现需要考虑以下因素。

- 高可用问题：服务注册中心需要保持 7×24 小时的稳定运行，特别是当新增、移除服务时应避免对其他服务造成影响，同时需要消除单点故障，采用数据库持久化和服务集群方式。
- 数据一致性：注册中心的节点维护已注册的服务列表，同一份数据不能出现读写数据不一致的情况。
- 实时性：对注册的服务进行心跳检测，确保在注册中心的服务信息是实时的、准确的，如有数据变更及时通知服务消费者。
- 高性能：服务提供者根据不同的算法来平衡负载。
- 监控性：提供监控负载能力，监听注册中心服务器的状态、资源情况、负载程度。
- 兼容性：比如与其他组件的兼容能力，提供统一的注册中心，如 Dubbo、Spring Cloud、Kubernetes、Service Mesh 等。

对于常见的服务注册与发现技术组件，业界已经有了很多成熟的方案。

- DNS：最早的服务发现实现，适用于小规模单体应用，如 Spotify。
- Eureka：Spring Cloud 体系，自定义构建，具有最终一致性，Java 体系。
- Nacos：除了具备配置中心能力，也提供服务注册与发现的能力。
- Zookeeper：通用注册中心能力，配置存储方案，Java 体系。
- Consul：支持跨数据中心，具备 KV 模型存储和健康检查能力。

2）弹性伸缩

弹性伸缩指的是在分布式集群中，通过服务探针、监控应用、服务状态，以及一些系统的指标，根据指定的规则自动调整服务实例的数量。在传统的方式中，如果需要增加机器资源，需要找运维人员申请机器，然后部署好软件服务接入集群，整个过程依赖的是运维人员的自身经验，容易出错。比较理想的方式是通过一定的机制和工具，辅助我们自动进行弹性伸缩。

在弹性伸缩中，有两个核心，即扩容和缩容。扩容指的是在监控到服务容器出现瓶颈，包括负载、CPU、RT 指标紧张时，能够自动将服务实例增加到集群中。缩容指的是在监控到服务容器负载减少，出现资源浪费时，自动释放服务实例，从而降低成本。在扩容和缩容的过程中，需要结合很多服务的信息，充分结合应用的入口流量进行控制，让系统的入口流量和系统的负载达到一个平衡，一些扩容和缩容的指标参考如下。

- Load：当系统 Load 超过阈值，并且系统当前的并发线程数超过预计的系统容量时触发。
- CPU 使用率：当系统 CPU 使用率超过阈值时触发。
- RT：当单台机器上所有入口流量的平均 RT 达到阈值时触发。
- 线程数：当单台机器上所有入口流量的并发线程数达到阈值时触发。
- 入口 QPS：当单台机器上所有入口流量的 QPS 达到阈值时触发。

在弹性伸缩的过程中，需要密切关注系统的稳定性，系统能够稳定地处理潜在的故障并从故障中恢复。在分布式系统中，瞬态和更永久性故障都是有可能的。为了保持弹性，必须快速、有效地检测故障并进行恢复，比如隔离、重试、限流降级、故障恢复等。

3）流量控制

流量控制（Flow Control）简称流控，根据流量、并发线程数、响应时间等指标，把随机到来的流量调整成合适的形状（流量塑形），从而提高系统的高可用防护能力。流控可能包括系统的不同层次，比如对网关入口、应用级别、服务依赖、系统资源等各个方面加以控制。

流控的根本目的是高可用，大型分布式系统对高可用有很高的要求，客户始终希望系统能提供 7×24 小时不间断服务。高可用（Availability）的计算公式如下所示。

$$Availability = \frac{MTTF}{MTTF + MTTR}$$

影响系统可用性的指标主要有两个：MTTF（Mean Time to Failure，不出故障的时间）和 MTTR（Mean Time to Recovery，出故障后的恢复时间），因此要提高系统的可用性，可以从两个方面入手：（1）尽量增加无故障时间；（2）尽量缩短出故障后的恢复时间。业界通常用 N 个 9 来量化可用性，如"4 个 9（也就是99.99%）"的可用性，也就是，一年下来网站不可用时间约为 53 分钟（也就是不足 1 小时），如表 7-1 所示。

表 7-1　高可用与年度停机时间对应关系

可用性(通俗叫法)	可用性比率	年度停机时间
2 个 9	99%	87.6 小时
3 个 9	99.9%	8.8 小时
4 个 9	99.99%	53 分钟
5 个 9	99.999%	5 分钟

分布式系统是由不同组件构成的，包括复杂均衡、应用、缓存、消息、配置、数据库、存储、基础设施等；每个组件又有不同的技术，比如分布式应用可以使用 SpringCloud、Dubbo 或者 HSF；每种技术又有自己的特点，如性能、自动扩展、恢复、容灾。总体来说，从流量控制角度，提高高可用的方法可以大致分为冗余、自愈、限流、降级等。

（1）冗余。提升高可用最主要的方法是冗余，增加机器，分担压力，降低风险。同一服务部署在多台服务器上；同一数据存储在多台服务器上互相备份。当任何一台服务器宕机或出现不可预期的问题时，就将相应的服务切换到其他可用的服务器上。这样，即使单个机器出现问题，也不影响系统的整体可用性，从而保证业务数据不丢失。

冗余的方式可以是双机或集群。双机有主备、主从和双主模式；集群在双机的基础上，增加了备机、从机或其他主机的个数（比如一主多从、一主多备、多主等）。冗余高可用的关键点是考虑多机器之间的数据复制、状态检测、调度分配、选主切换等。

（2）自愈。自愈主要体现在系统出现问题时，系统快速恢复，不影响业务的可用性。自愈通用的方式是超时、重试、回滚、数据恢复等。

- 超时：当调用服务时，调用方不可能无限制地等待提供者接口的返回，一般会设置一个时间阈值，如果超过了时间阈值，就不再继续等待。
- 重试：超时时间的配置是为了保护调用方，避免因为服务提供者不可用而导致调用方也不可用。但也有可能提供者只是偶尔"失灵"，在这种场景下，我们可以在超时后重试一下，保证服务的正常调用。重试需要考虑两个方面：一方面，可以采取一些策略，比如考虑切换一台机器来调用，避免原机器出现性能问题；另一方面，需要考虑幂等，即同一个请求被客户多次调用，对"失灵"产生的影响（这里的影响一般指某些与写入相关的操作）是一致的，而且这个幂等应该是服务级别的，而不应是某台机器层面的，重试调用任何一台机器，都应该做到幂等。
- 回滚：通过版本控制进行稳定版本的回滚恢复，包括应用回滚、基线回滚、版本回滚等。在应用回滚之前需要保护好故障现场，以便排查原因；在应用回滚后，代码基线也需要回到前一版本。整体回滚需要服务编排，通过大版本号对集群进行回滚。
- 数据恢复：在故障发生后，系统保证数据不丢失。比如数据节点从一台机器切换到另一台，需要保证节点之间的数据一致。当然根据实际业务高可用的 SLA，可以保证最终一致，比如在主备数据复制过程中，允许短暂的主备数据不一致，但最终保证一致性。数据恢复有时对机器磁盘有要求，比如尽量做 RAID（磁盘阵列），使用 SSD/SAS，保证容量充足，避免因硬件因素造成数据丢失。

（3）限流。限流类似于我们日常生活中的排队，比如在上下班高峰期的地铁站，上班族通过"蚁香"式排队等待地铁。限流的策略可分为限制访问的绝对数量和控制流速。限制总数可通过设置规则来实现，目前常见的限流算法有计数器限流算法、漏桶算法和令牌桶算法。在分布式系统中，限流可通过服务限流和资源隔离等方式实现。

- 服务限流：为了保护系统应用提供者，监控入口流量的 QPS 或线程数，当达到阈值时立即拦截流量，以避免被瞬时的流量高峰冲垮，从而保障应用的高可用性。在限流后可以采取以下方式：直接给调用方返回缓存、固定数据或直接拒绝；需要实时写入数据库的，先缓存到队列里，后续或异步写入数据库。

- 资源隔离：隔离是对问题故障的有效控制，可以防止故障恶意扩散。类似于病毒隔离，在分布式系统中，可以通过不同角度进行隔离，可以是机器角度，分为线程、进程、容器、单机、集群、分区等；也可以是功能角度，比如读写隔离等。

（4）降级。限流主要从应用服务提供者的角度进行保护，而降级主要从应用服务调用者的角度进行保护，因为调用者可能依赖后端很多服务，但有可能某一个服务经常异常、超时或出现数据错误，为了保护调用者，则对有异常的提供者进行降级。降级的具体实施既可以是代码自动判断，也可以是人工根据突发情况切换，一般可采用关闭非核心服务、降低一致性约束、简化功能等方式。具体地，降级可分为依赖降级和熔断降级。

- 依赖降级：调用者监控到下游依赖异常（如响应时间、错误率），并且达到指定的阈值，立即降低下游依赖的优先级，采用备用逻辑（如错误页面、固定返回值），避免应用受到影响，从而保障应用的高可用性。在此过程中，建议集中管理降级开关，并尽量前置化。
- 熔断降级：熔断降级是在依赖降级的基础上执行的，当服务提供者调用大量服务超时或失败时，应该熔断该服务的所有调用，并且将后续调用服务直接返回，从而快速释放资源，确保在目标服务不可用的这段时间内，所有对它的调用都为立即返回。熔断降级可以理解为依赖降级的升级，是系统可用性的"保险丝"。熔断可分为三个状态：第一，Closed（闭合）状态，这是正常状态，系统需要一个基于时间线的错误计数器，如果错误累计达到阈值则切换至 Open 状态；第二，Open（断开）状态，对所有服务请求立即返回错误，不用调用后端服务进行计算；第三，Half-Open（半开）状态，允许部分请求流量进入并进行处理，如果请求成功则按照某种策略切换到 Closed 状态。熔断的设计要点是需要定义错误类型、有标准的日志输出、有服务诊断及自动恢复能力、设置开关（用于三种状态的切换）、做到业务隔离。

在流量控制的过程中，需要把握一个总体原则，即"恢复业务优先原则"。线上业务故障，需要优先恢复业务，再分析问题。如果系统不能自动恢复，则应想尽一切办法进行限流、隔离或降级，比如下线有问题机器，对问题业务进行降级或资源隔离，在恢复业务后，再进行信息搜集（如日志、堆栈、抓包、截屏等），后续分析根因并优化系统。

为了更自动化地进行流量控制，可以构建统一的服务治理平台，一般包含以下几个部分。

- 服务管理平台：比如管理服务依赖，通过关系图的形式展现，涉及相关的负责人，服务上下线的审批管理，服务的 SLA 管理，调用统计，白名单管理等。
- 服务稳定性平台：比如冗余、自愈、限流、降级等相应的配置，流量控制的分流管理，请求堆积的处理，通过熔断配置防止服务雪崩等。
- 稳定性故障演练：比如全链路压测、大促秒杀活动、稳定性预案处理，在特殊情况下，还需要做一些故障演练、快速恢复等稳定性综合能力建设。故障大概可以分为依赖服务故障（如依赖的中间件、数据库、缓存等实施一些网络丢包、网络延时）、应用层故障（应用本身故障，如宕机、假死、重启等）、系统层故障（如系统 CPU、内存、磁盘、网络）等。

流量控制常用的一些技术如下所示。

- Sentinel：开源限流系统，基于 QPS 限流，支持多种降级策略和数据源类型，系统自适应保护，支持控制台。
- Hystrix：Spring Cloud 体系，基于线程池和信号量隔离，提供简单的控制台能力。
- Resilience4j：基于信号量隔离，通过 Rate Limiter 模型限流，不提供控制台能力。
- AHAS：Sentinel 的商业化版本，专注于提高应用及业务高可用的工具平台，提供应用架构探测感知、故障注入式高可用能力评测和流控降级高可用防护三大核心能力。

4）灰度发布

在分布式系统中，发布非常频繁，其中灰度发布是一种发布策略，其让我们的发布按照一定的策略和节奏进行。

如图 7-14 所示，灰度发布技术适用于两个不同版本同时在线上并行的场景，既可用于业务试错，也可用于版本发布。灰度发布需要解决两个方面的问题：一是多版本部署，分为客户端部署和服务端部署；二是流量切分，包括入口流量切分（服务器权重、IP 地址段或用户标签）和服务流量切分（服务发现机制、植入流量切分规则、控制流量方向）。

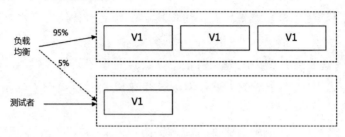

图 7-14　灰度发布示意图

灰度发布是一种部署策略，从不同版本发布节奏及流量状态方面，我们也常用一些其他的术语来表达，比如停机部署、滚动发布、蓝绿部署、A/B 测试等，这些术语有所不同，这里不做详细说明，但本质都是对不同版本应用服务升级的部署策略。

5）任务调度

任务调度是分布式系统不可缺少的一个环节，传统的方式是在 Linux 机器上配置定时任务或者直接在业务代码里面完成调度业务，现在多用成熟的中间件来代替。

任务调度需要支持灵活的任务处理能力，定时的调度器，比如 Cron 规则、固定延迟、时区、日历等；支持可视化的任务编排，解决任务有前后依赖的情况；支持多种语言（如 Java、Python），同时支持静态分片，提供 Java 动态分片，支持失败自动重试，还可以在控制台手动原地重试，并且具备丰富的报警功能，比如任务失败报警、超时报警、服务缺失报警。

一些通用的任务调度中间件如下所示。

- Spring Batch：Spring 体系的轻量级批处理框架，支持记录/跟踪、事务管理、作业处理统计、作业重启和资源管理。
- SchedulerX：阿里巴巴自研的基于 Akka 架构的新一代分布式任务调度平台，具有高可靠、秒级调度及可运维等能力。

7.7.3　监控体系

1）监控分层

分布式系统是由多个机器共同协作的，同时网络无法保证时刻可用，因此需要建设一套能够监控的系统，从底层到业务各个层面进行监控，并基于监控及时修复故障。监控一般包括收集、处理和汇总，并且显示关于某个系统的实时量化数据，如请求的数量和类型、错误的数量和类型，以及处理用时、应用服务器的存活时间等。

从监控能力层次上，一般我们可以从以下方面对系统进行监控。

- 基础监控：基础监控是对容器资源的监控，包含各个硬件指标的负载情况，比如 CPU、I/O、内存、线程、吞吐量等。
- 中间件监控：如中间件、缓存、数据库等组件的相关 QPS、RT、成功率等。
- 服务监控：比如应用的性能监控，对核心应用服务的实时指标（QPS、RT、成功率、异常数）、上下游依赖等进行监控，以及监控服务画像、服务拓扑关系、服务调用链、版本信息、服务组件内部状态等。
- 业务监控：除了应用本身的监控程度，业务监控也是保证系统正常的关键。企业可以根据业务规则对异常情况做报警设置，基于日志、异常、错误码 Top N 等统计和告警；或者进行业务层面的统计，比如分钟级下单数量。
- 数据监控：基于数据查询、数据一致性和稳定性的监控，包括超时、积压、资损对账等方面，确保业务和应用数据层面的稳定和一致。

日志（Logging）、指标（Metrics）、追踪（Tracing）是监控体系的核心元素。

- 日志：描述的是一些不连续的离散事件，包括日志采集、日志分析和告警通知。例如，有些业务系统采用 ELK（Elasticsearch+Logstash+Kibana）或类似技术栈的日志收集系统，它们是分布式监控系统的早期形态，借鉴了传统的解决问题方式。
- 指标：可以累加，具有原子性，包括指标监控、健康检查和告警通知。每个指标都有一个逻辑计量单元，体现了一段时间内相关指标的状态。
- 追踪：也就是分布式调用链路，指在单次请求范围内处理信息，数据和信息都被绑定到系统的单次链路上，包括分布式调用和告警通知。调用链路近年来格外受人们关注。

日志、指标、追踪的关系如图 7-15 所示。这三个概念并不是相互独立的，往往一个监控体系都会涉及一些。APM（应用性能管理）系统便是三者一体化的解决方案，充分理解三者的关系，可以更好地理解监控的本质，以及更好地定位开源和商业化监控工具。

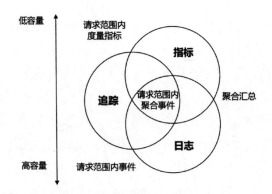

图 7-15　日志、指标、追踪的关系

监控系统的一些通用原则如下所示。

（1）关注业务黄金指标：比如延迟、流量、错误、饱和度，以及相关的 QPS、成功率、RT。

（2）留意系统基础指标：系统基础指标包括 CPU、Load、内存、流量、网络丢包、重传率、磁盘 I/O 等，以及 JVM 的 GC 次数和时间、Java 线程数、Java 堆内存使用情况等。

（3）告警阈值设计合理：监控系统信噪比高，发出紧急警报的组件简单且可靠，可以防止大量无效告警。

（4）简化监控告警：监控规则应该越简单越好，可预测性强，非常可靠。

（5）监控系统长期优化：随着业务系统和架构的升级，需要对监控系统进行相应的优化。

基础监控常用的技术工具如下。

- Zabbix：基于 Web 界面的分布式系统监视及网络监视功能，提供企业级开源解决方案。
- Newrilic：提供功能 Rails 性能检测服务的网站，提供不同级别的监测功能。
- Tsar：系统信息跟踪工具，主要用来收集服务器的系统信息（如 CPU、I/O 等）及应用数据（如 Squid、Haproxy、Nginx 等）。

2）日志分析

企业系统每天会产生海量日志，日志信息增长迅速。为了解决信息存储容量、数据安全、日志搜索分析等问题，需要分布式日志监控系统来进行发掘、分析、判断并形成定性或定量描述。

日志系统一般需要包含以下组成部分。

- 日志收集：收集各类日志，发送到日志中心，并形成不同类型的日志。
- 日志缓冲：不同类型的日志需要有不同的目录空间，形成不同的主题。
- 日志处理：对从原始数据到检索格式进行转化，从日志中抓取关键字，判断并写入索引中。
- 日志存储：存储到数据库中，并对存储结构进行定义。
- 日志展示：UI 展示日志统计、查询结果等。

一些常用的日志分析工具如下。

- Elasticsearch：ELK 组成之一，是基于 Lucene 的搜索服务器，提供一个分布式多用户的全文搜索引擎，基于 RESTful Web 接口。
- Logstash：ELK 组成之一，是一个应用程序日志和事件传输、处理、管理和搜索的平台，可以统一对应用程序日志进行收集和管理，并提供统一接口查询。
- Kibana：ELK 组成之一，是一个开源的分析和可视化平台，提供搜索、查看，并与存储在 ES 中数据进行交互，以及提供各种图标、表格和地图等工具。

3）链路追踪

针对分布式系统复杂的调用链路，如何快速、准确地定位服务异常位置？如何跟踪处理结果？如何将技术与业务异常高效结合？这需要分布式调用链路的监控。分布式调用链路把调用过程记录下来，关注各个调用的性能指标，比如吞吐量、响应时间及错误记录等。调用链路从整体维度到局部维度展示各项指标，将跨应用的所有调用链性能信息集中展现，方便度量整体和局部性能，找到故障产生的原因，缩短故障排查时间。

在链路追踪的历史中，关键事件是 2010 年 Google Dapper 论文的发表，之后各个厂商依据 Dapper 纷纷研发了自己的调用链监控工具，比如携程的 CTrace，韩国公司 Naver 的 PinPoint，Twitter 的 Zipkin，阿里巴巴的 Eagleye，京东的 Hydra。接着产生了调用链监控的标准规范 Open Tracing，目的是通过兼容、统一的 API 来进行链路追踪，Uber 的 Jaeger、Apache SkyWalking 也均符合 Open Tracing 规范。

调用链示意图如图 7-16 所示。每个请求生成一个全局 TraceID，通过 TraceID 可以连接起整个调用链。此外，SpanID 用于记录调用复杂关系，整个调用过程中每个请求都要透传 TraceID 和 SpanID。所有这些 ID 可用全局唯一的 64 位整数表示。每个服务将该次请求附带的 TraceID 和附带的 SpanID 作为 Parent ID，并且记录自己生成的 SpanID。要查看某次完整的调用只要根据 TraceID 查出所有调用记录即可。

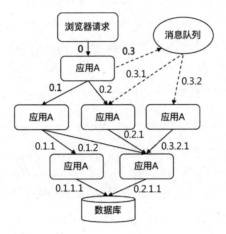

图 7-16　调用链示意图

一个通用的链路处理，一般采用这样的架构和技术组件，如图 7-17 所示。整个过程是对调用链数据定义、生成、采集、计算、存储的过程。比如采用 ELK 和 HBase，通过 Agent 生成调用链日志，通过 Logstash 采集日志到 MQ；MQ 负责提供数据给下游消费，Storm 计算汇聚指标交给 Elasticsearch，Logstash 将 MQ 的数据明细给到 HBase 中，根据 TraceID 作为行键进行快速查询。

图 7-17　通用的调用链组件架构

常用的链路最终方案如下所示。

- Zipkin：Twitter 公司的 Zipkin 是 Google Dapper 的开源实现，采用 Scala 编写，集成到 Twitter 的分布式服务 Finagle 中，涵盖信息的收集、处理和展现。

- Pinpoint：Naver 开源的 Pinpoint 是一款用 Java 编写的大规模分布式调用链系统，追踪每个请求的完整调用链路，收集性能数据，支持大规模服务器集群。

- EagleEye：阿里巴巴鹰眼系统，基于日志的分布式调用跟踪系统，为每个请求生成全局唯一的 TraceId，并将整体系统的调用信息关联在一起，形成更有价值的数据；EagleEye 通过收集和分析在不同的网络调用中间件上的日志埋点，可以得到同一次请求上的各个系统的调用链关系，有助于梳理应用的请求入口与服务的调用来源、依赖关系，同时对分析系统调用瓶颈、估算链路容量、快速定位异常有很大帮助。

4）应用性能监控

APM 的全称是 Application Performance Management，指的是对应用程序的性能和可用性的监控管理。狭义上的 APM 单指应用程序的监控，如应用的各接口性能和错误监控，分布式调用链路跟踪，以及其他各类用于诊断（内存、线程等）的监控信息等；广义上的 APM 除了包括应用程序的监控，还包括移动端 App 监控，页面端监控，容器、服务器监控，以及其他平台组件（如数据库）等层面的监控。

APM 是伴随着云技术、微服务架构发展起来的一个新兴监控领域。在国内外，无论是开源的 Apache SkyWalking、云厂商（如 AWS、Azure 等），还是独立的公司（Dynatrace、Appdynamics 等），都有着非常优秀的 APM 产品，比如阿里云的ARMS。目前，人们对 APM 的要求越来越高，比如分布式追踪、非侵入式的语言探针、轻量化、低延时分析，这些是对 APM 提出的进一步要求。

图 7-18 展示了 APM 的主要能力，一般包括以下几项。

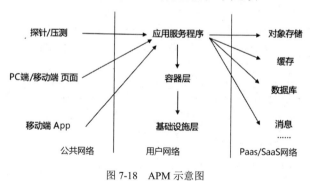

图 7-18　APM 示意图

- 应用一般对外提供两种客户端访问模式：移动端 App 访问，基于浏览器的页面访问。
- 部署相应的业务探针，通过 API 来直接测试服务性能或进行健康检测。
- 对客户端直接提供服务的为后端应用服务程序。
- 后端应用一般运行在容器里，进一步使用容器技术来优化开发和运维。

- 应用还会直接依赖各类的 PaaS/SaaS 云服务，对应用提供相应平台服务，从而简化应用的运维成本。

5）性能分析

分布式系统的性能指标，从广义上来讲，可能有多个方面，比如 QPS、高可用（如 99.99%）、响应时间、客户体验、数据一致性、可扩展性、容错性等；从狭义上来讲，我们常用业务 QPS 来表达系统性能，即在满足一定客户体验的前提下，在一定机器资源环境下，系统所能够承载的最大业务处理能力，通常用每秒处理的事务数 QPS 来表示。

性能优化是一个系统工程，是无止境的，需要有明确的目的和思路，并结合实际的业务来进行，这里给出一些通用的参考。

- 梳理业务目标：重点分析核心的业务流程和应用功能，比如秒杀大促、交易链路等的 GMV（商品交易总额）、DAU（日活跃用户数量）、订单数等。不同的业务目标，系统所承载的压力不同。

- 梳理系统架构：总体把控系统架构，比如产品、组件、组网、技术选型等多方面架构。

- 确定性能问题：明确要优化的问题及其指标，比如 QPS、RT。

- 确定优化目标：明确现状和目标。

- 确定解决方案：方案可能有多种，需要综合分析各方案的优缺点，多方评审和讨论并选择一个，比如可以有如下的优化思路：从拆分角度，可以有垂直拆分、水平拆分、分库分表、读写分离；从 QPS 角度，可以有异步化、批量化、拆分；从高并发角度，可以有伸缩扩容、拆分、异步、缓存、限流降级；从可扩展角度，可以有无状态设计、伸缩、拆分等。

- 测试解决方案：综合测试方案，为整个应用程序创建性能测试套件。

- 分析调优结果：综合分析，调优也是个循环过程，逐步优化，达到目标。

从技术角度，性能问题可能发生在系统的网络、服务端（基础设施、操作系统、中间件、数据库）、客户端，可以采用如图 7-19 所示的方法。

- 网络：一般指的是防火墙、动态负载均衡器、交换机等设备。很多情况是因为网络不同，比如 SLB、WAF、CDN 加速，VPN 等配置问题，或者更为粗暴的网络光缆切断。

- 客户端：主要是客户应用与服务端的版本或通信问题。

- 服务端：分布式系统大部分问题发生在服务端。在硬件层面，比如基础设施中常见的 CPU 满、内存满、磁盘满，操作系统的参数配置等。在软件层面，一是业务应用问题，主要是业务逻辑（多数情况是程序本身设计问题，比如大对象调用、多层嵌套循环、串行处理、请求的处理线程不够、无缓冲、无缓存）和应用配置问题（JVM、线程池、连接池配置不足）；二是系统平台问题，比如中间件方面的服务框架、消息异步设计、服务注册与发现性能、日志采集异常等，以及数据库的缓存、SQL 等配置优化（如 JDBC）。

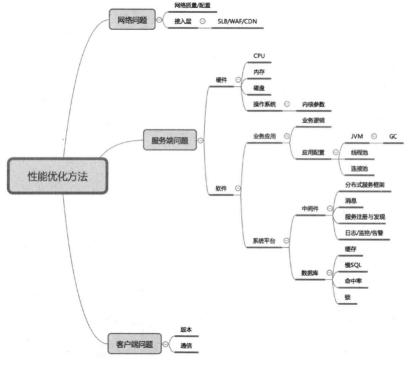

图 7-19　性能优化分析方法

性能优化的一些通用工具如下。

（1）压力测试工具 JMeter。JMeter 是 Apache 组织开发的基于 Java 的压力测试工具。它可以用于测试静态和动态资源，如静态文件、Java 服务程序、CGI 脚本、Java 对象、数据库、FTP 服务器等。JMeter 可用于对服务器、网络或对象模拟巨大的负载，在来自不同压力类别下测试它们的强度和分析整体性能。另外，还可以尝试阿里云的 SaaS 性能测试平台 PTS，简化业务场景的构建，为性能问题定位、容量最佳配比、全链路压测的流量构造提供帮助。

（2）Dapper 调用链分析。分布式系统中的服务很多，也有很多跨进程、跨线程的场景，汇总收集并分析海量日志尤为重要。分布式调用链分析的目的是追踪每个请求的完整调用链路，收集调用链路上每个服务的性能数据，计算性能数据并比对性能指标，甚至在更远的未来能够反馈到服务治理中。相关的调用链分析可参考前文，比如 EagleEye 工具。

（3）Arthas 应用在线诊断工具。Arthas 是阿里巴巴中间件团队基于 Greys 开发的全新在线诊断工具，采用命令行交互模式，使得在定位、分析、诊断问题时看每一个操作都非常便捷，可以跟踪到每一行代码的执行时间，有助于查找定位系统的性能瓶颈。

- Dashboard——当前系统的实时数据面板。
- Monitor——方法执行监控。
- Trace——方法内部调用路径，并输出方法路径上的每个节点上耗时。
- Stack——输出当前方法被调用的路径。
- tt——方法执行数据的时空隧道，记录下指定方法每次调用的入参和返回信息，并能对这些不同的时间下调用进行观测。

7.7.4 消息队列

分布式消息队列系统是消除异步带来一系列复杂步骤的一大利器，通过消息队列既可以解耦系统，又可以削峰填谷等。在消息服务中，消息是由生产者创建的数据，并且会被分发出去，由消费者接收并进行进一步处理。生产者和消费者之间通过消息代理（又称消息传递中间件）进行通信，如图 7-20 所示。

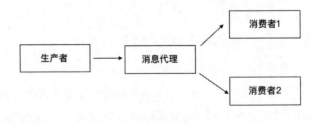

图 7-20　消息服务示意图

消息队列使用的应用场景如下所示。

- 削峰填谷：诸如秒杀、抢红包、企业开门红等大型活动时皆会带来较高的流量脉冲。

- 异步解耦：交易系统中每笔交易订单数据的产生会引起数十个或者上百个下游业务系统的关注，包括物流、购物车、积分、流计算分析等，整体业务系统庞大且复杂，通过消息服务实现异步通信和应用解耦，确保主站业务的连续性。

- 顺序收发：企业中需要保证顺序的应用场景非常多，例如证券交易过程的时间优先原则，交易系统中的订单创建、支付、退款等流程，航班中的旅客登机消息处理等。顺序收发与先进先出（First In First Out，FIFO）原理类似。

- 分布式事务一致性：交易系统、支付红包等场景需要确保数据的最终一致性，大量引入消息队列的分布式事务，既可以实现系统之间的解耦，又可以保证数据的最终一致性。

- 大数据分析：数据在"流动"中产生价值，传统数据分析大多基于批量计算模型，而无法做到实时的数据分析，将消息队列与流式计算引擎相结合，可以实现业务数据的实时分析。

从技术角度，消息服务具备高性能、高可用、高可靠等特点。

（1）高性能：消息发送方将耗时较长且无须实时处理的操作封装为消息，并将消息发送给消息队列服务。发送方无须等待消息被消费方处理完，就可以继续做其他事情，从而提高性能。

（2）高可用：消息队列服务及集群的方式部署，常见的有一主多备或双主双备等。当一台消息队列服务"挂掉"后，另一台消息备份服务可以及时对外提供服务。

（3）高可靠：消息队列服务提供了极高的可靠性，保证消息集群可靠和稳定，同时可以通过进一步的服务幂等性，进一步提高整体的可靠性。此外，消息队列服务会执行消息的持久化，包括同步双写和异步复制，保证了数据的高可靠性。

一些常见的消息队列技术或产品如下。

- Kafka：由 Scala 编写的分布式、分区的、多副本的、多订阅者的分布式 MQ 系统，可用于 Web/Ngnix 日志、搜索日志、监控日志、访问日志等，具备提供消息的持久化、高吞吐量等特点。

- RabbitMQ：由 Erlang 开发的高级消息队列协议（AMQP）的开源实现，具备可靠性、灵活路由、消息集群、高可用、多种协议等特点。

- RocketMQ：基于 Apache RocketMQ 构建的低延迟、高并发、高可用、高可靠的分布式消息中间件，支撑千万级并发、万亿级数据洪峰。
- ActiveMQ：Apache 下开源项目，支持多语言 Client，支持 JMS 和 J2EE 规范、支持多种传输协议，支持 Spring、Ajax、Axis 等的整合。
- IBM MQ Series：广泛应用在硬件和软件平台，提供确定、异步、一次性数据发送的通信系统。
- Microsoft MQ：微软消息队列，提供应用间互相通信的异步传输服务。

7.7.5 微服务技术框架

微服务框架本身是一个体系的框架，包括负载均衡、配置管理、服务注册与发现、服务安全、分布式监控、流量调度与容错、弹性伸缩、任务调度等多方面，一个稳定的微服务框架可以简化开发管理和技术选型，一些常用的微服务框架如下。

- Spring Cloud：基于 Spring Boot 实现的应用开发工具，提供微服务开发所需的配置管理、服务发现、断路器、路由、微代理、控制总线、全局锁、决策竞选、分布式会话和集群状态管理等组件，是微服务框架的标准。它由很多子项目组合而成，应用开发者可以根据自己的需求灵活地将各种组件搭配使用。Spring Cloud 遵循如下设计理念：约定优于配置，建议在熟悉的约定前提下，简单、标准化地构建应用；提供声明式的元注解配置方式，屏蔽组件具体的实现复杂度；提供丰富的组件，比如与大量的服务治理相关的组件，同时相对中立，有不同的实现方案；灵活的解耦。各种服务组件完全解耦，企业可根据需要灵活组合和替换。
- Netflix：是对 Spring Cloud 框架的一种实现，包括服务注册与发现框架 Eureka、API 网关 Zuul、服务端框架 Karyon、客户端框架 Ribbon、服务容错组件 Hystrix、配置中心 Config/Vault、服务容错 Hystris、分布式追踪 Sleuth 等。
- Spring Cloud Alibaba：也是对 Spring Cloud 框架的一种实现，比如服务发现与配置管理 Nacos、限流降级 Sentinel、分布式消息系统 RocketMQ、分布式事务 Seata、动态追踪工具 Arthas 等。
- Dubbo：Alibaba 开源的分布式服务框架，基于 RPC 方式，基于分布式服务调用简化服务提供方和调用方的开发，同时具有注册中心、协议支持、服务监控等能力。

- 企业级分布式应用服务（Enterprise Distributed Application Service，EDAS）：是一个应用托管和微服务管理的云原生 PaaS，提供应用开发、部署、监控、运维等全栈式解决方案，同时支持 Spring Cloud 和 Dubbo 等微服务运行环境。

7.8　技术架构最佳实践

下面从最佳实践角度，介绍技术架构中一般需要考虑的设计点。

7.8.1　一致性理论

一致性在分布式架构，特别在微服务架构中特别重要。我们先来看看一致性的通用理论，再看看一些常见的一致性方案。

1）强一致性：ACID

强一致性的保障，比如传统单机数据库内的事务一致性，强一致性的模型有 Paxos、Raft、Zab 等。强一致性主要由四部分特性组成。

- Atomicity：原子性，一个事务中的所有操作，要么全部完成，要么全部不完成，不会结束在中间某个环节。
- Consistency：一致性，在事务开始之前和事务结束以后，数据库的完整性没有被破坏。
- Isolation：隔离性，数据库允许多个并发事务同时对其数据进行读写和修改，隔离性可以防止多个事务并发执行时由于交叉执行而导致数据不一致。
- Durability：持久性，在事务处理结束后，对数据的修改就是持久的，即便系统故障不会消失。

2）CAP

CAP 指的是在一个分布式系统下，包含三个要素。

- C：一致性（Consistency），在分布式系统中的所有数据备份，在同一时刻一致（等同于所有节点访问同一份最新的数据副本）。
- A：可用性（Availability），在集群中一部分节点出现故障后，集群整体还能响应客户端的读写请求（对数据更新具备高可用性）。
- P：分区容错性（Partition Tolerance），对实际效果而言，分区相当于对通信的时限要求。系统如果不能在时限内达成数据一致性，就意味着发生了分区的情况，必须就当前操作在 C 和 A 之间做出选择。

在分布式系统中，CAP 不能完全兼容，P 一般是客观存在的（如果没有分区，也就不是分布式系统），因此需要在 AP 和 CP 中进行取舍。若选择 AP，继续让系统正常运行，提供服务，但不能确保整个系统所有节点的数据都是最新的，故舍弃了 C；若选择 CP，系统暂停服务，等待通信恢复并同步数据，暂停服务期间系统不可用，故舍弃了 A。

3）弱一致性：BASE

BASE 理论主要是解决 CAP 理论中分布式系统的可用性和一致性不可兼得的问题。BASE 理论包含以下三个要素。

- 基本可用（Basically Available）：基本可用指的是分布式系统在出现故障的时候，允许损失部分可用性，即保证核心可用。

- 软状态（Soft State）：软状态指的是允许系统存在中间状态，而该中间状态不会影响系统的整体可用性。分布式存储中一般一份数据至少会有三个副本，允许不同节点间副本同步的延时就是软状态的体现。

- 最终一致性（Eventual Consistency）：最终一致性指的是系统中的所有数据副本在经过一定时间后，最终能够达到一致的状态。弱一致性和强一致性相反，最终一致性是弱一致性的一种特殊情况。

BASE 理论与 ACID 不同，满足 CAP 理论，通过牺牲强一致性来保证系统的可用性。由于牺牲了强一致性，系统在处理请求的过程中，数据可以存在短时的不一致。系统在处理业务时，记录每一步的临时状态。当出现异常时，根据状态判断是否继续处理请求或者退回原始状态，从而达到数据的最终一致。弱一致性的模型有 DNS 和 Gossip 协议。

在分析了通用的一致性理论后，这里介绍几种提高一致性的方法。

（1）尽量避免数据一致性问题。在设计上将需要同时成功的数据放到一个服务中心内，同一个操作人的数据分布在同一个物理分片上，通过单机事务来保证，避免分布式事务。

（2）二阶段提交协议 X/Open DTP。X/Open DTP（Distributed Transaction Process）是一个分布式事务模型，此模型主要使用二阶段提交（Two-Phase-Commit，2PC）来保证分布式事务的完整性。在这个模型中，有三个角色，即 AP（应用程序协议）、RM（资源管理器）及 TM（事务管理器，负责各个 RM 的提交和回滚）。

二阶段提交的优点是提供了一套完整的分布式事务解决方案，遵循事务严格的 ACID 特性。二阶段提交的缺点是 TM 通过 XA 接口与各个 RM 进行数据交互，从第一阶段的准备阶段，业务所涉及的数据就被锁定，并且锁定跨越整个提交流程。在高并发和涉及业务模块较多的情况下，对数据库的性能影响较大，同时不支持特大型的系统规模，同时存储组件有很多不支持 XA 协议。

（3）TCC（Try-Confirm-Cancel）。TCC 方案是二阶段提交的另一种实现方式，它涉及三个模块，即主业务、从业务和活动管理器。第一阶段主业务服务分别调用所有从业务服务的 Try 操作，并在活动管理器中记录所有从业务服务。当所有从业务服务 Try 成功或者某个从业务服务 Try 失败时，进入第二阶段。在第二阶段中，活动管理器根据第一阶段从业务服务的 Try 结果来执行 Confirm 或 Cancel 操作。如果第一阶段所有从业务服务都 Try 成功，则协作者调用所有从业务服务的 Confirm 操作，否则调用所有从业务服务的 Cancel 操作。在第二阶段中，Confirm 和 Cancel 同样存在失败的情况，所以需要对这两种情况做异常处理，以保证数据的一致性。

（4）基于消息的最终一致性。使用半消息技术，保证只要一个事件发生后，关联的结果事件一定会发生。半消息技术解决了如下问题：事件发生后，消息发送却失败；消息发送成功后，消息代理推送给消费方却失败；消费方重复消费此消息。如图 7-21 所示，使用半消息技术，在事件发生前，先发送一个半消息，这样可以保证事件发生的消息一定能够发送成功。消息代理增加了事件结果查询功能，保证在事件触发成功后一定将消息推送给消费方。消息代理保证消息至少推送一次，但要求消费方自己实现幂等性，避免出现异常。

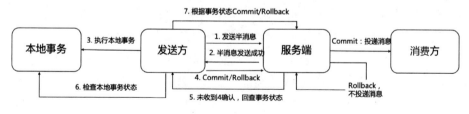

图 7-21　基于消息的最终一致性

这里解释一下幂等（Idempotence），幂等是一个数学与计算机学概念，常出现于抽象代数中，公式为 $f(x)=f(f(x))$。一个幂等方法指的是在其入参相同时执行 1 次与执行 N 次的影响相同，返回结果相同，也就是说重复执行该方法不会影响系统状态，也不用担心重复执行会对系统造成改变。幂等的方案可以通过发送方创建唯一 ID，或者放入业务 ID 来实现；消费方增加一个过滤服务，每处理一个事件都会通过存储这个事件 ID 来实现，看是否已经消费过。

7.8.2　分布式集群

分布式系统指的是多个机器之间通过网络进行交互，实现一个共同目标。分布式集群指的是一个特定领域的软件部署在多台服务器上，并作为一个整体提供一类服务，这里简称集群，如图 7-22 所示。

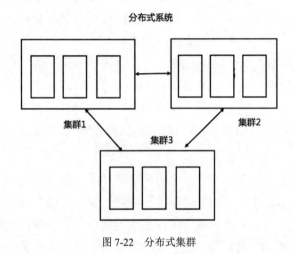

图 7-22　分布式集群

在分布式系统中，需要我们关注以下几个方面的内容。

（1）高性能：衡量性能的重要质量属性，如 RT、QPS、资源利用率。提高性能可以从单机和集群两个角度考虑。单机需要考虑进程和线程，或者硬件指标（比如 SSD 提升 I/O 访问速度、提高处理器核数）；集群需要考虑任务分配（如 CDN、F5、LVS、Nginx）、任务调度、功能分解、多实例副本、数据分割等。

（2）稳定性：衡量系统在故障发生时仍稳定可用的程度。硬件可能出现问题（比如机器宕机、网络断网），高可用通过技术手段（如服务和数据的冗余备份、失效转移），使得系统继续可用。

（3）高并发：本质是有限的资源应对大量的请求，过程中需要考虑如下方面，比如无状态（便于水平扩展，有状态配置可通过配置中心实现无状态）、拆分（业务维度、功能维度、读写分离、模块维度等）、服务化（需要进行服务化等多层次的建设，比如 RPC、集群、服务注册与发现、服务分组/隔离/路由、限流降级、服务治理、故障补偿等）、异步处理（比如通过消息队列，对服务进行解耦，处理削峰缓冲、应对大流量缓冲、数据校对等）、缓存（比如用户侧、代理层、接入层、应用层、服务层、数据层等）。

（4）可扩展：整个系统对系统变化的适应能力。这种变化可以是系统环境的变化，或者业务需求带来的软件变化。企业可使用分布式服务框架来构建可扩展、复用的平台，或分布式消息队列来降低业务模块的耦合性。

（5）低成本：系统架构需要考虑成本因素，低成本本质上与高性能和高可用冲突。架构的优化伴随着成本的增加，比如机器扩容，使用先进技术和高性能硬件。成本也需要考虑实施的人力、时间及预期目标等因素。

（6）安全：安全是系统的根基。比如功能方面（防小偷）的 XSS 攻击、CSRF 攻击、SQL 注入、Windows 漏洞；或者架构方面（防强盗）的访问控制等。

（7）规模："量变引起质变"，当规模数量超过一定的阈值后，系统复杂度会发生质的变化。比如业务功能越来越多，调用逻辑越来越复杂，或者数据容量、类型、关联关系越来越多。在规模质变后需要对整体架构进行升级，整体考虑性能、可用性、可扩展性、成本等因素。

在分布式集群中，最基本的是双机架构和集群架构，而双机架构又分为主备架构、主从架构和主主架构。

（1）主备架构。在主备架构中，备机起到备份作用，不承担实际的业务读写。在故障发生后，需要人工把备机改为主机。

- 主备架构的优点：简单。客户端不需要感知备机的具体状态，在故障发生时，感觉服务器地址变化了，所以需要知道备机的地址。主机和备机之间只需要对数据负责，无须状态判断和进行主备自动切换。

- 主备架构的缺点：备机只是备份，当故障发生时才可用，资源有浪费，并且故障切换需要人工干预。

（2）主从架构。主从架构与主备架构类似，区别在于从机一般可以提供读操作。

- 主从架构的优点：当发生故障时，从机可继续提供读操作，提高了机器利用率。

- 主从架构的缺点：Client 需要感知主从关系，将不同读操作发给不同机器；另外，由于数据复制延迟，有数据不一致风险；当发生故障时需要人工干预。

可以看出，主备架构和主从架构在机器发生故障后，无法提供写操作，并且需要人工干预来恢复主机角色。这就需要"双机切换"，工程中需要考虑什么时候备/从机需要升级为主机（如 RT 过高、重启次数过多），如何切换（如自动、白屏、后台），如何通知 Client 主机的变化（如手动更改）等问题。其中，主机和备/从机的状态传递和判断尤为重要，一般来说，可以由第三方执行，有时也会由机器自己进行状态传递和判断。

（3）主主架构。主主架构又称双主架构，两台机器同时提供读和写操作。

- 主主架构的优点：都是主机，不用切换；客户端也不用区分，随机选择一台机器执行操作请求。

- 主主架构的缺点：主机如果是无状态的，则使用哪台机器都可以，但主机可能有状态（如 Server1 处理前半部分数据，Server2 处理后半部分数据，各自的压力比较大，相对独立），或者不能进行双向复制（比如库存，两个 Server 的库存数据不同，进行复制会造成冲突）。另外，如果全量复制，则可能由于数据延迟、数据量过大而造成数据不一致的情况。

（4）集群架构。集群架构如图 7-23 所示，主要是在双机架构的基础上，增加了备机、从机或其他主机的个数，大体可以分为一主一从、一主一备、一主多从、一主多备、多主等情况。在集群架构中，重点需要考虑以下几个方面。

- 主机与备机的数据复制：需要数据复制通道。

- 主机和备机的状态检测：可能引入中介。

- 主机切换的选主：典型的为 Zookeeper 的 ZAB 算法。

- 如果存在从机或多个主机：任务的调度和分配需要引入调度器。

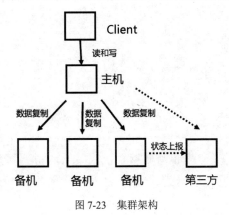

图 7-23　集群架构

7.8.3 稳定性

如今，稳定性越来越受到各个企业的重视，稳定性在业界又称可靠性，网站可靠性工程的英文是 SRE（Site Reliability Engineering）。一些互联网公司习惯用"安全生产"来进行稳定性保障。SRE 最早由 Google 提出并应用，近几年逐步被国内外互联网公司广泛应用。我们先来看看 Google 的 SRE，根据其 *Site Reliability Engineering* 一书提及的内容来看，SRE 可以参考图 7-24 的层次，即核心通过监控、应急响应、复盘、压测、容量评估，综合指导系统的研发及最终产品交付的稳定性。

图 7-24　SRE 金字塔

稳定性保障过程与研发过程有所区别，强调快速定位问题，协调相关人投入排查，评估影响面，快速决策恢复手段。过程中需要重点关注基础设施容量规划、全链路压测、生产系统的监控告警和负载均衡、发布和变更管理、On-Call（轮值）与 Firefighting（紧急故障救火），以及与业务团队和开发团队协作，共同完成疑难问题的紧急处理。

康维定律指出"设计系统的架构受制于产生这些设计组织的沟通结构"，在实践过程中，建议构建独立的 SRE 团队。

在一些重要节点（比如大促保障过程）中，需要关注以下方面。

- 关键链路梳理：需要重点梳理关键链路，包括输入流量和单量，梳理上下游流量压力，并绘制总体链路图，以及关键的业务指标，评估限流阈值和资源缺口。

- 压测阶段：需要关注压测模型，以及进行关键的流量预估，并按照计划进行压测，过程中要关注限流降级及相关瓶颈点。

- 预案演练：需要充分分析稳定性风险，并指定预案体系，比如问题场景、定位表现、止血措施、预案执行、上下游风险，同时要敢于执行相应预案，并做好相应的回滚等止血准备。

- 监控告警：需要指定细致的监控体系，包括基础、应用、服务等层面，保证关键业务和技术环节都有合理的监控。

- 作战手册：可以指定相应的 Checklist，并做好检查和宣讲，明确时间点和责任人，以及相应的操作红线等。

- On-call：建立好相应的 On-call 体系，包括线上报警、团队协同、故障响应机制等。

- 故障复盘：故障复盘不是为了指责或者惩罚，而是为了发现背后深层次的技术与管理问题，需要确定相关的方式及优化改进机制。

- 知识库：可以建设相应的稳定性知识库，对保障过程中的通用问题进行沉淀。

7.8.4 容灾

容灾系统指的是在不同的地方建立两套或多套功能相同的系统，互相之间可以进行功能切换，以在发生意外时，整个应用系统可以切换到另一处，使得该系统可以继续正常工作。容灾技术是系统的高可用性技术的一部分，容灾系统更强调节点级别的恢复功能。

从对系统的保护程度角度，可以将容灾系统分为以下几种。

（1）数据级容灾：指通过建立异地容灾中心，对数据进行远程备份。数据级容灾的恢复时间比较长，但是其费用比较低，而且构建和实施相对简单。

（2）应用级容灾：指在数据级容灾的基础之上，在备份站点同样构建一套相同的应用系统，尽可能减少灾难带来的损失，让用户基本感受不到灾难的发生，过程中需要对应用涉及的技术组件进行容灾，比如中间件、缓存、接入层等方面。

（3）业务级容灾：指全业务的灾备，除了数据和应用的恢复，更需要从整体业务角度开展业务，并包括用户侧的一些切流、业务异常处理、业务恢复等内容。

衡量容灾系统的两项技术指标如下。

- RPO（Recovery Point Objective）：恢复点目标，是业务系统所能容忍的数据丢失量。

- RTO（Recovery Time Objective）：恢复时间目标，是所能容忍的业务停止服务的最长时间。

RPO 针对的是数据丢失，而 RTO 针对的是服务丢失，二者没有必然的关联性。RPO 和 RTO 必须在进行风险分析和业务影响分析后根据不同的业务需求确定。

从容灾系统的物理分布角度，可以将容灾系统分为同城容灾、异地容灾，生产数据中心、同城灾备中心、异地灾备中心（三中心）等多种容灾处理方式，这需要结合成本性能、业务场景、技术演进等进行选择。

7.8.5　可扩展性

可扩展性（Scalability）是技术架构中需要考虑的典型非功能性需求，是用来描述系统应对负载增长能力的术语，设计良好的代码允许更多的功能在必要时可以被插入到适当的位置中。这样做的目的是应对未来可能需要进行的修改，但这造成代码被过度工程化地开发。

可扩展性可以采用不同的开发方式，比如动态加载的插件 SPI 方式、抽象接口的类层次结构、回调函数构造、可塑性强的代码结构、基于服务的 API 方式、基于组件的开发方式、基于配置的开发模式。

目前，低代码（Low-Code）开发也是一种趋势，它提供了一种可视化的高可扩展性的框架能力。Low-Code 为开发者提供了一个创建应用软件的开发环境，与传统代码集成开发环境不同的是，Low-Code 开发平台提供的是更高维和易用的可视化集成开发环境。在大多数情况下，开发者并不需要使用传统的手写代码方式进行编程，而是可以通过图形化拖曳、参数配置等更高效的方式完成开发工作。

在 Low-Code 的指导思想下，这里推荐其中比较理想的提高可扩展性的方法。

- 模型扩展：通过元数据等能力的定义，对模型存储服务托管和模型映射能力提供相应的扩展能力，比如增加一个字段。

- 服务扩展：通过定义核心的服务接口，通过 Interface 的多态实现，实现相关能力的扩展，比如增加一个参数。

- 流程扩展：通过定义服务流程的能力，基于流程的继承、组合和编排来实现。

- 配置扩展：通过高度抽象的扩展，在前台基于可视化的调整，可以到达相应的页面搭建、流程、服务、模型的综合扩张管理。

7.8.6　无状态

无状态（Statelessness）指的是服务内部变量值的存储。有状态的服务伸缩起来非常复杂，因此可以通过将服务的状态外置到数据库、分布式缓存中，使服务变得无状态。有状态的应用会带来很多不便，比如在弹性扩展、配置变更、节点宕机重启、更换负载节点等过程中，可能导致数据不一致、不可维护等多方面问题。

无状态不代表状态消失，只是尽量减少或者把状态转移到分布式场景中。那么，我们通过什么方式来做到无状态？这里推荐几种方式。

（1）会话改造：尽可能少使用会话，坚持 HTTP 无状态处理；或者处理好 Cookie、Session、Token 存储及同步问题，比如使用 Sticky Session、共享 Session 等方式减少会话的状态。

（2）本地存储：尽量禁止本地存储，不根据本地存储进行业务判断，可以通过分布式存储，以及 NoSQL 形式来存储，比如 OSS、MongoDB 等。

（3）本地日志：尽可能使用分布式日志系统，同时日志系统要保障在本地落盘的日志丢失时，系统仍能够正常工作。

（4）本地配置：不建议将可变配置放在应用服务器上，建议配置与应用本身进行分离，以实现配置统一管理的目的，防止出现配置漂移。

（5）本地缓存：不建议使用本地缓存，本地缓存只适用于变更频率极低且即使数据不一致也可以自愈的场景。

（6）去触发器、存储过程：尽量避免触发器和存储过程。

（7）定时任务：建议使用分布式任务系统，并处理好对应的状态存储。

（8）考虑程序的兼容性：比如应用的重新启动、版本管理、兼容性升级，从接口上、数据库设计上及中间件支持的优雅上下线，从应用和技术架构层面提高系统的无状态处理能力。

7.8.7　压测

为了测试系统的性能，我们往往需要进行压测，特别是以下场景。

- 新系统上线：准确探知站点能力，防止系统一上线就被用户流量打垮。
- 技术升级验证：大的技术架构升级后进行性能评估，验证新技术场景的站点性能状态。

- 业务峰值稳定性：大促活动等峰值业务稳定性考验，保障峰值业务不受损。
- 站点容量规划：对站点进行精细化的容量规划，分布式系统机器资源分配。
- 性能瓶颈探测：探测系统中的性能瓶颈点，进行针对性优化。

压测过程涉及以下概念。

- 系统环境：分为生产环境、测试环境等，理想的测试环境配置是生产环境的 1/2 或 1/4。
- 测试指标：包括业务指标（如并发用户数、QPS、成功率、响应时间）、资源指标（如 CPU 利用率、内存利用率、I/O、内核参数等）、应用指标（如空闲线程数、数据库连接数、函数耗时等）、前端指标（如页面加载时间、DNS、连接时间、传输时间等）。
- 数据量级：数据量主要包括基础数据量（或者叫历史数据量、垫底数据量、数据库中已有的数据量）和参数化数据量。
- 测试模型：分为已上线系统和未上线系统，以电商场景为例，不同的促销形式和主推的类目决定了不同的容量整体配比。
- 测试类型：比如单交易基准测试、负载测试、压力测试、容量测试、业务突变测试、混合交易稳定性测试等。
- 测试场景：场景是若干服务、API 的组合，完成某种业务功能，包括订单下单场景、库存扣减场景。
- 流量来源：系统中需要区分出真实流量及测试流量，并有响应的路由和处理逻辑，比如测试服务、影子表数据库等。
- 监控：需要针对操作系统、中间件、数据库、应用等进行监控，每种类型的监控尽量全面。
- 分析调优：对系统中存在的瓶颈点进行分析，并进行性能优化，比如操作系统、中间件、数据库、应用等。
- 压测工具：比如 JMeter、LoadRunner 等。

为了反映真实的业务承接能力，压测的过程中需要特别关注线上环境、用户规模、测试场景、数据量级、流量来源等，尽量做到压测和真实环境一致或等比例。

图 7-25 展示了 PTS 压测流程，主要流程如下。

- 在控制台上，准备压测 API 数据，构造压测场景，定义压测模式、量级等；

支持随时启停压测，压测过程中可调速。

- 压测启动后，PTS 后台的压测控制中心将自动调度压测数据、压测任务和压测引擎。

- 通过随机调度全国多个城市和运营商的内容分发网络（CDN）节点，发起压测流量，保证从虚拟用户并发量、压测流量的分散度等维度都接近真正的用户行为，压测结果更加全面和真实可信。

- 通过压测引擎向指定的业务站点发起压测。

- 在压测过程中，通过集成云监控、ARMS 产品，结合 PTS 自有监控指标，实时采集压测数据。

- 在控制台，实时展现压测数据，进行过程监控；在压测结束后，生成压测报告。基于整个压测场景的性能表现，定位性能问题、发现系统瓶颈。

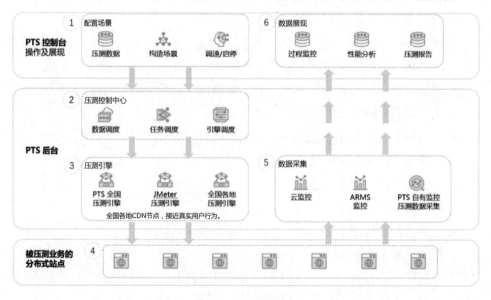

图 7-25　PTS 压测流程

7.8.8　秒杀

"秒杀"是商家在特定时间点进行促销的一种运营手段，体现在系统层面，是指一个 Web 系统，在一秒钟收到数以万计的用户请求，来抢购数量有限的促销产品。本质上，秒杀系统是典型的"三高"系统，即高并发、高性能和高可用的分布式系统。秒杀系统的一个参考设计如图 7-26 所示。

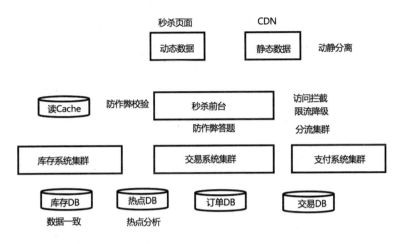

图 7-26　秒杀系统参考

秒杀系统设计原则如下所示。

（1）前台请求数尽量少。前台请求会增加浏览器的负担，尽量简化或合并页面大小（CSS/JS、图片等），去掉页面装饰；减少 DNCS 解析。

（2）后台数据尽量少。后台数据会增加网络传输，压缩和字符编码，消耗 CPU。需要梳理后台依赖的数据和服务，关注序列化、反序列化方式，减少不必要的数据交互。

（3）调用路径尽量短。分布式调用错综复杂，需要尽量缩短调用链路，减少第三方依赖，尽量弱依赖，并做好应用分级。

（4）尽量不要有单点。从高可用和稳定性角度，消除单点；服务无状态化，解耦服务状态和机器，如机器配置动态化；有状态的存储，通过冗余备份提高可用性。

在秒杀系统中，需要关注高并发访问、数据一致性、防作弊三方面能力。

（1）高并发访问。秒杀前用户不断刷新页面查看，来获得购买按钮，抢购时集中点击并发购买，核心是对系统数据的高并发读访问，企业可以通过以下手段进行防护。

- 访问拦截：从浏览器、反向代理、Web 层、服务层、数据层多层拦截流量，尽量把访问拦截在离用户更近的层，尽可能过滤掉无效请求，让"漏斗"最末端的为有效请求。同时，用户请求快速得到处理，也减少了每次请求的 RT，进而提高了系统的 QPS 和并发程度。

- 分流：主要通过分布式集群技术，多台机器处理，提高并发能力；可以采用 DNS 轮询，Nginx 负载均衡，分布式架构的负载策略，Redis 集群，数据库读写分离等方式。

- 动静分离：为了提升效率，尽可能静态化，用静态页面替换动态页面。例如，商品信息页，商品信息在发布后，保存商品信息的静态页面，仅访问必要的实时数据。

（2）数据一致性。秒杀伴随着一系列业务流程，包括浏览商品、进入抢购页、购买、扣减库存、支付。其中并发写主要与扣减库存有关，要保证数据的正确性，防止超卖发生。一般的解决方法有以下几种。

- 减库存：事务判断，热点商品放到单独的热点库，增加并发锁。减库存一般有多种方式，比如下单减库存、付款减库存、预扣库存等。其中，笔者比较推荐下单减库存，因为参加秒杀，买到就是赚到，成功下单后却不付款的情况比较少；同时卖家对秒杀商品的库存有严格限制，逻辑上更为简单。

- 热点：对核心热点数据进行实时分析，可以从业务、系统、数据不同角度进行优化、限制、隔离，也可以增加单独的热点分析组件，总体控制系统业务的热点，并做相应的限制和隔离。

- 限流降级：请求限流，控制系统的访问；对服务的下游依赖进行降级，保证核心链路。

- 异步化：指把购买请求的接受和处理异步化。异步化的本质是把一步变成两步，其中增加一些机制来缓冲。比如在进行优惠券抢购，用户抢码（确定用户是否有资格）和系统发码（为有资格的用户分发优惠券），抢码 QPS 可能十几万，只需要知道是否有资格即可，而发码仅针对有资格的用户，QPS 可能仅几千，使用消息队列，可以大大提高效率。除了消息队列，也可以使用其他方式排队，比如线程池加锁等待、内存排队算法（如 FIFO）、文件排队。

（3）防作弊。抢购还需要保证公平性，防止购票插件购买火车票、黄牛党等。在技术方面，大概有以下方法。

- 答题：为了增加购买的复杂度，延缓请求。

- Cache 校验：处理用户购买请求时，校验缓存中是否已记录此商品的购买。

7.8.9 缓存

缓存对性能提升影响很大，特别是在分布式系统中，80%的业务访问集中在20%的数据上，充分使用缓存对于技术架构设计十分重要。从分布式系统角度，缓存可以分为浏览器缓存（如 HTTP、CDN）、代理服务器缓存（如 Ngnix）、服务器本地缓存（如 Caffeine）、分布式缓存（如 Redis）、数据库缓存等。

缓存的设计有两条核心原则。

（1）将数据缓存到离用户最近的位置。互联网的典型架构可以分为三层模式，即客户端前台层、后台应用层、数据存储层，每层又可继续进行分层。架构分层的本质就是"数据移动"的过程，过程中伴随着数据的"被处理"和"被呈现"。每层都可以使用缓存技术，整体的原则是尽可能将数据放到离用户最近的位置，减少对后台系统的穿透，缩短响应时间。

（2）将数据缓存到离应用最近的位置。从后台应用层本身进一步来看，需要平衡应用服务器和数据库服务器成本和性能之间的矛盾，因为关系型数据库的读写能力受限于磁盘，每秒能够接收的请求次数也是有限的，需要引入不同类型的缓存技术，让应用服务尽可能通过不同方式，把需要的数据缓存到本地或分布式缓存中，减少对 DB 的访问压力。

在分布式系统中，常用的缓存技术有以下几种。

（1）Redis：一个开源的、Key-Value 型、基于内存运行并支持持久化的 NoSQL 数据库，是目前最常用的分布式缓存技术。其优点是支持丰富的数据结构（包括字符串、哈希、列表、集合），支持高可用（主动复制、读写分离），支持持久化；其缺点是占用内存过大，必须考虑资源成本。

（2）MemCached：一款完全开源、高性能、分布式的内存系统；功能上相当于 Redis 的子集，更适用于数据量大、并发量大的业务诉求，这个和 MemCache 的底层实现原理有关。

（3）Tair：支持丰富的数据结构，读写性能高，部分类型相对慢，理论上容量可以无限扩充。如果服务需要放入缓存量的数据很大，对延迟不特别敏感，则可以选择 Tair。

（4）EhCache：Java 缓存框架 EhCache 是一个纯 Java 的进程内缓存框架，具有快速、精干等特点，是 Hibernate 中默认的 CacheProvider。当配置内存不足时，可以启用磁盘缓存。

（5）Spring Cache：是 Spring 提供的对缓存功能的抽象，即允许绑定不同的缓存解决方案（如 EhCache、Redis、MemCache 等），但本身不直接提供缓存功能的实现。

缓存的一致性主要指的是缓存与数据库的数据一致，涉及缓存更新，有两种方法：（1）先删除缓存，再更新数据库；（2）先更新数据库，再删除缓存。这里更倾向于第一种方法，因为如果删除缓存成功，更新数据库失败，则最多只是会造成缓存穿透，引起一次缓存丢失，后面还会更新缓存；如果更新数据库成功，删除缓存失败，则会引起比较严重的数据不一致情况。对于第二种方法，可以使用其他的一些技术来保证最终一致性，如图 7-27 所示，通过将数据库操作写入 Binlog 中，如果删除缓存失败，则程序会将数据存储到消息队列中，并进行重试。

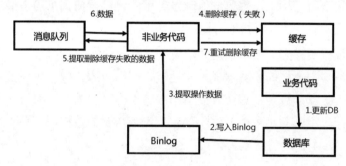

图 7-27　通过 Binlog 方式保证缓存数据一致

下面介绍缓存的几个关键设计点。

（1）缓存更新时间：常见的策略有三种：一是固定时间，如指定缓存 30 分钟；二是相对时间，如 10 分钟内没有访问的数据；三是动态判断，当有用户请求时再判断是否过期。另外，我们还可以通过分布式协调（如 Zookeeper）来协调各缓存实例节点，保证缓存和数据的发生顺序一致。

（2）缓存穿透：指查询的数据若在数据库中没有，那么在缓存中也没有，因此在缓存中查不到就会去数据库查询，这将导致这个不存在的数据每次请求都要到存储层去查询，失去了缓存的意义。解决缓存穿透有两种方案：一种是查询数据库返回 NULL 之后依然使用缓存，但注意过期时间要设置得短一些，比如不超过 5 分钟；另一种是采用 Bloom Filter（布隆过滤器），将所有可能存在的数据 Hash 到一个足够大的 Bloom Filter 中，不存在的数据会被 Bloom Filter 拦截，从而缓解了对底层存储系统的压力。比如一个订单 ID 明显在一个范围（如 1～1000），如果不在这个范围之内，则直接过滤。

（3）缓存雪崩：指缓存不可用，所有的请求短时间内大量到达底层系统，导致数据库用量暴增，最后由于压力过大导致系统雪崩。解决缓存雪崩主要有以下方法：一是通过加锁或者排队，保证缓存的单线程，避免失效时大量的并发请求，当然支持缓解 DB 压力，本质上没有提高 QPS；二是通过多级缓存，不同过期时间，将缓存失效时间分散，比如增加一个随机值；三是缓存降级，当非核心服务影响核心流程的性能时，对非核心服务进行降级；四是增加缓存可用性，通过监控关注缓存的健康程度，根据业务量适当为缓存扩容。

（4）缓存监控：一般我们需要关注的指标有缓存大小、过期时间、缓存命中率、缓存响应时间等，并通过各种监控、测试来调整和优化。

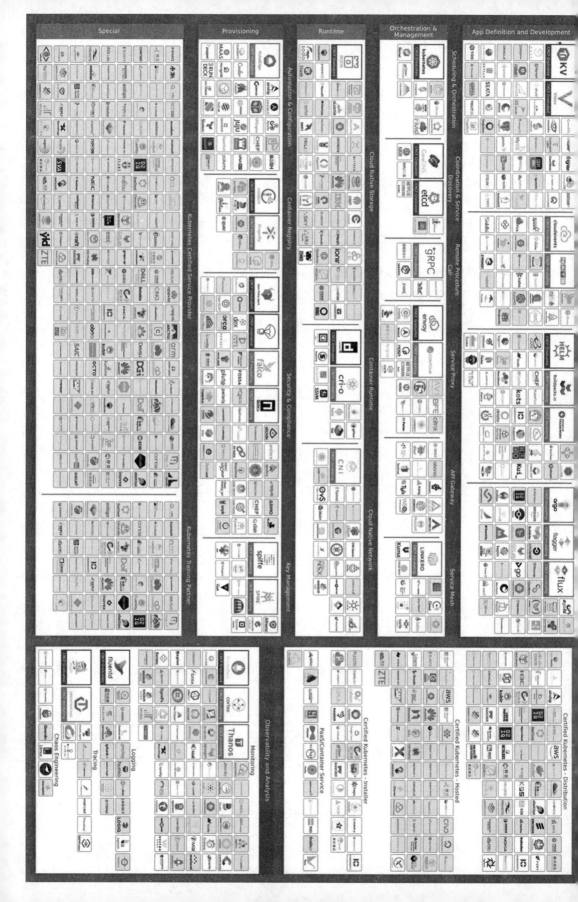

第3篇
云原生架构设计

　　企业架构衔接企业的战略计划和数字化转型项目，通过 IT 架构来落实 IT 战略，并通过数字化转型项目进行落地。过去十几来年，云计算的高速发展推动了企业数字化转型，云原生作为云计算的"下一站"，在重构 IT 产业的同时，也带来了新的技术红利与机遇。云原生架构是新一代技术架构，云原生让云计算变得标准开放、简单高效。云原生的本质是以应用为中心，让应用最大限度享受云计算的红利。本书的第 3 篇重点从云原生架构、核心技术、相关的实践方面，探索企业的云原生架构之道。

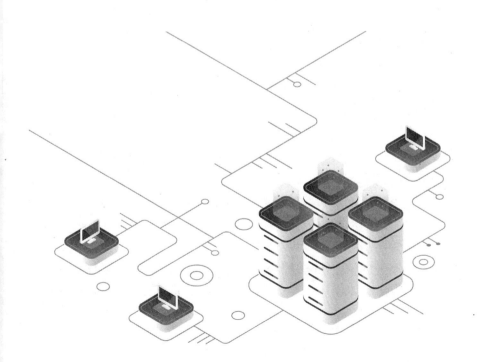

第 8 章

云原生架构与核心技术

在云原生越来越流行的今天，企业拥抱云原生是必然的选择。云原生存在的意义是助力开发和运维，使之更加简易。云计算的核心价值来自资源池化与弹性扩展，在利用云计算的过程中，企业发现从操作系统、监控运维到微服务部署与开发都需要自己参与，这在某种程度上提高了企业利用云计算红利的门槛。云原生可以简化这个过程（如容器化对弹性的最大释放），进而由微服务、容器、服务网格等标准化技术对企业带来的技术升级，解决了"技术包袱"、迁移成本高等问题。本章我们主要介绍什么是云原生，云原生的本质，云原生架构及其核心原则，以及相关的核心技术等。

8.1　什么是云原生

8.1.1　云原生的起源

云原生的概念最早提出于 2010 年，是 Paul Fremantle 在一篇博客中提出的，目的是构建一种符合云计算特性的标准，来指导云计算应用的编写。之后，Matt Stine 迅速发展了云原生概念，并在《迁移到云原生架构》一书中提出了符合云原生架构的特征："12 要素"、微服务、自服务、基于 API 协作、抗脆弱性。同时，各大厂商也在积极推广云原生，比如 Pivotal 将云原生概括为四个核心要点：DevOps（过程、方法与系统的统称）、持续交付（Continuous Delivery）、微服务（Microservices）、容器（Containers）。企业以这四点为基础，采用基于云原生的技术和管理方法，可以更好地把业务生于云、长于云，如图 8-1 所示。

Cloud-Native（云原生）

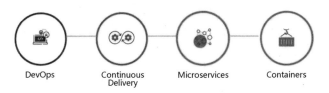

图 8-1　云原生"4 要素"

此外，CNCF（云原生计算基金会）致力于培育和维护一个厂商中立的开源生态系统，来推广云原生技术，通过将前沿的模式民主化，让这些创新为大众所用。最初 CNCF 把云原生定义为：容器化封装+自动化管理+面向微服务；2018 年，CNCF 又增加了服务网格和声明式 API，对云原生进行了重新定义。

- 云原生技术有利于各组织在公有云、私有云和混合云等新型动态环境中，构建和运行可弹性扩展的应用。
- 这些技术能够构建容错性好、易于管理和便于观察的松耦合系统。

那到底什么是云原生呢？不同的组织对云原生有着不同的解读，云原生正处于高速发展之中，目前尚没有公认的确定的定义。我们在前文介绍过，云原生从字面上看是"云计算+土生土长"，让我们的业务土生土长在云上。上云"落户"的过程并不是简单地部署到云上，设计模式、架构思想、研发体系、组织文化等都需要按照云原生来进行变革。可见，云原生是从开发态和交付态去重新定义整个软件工程过程，从而推动整个软件工程相关体系进行升级。

云原生应用即专门基于云平台设计和运行的应用。如果传统应用不加任何改动，仅仅基于云平台的操作系统进行部署，则并不能充分利用云平台的能力。让应用能够充分利用云平台的优势，实现按需分配、弹性伸缩、自由扩展、自动运维等，是云原生应用需要重点关注的。基于云的特性进行"原生"设计固然很好，但如果从已有的传统应用向云原生应用过渡，并非一定要完全颠覆传统应用，可以采用云原生的设计模式进行优化和改进，使之更加适应在云平台上运行。

总体来说，云原生的代表技术包括容器、服务网格、微服务、不可变基础设施和声明式 API 等。这些技术能够构建容错性好、易于管理和便于观察的松耦合系统（前文已提及）。结合可靠的自动化手段，云原生技术使工程师能够将业务和技术进行彻底解耦，能够轻松地对系统进行频繁和可预测的重大变更。这里关于业务和技术解耦，有一个例子，在云原生中，交付通过容器镜像来承载，确保一次交付的内容不可变，并可以通过服务网格技术，将网络交互层的核心逻辑下沉到 Sidecar 里面，而将基本不会变化的一些框架接入标准保留在业务系统中，这样技术的演进迭代和业务进行了解耦，技术的变化不会影响业务，从而确保了业务的稳定性和确定性。

另外，如果从广义上来看云原生，需要全面考虑软件、硬件、架构及企业架构的适配，以及系统使用的产品是否是云原生产品，比如云原生数据库、云原生大数据、云原生容器、云原生中间件、云原生安全体系。这个过程中要看产品内部的架构，如果还是面向传统的单机和小规模，那就还不是云原生；如果保持开源的接口兼容性，又进行了云原生改造和重新设计，并利用了云原生相关的运维和管控，那就可以说是云原生的软件和服务。

8.1.2 云原生"15 要素"

云计算的领导者，Heroku 平台的创始人，Adam Wiggins 提出了著名的云原生"12 要素"。"12 要素"为构建一个优雅的互联网应用定义了需要遵循的一些基本原则和方法，是开发云原生应用的理想实践标准。"12 要素"的核心思想包括：流程自动化和标准化，从而降低新的开发者的学习成本；划清与底层操作系统的界限，从而保证可移植性；适合部署在现代的云计算平台，从而在服务器和系统管理方面节省资源；缩小开发环境与生产环境的差异，便于实施持续交付和敏捷开发；可以在不改变现有工具、架构或开发流程的前提下，进行应用的水平伸缩。下面我们逐条介绍一下"12 要素"。

要素 1：基准代码（Codebase）——一份基准代码，多份部署。

部署到不同环境（如开发、测试、预发、生产等环境）的同一个应用，基准代码库应该相同，每份部署包含各自环境中的不同配置。

要素 2：依赖（Dependencies）——显式地声明依赖关系。

应用程序不会隐式依赖系统级的类库，它通过"依赖清单"确切地声明所有依赖项。此外，在运行过程中通过"依赖隔离"工具来确保程序不会调用系统中存在但清单中未声明的依赖项。这一做法会统一应用到生产和开发环境。

要素 3：配置（Config）——在环境中存储配置。

将应用的配置存储于"环境变量"中。环境变量可以非常方便地在不同的部署间做修改，却不动一行代码；与一些传统的解决配置问题的机制（如 Java 的属性配置文件）相比，环境变量与语言和系统无关。

要素 4：后端服务（Backing Services）——把后端服务当作附加资源。

应用不会区别对待本地服务或第三方服务。对应用而言，两种都是附加资源，通过一个 URL 或其他存储在配置中的服务定位、服务证书来获取数据。"12 要素"应用的任意部署，都应该可以在不进行任何代码改动的情况下执行，比如数据库地址和 SMTP 服务器地址，仅需修改配置中的资源地址。

要素 5：构建、发布、运行（Build、Release、Run）——严格分离构建、发布、运行。

例如，直接修改处于运行状态的代码是不可取的，因为这些修改很难同步回构建步骤。

要素 6：进程（Processes）——以一个或多个无状态进程运行应用。

应用的进程必须无状态且无共享。任何需要持久化的数据都要存储在后端服务内，比如数据库。

要素 7：端口绑定（Port Binding）——通过端口绑定提供服务。

应用完全自我加载，不依赖任何网络服务器就可以创建一个面向网络的服务。互联网应用通过端口绑定来提供服务，并监听发送至该端口的请求。

要素 8：并发（Concurrency）——通过进程模型进行扩展。

应用的进程主要借鉴于 UNIX 守护进程模型。开发人员可以运用这个模型设计应用架构，将不同的工作分配给不同的进程类型。

要素 9：易处理（Disposability）——快速启动和优雅终止可最大化健壮性。

可以瞬间开启或停止，有利于快速、弹性地伸缩应用，以及管理带来部署变化的代码或配置，保证稳健地部署应用。

要素 10：开发环境与线上环境等价（Dev and Prod Parity）——尽可能保持开发、预发布、线上环境相同。

应用要想做到持续部署，就必须缩小开发环境与线上环境的差异。"12 要素"应用的开发人员应该反对在不同环境间使用不同的后端服务，因为不同的后端服务意味着会突然出现不兼容，从而导致测试、预发布都正常的代码在线上出现问题。

要素 11：日志（Logs）——将日志当作事件流。

应用本身从不考虑存储自己的输出流。不应该试图去写或者管理日志文件。相反，每一个运行的进程都要求直接标准输出（Stdout）事件流。在开发环境中，开发人员可以通过这些数据流，在终端实时地看到应用的活动。在预发布或线上部署中，每个进程的输出流由运行环境截获，并将其他输出流整理在一起，然后一并发送给一个或多个最终处理程序，用于查看或长期存档。这些存档路径对应用来说不可见也不可配置，而是完全交给程序的运行环境管理。

要素 12：管理进程（Admin Processes）——将后台管理任务作为一次性进程运行。

一次性管理进程应该和正常的常驻进程使用同样的环境。这些管理进程和其他进程一样使用相同的代码和配置，基于某个发布版本运行。后台管理代码应该随其他应用程序代码一起发布，从而避免同步问题。

后来，Pivotal 公司的 Kevin Hoffman 基于原"12 要素"新增了 3 个要素，形成了云原生"15 要素"。新增的 3 个要素具体如下所示。

要素 13：优先考虑 API 设计（API First）。

API 如同契约，对云原生应用的开发者来说，设计出合理的、具有高兼容性的交互 API 非常重要。API 可以有多种实现方式，比如 RESTful API、WebService API 等，需要优先对系统的 API 进行设计。不过，设计一个具有前瞻性的 API 并不容易，需要尽可能考虑 API 的向下兼容，提供每次改动唯一的版本号。

要素 14：通过遥测感知系统状态（Telemetry）。

云原生应用实例很多时候是无状态的、无差别地混合部署的。当出现问题时，应用本身可以直接关闭并从服务器集群中移除，通过调度编排系统在其他服务器中自动进行补充。在这个过程中，需要遥测感知来监控服务器的状况，应用可以通过 APM、健康检查、日志、链路追踪等方式进行监控。

要素 15：认证和授权（Authentication and Authorization）。

安全在云原生中至关重要，企业不能简单地将安全问题抛给云平台，需要诸如 OAuth2 认证和 RBAC 授权等基于应用级别的安全机制。

"12 要素"及 3 个补充要素为设计云原生应用提供了思路，汇总如图 8-2 所示，在设计过程中，不可生搬硬套，需要结合企业架构规划灵活应用，根据具体应用和技术场景进行裁剪和优化。

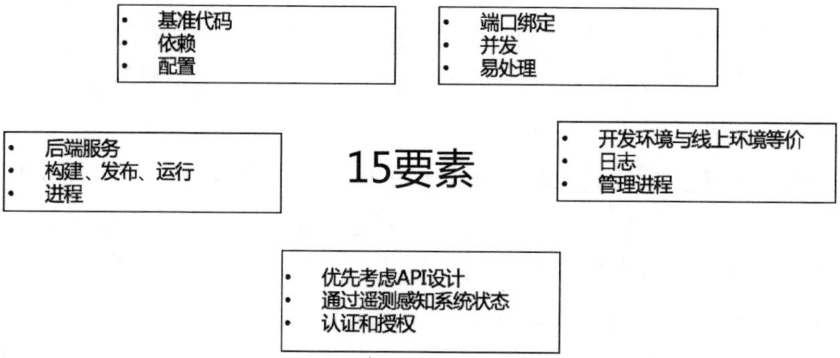

图 8-2　云原生"15 要素"

8.2　云原生的本质

　　云原生自诞生到今天的广泛普及，一直处于自我演进和丰富的过程中。从前文我们可以看出，云原生是站在云提供的基础设施之上的，重新思考软件工程研发模式及企业 IT 架构，以及如何实现大型复杂系统，如何基于云的基础能力更好地演进和交付。在这个过程中，云原生加速了云计算的落地，云厂商可以提供更好的产品和服务，并基于云原生开放的技术标准和生态，极大地改变用户的心智和增强了对云厂商的信任，提升企业对上云的接受度，使技术变革改进了生产关系和解放了生产力。目前，云原生被大量的企业和开发者所接受。Forrester 预计，2022 年，全球 75%以上组织将在生产中运用容器技术，云原生技术正在重塑整个软件生命周期和技术栈，加速企业 IT 升级和数字化转型。

　　下面我们来看看云原生对企业的价值。

- 降低开发复杂度和运维工作量：云计算技术把三方软硬件的能力升级为服务，使得业务代码的开发人员不需要掌握复杂的分布式或者底层网络技术；构建从开发到运维的一体化管理体系，比如开发态的轻量、微服务、声明式和合并部署；运行态的灵活容器、能力下沉、高可用能力；运维态的资源和应用自动化弹性管理。

- 快速业务响应：云原生的本质是帮助业务快速迭代，核心要素是持续交付。云原生通过自动化交付管理，通过容器等技术，采用一种标准的方式对软件进行打包，容器及相关技术则帮助屏蔽不同环境之间的差异，进而基于容器进行标准化的软件交付。

- 提供大量非功能特性：让云来提供高可用能力、容灾能力、安全特性、可运维性、易用性、可测试性、灰度发布能力等。比如通过把传统的应用改造为云原生应用，做到弹性扩容和缩容，能够更好地应对流量峰值和低谷，并且达到降本增效的目的。

- 开源生态共建：云原生通过技术开源帮助云厂商打开市场，吸引更多的开发者，并且通过技术易用和开放性实现快速增长，推动企业业务全面上云和自身技术架构体系不断升级和完善。

进而，云原生通过对核心的技术下沉，让企业更加聚焦于业务本身，并通过多种架构进行沉淀，从技术发展的价值链来看，云原生是云计算应用价值的延伸，解决更贴近企业业务、架构、组织层面的关键问题。展望未来，我国规模化的应用场景将更好地促进云原生技术的演进与发展，为云原生提供良好的生长"土壤"。云原生的价值如图 8-3 所示。

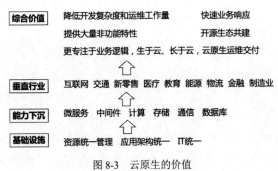

图 8-3　云原生的价值

不过，应注意的是，云原生并不是万能的，我们需要对云原生有以下明确的认识。

- 云原生应用不能替代业务应用本身。云原生的本质是帮助业务快速迭代，不是业务和应用本身，需要我们通过企业架构进行规划和落地，云原生是从 IT 架构角度进行简化的，不是技术堆叠，不能生搬硬套。
- 云原生不是云计算本身。云原生应用源于云原生，但并不能替代云计算，二者的关注点不同。云计算主要从成本和效率角度，分为 SaaS、PaaS、IaaS 等。云原生主要关注业务研发效率，降低开发复杂度和运维工作量，对云计算的传统分层越来越模糊，比如基于 Kubernetes 的资源封装，逐步打通 PaaS 和 IaaS，为用户提供更直接的体验。
- 云原生不只是技术本身。云原生有很多核心技术，如 Kubernetes、Serverless、Service Mesh 等，但更重要的是对底层技术复杂度的封装，将复杂保留在云原生技术内部，将简单留给业务，让业务更加聚焦。

8.3　云原生架构

云原生架构是基于云原生技术的架构设计模式。2020 年，阿里云发布的《云原生架构白皮书》中对云原生架构的定义如下：从技术的角度，云原生架构是基于云原生技术的一组架构原则和设计模式的集合，旨在将云应用中的非业务代码部分进行最大化的剥离，从而让云设施接管应用中原有的大量非功能特性（如弹性、韧性、安全、可观测性、灰度等），使业务不再有非功能性业务中断困扰的同时，具备轻量、敏捷、高度自动化的特点。

可以看出，云原生架构是生于云、长于云，最大化运用云的能力，依赖云产品和云原生技术构建的 IT 架构，让开发者聚焦于业务而不是底层技术。

云原生能够帮助我们实现业务应用与基础设施解耦，因此被看作新一代云计算的"操作系统"。云原生与企业架构的关系我们前文有所讨论，如图 8-4 所示，企业架构通过业务架构与应用架构规划整体业务能力和价值，而云原生为企业 IT 架构设计和数字化转型提供强大引擎和加速器，使整体企业 IT 架构享受云原生技术红利，提供云原生应用平台和对应的基础设施，并通过相关的设计模式和技术最佳实践指导企业进行云原生上云及应用升级。

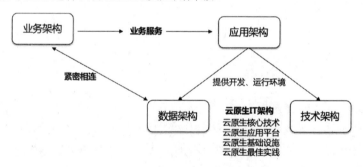

图 8-4　云原生与企业架构的关系

具体地，云原生与企业架构的关系主要体现在以下方面。

- 业务导向、突出服务：基于业务架构与应用架构，并将业务服务和应用服务作为载体。

- 顶层设计、迭代推进：微服务以整体的企业架构为指导，根据总体规划进行整体实施路线分解，并根据资源、能力、环境等条件分步骤、有计划地按照迭代进行。

- 技术前瞻、实用为本：要注重技术的先进性，但需要注意的是，技术只是工具，而真正的业务和应用才是核心，服务是载体。
- 开发运维、合二为一：开发和运维要一体化，并且包括测试交付、质量度量等，需要整体协调企业的微服务开发体系。
- 基础抽象、共享下沉：稳定、可靠、不经常变化的部分需要沉淀为基础共享层，建立微服务的层次和等级，将共享服务作为其他业务调用的基石。
- 组织适配、架构升级：要想在云原生应用上取得成功，企业必须有一个更全面的视角。除了架构和基础设施决策，还有组织和过程决策。

云原生架构对企业架构具有重要的作用，特别是 IT 架构本身，下面我们从 IT 架构角度，来看看云原生架构的一些特点，总体如图 8-5 所示。

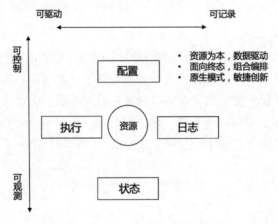

图 8-5　云原生架构的特点

1）资源为本，数据驱动

云原生是围绕资源展开的，并通过资源相关的配置，进行对应的动作触发。云原生在资源内部通过编排来处理复杂的逻辑，并通过事件进行驱动。而事件流本身体现于日志，根据日志和相关的配置，以及依赖编排进行控制和驱动，从而建立可观测、可控制、可记录、可驱动的以资源为中心的管控体系。同时，云原生通过数据建立业务和应用的连接，并通过分布式管理来进行驱动，比如 Kubernetes 集群的中心化管理或者统一的配置中心管理等。在某些场景下，可能需要一些辅助工具，比如 Promethus 监控在每个节点加一个 Agent 来监控系统并进行数据上报。

2）面向终态，组合编排

云原生内部的管控是面向终态的，有明确的生命周期控制逻辑，将事件交给系统来管理。在 Kubernetes 设计理念中,面向终态是其核心理念,也是自动化运维的关键,比如其中的 CR、Deployment、Reconcile 之间,有明确的驱动和依赖关系。这种面向终态的生命周期管理体现在云原生运维的方方面面,比如 Pod、应用、产品、解决方案等资源的运维。同时,内部的资源通过编排来达到相互自闭环的调度,实现自动化的关键是,定义好每个资源的生命周期,并编排每个阶段的钩子和订阅事件进行消费,通过通用的声明式策略和配置赋能进行管理(监控、伸缩、可用性、路由等)。基于此,对于容器自闭环的编排管理,产生了 Kubernetes,对系统中的容器进行健康检查、自动扩容和缩容、自动重启、滚动发布等过程的编排,类似编排思想还有服务编排、应用编排、产品解决方案编排等。

3)原生模式,敏捷创新

云原生中原生模式的思想,给我们带来很多思考。比如云原生从云本身的特性出发,这种思想也可以指导我们的企业架构模式。比如业界有这样的声音,我们已经使用云产品了,为什么我们的业务交付速度没有明显提升呢?这就需要我们的企业架构通过云原生的思想去规划、去设计。比如我们的业务架构,是否根据云原生的特性,将业务的能力梳理和迭代与研发模式紧密相连,而研发模式与对应的组织形态进行适配,同时基于企业的行业属性对业务能力、服务流程、应用功能进行整体规划,并建立统一多维网络,构建体系化的产品和解决方案。基于云原生的技术体系,通过与业务的敏捷迭代,也进行技术的迭代和组合编排。云原生的最终目标是提高业务交付的效率,使业务更快地创新。

8.4 云原生架构的核心原则

在实施云原生架构的过程中,需要特别关注以下核心原则。

1)服务化治理原则

服务化治理的本质是基于服务流量的控制策略,比如限流降级、熔断隔仓、灰度、反压、零信任安全等。云原生架构从服务化的角度,强调服务之间的标准化流量传输、策略控制和治理,用微服务等或者 Mesh 化的服务体系进行管理,而服务治理体系是关键。通过服务化架构把不同生命周期的模块分离出来,分别进行业务迭代,避免迭代频繁模块被迭代慢速模块拖慢,从而加快整体的进度和提高稳定性。根据业务架构和应用架构抽象化模块之间的关系,标准化进行服务流量传输,从而基于服务流量进行细粒度的策略控制和治理。

2）弹性可扩展原则

弹性指系统部署规模可以随着业务量的变化进行伸缩，可以节省成本，并面对业务峰值。在弹性能力的支持下，应用能够更好地体验到云上迅捷、稳定的特性，同时可以利用各种弹性产品以节省容器等资源的成本。这种弹性是人工、半人工或自动决定弹性能力。弹性也和系统的扩展能力有关，我们可以通过可扩展架构设计，如水平扩展更多的服务节点或者垂直将业务根据职责重新进行拆分。比如在 Kubernetes 中，Pod 中封装的其他资源需要同样具备弹性能力，建立可观测和自愈模型，并可以对问题进行诊断和恢复。

3）服务无状态原则

尽量使用云服务（比如 BaaS），减少第三方服务，让应用的设计尽量变成"无状态"的模式，把"有状态"部分保存到云服务中，特别是自己运维开源软件的情况，依据云计算、网络、大数据，有状态的数据库、文件、对象存储，以及 Serverless、FaaS 这种应用无服务器的云服务。对于有状态的应用，需要针对不同的资源定义生命周期及状态机，并对它们的生命周期进行编排和事件协调。

4）可观测监控原则

可观测性可以通过日志、链路跟踪和 APM 度量等手段，对业务点击背后的服务调用耗时、返回值和参数都清晰可见，甚至可以下钻到每次第三方软件调用、SQL 请求、节点拓扑、网络响应、系统资源等；简化开发和运维，同时对业务健康度、用户体验、业务关联等综合数字化运营管控和持续优化。可观测架构常用 Logging、Tracing、Metrics 等进行多维度度量，并指定相关框架、规范及服务 SLO，比如并发度、耗时、可用时长、容量。比如对于 Kubernetes，我们可以利用云事件模型，定义事件流数据，并对其进行分析和监控，根据完成度和健康度判断基本状态，并设置相应规则进行分类处理；比如使用 API 网关或者 Sidecar 代理流量的出入和管理，统一进行可观测性信息、日志、指标和跟踪数据的收集和处理。

5）高可用稳定原则

韧性是系统对于异常的抵御能力，体现了软件持续提供业务服务的能力，核心目标是提升平均无故障时间（Mean Time Between Failure，MTBF）。从架构设计上，包括高可用、容灾、异步化能力，比如消除单点、服务分级、限流降级、超时重试、容灾单元、异地多活等。企业需要秉着 Design for Failure 的心态，尝试 Serverless 或者 Service Mesh 等技术，做好隔离，做好流控，做好预案和故障演练。针对资源，最终目的是快速从故障中恢复，将对系统稳定性的影响降至最低。在此过程中，有很多最佳实践，比如多实例部署、负载均衡、服务发现等，考虑重试，避免重试风暴及控制循环；通过断路器模式进行熔断，保护系统过载。

6）自动化交付原则

通过 DevOps、IaC（Infrastructure as Code）、GitOps、OAM（Open Application Model）和大量其他自动化交付工具在 CI/CD 流水线中的实践，通过标准化交付过程，通过自描述和面向终态的交付过程，让自动化工具理解交付目标和环境差异，实现整个软件交付和运维的自动化。最好的自动化方式是基本没有人参与，通过配置语言定义指令，通过程序解析指令。

7）零信任安全原则

在默认情况下，不应该信任网络内部和外部的任何人、设备、系统，需要基于认证和授权重构访问控制的信任基础，诸如 IP 地址、主机、地理位置、所处网络等均不能作为可信的凭证。零信任对访问控制进行了范式上的颠覆，引导安全体系架构从"网络中心化"转向"身份中心化"，其本质诉求是，以身份为中心进行访问控制，特别是云原生本身，应从应用和服务角度，对安全进行提前设计，同时做好预防，建立统一的安全防护体系。

8.5　云原生的核心技术

云原生技术的发展历程如图 8-6 所示。PaaS 概念的普及为企业的应用托管和平台型能力建设奠定了基础，特别是面对高并发、高可用的互联网场景。Docker 的开源拉开了云原生的序幕，全新的容器化思路成为 PaaS 的主流技术。容器技术彻底解耦了应用和运行时环境，可以帮助应用更加快速、平滑地迁云，在底层解决了资源供给问题；让开发所需的灵活性、开放性和运维所关注的标准化、自动化达成平衡，而容器镜像迅速成为应用分发的工业标准。之后，随着 CNCF 的出现，以及随之重点推动的 Kubernetes，为容器编排提供了核心的社区支持，并逐步成为分布式资源调度和容器编排的事实标准。Kubernetes 不但屏蔽了底层基础架构的差异，而且提供了良好的可移植性，可以帮助应用一致地运行在不同的环境中。2020 年 12 月，CNCF 表示 Kubernetes 现已放弃对 Docker 的支持，也说明云原生进入了新的历史性时刻，不能将云原生简单理解为 Docker。Service Mesh、Serverless 技术的核心思想更偏重于将更多的能力下沉到基础设施，帮助企业实现业务逻辑与非业务逻辑的分离，为应用的轻量化、上云提供可能。进而，随着微服务、FaaS 等技术理念的实践，Kubernetes 逐渐成为云原生技术生态的操作系统，Kubernetes 也为 Service Mesh 提供了更好的底层支撑，也带来了底层基础设施的 Serverless 云原生化和中间件能力的进一步下沉。企业在此基础上最大限度地利用云计算红利。随着微服务带来基础架构的复杂性提升，促使开发侧和运维侧关注点分离，不断泛化的 Serverless 成为 DevOps 的一种思想导向和组成部分。

图 8-6 云原生技术的发展历程

在整个过程中，云原生价值链贴近业务侧的向上延伸，基于越来越多的非业务逻辑从应用程序剥离下沉到基础设施。云原生技术的发展非常迅速，图 8-7 展示了 CNCF 在 2021 年发布的云原生技术地图，可以看出，从容器编排、运行态管理、可观测、应用开发等多种维度，云原生都有非常多的技术。下面我们来进一步看看其中几个最为核心的关键技术，比如容器、微服务、Serverless、Service Mesh、DevOps 等。

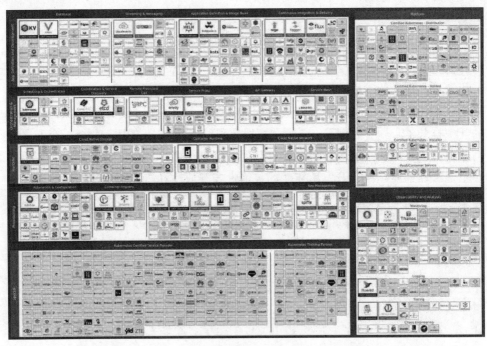

图 8-7 CNCF 云原生技术地图（较清晰的大图，见 P236）

8.5.1　Docker

1．基础概念

容器作为标准化软件单元，它将应用及其所有依赖项打包，使应用不再受环境限制，在不同计算环境间快速、可靠地运行。容器的核心技术是 Docker 和 Kubernetes，Docker 基于操作系统虚拟化技术，共享操作系统内核，轻量、没有资源损耗、秒级启动，易于提升系统的应用部署密度。

2008 年，Linux 就提供了 Cgroups 资源管理机制及 Namespace 视图隔离方案，可以让应用运行在独立的"沙箱"环境中。容器是将进程有效地划分成独立空间，以便在独立空间之间平衡资源使用冲突的技术，同时设置资源使用上限，包括 CPU、内存、磁盘、网络带宽等资源。之后，Dotcloud 公司开源了 Docker 技术，并引入了镜像技术，来包含应用代码和所依赖的所有文件和目录，进而解耦应用与运行环境。镜像技术可以解决发布成功率低和运维压力两大难题，使得容器技术表现出"强一致性"，即在任何地点下载的镜像内容完全一致，完全复现镜像制作者当初的完整环境。镜像同时降低了容器技术的使用复杂性，加速了容器技术的普及，并逐步推动容器成为云原生最关键的底层技术之一。

这里总结一下 Docker 的核心概念。

- 镜像（Image）：镜像是用于创建 Docker 的模板，比如 Ubuntu 系统。
- 容器（Container）：独立运行的一个或一组应用，是镜像运行时的实体。容器可以被创建、启动、停止、删除、暂停等。
- 仓库（Repository）：仓库用于保存镜像，可以理解为代码控制中的代码仓库。
- 客户端（Client）：通过命令行或者类似工具使用 Docker SDK 与 Docker 的守护进程通信。
- 主机（Host）：一个物理或者虚拟的机器用于执行 Docker 守护进程和容器。
- 引擎（Engine）：属于 Docker 的运行层。这是一套轻量化运行时工具组合，负责管理容器、镜像、构建等。
- Dockerfile：编写指令以构建 Docker 镜像的载体。

Docker 容器生态大概经历了四个阶段，分别解决或试图解决不同的问题。

- 技术萌芽期：解决了容器运行环境的隔离问题。
- 技术迸发期：解决了软件分发及容器编排问题。

- 商用探索期：确认了容器的商用服务形态。
- 商用拓展期：扩大适用场景和部署规模，通过技术创新提升产品竞争力。

2. 原则规范

如果一个应用要容器化，需要符合相关的原则和规范。这里简要列举一些。

- 容器是有主进程的，只有在主进程启动起来后，容器才真正启动。
- Docker 中的应用程序支持健康检查（Readiness、Liveness）和优雅关机。
- 容器通过 Linux 信号来控制其内部进程的生命周期，比如通过 SIGTERM、SIGKILL、SIGINIT 等信号来终止进程。
- Dockerfile 和 Docker 图像应该用层来组织，以简化开发人员的 Dockerfile，比如 OS、系统工具层、中间件 JDK 和运行环境等。
- 容器镜像由一系列镜像层组成，这些镜像层通过模板或 Dockerfile 中的指令生成。这些层及构建顺序通常被容器平台缓存，因此建议把变化少的层放在里面，把频繁改变的层放在外面。
- 删除 Docker 映像中不需要的工具，以使映像更加安全。调试可以使用 Ephemeral Containers、Kubectl Exec 等。
- 初始化使用初始化容器。初始化容器可以包含一些安装过程中应用容器不存在的实用工具或个性化代码。
- 构建尽可能小的图像。可以使用较小的基础镜像（如 Alpine），因为它与许多应用程序兼容，同时体积小。

3. 容器架构

图 8-8 展示了容器和虚拟机的对比。

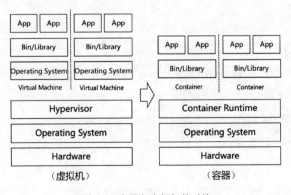

图 8-8　容器与虚拟机的对比

- 传统的虚拟机需要模拟整台机器，有自己的操作系统，一旦开启，预分配的资源将被全部占用；每一个虚拟机包括应用、二进制文件及操作系统。
- 容器和宿主机共享硬件资源及操作系统，实现资源的动态分配。容器包含应用和其所有的依赖包，与其他容器共享内核。

从虚拟化层面来看，传统虚拟机技术是对硬件资源的虚拟，容器技术则是对进程的虚拟，从而可提供更轻量级的虚拟化，实现进程和资源的隔离。从架构来看，Docker 比传统虚拟化技术少了两层，取消了 Hypervisor 层和 GuestOS 层，所有应用共用主机操作系统，因此在体量上更轻量，在性能上接近"裸机性能"。

2020 年，Kubernetes 表示放弃对 Docker 的支持，Kubernetes 将改用其他容器运行时，这对 Docker 社区有不小的影响。但 Docker 作为容器镜像构建工具的作用将不受影响，用其构建的容器镜像将在 Kubernetes 集群中与其他容器运行时正常运转。简单来讲，Docker+Kubernetes 还是可以继续运行的，但 Kubernetes 将用其他容器技术替代 Docker。当然，Docker 作为容器技术的典型代表，这并不影响我们对 Docker 技术的学习，下面我们来进一步了解 Kubernetes 技术。

8.5.2　Kubernetes

Docker 的不足体现在编排管理和调度等方面，缺乏更高级、更灵活的管理。因此，Kubernetes 应运而生，Kubernetes 作为统一的编排层，可以将虚拟机、物理机、云上资源统一纳入并管理进来。Kubernetes 的概念更加友好，可以看成从资源层到应用层过渡的桥梁，将底层不同的资源全部屏蔽起来，对上提供统一的应用编排，并基于此实现跨云编排、迁移与弹性伸缩。同时，通过 Kubernetes Operator，可以基于容器实现 PaaS，即数据库、缓存、消息队列等核心组件的编排。

Kubernetes 凭借开放性、可扩展性、可移植性及活跃的开发者社区，成为容器编排、分布式资源调度的事实标准，帮助应用一致地运行在不同的环境中，比如多云、混合云、数据中心、边缘计算等。Kubernetes 能在实体机或虚拟机集群上调度和运行程序容器，避免人工运维屏蔽底层细节，当下已经被誉为"云时代的操作系统"。Kubernetes 生态社区也开始构建上层的业务抽象，比如服务网格 Istio、机器学习平台 Kubeflow、无服务器应用框架 Knative 等。

1. 容器编排

Kubernetes 已成为容器编排的事实标准，被广泛用于自动部署、扩展和管理容器化应用。Kubernetes 提供了以下分布式应用管理的核心能力。

- 资源调度：根据应用请求的资源量，比如 CPU、Memory、GPU 等设备资源，在集群中选择合适的节点来运行应用。

- 应用部署与管理：通过设置 Pod 调度的所需资源和资源限制，支持应用的自动发布与应用的回滚，以及与应用相关的配置的管理。

- 自动修复：Kubernetes 可以监测集群中所有的宿主机，当宿主机或者 OS 出现故障时，"节点健康检查"功能会自动进行应用迁移；支持应用的自愈，极大地简化了运维管理的复杂性。

- 服务发现与负载均衡：基于资源对应的应用服务的管理，结合 DNS 和多种负载均衡机制，支持容器化应用之间的相互通信。

- 弹性伸缩：Kubernetes 可以监测应用的承担负载，如果这个业务本身的 CPU 占用率过高，或者响应时间过长，则对应用进行自动扩容。

- 存储编排：通过 Plungin 的形式支持多种存储，如本地、NFS、Ceph、公有云块存储等；支持自动化存储卷的编排，让存储卷与容器应用的生命周期相关联。

- 密钥和配置管理：通过 Secret 存储敏感信息，通过 ConfigMap 存储应用的配置文件，避免将配置文件固定在镜像中，提升了容器编排的灵活性。

2. 架构理念

Kubernetes 在容器编排中有几个关键设计理念。

- 声明式 API：开发者关注应用自身，而非系统执行细节。比如 Kubernetes 通过 Deployment（无状态应用）、StatefulSet（有状态应用）、Job（任务类应用）等不同资源类型，提供不同类型工作负载的抽象。

- 可扩展性架构：所有 Kubernetes 组件基于一致的、开放的 API 实现和交互，第三方开发者也可通过 CRD（Custom Resource Definition）及 Operator 等方法提供领域相关的扩展实现，极大地提升 Kubernetes 的可扩展能力。

- 可移植性：Kubernetes 通过一系列抽象，如 Loadbalance Service（负载均衡服务）、CNI（容器网络接口）、CSI（容器存储接口）等，帮助应用屏蔽底层基础设施的差异，实现后续灵活迁移的能力。

Kubernetes 架构示意图如图 8-9 所示，Kubernetes 由控制节点 Master 和计算

节点 Worker 组成。Master 作为控制管理的节点，又称控制平面，由三个紧密协作的独立组件组成：API Server 负责 API 服务，Scheduler 负责资源调度，Controller 负责容器编排。另外，集群的持久化数据由 API Server 处理后保存在 Etcd 中，如 Pod、Service 等对象信息，其中 Pod 可以理解成资源容器的集合。计算节点 Worker 作为项目的工作负载，Kubelet 组件是其核心部分，负责 Pod 对应容器的创建、启停等，同时与 Master 节点密切协作，实现集群管理的基本功能。

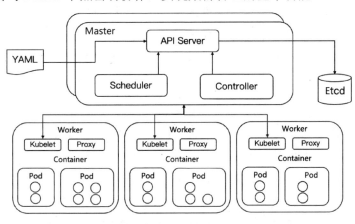

图 8-9　Kubernetes 架构示意图

　　如今，Kubernetes 不仅是容器技术的事实标准，还是整个云原生体系的基石，重新定义了基础设施领域对应用编排与管理的各种能力，起到了承上启下的作用。一方面，Kubernetes 暴露出基础设施能力的格式化数据抽象，如 Service、Ingress、Pod、Deployment，并提供 Kubernetes 原生 API 能力；另一方面，Kubernetes 提供了基础设施能力接入的标准接口，如 CNI、CSI 等，让云能够作为能力提供商，通过标准化的方式接入 Kubernetes 体系。同时，伴随着微服务、DevOps、Serverless、Service Mesh 等技术的发展，基于 Kubernetes 的可扩展能力逐步取代 PaaS，成为应用平台能力开放的主流，让业务应用回归应用本身，以云原生理念去设计、开发、部署和运维。据统计，使用 Kubernetes 等容器技术可以获得 3～10 倍交付效率提升，企业可以降低约 50% 的计算成本。

3. 生态发展

　　如今的云原生社区已经广泛认可 Kubernetes 的定位与价值，越来越多的团队基于 Kubernetes 构建各种各样的上层平台，比如 PaaS、Serverless、AI Platform、Database PaaS 等，因此 Kubernetes 不但是容器编排的实施标准，而且拥有庞大的集成生态体系，逐步成为业界公认的事实。

随着 Kubernetes 生态从底层到应用层能力的逐步完善，越来越多的互联网企业加入云原生的队列中，比如基于生态的 Apple 公司、阿里云公司等。同时，Kubernetes 的生态策略与 Android 的发展路径相似，Android 能够对下统一抽象与集成不同的硬件设备，对上为程序员暴露出统一的开发接口。当然，Android 服务的程序员是 App 开发者，而 Kubernetes 服务的程序员是平台开发者。在这个背景下，前文中提到的"Kubernetes 放弃支持 Docker"会更容易理解，在 Kubernetes 生态中，容器镜像和运行时并非只有 Docker。

下面介绍几种当前 Kubernetes 生态中比较活跃的开源项目和商业产品。

- Kubernetes Federation：通过托管集群中的一组 API 来协调多个 Kubernetes 集群的配置，用于表达需要管理的集群及其配置，以及应该如何配置。
- K3S：轻量级 Kubernetes，易于安装，二进制文件包小于 40MB，只需要 512MB RAM 即可运行。
- K9S：提供一个终端 UI，与 Kubernetes 集群进行交互，简化浏览、观察和管理应用程序的过程。
- Minikube：易于在本地运行 Kubernetes 工具，比如创建单机版 Kubernetes 集群，便于尝试 Kubernetes 或日常开发。
- 阿里云 Kubernetes：阿里云的商业化 Kubernetes 有多种类型，比如容器服务 Kubernetes 版（ACK）、Serverless Kubernetes（ASK）、镜像服务（ACR）等。

8.5.3 微服务

1. 历史发展

如今，微服务是比较流行的软件架构形态。2014 年，Martin Fowler 与 James Lewis 共同提出了微服务的概念，他们认为，微服务架构构建的是一种基于应用能力的服务，这些服务能够通过自动化部署机制来独立部署，具有终端智能化、通信渠道弱化的特点，这些服务使用不同的编程语言及不同的数据存储技术，并保持最低限度的集中式管理。Gartner 认为，微服务架构是一种可供开发人员实施微服务及微服务应用的设计范例。微服务基础架构包含不同类型的应用基础架构技术，能够促进微服务及微服务应用的开发、测试、封装、部署、运行、监控和管理。

我们来看看 Martin Fowler 和 James Lewis 提出的微服务的 9 个特征。

- 微服务是软件组件：从技术角度来看，微服务本质上是组件的一种服务包装，并且用软件实现。

- 围绕业务功能的组织：从组织功能角度来看，微服务的生产过程，微服务必须有对应的组织机构实现。

- 产品不是项目：从软件开发过程角度来看，微服务的开发、交付、运维应该是一体化的。

- 强化终端及弱化通道：从通信技术和模式角度，微服务突出客户端，需要职责单一、处理迅速、反馈及时；而弱化通道，就是尽量采用轻量级的通信处理。

- 分散治理：从管理机制角度来看，微服务需要在标准化、规范化与定制化之间进行平衡，是一种去中心化机制。

- 分散数据管理：从领域建模和数据角度来看，微服务需要基于 Bounded Context 的领域驱动方式。

- 基础设施自动化：从软件过程的运行环境来看，微服务强调设计、开发、部署、运维等的自动化。

- 容错性：从技术的未定型角度来看，微服务需要应对内部和外部的不确定性，尽量通过框架来进行技术上的一些前瞻性和容错性处理。

- 设计改进：从研发模式角度来看，微服务强调持续迭代、持续改进，需要一个迭代演进的规程。

实际上，微服务的诞生并非偶然，它是建立在我们对敏捷开发、持续交付、基础设施即代码（Infrastructure as a Code，IaaC）、DevOps 等多种软件工程理念和实践基础之上，逐步延伸并深化的架构模式。本质上，微服务架构是一种低耦合的架构模式，其将软件系统拆分成多个独立且可扩展的服务，使用一套小服务来开发单个应用，每个服务独立运行，只负责完成特定的任务，并使用轻量级机制通信，最后集成每个服务完成最终业务。

2．核心特点

这里，我们来简单总结一下微服务架构的特点。

- 一种软件系统架构：微服务不是一种具体的 IT 或者产品，而是一种架构模式、一种理念架构，是面向应用系统的解决方案。

- 微服务是基础运行单元：基本元素是独立、具体、细小、耦合性低和灵活性强的微服务实体，这些实体详细说明了如何提供和消费服务，是规模小的、技术可操作的、独立的、模块化的、位置明确的、松耦合的。

- 微服务治理需要基础能力：微服务架构需要以基础运行平台为治理环境，需要具备一些能力，比如服务注册、服务发现、共享配置存储、验证和授权、请求路由、负载均衡、通信稳定、服务监控、应急处理机制和安全机制等。

- 自动化：微服务需要尽可能自动化整合过程，包括设计、开发、测试、封装、部署、运行和管理等阶段，并易于实现敏捷开发、快速集成、持续部署。

- 接口契约：微服务间定义良好的接口和契约。接口采用中立的方式定义，独立于具体实现服务的操作系统、软件框架、编程语言和运行基础设施平台，可以采用统一的、标准的、轻量级的方式进行通信。

- 后端服务支撑功能：具备一定的微服务支撑能力，如持久化操作、事件处理模型及机制等。

- 异构性：独立于具体实现环境，比如编程语言、软件平台、操作系统、基础设施等，多用于公有云、私有云、混合云等场景。

在云原生时代，微服务架构的作用更加突出，整体上我们来看一下微服务架构主要经历的四个时代，如图 8-10 所示。

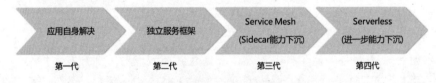

图 8-10　微服务架构主要经历的四个时代

- 第一代：应用除了需要实现业务逻辑，还需要自行解决上下游寻址、通信及容错等问题。

- 第二代：引入了服务注册中心来自动注册和发现，服务之间的通信及容错机制开始模块化，形成独立服务框架。

- 第三代：Service Mesh，被模块化到服务框架里的微服务基础能力演进为一个个独立进程 Sidecar，包括服务发现、调用容错、服务治理、权重路由、灰度路由、流量重放、服务伪装等。

- 第四代：开始尝试利用 Serverless 来架构微服务，微服务进一步由一个应用简化为微逻辑（Micrologic），对 Sidecar 模式提出了更高诉求，更多可复用的分布式能力从应用中剥离，被下沉到 Sidecar 中，比如状态管理、资源绑定、链路追踪、事务管理、安全等。

在这个过程中，面向云原生时代，微服务需要额外关注以下特点。

- 平台化：利用云平台能力，更多地为微服务架构赋能。

- 标准化：进一步标准化微服务本身的部署、运维，微服务之间与其他服务之间的通信。

- 轻量化：让研发人员关注核心业务代码，进一步简化微服务治理相关的逻辑。

- 产品化：进一步通过更易用的产品化方式支持微服务架构。

3．设计原则

微服务作为核心的软件技术架构模式，在本书中有多次提及，这里我们就微服务的设计原则进行一下总结，核心的设计原则如下。

- 稳定性原则：以稳定为中心，设计得尽可能简单和清晰，不过度设计。

- 依赖和分离原则：需要把稳定的服务部分与易变的服务部分进行分离，把核心业务微服务与非核心业务微服务分离，应用与数据分离，服务接口与实现细节分离。

- 异步松耦合原则：不同业务域之间尽量异步解耦；核心业务和非核心业务之间尽量异步解耦。

- 垂直划分优先原则：尽可能根据业务领域进行服务的垂直划分，这样更加关注业务实现，端到端负责，便于持续改进，减少调用次数。水平划分需要充分从总体考虑。

- 持续演进原则：应逐步划分、持续演进，避免服务数量的"爆炸性"增长。当服务数量增加时，需要考虑持续交付、微服务监控与治理等环节。

- 服务自治原则：服务需要提供 SLA，保持稳定性，可以独立开发、测试、部署和运行，避免发生连锁反应。

- 自动化驱动原则：可以结合 DevOps 和 CI/CD 等自动化工具，以及成熟的微服务治理框架，提高微服务生命周期的自动化效率。自动化可以赋予参与者责任感和成就感，特别是存在跨地域的研发模式，如开源的协作模式等。

- 微服务拆分原则：优先拆分比较独立的服务、通用服务、边界明显的服务、核心服务。

- 单一功能原则：组件功能单一，但需要满足相应的质量标准，如高可靠性、高可用性、高稳定性。
- 独立部署原则：各个组件最好能独立部署，便于运维；各个组件只提供功能和接口，外部根据情况进行定制化处理；技术组件需要有容错功能，能够隔离失败；技术组件可被监控，可以随时了解组件的状态信息。
- 轻量级通信原则：组件之间一般采用底层的轻量级通信机制，如 RPC、REST 等模式。
- 展现端和后端分离：展现端提供配置、查询、统计等前端能力，与后端做好功能和能力方面的分离。

4．设计要点

在微服务的设计过程中，有以下 4 个要点。

1）做好应用架构设计

微服务需要对企业架构中的承接和实施落地，特别是对应用架构中的应用和服务的设计和划分，比如基于 DDD 的服务设计等。微服务需要很好地承接业务架构（如业务流程和活动的设计）和应用架构（如应用和服务的设计），并作为服务落地实施的手段。

微服务指的是，将大型复杂软件应用拆分成多个简单应用，每个简单应用描述一个小业务，系统中的各个简单应用可被独立部署。服务拆分导致要维护的模块数量增多，如果缺乏整体企业架构的设计输入及服务的自动化能力和治理能力，会让模块管理和组织技能不匹配，导致开发和运维效率降低。

2）选择合适的时机

微服务架构并不适用于企业的所有发展阶段，在企业发展初期，建议使用单体架构，并随着企业的发展，逐步划分服务。在资源受限的情况下，盲目采用微服务架构风险较大。单体、组件化、微服务架构成本趋势如图 8-11 所示。当业务复杂度达到一定程度后，微服务架构消耗的成本才会体现价值。

3）实施的先决条件

在设计微服务架构之前，应该做好基础设施及公共基础服务准备，比如自动化工具链（以流水线交付的方式串联 DevOps 流程）、微服务框架（如微服务治理、负载均衡、服务注册与发现等能力）、故障发现反馈机制（需要监控发现故障，及时处理并报警)、研发流程(DevOps 文化、CI/CD 流程,加强 Code Review,自主决策权)、拆分前先做好解耦(通过业务架构、应用架构的指导对服务做好细粒度的解耦)、状态外置(有状态的服务外置到数据库或分布式缓存中,尽可能服务无状态,并去触发器和存储过程)。

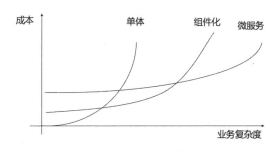

图 8-11　单体、组件化、微服务架构成本趋势

4)如何决定微服务架构的拆分粒度

微服务架构中的"微",更需要合适的粒度,而不是越细越好。比较新的业务优先采用微服务,优先抽象通用服务、核心服务、容易识别边界的服务,以及有独立属性的服务,需要综合考虑企业的组织架构模式,并与其他架构(如业务架构、技术架构)进行关联。同时,充分考虑企业的技术能力现状,如持续集成能力、性能优化能力、全链路监控能力等。比如团队的持续迭代往往涉及企业的 IT 架构、应用架构、组织架构、组织文化等的改变。

8.5.4　服务治理框架

1)分布式运行时

在单体应用时代,应用代码跟中间件代码耦合在一起,并通过一份实例进行部署;到了微服务时代,可以看到应用代码和流量管理代码实际上是可分离的,只有部分中间件代码仍然和部分应用代码耦合在一起。进一步地,为了能够做到充分多语言能力支持、环境的可移植性,我们希望能够把剩余的中间件代码也从应用中解耦出来,这项技术叫作运行时解耦。Bilgin Ibryam 在 "Multi-Runtime Microservices Architecture" 一文中分析并总结了典型的四大类需求。

- 生命周期(Lifecycle):Packaging、Healthcheck、Deployment、Scaling、Configuration。
- 网络互联(Networking):Service Discovery、AB Testing、Retry、Timeout、

Circuit breaker、Pub/Sub、Security、Observability。

- 状态（State）：Workflow、Idempotency、Temporal Scheduling、Caching、Applicatioin State。
- 捆绑（Binding）：Connectors、Protocol Conversion、Message Transformation、Routing、Transactionality。

分布式运行时的根本理念是通过向应用代码提供一个标准的可扩展 API，把中间件的能力像流量管理一样下沉到一个 Sidecar 中，如图 8-12 所示，通过统一设计及可拔插的模式，将之前的微服务能力（如多语言、多环境、可移植、可插拔）都下沉到 Sidecar 中。

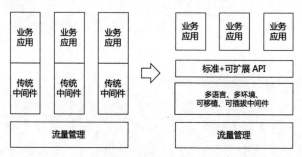

图 8-12　分布式运行时解耦

2）Dapr

Dapr 是微软开发的开源的、可移植的、事件驱动的应用运行时微服务，它使开发人员可以轻松地构建弹性微服务的无状态和有状态的应用，这些应用运行在云端和边缘之上。Dapr 利用 Sidecar 的模式，把应用逻辑中的一些横切关注点需求分离和抽象出来，从而达到应用与运行环境的解耦及对外部依赖（包括服务之间）的解耦。Dapr 的主要功能如下所示。

- 服务调用：弹性服务与服务之间调用可以在远程服务上启用方法调用，包括重试，无论远程服务在受支持的托管环境中运行在何处。
- 状态管理：通过对键/值对的状态管理，可以很容易编写长时间运行、高可用性的有状态服务，以及同一个应用中的无状态服务。
- 在服务之间发布和订阅消息：使事件驱动的架构能够简化水平可扩展性，并使其具备故障恢复能力。
- 事件驱动的资源绑定：资源绑定和触发器在事件驱动架构上进一步构建，通过从任何外部资源（如数据库、队列、文件系统、Blob 存储、Webhooks

等）接收和发送事件，从而实现可扩展性和弹性。

- 虚拟角色：无状态和有状态对象的模式，通过方法和状态封装使并发变得简单。Dapr 在其虚拟角色运行时提供了许多功能，包括并发、状态、角色激活/停用的生命周期管理，以及用于唤醒角色的计时器和提醒。
- 服务之间的分布式跟踪：使用 W3C 跟踪上下文标准，轻松诊断和观察生产中的服务间调用，并将事件推送到跟踪和监视系统。

Dapr 功能架构示意图如图 8-13 所示。Dapr 向业务的代码暴露了两个 API，一个是 HTTP 的 API，另外一个是 gRPC 的 API。这两个 API 都是常见轻量级的，并能够跨多种语言，Dapr 本身作为分布式运行时，可以对接多种中间件系统，向上通过标准的 API 屏蔽不同系统之间的差异性，提供指定的编程界面统一，比如 Resource Bandings（如 Kafka/SQS）、管理数据（如 Redis/Cassandra）、消息订阅（RabbitMQ）、Distributed Tracing（如 Prometheus/Open Tracing）等。代码实现上把中间件代码从应用级别抽离到 Sidecar 中，我们在业务应用上只需要写业务代码，其他代码几乎都被基于 Dapr 的平台所接管。

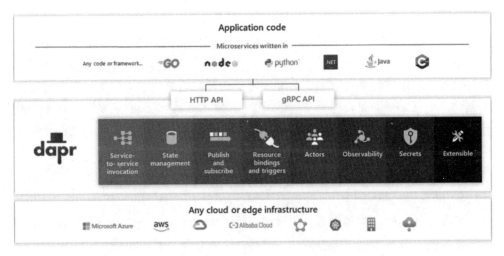

图 8-13　Daper 功能架构示意图

（注：图中字符均为小写，正文中采用首字符大写，两者含义相同——编辑注）

Dapr 和 Service Mesh 有一定的区别，Service Mesh 应用是透明的基础设施，而 Dapr 提供的是抽象能力，需要应用程序通过 SDK/HTTP/gRPC 显式调用 Dapr 能力。Dapr 还非常"年轻"，还在快速迭代中，距离被广大开发者和软件企业广泛支持还有很长的路要走。但 Dapr 给我们揭示出一个新的方向，通过关注点分离，让开发者只需关注业务逻辑自身，而分布式架构的系统关注下沉到基础设施中实现，让业务逻辑与外部服务解耦，避免厂商绑定，同时应用和应用运行时是两个独立的进程，通过标准化 API 进行交互，生命周期解耦，便于升级和迭代。

3）Dubbo

Dubbo 是阿里巴巴开源的基于 Java 的高性能 RPC（一种远程调用）分布式 SOA，致力于提供高性能和透明化的远程服务调用方案，以及 SOA 治理方案。其核心部分包含远程通信、集群容错、自动发现等。近年来，Dubbo 生态不断完善，2019 年 5 月，Dubbo-Go 正式加入 Dubbo 官方生态，随后实现了 REST 协议及 gRPC 的支持，打通了 Spring Cloud 和 gRPC 生态，Dubbo-Go 项目与 Java&Dubbo 项目的互通问题得到了有效解决。

4）Spring Cloud

Spring Cloud 为开发者提供了在分布式系统（如配置管理、服务发现、断路器、智能路由、微代理、控制总线、一次性 Token、全局锁、决策竞选、分布式会话和集群状态）操作的开发工具。通过使用 Spring Cloud，开发者可以快速实现上述模式。

Spring Cloud 和 Kubernetes 确实存在一些功能上的重合，但是二者的定位其实差别很大。Spring Cloud 是一个基于 Java 的微服务开发框架，而 Kubernetes 是一个针对容器应用的自动化部署、伸缩和管理的开源系统，它兼容多种语言且提供了创建、运行、伸缩及管理分布式系统的原语。Spring Cloud 主要面向有 Spring 开发经验的 Java 开发者，而 Kubernetes 不是一个针对开发者的平台，它的目的是供有 DevOps 思想的 IT 人员使用，这样看来，Kubernetes 的范围更广。图 8-14 简单总结了二者的区别。

5）阿里云产品

一些商业化的微服务产品，提供了更加性能和稳定性完善的产品体系，下面就笔者比较了解的阿里云微服务产品体系做简要介绍。

- EDAS（企业分布式应用服务）是一个面向微服务应用的应用生命周期服务，产品全面支持 HSF、Dubbo、Spring Cloud 技术体系，提供 ECS 集群和 Kubernetes 集群的应用开发、部署、监控、运维等全栈式解决方案。
- MSE（微服务引擎）是一个面向业界主流开源微服务框架 Spring Cloud、Dubbo 的微服务平台，包含治理中心、托管注册/配置中心，其一站式的解决方案可以帮助用户提升微服务的开发效率和线上稳定性。

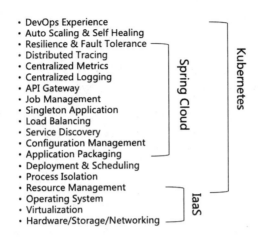

图 8-14　Spring Cloud 和 Kubernetes 的区别

- ACM（应用配置管理）是一款应用配置中心产品，实现在微服务、DevOps、大数据等场景下的分布式配置服务，保证配置的安全、合规。

- CSB Micro Gateway（微服务网关服务）针对微服务架构下 API 开放的特点，提供能与微服务环境的治理策略无缝衔接的网关服务，实现高效的微服务 API 开放。

- GTS（全局事务服务）用于实现分布式环境下，特别是微服务架构下的高性能事务一致性，可以与多种数据源、微服务框架配合使用，实现分布式数据库事务、多库事务、消息事务、服务链路级事务及各种组合。

- ARMS（应用实时监控服务）是一款应用性能管理产品，包含前端监控、应用监控和 Prometheus 监控三个子产品，涵盖浏览器、小程序、App、分布式应用和容器环境等性能管理，实现全栈式性能监控和端到端全链路追踪与诊断。

- 链路追踪（Tracing Analysis）为分布式应用的开发者提供了完整的调用链路还原、调用请求量统计、链路拓扑、应用依赖分析等工具，能够帮助开发者快速分析和诊断分布式应用架构下的性能瓶颈，提高微服务时代下的开发与诊断效率。

- PTS（Performance Testing Service）是一款 SaaS 测试工具，提供性能测试、API 调试和监测等多种能力，紧密结合监控、流控等产品提供一站式高可用能力，高效检验和管理业务性能。

8.5.5　Serverless

Serverless 是一种"无服务器架构"，让用户无须关心程序运行环境、操作系统、网络配置、资源及容量，只需要将精力聚焦在业务逻辑上。从架构抽象上看，当业务发生时，云会启动或调度一个已启动的业务进程进行处理，处理完后云会自动关闭业务进程，也就是企业可以把应用的整个运行时都委托给云。

Serverless 进一步有 BaaS 和 FaaS 两个形态。BaaS（Backend as a Service）是后端即服务，比如存储、数据库、中间件、大数据、AI 等领域全托管的云形态服务，使得无须关注繁重的基础设施的运维、安全、高可用等工作，另外通过 API 的通用性、自动弹性伸缩、按服务量计费提供应用快速开发能力。FaaS 把应用逻辑拆分为多个函数，每个函数都通过事件驱动的方式触发执行，能够自动、可靠地触发 FaaS 函数处理，并且每个环节都是具有弹性和高可用的，通过消息中间件和函数计算的集成，用户可以快速实现大规模消息的实时处理。不过 FaaS、BaaS 只是 Serverless 的一种实现方式。随着 Serverless 技术的不断成熟，越来越多使用 Kubernetes 服务的应用将转化为 Serverless 应用，Serverless 可以根据不同的无服务器场景进一步分为 Kubernetes Serverless、Data Serverless、FaaS Serverless、BaaS Serverless、App Serverless 等，如图 8-15 所示。

图 8-15　Serverlss 的一些分类

Serverless 的一些典型场景包括：小程序、Web、Mobile、API 后端服务，大规模批处理任务，基于事件驱动架构的在线应用和离线数据处理，计算时间短的请求/响应应用、需要弹性能力、没有复杂相互调用的大规模批处理任务。

1. 发展历程

Serverless 技术理念在很早就已经提出，后端即服务 BaaS 是典型的基于 Serverless 设计理念的服务形态，2012 年 BaaS 便在开发者社区中广为传播。典型的 BaaS 服务包括消息推送、云存储、云数据库等。

BaaS 核心解决的是平台后端能力，并没有支撑业务应用本身的后端逻辑部分。Faas（Function as a Service，功能即服务）弥补了这一空缺，并进而使得 Serverless 架构能够面向应用场景提供完整闭环。FaaS 基于事件驱动模型，以函数粒度为开发者提供业务代码的托管环境。这种架构模型在数据处理、移动应用、IoT（物联网）和 Web 应用等方面都有广阔的发展空间。

同时，业界互联网企业也大力推进 Serverless 商业化进程。2015 年，AWS 推出了 Lambda 服务；2017 年，阿里云推出了函数计算（FC）；2019 年，伯克利再次预测 Serverless 将取代 Serverful 计算。

Serverless 将开发人员从繁重的手动资源管理和性能优化中解放出来，通常基于 Event-Driven 编程范式，平台来按需分配计算资源，并保证应用执行的 SLA，从而让开发者避免投入基础设施的运维，尽可能复用现有的云服务能力，让开发时间重新分配到对用户更具有价值的事情上。因此，Serverless 平台对底层计算环境提出了特殊要求。

- 快速启动：需要对事件请求快速响应，能够快速完成启动。
- 弹性扩展：可以按照应用需求，自动在群集上分配资源，按需伸缩，无须人工干预。
- 良好的隔离性：不同应用之间互不干扰。
- 健壮性：在应用逻辑执行失败后，可以快速调度并重新执行。
- 通用性：结合云 API 能力，支撑重要类型的应用。

2．核心理念

图 8-16 所示为云托管应用和 Serverless 应用的差异。对于应用而言，可以将其构建模式拆分为三层，分别是底层的基础设施管理、中间的外部服务集成和上层的业务应用逻辑。如果用户采用 Serverless 的模式构建应用，也就是相当于以上层 API 的方式构建应用，黏合的逻辑和基础设施管理工作都由云服务商来承担，用户所需要整合和决策的代价比较低，所需要考虑的主要是如何将业务逻辑和需求与云服务进行适配来构建应用。基于非常高效的云 API 来构建应用的好处在于构建的成本很低，并且能够实现按天、按小时进行交付，能够大大降低未来运维的负担。

因此，可以看到 Serverless 对于开发者有以下优势。

- 不需要维护云计算基础设施，应用构建的抽象层次上升。
- 开发者更加专注于业务逻辑，开发效率更高。
- 能够实现实时弹性伸缩。
- 为实际使用的资源付费，可以实现按秒级计量。
- 高可用内置在平台层，NO Architecture，NO Ops。

图 8-16　采用云托管的应用与采用 Serverless 的应用的差异

然而，Serverless 仍在发展过程中，企业在使用 Serverless 过程中需要关注以下方面。

- 成本管理："Pay as you go"的收费模式无法准确预测具体会产生多少费用，这与一般的组织预算管理的方式有所不同。
- 厂商锁定：多数 Serverless 应用还依赖一些非标准化的 BaaS，如对象储存、KV 数据库、日志、监控等，需要考虑厂商锁定问题。
- 调试监控：Serverless 应用的调试与监控能力还不完善，需要企业进行响应能力的搭建。
- 架构复杂性：Serverless 开发者无须关注底层基础设施的复杂性，但是应用架构的复杂性需要格外关注，特别是事件驱动架构和细粒度函数微服务，这与传统开发模式不同。

3. 典型技术

Serverless 的典型技术有 Knative、Cloud Events、开源技术和商业平台等，如图 8-17 所示。

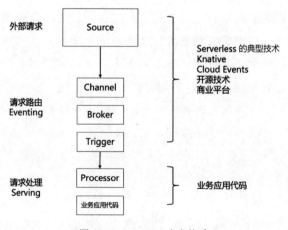

图 8-17　Serverless 生态体系

1）Knative

Knative 是 Google 开源的 Serverless 架构方案，它提供一套简单易用的 Serverless 方案，把 Serverless 标准化。目前，参与设计 Knative 的公司主要有 Google、Pivotal、IBM、Red Hat，2018 年 7 月 24 日对外发布，当前还处于快速发展的阶段。Knative 是为了解决以容器为核心的 Serverless 应用的构建、部署和运行问题。

2）Cloud Events

Cloud Events 是一种规范，用通用格式描述事件数据，以提供跨服务、平台和系统的交互能力。事件格式指定了如何使用某些编码格式来序列化 Cloud Events。支持这些编码的兼容 Cloud Events 实现必须遵循事件格式中指定的编码规则。所有实现都必须支持 JSON 格式。

3）开源技术

- Kubeless：一个基于 Kubernetes 的 Serverless 框架，允许部署少量代码，而无需担心底层基础架构管道。它利用 Kubernetes 资源提供自动扩展、API 路由、监控、故障排除等功能，包括 Funciton、Trigger、Runtime 等核心概念。

- Nuclio：专注于数据，I/O 和计算密集型工作负载的高性能"无服务器"框架。它与 Jupyter 和 Kubeflow 等流行的数据科学工具很好地集成在一起，支持各种数据和流媒体源，并支持通过 CPU 和 GPU 执行。Nuclio 项目于 2017 年开始，并且一直在迅速发展，许多企业现在都在生产中使用 Nuclio。

- Fission：由私有云服务提供商 Platform9 领导开源的 Serverless 产品，它借助 Kubernetes 灵活、强大的编排能力完成容器的管理和调度工作，将重心投入到 FaaS 功能的开发上，其发展目标是成为 AWS Lambda 的开源替代品，包括 Function、Trigger、Environment 等核心概念。

- OpenFaas：一个受欢迎且易用的无服务框架，并且代码的提交都是基于个人进行的。

- OpenWhisk：一个成熟的无服务框架，并且得到 Apache 软件基金会和 IBM 的支持。IBM 云函数服务也是基于 OpenWhisk 构建的，主要提交者是 IBM 的员工。OpenWhisk 利用 CouchDB、Kafka、Nginx、Redis 和 Zookeeper，有很多底层的组件，因此增加了一定的复杂性。

4）商业产品

Serverless 商业产品有阿里云的 FC、SAE，AWS 的 Lambda，Google 的 CloudRun，Azure 的 Functions 等。这里列举阿里云的一些 Serverless 商业产品。

- FC（函数计算）：是一个事件驱动的全托管 Serverless 计算服务，用户无须管理服务器等基础设施，只需编写代码并上传，FC 会准备好计算资源，并以弹性、可靠的方式运行业务代码。

- SAE（Serverless 应用引擎）：实现了 Serverless 架构和微服务架构的完美融合，真正按需使用、按量计费，节省闲置计算资源，同时免去 IaaS 运维，有效提升开发和运维效率；SAE 支持 Spring Cloud、Dubbo 和 HSF 等微服务架构。

- Serverless 工作流：协调多个分布式任务执行的全托管 Serverless 云服务，致力于简化开发和运行业务流程所需要的任务协调、状态管理及错误处理等复杂工作，让用户聚焦业务逻辑开发。用户可以用顺序、分支、并行等方式来编排分布式任务，服务会按照设定好的顺序可靠地协调任务执行，以确保工作流顺利完成。

8.5.6　Service Mesh

Service Mesh 通常被译为服务网格，是在微服务架构基础上发展起来的技术，可以把微服务间的连接、安全、流量控制和可观测等通用功能下沉为平台基础设施，实现应用与平台基础设施的解耦。这个解耦意味着开发者无须关注微服务相关治理问题，而只需聚焦于业务逻辑本身，提升应用开发效率并加速业务探索和创新。

1. 诞生背景

前文我们在微服务架构中介绍了一些通用的服务治理框架，比如 Spring Cloud、Dapr、Dubbo 等，这些框架取得了巨大的成功，实现了分布式系统的各种通用语义功能：负载均衡、服务发现、服务治理（流量转移、熔断、限流、全链路追踪等），因此一定程度上屏蔽了这些通信细节，减少了开发人员的工作量。不过，这些功能以代码库的方式与服务治理框架构建在一起，随着应用一起发布和维护，这种方式面临着一些挑战。

- 语言绑定：由于微服务框架代码库通常由特定语言实现，难以支持多语言实现，这导致难以实现多种语言相互协作，以及异构系统之间的集成。

- 侵入性：服务治理能力与微服务框架构建在一起，如果需要增强，则会导致整个系统所有组件的重新构建和部署。

为了解决上述挑战，社区提出了 Service Mesh 架构。它将业务逻辑与服务治理能力解耦并下沉到基础设施，通过在请求调用的路径中增加 Sidecar，将原本由客户端完成的复杂功能下沉到 Sidecar 中。当系统中存在大量服务时，服务间的调用关系表现为网状，这也是服务网格名称的由来。Service Mesh 的职责是在复杂的网格结构下，让应用服务之间进行可靠的数据传送。这里总结一下 Service Mesh 的特点和优势。

- 屏蔽分布式系统通信的复杂性（服务发现、流量管理、访问控制、可观测性、终端用户认证、流量加密等），服务只需关注业务逻辑。
- 实现了服务治理和业务逻辑的解耦，将通信功能从应用中剥离出来，形成一个单独的通信层，将其下沉到基础设施层。
- 在部署上体现为轻量级网络代理，以 Sidecar 模式和应用程序一对一部署，以无侵入的方式实现了应用轻量化。
- 业务与基础技术全面解耦，并将大量非功能性业务从业务进程剥离，并在其他进程中承载，降低了对业务逻辑的侵入性。
- 对微服务生态完成标准化、体系化的收口，收敛故障和促进安全生产。
- 为多种编程语言的应用提供微服务治理能力，完善并丰富云原生多编程语言生态。

2. 典型架构

图 8-18 展示了 Service Mesh 典型架构，主要包括数据平面和管理平面两部分。

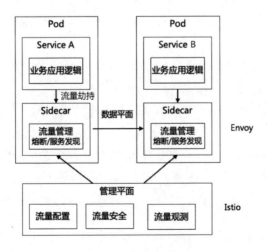

图 8-18　Service Mesh 典型架构

- 数据平面：Service A 调用 Service B 的所有流量请求，都被其下的代理截获，完成服务发现、熔断、限流等流量管理，这个过程叫作流量劫持。而这些流量管理从耦合在业务的二进制代码中剥离出来，形成一个单独进程，并以 Sidecar 模式部署在 Pod 中，然后通过 Sidecar 与 Sidecar 之间通信进行流量的转发与管理。目前，比较流行的流量劫持和管理 Sidecar 实现是 Envoy。

- 管理平面：我们需要一些管理能力，比如流量配置、流量安全、流量观测等，这些策略和规则需要下发给 Sidecar 代理，这就是管理平面。管理平面可以让 Sidecar 形成一个网状集群，从而方便管理。目前，比较流行的管理平面实现是 Istio。

Service Mesh 与云原生其他技术也息息相关，比如容器 Pod 作为微服务的最小工作单元，以 Kubernetes 为通用的容器编排和管理平台，并结合 DevOps 等技术，为用户提供完整端到端的微服务体验。

3. 技术与产品

主流的 Service Mesh 开源软件包括 Linkerd、Envoy 和 Istio。Linkerd 和 Envoy 直接体现了 Service Mesh 的核心理念，在功能上较相似，使用服务发现、请求路由、负载均衡等功能来解决服务之间的通信问题。而 Istio 站在了更高的角度，清晰地定义了数据平面和控制平面，并且 Istio 支持 Kubernetes。根据 Gartner 的研究报告，Service Mesh 本身也是容器服务技术的标配技术组件。除 Istio 之外，Google 与 AWS 分别推出了各自的云服务 Traffic Director、App Mesh。这两个 Service Mesh 产品与 Istio 虽有所不同，但与 Istio 同样以 Envoy 为数据平面。此外，阿里云、腾讯云、华为云也都推出了 Service Mesh 产品，比如阿里云的服务网格（ASM），可以提供全托管的微服务应用流量管理平台，兼容 Istio，并支持多个 Kubernetes 集群中应用的统一流量管理，为容器和虚拟机中应用服务提供一致的通信、安全和可观测能力。

即便如此，Service Mesh 目前在市场仍处于早期使用阶段，也面临着新的挑战，比如如何平滑演进，如何协调好技术和业务的平衡，如何处理历史技术"包袱"，如何解决规模化带来的运维问题等。长远来看，Service Mesh 在技术发展上数据平面与管理平面间的协议标准化是必然趋势，此外数据平面插件的扩展性和安全性也得到了社区的广泛重视。

下面我们重点看看 Service Mesh 的两项主流技术 Envoy 和 Istio。

1）Envoy

Envoy 是专为大型现代服务架构设计的 L7 代理和通信总线。该开源项目的出发点是，Envoy 可以与任何应用程序语言配合使用，并可以透明地在整个基础架构上快速部署和升级。

图 8-19 所示为 Envoy 架构示意，可以看到在数据平面和管理平面有很多管控能力，Envoy 对每个上游 Pod 都有更多的了解，比如通过 Pod 的服务发现 API 中携带额外的信息，这些附加属性在负载均衡、统计信息收集中被 Envoy 全局使用，并通过 Mixer 的 Adapter API 进行进一步的配置，从而进行更智能的负载均衡决策。Envoy 支持很多负载均衡算法，比如 Weight Round Robin、Weighted Least Request、Google Maglev Hasing、Random 等。

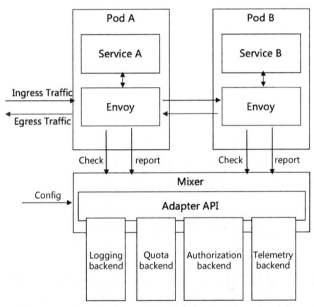

图 8-19　Envoy 架构示意

Envoy 中的另一个核心设计点是断路器，断路可以根据每个上游集群和优先级进行配置和跟踪，它在网络级别强制实现断路，从而不必为每个应用程序单独配置或编程。Envoy 支持各种类型的分布式断路策略，比如基于最大连接数、最大请求数、最大重试次数。

2）Istio

Istio 是一个提供服务网格的开源项目，是 Kubernetes 支撑微服务能力的有力补充。它将熔断、限流、降级等特性从应用层下沉到基础设施层去实现，从而使

Kubernetes 和容器全面接管微服务。Istio 采用 Sidecar 注入 Envoy 容器的方式，两个容器共享网络等资源，通过 Iptables 实现流量劫持，以控制该容器的所有流量。

图 8-20 所示为 Istio 架构示意图，主要分为数据平面和管理平面。数据平面负责服务之间的数据通信；管理平面通过 Pilot、Mixer、Citadel 分别对服务进行流量管理、策略配置、安全通信等规则配置。应用和以 Sidecar 方式部署的智能代理 Envoy 成对出现。其中，由 Envoy 负责截获和转发应用网络流量，并执行服务治理策略。Istio 提供了一系列通用服务治理能力，比如服务发现、负载均衡、灰度发布、混沌注入、全链路追踪、零信任网络安全等。Istio 提供一种简单的方式来为已部署的服务建立网络，该网络具有负载均衡、服务间认证、监控等功能，而不需要对服务的代码做任何改动。

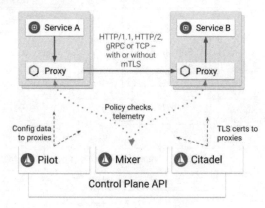

图 8-20 Istio 架构示意图

Istio 的主要能力如下。

- 适用于容器或虚拟机环境，特别是 Kubernetes，兼容异构架构。
- 使用 Sidecar 代理服务的网络，不需要对业务代码做任何改动。
- 支持 HTTP、gRPC、WebSocket 和 TCP 流量的自动负载均衡。
- 通过丰富的路由规则、重试、故障转移和故障注入，可以对流量行为进行细粒度控制；支持访问控制、速率限制和配额。
- 支持出入集群入口和出口中所有流量的自动度量指标、日志记录和跟踪。
- 支持更多的平台环境，包括跨云、Kubernetes、Mesos 等。
- 策略执行组件可以扩展和定制，以便与现有 ACL、日志、监控、配额、审核等进行集成。

8.5.7　DevOps

DevOps 作为 Development 和 Operations 的组合，是实现软件开发和 IT 团队之间流程自动化的一组实践，弥补了开发和运维之间的鸿沟，已成为主流的软件开发交付模式，DevOps 示意图如图 8-21 所示。同时，DevOps 既是一种敏捷思维的沟通文化，也是一种组织形式，为云原生提供持续交付能力。DevOps 提倡持续交付，让软件的构建、测试、发布更加快捷、可靠，并整合相关团队资源，缩短软件发布周期。

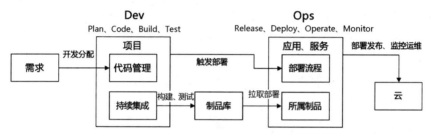

图 8-21　DevOps 示意图

从用户视角来看，DevOps 主要面向开发、测试、运维等研发工程师，他们更关注工作过程的顺畅和高效，包括编码、提交、构建、集成、发布和测试，以及部署到预发和生产环境上的高效率与自动化。同时，DevOps 面向技术 TL 或架构师，他们更关注从整体上定义和把控企业的研发过程，做到可运行、可观测、可治理、可变更。

在云原生时代，DevOps 在研发、集成、部署、运维方面都面临较大的挑战，主要体现在以下方面。

（1）存量与云原生应用长期并存。架构需要一个过渡过程，如何整合传统和云原生两种研发和运维链路，以及技术平台的互相连接，是云原生实践带来的一个挑战。

（2）研发模式的成熟度。云原生应用也需要在架构设计、开发方式、测试联调、交付运维等各方面基于云的特点做出调整，需要一种集成度较高的研发模式。

（3）组织阵型与云原生适配。云原生通常以微服务架构进行服务开发，这种松耦合+独立小型的团队更需要与之匹配的 DevOps 文化支撑。

1．推荐框架

为了应对上面的挑战，DevOps 需要充分利用云原生基础设施，基于云原生相关的架构体系和开源标准，培养持续交付和智能自运维能力，做到比传统 DevOps

更高质量及更低研发和运维成本，让研发专注于业务的快速迭代。这里推荐采用图 8-22 所示的框架进行云原生 DevOps 的建设。

图 8-22　云原生 DevOps 框架

- 原则：比如 DevOps 文化、度量、共享，需要坚持开放标准，语言和框架无关等。
- 能力：坚持持续交付、运维自动化，并构建 DevOps 的自动化体系。
- 基础：基于微服务、Service Mesh 架构，让业务和技术进行解耦，并基于 Serverless 等技术，以获得更好的弹性。

2．核心原则

实施 DevOps 时需要遵循一些基本原则，这些原则被简写为 CAMS。

- 文化（Culture）：DevOps 首先要解决文化认知问题，让开发和运维人员认识到他们的目标是一致的，这样才能打破不同团队之间的鸿沟，实现流程自动化。
- 自动化（Automation）：DevOps 的持续集成需要小步快跑，快速迭代；需要分析现有的开发流程，利用各种工具和平台，实现开发和发布过程的自动化。
- 度量（Measurement）：度量首先要解决数据准确性、完整性和及时性问题，以及建立正确的分析指标，同时需要鼓励团队注重培养数据驱动的意识。
- 共享（Sharing）：共享知识，结果可见，每个人可以了解团队其他人的工作；同时信息透明，明确共同的目标，并做好知识的传递和沉淀，保持开放。

3．落地方法

图 8-23 展示了云原生 DevOps 通用的落地方法，主要有以下几个步骤。

- 手工交付和运维。初始阶段，并没有服务化改造，没有使用云基础设施和相关云原生产品，没有持续集成、测试自动化。
- 工具化交付和运维。应用进行了微服务化改造，并引入了一些研发工具，如 Gitlab、Jenkins 等，并尝试持续集成，但并没有实现全面自动化。

- 有限制地持续交付和自动化运维。引入完整的工具链，打通研发数据，尝试持续部署，并进行自动化测试，运维能够面向服务，有一定的自动化能力。

- 持续交付和人工辅助自运维。采用云原生的 Serverless、Service Mesh 架构，做到无人值守地持续部署，具备灰度发布和回滚能力，尽量做到自动化运维。

- 全链路持续交付和自运维。全面使用云原生技术，做到端到端无人值守地持续交付，完全实现自运维，开发者只需要关注业务开发，是 DevOps 的终极目标。

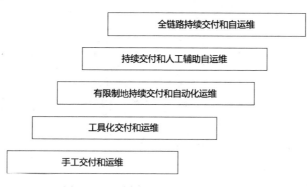

图 8-23　云原生 DevOps 通用的落地方法

4．典型技术

1）CI/CD

CI/CD 在 DevOps 中应用广泛，也是研发过程中标准化和自动化的核心，在此过程中我们需要尽量构建一些标准，包括工程命名规范、代码结构规范、代码设计规范、代码提交规范、单元测试规范等。CI/CD 示意图如图 8-24 所示。在云原生技术体系中，CI/CD 也存在如下相关技术或工具，以达到行为可审计、可靠性、一致性、标准化及安全保证。

第一，模板。

- YAML：是一个可读性强，用来表达数据序列化的格式。在 Kubernetes 中，面向终态、数据驱动和声明式 API，均是通过 YAML 来体现的。社区逐渐发展出了各种增强 YAML 的技术，如动态配置和运维框架等。

- Helm：Kubernetes 的软件包管理工具，它包含模板渲染、简单的依赖配置。

- KUDO ：Kubernetes Universal Declarative Operator，通过声明式构建产品级 Kubernetes Operator，帮助开发人员提升自动化。

- Metacontroller：是一个封装了的自定义控制器，所需的大部分基础功能针对 Kubernetes 的扩展服务。

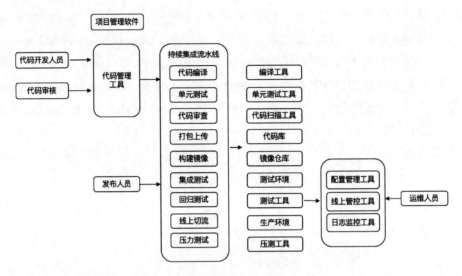

图 8-24　CI/CD 示意图

第二，配置。

- CUE：是一种通用且基于约束的强类型语言，来简化涉及定义和使用数据的任务。CUE 延续了 JSON 超集的思路。
- Jsonnet：Google 开源的一门配置语言，来弥补 JSON 的不足，包括注释、引用、算数运算、条件操作符、数组和对象深入、引入函数、局部变量、继承等。
- HCL：是 HashiCorp 构建的配置语言，来构建一种人机友好的结构化配置语言，兼容 JSON。
- ChefPuppet：可以来管理日常开发静态配置，比如 Redis、Log4j、数据库等常用配置。

第三，编程。

- Operator：由 CoreOS 推出，是一个感知应用状态的控制器，通过扩展 Kubernetes API 来自动创建、管理和配置应用实例。
- Pulumi：是一个 IaC 的开源项目，可在云上创建、部署和使用容器，支持无服务器功能及多种语言。
- Ballerina：是语言和平台的组合设计，敏捷且易于集成，基于顺序图的交互，内置对通用集成模式和连接器的支持，包括分布式事务、补偿和断路器，并支持 JSON 和 XML。

2）OAM

2019 年，阿里云联合微软共同发布了"Open Application Model"（OAM）开源项目，主要目标是解决从 Kubernetes 中标准化应用定义的问题。Kubernetes 没有"应用"这个概念，它提供的是更细粒度的"Workload"原语，比如 Deployment、DaemonSet。OAM 补充了应用、运维策略等概念，以及应用层抽象和关注点分离的定义模型，同时 OAM 提供标准 Kubernetes 插件，无缝对接现有 Kubernetes API 资源，以及 Workload 与 Trait 标准化交互机制。同时，OAM 综合考虑了在公有云、私有云及边缘云上应用交付的解决方案，提出了通用的模型，让各平台可以在统一的高层抽象上透出应用部署和运维能力，解决跨平台的应用交付问题。

OAM 的三个核心概念通过 Application Configuration 来进行组合，构建可部署的交付实例。

- 组件依赖：OAM 定义和规范了组成应用的组件（Component）。例如，一个前端 Web Server 容器、数据库服务、后端服务容器等。
- 应用运维特征：OAM 定义和规范了应用所需的运维特征的集合，如弹性伸缩和 Ingress 等运维能力。
- 应用配置：OAM 定义和规范了应用实例化所需的配置机制，从而能够将上述描述转化为具体应用实例。

3）GitOps

GitOps 是一种持续交付的方式，其核心思想是将应用系统的声明式基础架构和应用程序存放在 Git 版本库中，并使用 Git 来加速和简化 Kubernetes 的应用程序部署和运维任务。GitOps 是一种快速、安全的方法，可供开发或运维人员维护和更新运行在 Kubernetes 或其他声明式编排框架中的复杂应用。GitOps 正在迅速取代传统 CI/CD 中的 CD（持续布置）环节，成为在 Kubernetes 上进行应用分发的首选。GitOps 的四个原则如下。

- 以声明的方式描述整个系统。
- 系统的目标状态通过 Git 进行版本控制。
- 对目标状态的变更批准后将自动应用到系统。
- 驱动收敛和上报偏离。

4）KubeVela

KubeVela 是一个基于 Go 语言开发的云原生平台级开源项目，于 2020 年 11 月正式发布，内核系统基于 OAM 和 Kubernetes 构建，是一个面向平台构建者的、简单易用且可扩展的云原生平台构建引擎。KubeVela 的目标是，让任何平台团队都能够以 Kubernetes 原生的方式，快速、高效地打造出适合不同业务场景的、能够直面用户的云原生平台。比如构建应用 PaaS、数据库 PaaS、AI PaaS 或持续交付系统等。KubeVela 可以帮助快速进行抽象，快速构建用户使用界面，以及借助 Terraform 统一定义和管理云资源。

在设计上，KubeVela 有两大核心 API。

- 能力模板："能力"在 KubeVela 中指的是能够组成一个完整应用的原子化功能，比如 StatefulSet 和 Ingress 就属于两种不同的"能力"。KubeVela 允许平台团队通过定义各种能力"模板"的方式，在 Kubernetes 中预置各种各样的能力。

- 部署环境模板：与"能力"类似，应用的部署环境在 KubeVela 中通过"环境"模板来进行预定义和初始化，比如"测试集群"和"生产集群"就属于两种"环境"。

5）OpenKruise

OpenKruise 是 Kubernetes 的一个标准扩展，它可以配合原生 Kubernetes 使用，并为管理应用容器、Sidecar、镜像分发等提供更加强大和高效的能力。OpenKruise 包括以下几类资源。

- CloneSet：提供更加高效、确定可控的应用管理和部署能力，支持优雅地原地升级、指定删除、发布顺序可配置、并行发布、灰度发布等丰富的策略。

- Advanced StatefulSet：基于原生 StatefulSet 的增强版本，默认行为与原生完全一致，并提供原地升级、并行发布、发布暂停等功能。

- SidecarSet：对 Sidecar 容器进行统一管理，在满足 Selector 条件的 Pod 中注入指定的 Sidecar 容器。

- UnitedDeployment：通过多个 Subset Workload 将应用部署到多个可用区。

- BroadcastJob：配置一个 Job，在集群中所有满足条件的 Node 上都设置一个 Pod 任务。

- Advanced DaemonSet：基于原生 DaemonSet 的增强版本，此外提供了灰度分批、按 Node Label 选择、暂停、热升级等发布策略。

6）IaC

利用基础设施即代码（Infrastructure as Code，IaC）来实现配置的自动化，从而实现 DevOps 当前通用。这里我们列举几个常用的 IaC 工具。

- Terraform：一个构建、变更、安全有效的版本化管理基础设施的工具，比较流行，包括执行计划、资源图、变更自动化等能力。
- Vagrant：它可以对接各种各样的云平台，用于创建虚拟机。它本身可以作为 IaC 工具的组件来使用。
- Puppet/Chef：这二者比较类似，类似于 Ruby 语言，对应用进行统一的安装、配置、更新；本质上不算完整的 IaC 工具，可以和 Vagrant 结合起来成为完整的 IaC 工具。
- Ansible：使用 YAML 作为编排语言，使用远程执行命令的方式来安装和配置软件，可以开发很多插件来对接公有云，实现虚拟机的生命周期管理。
- 公有云：很多云厂商都有自己的 IaC 工具，例如 AWS CloudFormation、Azure Resource Manager、Google Cloud Deployment Manager。同时，在私有云中也有，比如 OpenStack 中的 OpenStack Heat 就是一个 IaC 工具。

此外，DevOps 还有很多其他技术，比如版本管理（Subversion）、自动化构建（Maven、Gradle），以及自动化测试（SeleniumHQ、QUnit、JMeter）、工作流引擎（Argo）、CI/CD 工具（Tekton）等。

8.5.8　其他技术

在云原生中，除了上面讨论的，还有很多相关技术，这里做一些补充。

1）PaaS

PaaS 在云原生中可以提供能力的接入标准，并通过 HTTP、gRPC 进行构建，通过 Sidecar 解耦服务的接入和应用逻辑，同时基于 Service Mesh 下沉到 Kubernetes 中。PaaS 有以下平台能力。

- OpenShfit：Red Hat 公司推出的面向开发人员的平台即服务（PaaS）。Openshift 广泛支持多种编程语言和框架，如 Java、Ruby 和 PHP 等。另外，它还提供多种集成开发工具，如 Eclipse Integration、JBoss Developer Studio、Jenkins 等。OpenShift 只部署 Operator 应用，并提出了 Operator 成熟度，有自己的 Operator 应用定义模板。
- Cloud Foundry：Pivotal 公司开发的业界第一个开源 PaaS，它支持多种框架、语言、运行时环境、云平台及应用服务，使开发人员能够快速进行应用程序的部署和扩展。Cloud Foundry 和 Spring Cloud Connector 结合，对于 Spring 应用的服务依赖问题支持得非常好。

- Azure：微软开发的基于云计算的操作系统，为开发者提供一个平台，帮助开发可运行在云服务器、数据中心、Web 和 PC 上的应用程序。通过 Azure 的 Service Fabric，可轻松开发、打包、部署和管理可缩放且可靠的微服务。

- Anthos：Google 开发的以 Kubernetes 为核心的混合云/多云管理平台，主要作用是以容器化的部署形式，提供云服务支撑能力，可以选择并灵活地将工作负载转移到 Google Cloud 和其他云平台。

- Crossplane：Upbond 公司开发的一个开源的多云平台控制面板，用于跨环境、集群、区域和云管理云原生应用程序和基础设施。Crossplane 可以安装到现有的 Kubernetes 集群中，OAM 和 Crossplane 社区共同致力于建设一个聚焦在标准化的应用和基础设施上的开放社区。

- Rancher：供采用容器的团队使用的完整软件堆栈，它解决了在基础架构上管理多个 Kubernetes 集群的运营和安全挑战，同时为 DevOps 团队提供了用于运行容器化工作负载的集成工具。Rancher 可以在标准 Kubernetes 集群之上进行分层，将服务部署到 Kubernetes 并自动获得持续交付、DNS、HTTPS、路由、监控、自动扩展、Canary 部署、Git 触发构建等。

2）服务目录

服务目录本质上与 Serverless 中的 BaaS 相似，提供应用依赖的后台服务，通过一个服务目录，供用户选择需要使用的中间件，然后通过 BaaS Plan 选择规则、创建服务实例，进而通过 BaaS Connector 和 BaaS 的 Endpoint 绑定。

- Service Catalog：服务目录是 Kubernetes 社区的孵化项目，旨在接入和管理第三方提供的 Service Broker，使 Kubernetes 上托管的应用可以使用 Service Broker 所代理的外部服务。

- Open Service Broker API：使独立软件供应商、SaaS 提供者和开发人员可以轻松地为运行在 Cloud Foundry 和 Kubernetes 等云原生平台上的工作负载提供支持服务。该规范已被许多平台和众多服务提供商所采用，它描述了一组简单的 API 端点，可用于提供、获取和管理服务产品。

- Spring Cloud Connector：为在云平台上运行的基于 JVM 的应用程序提供了一个简单的抽象，可以在运行时发现绑定的服务和部署信息，并且支持将发现的服务注册为 Spring Bean。基于插件模型，相同的编译应用程序可以在本地或任何多个云平台上进行部署，并通过 Java 服务提供程序接口，支持定制服务定义。

3）应用仓库

应用仓库包含可以和业务应用结合的组件部署包，通过应用商店或通过与应用组合部署，形成更大的部署包。下面是常见的应用仓库。

- Helm Hub。
- Operator Hub。
- Aliyun App Hub。
- Kubernetes App Hub。
- Tekton Hub。
- Prometheus Exporter Hub。

4）服务市场

服务市场包含需要被业务应用依赖的后台服务，主要以中间件为主，分为服务申请和应用绑定两步，服务的绑定关系又分为独占和共享，形成了云原生下特有的 BaaS 和微服务依赖方式。下面是常见的服务市场。

- OpenShift Maketplace。
- Cloud Foundry Maketplace。
- Heroku Maketplace。
- AWS Maketplace。
- Azure Maketplace。

第 9 章

云原生基础平台与实践

在企业架构中，云原生是重要的 IT 架构形态。本章我们将进一步深入云原生这个主题，就云原生的基础设施、应用平台及相关落地实践进行讨论，希望为大家的企业架构云原生之路提供一些帮助。

云原生在企业架构的落地过程，主要可以通过对如下体系进行优化和升级。

- 云原生基础设施：对基础设施复杂性进行抽象的技术平台。
- 云原生应用平台：充分利用基础架构抽象，对上层业务应用进行改造。
- 云原生落地实践：基于云原生开发模式和业务流程的自动化，以及相关落地实践参考。

9.1 云原生基础设施

云原生让应用与基础资源解耦，让业务和技术的关注点分离，将越来越多的复杂性下沉到基础设施。这里我们进一步看看云原生基础设施。

Gartner 将云原生基础设施划分成四大类，如图 9-1 所示。云原生基础设施在从 IaaS、CaaS、Serverless 到 FaaS 的演变过程中，计算单元的粒度越来越细，同时越来越具备云原生的特质，比如模块化程度、自动化运维程度、弹性效率和故障恢复能力都得到了提升。同时，从云原生基础设施角度，我们可以把用户的上云之路分为三类。

- Rehost（新托管）：通过迁移的方式，将线下物理机替换为云上虚拟机，比如计算、存储、网络的云资源。

- Re-platform（新平台）：用托管的云服务替换线下自建的应用基础设施，并越来越渗透到 PaaS 层，比如数据库、中间件、监控、应用生命周期管理等，从而具备更好的弹性、稳定性和自治运维能力。

- Refactor/Re-architect（重构/新架构）：进行深层次的微服务或云原生应用架构改造，以及对应的 DevOps 整体研发流程改造。

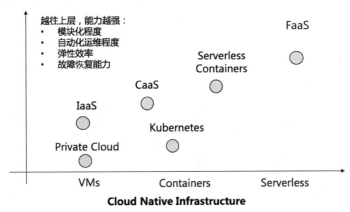

图 9-1 云原生基础设施分类

从 Rehost、Re-platform 到 Re-architect，我们可以看到迁移的成本和复杂性在增加，弹性、可用性、容错性等非功能性也在持续增加。同时，云原生给基础架构带来了巨大的变化，从基础设施下沉、无服务器化、可观测、系统的韧性、系统的自动化，无不体现了云原生是面向未来的架构。

在这个过程中，云原生基础设施主要有以下特性。

1．一切皆为资源

云原生延续 Kubernetes 一切皆资源的设计理念，将所有关于应用运维的对象抽象成几类运维资源，并对于不同的运维资源抽象不同的状态机、进行不同的生命周期编排和数据关系查询等。同时，资源也伴随着生命周期的管理，比如资源的 Add、Update、Delete 三种事件管理，以及事件执行前、执行后的状态管理，同时我们可以在不同阶段插入钩子，并进行自定义资源和编排动作，如图 9-2 所示。

在云原生中，资源由几种基本要素组成，大致的关系如图 9-2 所示，当然并不是所有资源都包含所有部分，会根据不同情况有所调整，比如不是所有资源都有 Log、Status，封装 Pod 的资源一般有健康检查等。

- 基础部分：元数据、规则、状态、日志、事件。
- 扩展部分：状态机、生命周期、健康检查、依赖关系。

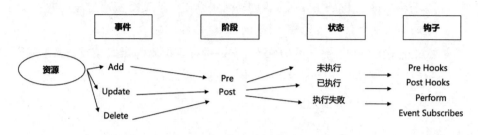

图 9-2　资源事件与状态

2. 一切皆可编排

在云原生基础设施中，可以将所有可执行的代码抽象成不同类型的执行动作，同时将执行动作编排成为流水线，以便简化各类需要执行一定操作的功能，如环境升级、应用生命周期编排、发布流程等。一般，我们可以基于 Kubernetes 的 Operator 进行编排处理，并逐步构建上层应用的流水线，如图 9-3 所示。

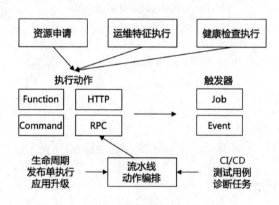

图 9-3　云原生编排流水线

Operator 的执行动作可以分为两部分：Action 和 Trigger。Action 几乎包括当下常用的轻量化代码执行方式，而 Trigger 主要针对 Kubernetes 资源定制了触发方式，并根据相关的执行动作进行编排，形成流水线。在这个过程中，可以增加一些能力，比如超时、重试次数、依赖任务、执行条件等判断，以及依赖关系配置等。

3．依赖解耦，能力下沉

我们提倡将应用和运行环境解耦。容器可以作为不可变基础设施的基础，从而提升应用交付的稳定性。不可变基础设施指的是任何基础设施的实例一旦创建之后便成为只读状态，不可对其进行任何更改。如果改变了某些实例，就需要创建对应的新实例。这样可以减少配置工作的负担，避免配置漂移问题，易于解决部署环境间的差异，也简化了 CI/CD 的流程及版本管理。

同时，基于 Kubernetes 的编排调度，进一步增强了这种解耦能力，Kubernetes 通过一系列抽象（如 Loadbalance Service、Ingress、CNI、CSI），帮助业务应用屏蔽基础设施的技术差异，从而便于后续的迁移。同时，这也要求我们在基于云原生的实践中，避免将静态环境信息与应用逻辑耦合，可以通过微服务组件、Service Mesh 等减少相关的依赖，提升应用架构的可伸缩性。

云原生基础设施促进了资源能力下沉，如图 9-4 所示。业界基础架构的一般演进过程，从一开始到服务器托管给 IDC，再到后来基础设施上云，可以发现开发人员和运维人员关心的东西越来越少，在节省工作量的同时，提升了安全性。随着从 CloudHosting 到 CloudNative 的演进，开发人员只需关心业务逻辑代码的编写，基础设施加系统的高可用由云来承担，从而使开发人员的价值最大化。

Traditional On-Premises IT	Colocation	Hosting	IaaS	PaaS	SaaS
Data	Data	Data	Data	Data	Data
Application	Application	Application	Application	Application	Application
Databases	Databases	Databases	Databases	Databases	Databases
Operating System	Operating System	Operating System	Operating System	Operating System	Operating System
Virtualization	Virtualization	Virtualization	Virtualization	Virtualization	Virtualization
Physical Servers	Physical Servers	Physical Servers	Physical Servers	Physical Servers	Physical Servers
Network	Network	Network	Network	Network	Network
Data Center	Data Center	Data Center	Data Center	Data Center	Data Center

Self-Managed	Provider-Supplied

图 9-4　云原生能力下沉

4．弹性伸缩，韧性可靠

"弹性"可以让系统水位高的时候对应用进行扩容，从而来应对流量高峰；同时当系统水位低的时候可以对应用进行缩容，减少资源浪费。我们可以通过对资源应用实例数进行自动弹性来降低我们的成本，同时可以通过自适应弹性来支撑流量不稳定场景，最大化地利用机器资源来降低成本。在这个过程中，我们可以采用以下几种容器弹性方式。

- Manual-scaler：手动弹性，传统模式。
- Auto-scaler：自动弹性，按照配置进行弹性的设置。
- Cron-scaler：基于时间表达式的自动弹性。

弹性的前提是应用为无状态应用，可以把有状态应用部署到云服务中。做到了弹性，我们也可以进一步提高系统韧性。在实践中，我们可以更多地通过基础设施层面的超时重试、探活探针、限流降级、容灾切流等方式进行展开。

5. 观察追踪，自动运维

可观测性由日志、指标和追踪来构建，如图 9-5 所示。在云原生中，可观测性十分重要，我们需要通过可观测性分析在面向终态的执行中出现了什么异常，以便在特殊情况下快速介入。

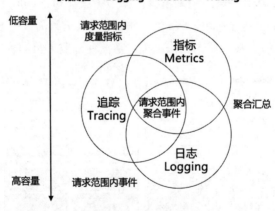

图 9-5　云原生可观测性

- 指标数据：可以在 Prometheus 中，通过 Counter（计数器）、Gauge（瞬时值）、Histogram（直方图）和 Summary（概要），实现指标的高效传输和存储。
- 日志数据：可以通过 IaC 中的声明日志采集功能，将重要的日志通过 Logtail 统一采集，并通过检索功能快速定位出问题。
- 数据跟踪：可以使用一些链路追踪的工具或产品（如阿里云 ARMS），一款应用性能管理产品包含前端监控、应用监控和 Prometheus 监控等能力。

同时，基础设施越来越多地通过自动化手段来提升运维能力，比如 CI/CD 自动化流程、日志自动化清理、宿主机自愈、容器异常自愈、自动化弹性、自适应限流等。

9.2　云原生应用平台

9.2.1　云原生应用

什么是云原生应用？云原生应用（Cloud Native App）指的是在云平台上设计、开发、部署、运行的应用，云原生应用不只是将应用打包成容器镜像，还需要结合云原生技术将镜像部署到 Kubernetes 容器上运行起来。这里要解释一下另一个概念——云托管应用（Cloud Hosting App），它指的是不对传统应用做改动，而将其迁移部署到云服务器上，这种应用其实并没有享受到云原生的技术红利，并不是严格意义上的云原生应用。

云原生应用主要分为无状态应用和有状态应用两类。

- 无状态应用：不依赖运行环境，彼此不互相依赖，可以自由伸缩；比如没有采用本地内存、磁盘存储、日志等，好处是可以将应用部署到另一个全新的环境中。
- 有状态应用：依赖本地运行环境的应用，应用之间互相依赖，比如启动先后顺序，不能随意伸缩。在 Kubernetes 中，有状态应用本质上依赖于实例 Pod 的状态。

在从有状态向无状态架构的优化过程中，可以通过云托管的 API、中间件、云原生 API、Serverless 等，将应用的状态转移过去，当然本质上还需要从应用架构本身进行优化和改造，尽量避免不必要的状态存储，或者尽量让平台来管理这些状态而非最终用户，比如通过 Kubernetes 的 Pod 状态生命周期管理，把业务的 Operator 变成平台的 Operator。这样一来，我们可以充分利用云原生的红利，把可扩展性、可观测性和稳定性等交给平台来处理，让开发人员主要聚焦在业务应用实现上，从而实现业务与平台分离。

9.2.2　云原生应用平台概述

云原生应用平台可以定义为帮助云原生应用进行研发和交付的自动化平台，是由一系列相关平台能力组成的，包括应用资源管理、统一服务管理、配置管理、安全管理、度量管控、可观测等方面。

在云原生应用平台中，核心是应用，而交付形态是应用镜像。业务应用通过开发将业务逻辑打包在镜像当中，而平台侧需要通过相关运维能力，对云原生应用进行有效的平台管理，并支撑整体的应用生命周期管理，比如镜像编排、编译、运行、部署、交付等，并尽可能抽象非功能性需求在平台，如图 9-6 所示。

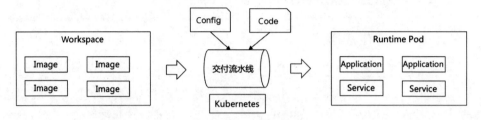

图 9-6　应用镜像是云原生平台的核心

在云原生应用平台中，业界经常会提到一些概念，虽然并没有官方的分类和定义，不过这里我们简单列举一些，比如 IaaS（基础设施即服务）、CaaS（容器即服务）、PaaS（平台即服务）、aPaaS（应用平台即服务）、DaaS（数据即服务）、BaaS（后台即服务）、FaaS（函数即服务）、SaaS（软件即服务）。不同的人对这些概念有不同的解读，笔者认为，我们不必纠结各自的划分，它们本质上都是云原生体系从不同角度和层次对相关技术能力的封装和抽象，同时云原生本身让这样的分层越来越模糊，尽可能地下沉基础能力，并帮助企业基于云原生技术进行业务的快速开发。在具体的实践中，我们可以结合企业进行具体的层次划分，并明确相应层次的具体角色和相关度量指标，来驱动整体的云原生 DevOps 的自动化驱动流程，如图 9-7 所示。

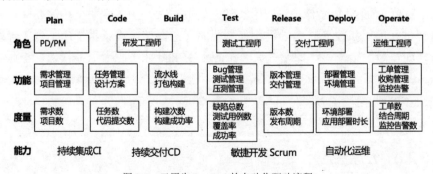

图 9-7　云原生 DevOps 的自动化驱动流程

在云原生应用平台中，需要充分做好相应云原生技术的封装，比如微服务管理能力（让应用和服务更加轻量，并通过合并部署缩短启动时间）、容器化能力（容器让应用交付进行了变更，屏蔽了应用和基础资源，并自动化扩缩容及进行容器编排）、Mesh 化能力（让技术和业务进行进程剥离，技术能力下沉及独立演进）及 Serverless（面向云产品，进一步让应用无状态化，进一步利用云计算的成熟、稳定、易用的技术红利）等，充分发挥云原生在应用平台的作用。

9.2.3　核心模块

在云原生应用平台中，需要构建一些核心能力，比如资源管理、应用管理、服务管理、配置管理、质量管理、监控管理、安全管理等。这些模块需要企业来统一建设，可能涉及专门的团队，并通过统一的角色权限、元数据管理等能力进行平台化构建。企业可以结合自身的特点及云原生技术发展的定位，来综合考虑是自建还是采用成熟的技术或者产品，以及构建的力度。下面我们就一些重点模块展开介绍。

1）应用资源管理

应用资源管理需要做好应用的版本、实例部署，以及相关的运维等基于资源的管理。云原生应用的核心是应用，我们需要以应用为中心，对相关的应用版本、产品、集群、实例、模板等进行统一管理，如图 9-8 所示。比如在逻辑概念中，关注应用的划分、应用版本、应用对应的模板；在对应的物理概念中，对应的是 Kubernetes 集群、实例及相应的运维。

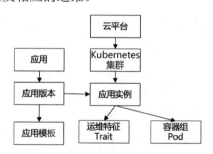

图 9-8　应用资源管理核心概念

而在 Pod 中，需要做好生命周期的管理及相应的扩展等。在 Pod 状态中，需要明确定义好相关的状态，比如 Pending、Running、Succeeded、Failed、Unknown 等，并通过相应的处理事件，比如 InitContainer、Hook、Command、Event Subscribe 进行管理，并完成 PreStart、PostStart、PreStop、PostStop 四个钩子的扩展定制。

2）统一服务管理

统一服务管理是用来管理应用所依赖的中间件等服务，从而简化业务应用的研发和运维流程，比如分布式存储（如 MySQL、Redis）、分布式文件（如 NFS）、分布式消息（如 MQ 等）、分布式对象（如 OSS）等。统一服务管理需要管理服务声明、申请、绑定、服务使用，并做好相应的应用仓库和服务市场的管理，以及相应标准和云厂商的绑定管理，整个过程与服务目录管理类似，相关的流程可以参考图 9-9。

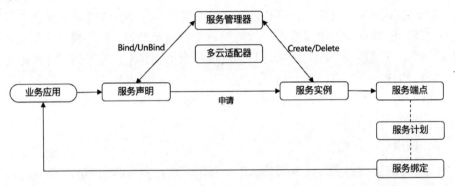

图 9-9　统一服务管理流程

统一服务管理还需要考虑多云多端的适配问题，比如可以采用 Kubernetes 的 BaaSClass 或者六边形架构的端口适配器方式，把适配的主导权交给云平台。同时，需要对依赖的服务做好依赖和消费管理，可以通过服务市场对开源组织或者商业化服务商进行统一管理。

3）配置管理

配置管理指的是根据不同的业务场景，做好相应的配置服务，如配置定义、配置数据、配置挂载等的管理。对 Kubernetes 而言，需要制定的配置包括 ConfigMap、Secret、Ingress 等，同时开放给用户诸如配置格式、字段、加密类型等。在此过程中，需要做好配置定义、配置实例、资源隔离配置及安全管控。

在 Kubernetes 中，授权有 ABAC（基于属性的访问控制）、RBAC（基于角色的访问控制）、Webhook、Node、AlwaysDeny（一直拒绝）和 AlwaysAllow（一直允许）六种模式。企业需要根据自身的场景对功能、接口、数据等各方面权限做好管理，并由云原生应用平台做好封装。

对于资源隔离的配置，Kubernetes 中的隔离主要包括 Pod 不同容器和 Kubernetes

集群不同命名空间两种方式，各自的共享范围和隔离范围有所不同，需要通过配置管理进行相应的简化。此外，资源隔离需要从应用架构本身做好多租户架构的优化，从服务提供者和使用者多方面进行逻辑和物理资源的有效配置，并做好多租户路由、租户标识传递、租户数据隔离等。

4）质量度量

质量度量主要面向测试和质量管控方面，云原生应用平台需要做好相应质量体系的建设，比如用例管理、测试流程、代码扫描、集成测试、灰度发布；同时需要将业务架构和应用架构作为输入，对整体场景进行有效的测试构建，并基于自动化的 DevOps 流程进行检测，比如可以参考云原生应用平台所展示的应用 CI/CD 流程。

关于质量度量，我们也需要建立明确的度量体系和反馈优化机制，从而提升云原生应用的成熟度，生成测试度量报告，自动化整个流程。质量度量指标包括需求数、应用数、代码提交测试、构建时长、缺陷数、单元测试用例数、集成测试覆盖率、端到端测试成功率、环境部署时长、应用状态问题数、线上问题恢复时长等。

5）可观测性

可观测性决定了系统的稳定性、自愈能力、弹性扩展能力及智能运维能力等。云原生应用首先需要构建自身的健康状态和可视化能力。比如在 Kubernetes 中，应用需要提供 Liveness 和 Readiness 探针，通过 TCP、HTTP 等方式对应用进行就绪检测。云原生应用平台需要支持并简化这些能力，比如 Spring Boot 拥抱 Kubernetes，在 2.3 版本中支持 Actuator、Health、Liveness 存活探针和 Actuator、Health、Readiness 就绪探针，从而使得 Spring Boot 具备 Kubernetes 的自愈能力。

除此之外，云原生应用平台还需要具备日志、监控、追踪等能力，比如监控中的采集、报警通知、可视化等，以及诊断中的 Logging、Metrics、Tracing 等能力。比如 Prometheus 监控体系中的代码埋点、数据存储、查询展示等能力，如图 9-10 所示。另外，还需要基于可观测性监控体系做好与服务和应用管理相关的 Action 和 Pipleline 体系，在诊断的过程中进行自动恢复，做到闭环。可观测性具体可以参考前文云原生基础设施的相关内容。

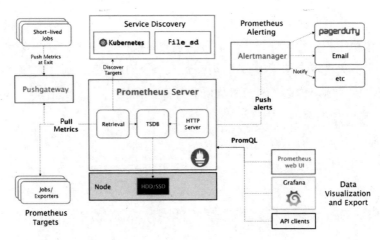

图 9-10　Prometheus 生态体系

9.3　云原生落地实践

企业数字化转型有不同的实施路径可以选择，在云原生架构的助力下，我们可以应用架构原则、技术特性、基础设施、应用平台等，实现企业的云原生落地实践。下面我们就一些通用的最佳实践，提供一些企业落地云原生架构的一些参考。

9.3.1　云原生架构设计参考

我们在前文中介绍了企业采用云原生架构的参考设计框架，如图 9-11 所示，这里我们简单回顾一下。可以看出，整个企业架构以典型的框架为基本内容，从而驱动业务架构和 IT 架构，而云原生架构主要对应 IT 架构部分。而云原生 IT 架构核心与云原生的典型技术和产品、关键设计点、典型技术能力、技术最佳实践、架构治理等紧密相连，进而通过云原生架构治理完成整个闭环。

在云原生架构设计过程中，与企业架构的落地类似，云原生与应用架构、技术架构的密切关系很多时候也是通过 API 来限制的，如 SOLID 原则。这里我们再进一步强调一下云原生需要重点关注的 API 设计关键点。

- API 应该被优先设计：需要基于应用架构、技术架构确定的 API 进行设计，并与整体的领域模型、服务交互一致，并作为契约在实施中加以制约，良好的 API 可以更好地保障应用系统的质量。

- API 应该是声明式的且自描述的：通过规范化的描述，API 易于沟通和理解，简化开发协同；支持服务消费者和提供者双方的并行开发，从而加速开发周期；支持不同技术栈的实现。

- API 应该具备 SLA：API 作为服务间的交互契约，与系统的稳定性密切相关。SLA 应该作为 API 设计的一部分，也是服务与服务之间的一种契约，上游服务依赖于下游服务的 SLA，并且通过 SLA，我们可以进一步分析系统链路，进行稳定性架构设计及容量规划，同时可以进行故障注入、切流演练等。

- API 需要标准化：标准化是必然趋势，gRPC 是 Google 开源的 RPC 框架标准。此外，还有 OpenAPI 规范 Swagger、GraphQL 等开发标准，同时 GitOps 进一步通过代码声明环境、发布流程、发布策略等进行标准化，Dapr 尝试基于 Sidecar 架构将 API 标准化到 HTTP/gRPC 层。

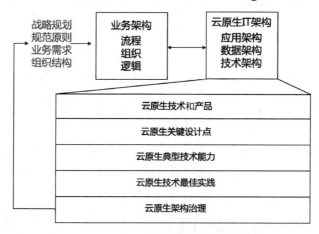

图 9-11　云原生参考架构示意

9.3.2　容器规模化关键要素

企业在云原生技术体系的尝试中，容器作为云原生代表技术之一，为企业云原生落地实践中的重要组成部分。特别是新冠病毒疫情期间，我们看到在线教育、公共健康等行业都出现了大规模容器化的尝试，其中一些与容器化相关的公司，也抓住了快速发展的机会。中国信息通信研究院发布的《中国云原生用户调查报告（2020 年）》显示，近 80% 的用户生产环境需要 1000 个节点以上的规模，其中超过 9% 的用户容器规模大于 1 万个节点。越来越多的企业从小规模试用容器向全面拥抱容器转变。

我们来看看容器规模化落地的几个关键点。

- 容器规模化是否必要？比较合适的场景是企业已经进行了容器化的尝试，并面临更大的负载能力、更高的流量突发能力及更加高效的集群管理方式的诉求。不过，容器化并不是万能的，企业需要结合自身业务和技术发展特性，不能盲目追求技术规模化。

- 如何自上而下实现体系化的规模化？企业需要从企业架构整体进行顶层评估，并从底层云资源到上层应用构建体系化的规划。针对容器集群本身，建议基于 Kubernetes 体系，对云资源的配额进行分析，从集群管理方面进行优化，并对资源层面的配置策略等进行优先管理。

- 如何有效地提升容器规模化后的性能？容器被放大以后，对基础设施成本、性能等都带来了新的挑战，比如网络流量、网络抖动、高并发下的镜像拉取等。规模化后需要企业密切关注 Pod 的规划效率、网络效率、DNS 效率、镜像效率等，综合管理性能指标。

- 如何提升容器规模化后的稳定性？大规模容器的稳定性是企业的安全生命线，需要充分做好流量切流方案、系统优化方案，以及相关的监控体系和自愈容灾流程等。同时，架构升级是一个不断迭代演进的过程，需要充分结合企业的整体架构战略、业务诉求、架构设计与实施的完整闭环，充分评估架构风险、选取云原生技术、制订迭代计划，进而持续迭代和优化架构。

9.3.3　重新定义软件研发交付模式

在云原生中，新技术改变了应用交付的形态，也打破了常规中心化静态声明式集成的方式，而这个过程主要伴随着以下几种典型的变化。

1）研发关注点转移

云原生带来了研发关注点的转移，在云原生之前，研发需要关注很多内容，比如各种 SDK、各种依赖、各种运维事件。到了云原生之后，提供给开发者的是一种新的语言或者协议，基于此，开发者不需要关注过多内容，只需要关注业务应用代码，让平台来处理运维、环境及相关依赖，如图 9-12 所示。

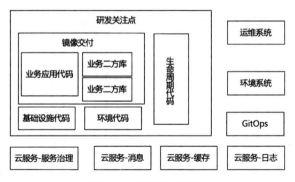

图 9-12　研发关注点转移

2）研发效率的敏捷提升

云原生研发模式有效地提升了应用的交付效率，应用运行时也变得体积更小、启动速度更快，这些主要体现在以下几个方面。

- 标准化平台和服务协议。比如 IaaS 层应用和操作系统交互的标准协议，云原生让微服务框架更加轻量，并且与开源技术栈更加统一，也进一步规范了容器镜像的弹性伸缩、服务网格、分布式事务、故障注入等能力。

- 业务无关能力解耦至平台。比如 Service Mesh 把服务发现和流量从业务剥离，包括限流降级、配置中心、认证鉴权、监控告警等能力，同时基于 Service Mesh 及与 Kubernetes 的进一步融合，让镜像的管理更加标准和敏捷。

- 应用架构基于企业架构统一升级。比如应用架构进一步与底层技术分离，相关资源进一步隔离，可以独立进行升级。

- 通过探针实现应用生命周期管理。通过 Kubernetes 的各种探针，可以实现自动弹性、自动腾挪、自动重启等。

3）基于应用镜像的交付模式

在云原生体系中，应用是核心要素，而应用的载体是基于镜像交付，业务应用的实例通过应用进行迭代，需要在研发交付过程中进行适配，比如通过模块化独立演进交付，提升迭代的并行度，需要重新定义软件研发模式。为了支持业务应用的快速交付，云原生应用平台需要支持更加敏捷的基于镜像交付模式，其中特别需要注意以下几点。

（1）需要对镜像的管理更加有效。比如二方库的依赖管理、平台脱离业务独立演进的能力等，让平台和业务应用双线发展、互相促进，平台作为业务应用的有效支撑。

（2）平台镜像交付物的标准化。需要结合整体的研发过程，包括各阶段的交付物产出，并制定相应的结构标准，以及相应的日志格式、监控告警规则等。

（3）规范平台变更体系。需要结合现有企业的变更体系，进行基于云原生应用平台的演进迭代，并集成相关的 CI/CD 流程，做到平台与业务应用流程的相互独立且高效迭代，并规范开发态、运维态、运行态等多种形态的变更标准。

（4）规范平台运维体系。比如基于 IaC 的运维依赖管理，进行基础能力（如 MQ、数据库、缓存）的标准管理，并对平台的能力进行有效的分层，比如分为通用类型、服务类型、扩展类型、解决方案类型等。

4）部署模式上的规范化

云原生的研发突出不可改变的基础设施，建议对任何环境的修改，都在代码的级别上进行。也就是说，代码是代码，配置是代码，包括 Dockerfile 和编排文件。在这个过程中，我们需要应用一些微服务的最佳实践，比如灰度发布、无状态应用、流量路由、分布式事务、应用性能监控等。从现有应用改造到云原生应用的过程中，需要进一步规范代码工程结构，并对通用模块和独立功能进行规范，并强调统一接口、抽象概念、租户自助。

在这个过程中，比较理想的部署方式是通过模块化进行。也就是业务应用模块与平台能力模块完全独立研发和演进，而在 CI/CD 集成流水线，自动将业务应用模块与平台能力模块进行基于镜像为载体的编排，实现对不同环境交付不同的业务模块功能，并且基于上层的流量调度，从而实现业务按需部署、按需调度。这样一来，业务应用研发与平台能力互不干扰，使平台能力的升级变得更加纯粹。如图 9-13 所示，我们可以达到研发、交付、运行、运维的解耦与规范化。

图 9-13　研发、交付、运行、运维的解耦与规范

- 研发态：一切皆镜像、一切可溯源；包含业务应用逻辑实现的代码+IaC 声明式代码。
- 交付态：让基础设施不可变进一步基于镜像化交付，CI/CD 自动化，业务只关注业务本身。
- 运行态：基于模块化进行，能力逐步下沉，并实现架构上隔离，提高稳定性和自愈能力。

- 运维态：一切皆资源，弹性、自动、声明式运维，降低维护成本，提升追踪分析和迁移能力。

9.3.4　Service Mesh 落地实践

Service Mesh 作为新一代微服务框架的发展趋势，需要进一步结合微服务的最佳实践，并进行演进。微服务架构经历了传统 IT 部署在物理机的架构模式，以及云托管的"Lift and Shift"模式，进而在云原生中，更好地结合 Service Mesh 微服务架构理念，对云服务的平台能力进行更好的融合，比如底层资源层、云服务和平台能力层、研发体系层的有效协同，如图 9-14 所示。

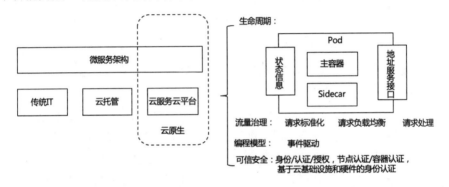

图 9-14　微服务向 Service Mesh 进行演进

下面我们从落地实践角度，看看 Service Mesh 的一些注意事项。

1）加强容器的生命周期管理

在 Kubernetes 中，存储、计算、网络都通过 Kubernetes 进行统一抽象和封装，大大简化了微服务本身的生命周期管理和运维。在 Kubernetes 中，一个核心是通过容器组合 Pod 的管理，在微服务中需要更多结合 Pod 的生命周期进行管理。同时在云原生中，我们使用 Sidecar 进行一些辅助操作，比如说日志采集、网络代理、身份鉴权等。这样就要求微服务对 Pod 的生命周期提供状态信息管理及地址服务接口管理，并建立对 Sidecar 的管理能力。

2）突出基于 Sidecar 的流量治理

微服务通过与 Service Mesh 结合，对云原生中流量治理进行进一步的抽象和管理，通过操作系统级别的透明流量劫持，把微服务之间的流量转移到 Sidecar 中，进而通过 Sidecar 与 Sidecar 之间通信进行流量的转发。在这个过程中，我们需要一些管控平台的能力，如流量通信、流量配置、流量安全、流量观测等。

3）研发编程模型的转变

微服务应对云原生，会更强调事件驱动，同时更加强调请求的标准化，并通过负载均衡能力进行标准化的路由和请求处理。这种把外部系统请求标准化的过程会利用 Serverless，并与微服务平台进行融合，这些都需要研发编程模式的转变。

4）重视可信安全

在云原生中，微服务需要更加完善的可信安全体系。这个体系更加需要基于云平台的身份体系、账号身份、应用身份，以及整体基于软硬件的可信平台，比如节点认证、OS 认证、容器镜像认证等系统进行验证，对微服务的身份、认证、授权等方面进行统一的可信安全管控。

5）提前考虑规模化问题

Service Mesh 仍处于发展阶段，在落地过程中，应用 Service Mesh 也需要考虑规模化的问题。在起步阶段，基于开源能力主要有控制平面的 Istio 和数据平面的 Envoy，而其中有一个流量控制的关键组件是 Pilot。一开始为了加速落地、减少改动，每个 Pod 中都包含一个 Pilot 进程，这就增大了应用所在机器上的资源消耗。在服务器规模不大的情况下可以忽略，但在大规模落地的场景下，必须考虑 Pilot 进程从业务应用 Pod 中抽离的问题，并需要考虑独立出来的 Pilot 与 Sidecar 通信的效率问题，比如通过第三方的服务注册发现来辅助通信，但还是可能带来规模化的效率问题。

当然这是技术演进的一般规律，我们需要考虑平滑演进，并以终为始，面向未来，数据平面和管理平面应并重发展，之间的协议标准化是必然趋势。中间过程的过渡方案有助于更好地反哺开源社区，并形成具有企业特色的 Service Mesh 技术优势。

9.3.5 Serverless 落地实践

Serverless 的核心是去服务器化。Serverless 把底层云计算的基础能力进行抽象，以 API/SDK 的方式将后端能力开放出去，不需要开发人员配置和部署服务器资源，即可获得后端服务支持，同时以弹性伸缩、按量付费进行管理。

图 9-15 展示了简化的 Serverless 实施关键点。我们需要根据企业架构规划好业务应用系统，并通过 Serverless 的相关 BaaS/FaaS，以及基础设施进行技术封装

抽象，同时提供必要的研发运维支持及技术保障。下面我们就研发体系的
Serverless 落地实践进行进一步分析。

图 9-15 Serverless 实施关键点

1) 基础设施的托管运维管控

Serverless 架构中需要关注的相应核心运维能力主要包括基础设施管理（如机
器故障处理）、运行时管理（如应用资源隔离）、数据管理（如数据库缓存策略）、
和应用管理（如代码包部署等）。可以看出，Serverless 将托管大部分能力，大大
简化用户的操作，比如容错能力、监控报警能力等，不过还有一些能力需要用户
加以配合，在实践过程中，我们需要结合具体的 Serverless 运维平台的能力和实际
场景进行额外能力的识别和建设。

2) 敏捷的应用交付流程

Serverless 需要更加敏捷的应用交付流程。与其他架构形态不同，Serverless
架构中，交付物既可以是容器镜像，也可以是代码包，整个过程可以自动研发、
部署、测试，最终实现生产环境的自动部署，并且整个过程需要 Serverless 框架支
持交付流程自动化，包括 IaC 及 CI/CD 的自动化连接。

3) 自动化应用交付流水线

Serverless 还需要自动化应用交付流水线的支持，比如在开发阶段，支持代码
质量静态检查，保证 CheckIn 的代码质量，并在代码库进行自动单元测试，产出
交付物；在测试阶段，自动化部署测试环境，自动进行实例测试，并通过 CI/CD
工作流将这些任务连接起来，发布到预发布环境中，并通过集成测试，进而部署
到生产环境中，过程中尽量通过 Serverless 平台进行自动化交付。

4) 基础设施即代码（IaC）

Serverlss 强调 IaC 的应用。Serverless 应用模型通过声明来定义资源，从而实
现标准化、自动化和可视化。同时，在函数计算中，应用有版本的概念，是一个
不可变实体，避免因为非预期的修改造成线上应用受损。

5）事件驱动编程模式

Serverless 中另一个核心特点是编程模式，即事件驱动架构（Event Driven Architecture，EDA），事件驱动架构是松耦合的微服务架构模式，其中生产者和消费者彻底解耦。生产者无须关注事件的消费方式，消费者无须关注事件的生产方式，彼此没有时序依赖，从而让架构更加敏捷和灵活。当然这种模式也带来新的挑战，需要考虑增加的研发成本（如事件排序、幂等性、回调和异常处理等）、应用基础设施的复杂性（如新增组件的稳定性和成本）、数据一致性（如通过分布式事务或者事件溯源等方式）。过程中也要充分利用相关标准，比如 CNCF 提出的描述事件数据的规范 CloudEvents。

9.3.6 云原生 DevOps 实践

云原生 DevOps 有关的技术我们在前文进行了分析，在相关的落地方法中，从手工、工具化、自动化进而到全链路自运维体系，这种自动化的 DevOps 可以实现更短的业务迭代周期、更稳固的交付质量、更优化的资源成本、更好的用户体验。这里我们进一步看看一些可落地的步骤建议。

1）架构升级：Service Mesh 化尝试

首先，需要综合评估自身的架构特性，并选择合适的业务和应用进行架构升级，并进行 Service Mesh 化的初步尝试。比如将服务治理的代码下沉到应用之外的 Sidecar 部分，从而下沉更多服务治理的能力到 Service Mesh，比如日志采集、监控埋点、链路追踪等，这个过程中 Sidecar 和容器通过不同的进程部署在 Pod 中，我们称之为富容器。这个能力下沉 Sidecar 的过程，可以循序渐进，逐步将应用进行"瘦身"。

2）架构升级：逐步解耦 CI/CD 过程

一个微服务的构建过程包括多个环节，比如开发、测试、构建、发布、运维等，而云原生的本质是让这个过程尽量更快，尽量让业务应用来独立操作整个过程，提高研发效率。如果这个过程依赖其他业务应用的改动，则会使得整个过程的集成测试和沟通协同成本变高，解决这个问题可以从业务和技术两方面进行尝试。一方面，从技术角度可以从进程通信来入手，比如同一个容器同一进程中，通过函数调用通信；同一个 Pod 中不同容器，通过 IPC 通信；同一个网络中，通过 RPC 通信。另一方面，从业务角度需要从业务架构和应用架构着手，让应用和服务的划分更合理，减少它们之间的耦合和依赖。

3）运维升级：IaC 和 GitOps

从运维角度，在 DevOps 中需要考虑很多针对业务的不同配置，这些配置的维护和管理通常比较棘手，传统的基于控制台方式的维护成本很高。在云原生中，IaC 和 GitOps 是非常好的解决方法，每个应用有一个 IaC 仓库，保存应用镜像及所有相关的配置信息，GitOps 自动检测 IaC 的变化，自动翻译为符合 OAM 规范的配置，然后推到对应的环境上。同时，开发和运维人员可以以 IaC 代码为契约，来明确每次发布的一致性和完整性。

4）资源升级：Serverless 尝试

在企业应用上云后，使用的资源种类越来越多，操作和维护成本也变得越来越高。

在云原生中，可以利用自动分配、声明式描述、按需使用等原则，我们需要进一步简化应用资源的使用。这个过程可以结合 IaC 中资源的定义，以及使用 Serverless 相关的特性，实现资源的智能管理和按需使用，并通过一些弹性策略来通过一些通用的标准协议，提高自动化资源弹性的申请和分配。

5）DevOps 进阶：全流程自动化

我们进一步可以从 DevOps 全流程角度，进行自动化的端到端尝试，进一步通过 CI/CD 的各种技术来简化整个流水线过程，并进一步构建企业特有的 DevOps 体系。在这个过程中，可以进一步规范化和自动化，如图 9-16 所示。

图 9-16　全流程自动化 DevOps 进阶

- 研发侧：面向应用的，结合应用架构及企业组织协同文化，构建环境管理、代码扫描、提交工作流等方面的自动化。
- 测试侧：需要基于自动化测试的理念，从用例构建、集成测试、性能测试、用例回放、智能测试能力方面进行自动化建设。
- 发布侧：需要对各种开发、测试、生产环境进行自动化管理，同时针对相应的版本管理、灰度能力、回滚能力、自动发布能力进行重点建设。
- 运维侧：需要结合云原生的自动化运维体系，在问题自动定位、容灾切流、自动恢复、热修复、APM，并结合传统的 Metrics、Tracing、Logging 的基础之上，构建成熟的故障发现、定位、处理的稳定性体系。

- 运营侧：为了完成 DevOps 的能力闭环，需要关注最终用户的反馈，其中用户行为数据采集、自动终端埋点、相关的售后体系、基于业务的可视化分析度量等都是运营阶段要思考的问题。

9.3.7 云原生低代码实践

在当前企业的数字化转型过程中，有非常多的应用开发需求，Lamanna 在 2020 年曾预测未来五年内会新增 5 亿个应用。这需要企业思考新的技术，一方面如本书的重点云原生，另一方面诞生了低代码（Low-Code）开发平台的巨大需求。

低代码目前越来越流行，Gartner 预测，到 2024 年 65%的企业都会采用低代码技术。在 Forrester 绘制的该领域象限图中，OutSystems、Mendix、Kony 占据了领导者地位，很多 SaaS 巨头（如 Salesforce、ZohoCreator 等）都有自己的低代码开发平台，云服务商阿里云、谷歌云、AWS、微软等也都推出了自己的低代码开发平台。

低代码开发指的是开发人员可以通过编写少量代码，将已有代码的可视化模块拖放到工作流中，就可以快速生成应用程序的一种方法。由于它可以取代传统的手工编码应用程序的开发方法，技术娴熟的开发人员可以更智能、更高效地工作，不会被重复的编码束缚住。

这种理念与云原生不谋而合。云原生考虑的核心是最大限度地利用云计算红利，让业务的应用开发更加简单和敏捷。这个过程也需要对运行环境透明化、研发流程自动化、基础设施服务化，从而达到快速交付、研发效率提升的目的。这个过程还需要企业在云原生的实践中，结合低代码技术，进行互补，比如可以基于经典的可视化和 DDD 理念，结合最新的云原生与多端体验技术，并选择合适的业务场景实现大幅度降本增效，进一步提升研发生产力，同时让更多不懂深层代码的人员参与到整个过程中，促成业务与技术深度协作。

低代码开发平台提供更易用的可视化开发环境。开发者并不需要使用传统的手写代码方式，而是可以采用图形化拖曳、参数配置等更高效的方式。从这个角度来看，也对云原生过程和企业架构整体提出了新的挑战，比如如何通过元数据化、配置化、流程化、自动化方式来简化我们的整体研发。

基于此，企业在尝试低代码开发平台的过程中，需要关注几个核心能力，如图 9-17 所示。

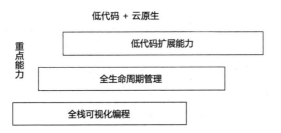

图 9-17 低代码关键能力

- 全栈可视化编程：比如元数据的管理、拖曳配置操作、所见即所得能力，低代码更强调全栈且端到端地可视化编程，覆盖应用开发所涉及的各个层面，比如界面、数据、逻辑。

- 全生命周期管理：低代码是一站式应用开发平台，需要管理整个生命周期，比如设计、开发、构建、测试、部署、运维等。

- 低代码扩展能力：需要支持更加灵活的扩展能力，比如自定义组件、定制元数据、定制逻辑流动作等，通过不同的扩展能力，配合诸如低代码等新技术，进一步释放生产力。

当然，低代码平台正处于初期发展阶段，企业需要根据自身的情况进行选择，特别是应用关键程度、实现复杂度、级别等级、应用需求量等。简单来讲，低代码适合相对简单的应用及不太复杂的业务逻辑，而更复杂的企业应用逻辑，可能更适合传统的基于服务和后端的研发模式，当然这个可以结合云原生技术进行互相补充，最终的目的是提高业务应用的研发效率。

9.4 云原生的发展趋势

云原生技术有很多可憧憬的未来，这里引用"2020 阿里云云原生峰会"的一些云原生未来技术的总体趋势展望，可以总结为以下五个方面。

- 易操控：云原生将把云带向更容易操控的状态，让用户更简单、更便捷地去使用云，比如配置语言、低代码应用开发、应用编排、资源编排、标准 API/SDK。

- 更开放：云原生未来会变得更为开放，云生态体系也会变得更加开放，比如标准开放的云原生应用与服务、自研增强实现、三方厂商跨云。

- 无边界：从原来的专有云、公共云等相对独立的模式，发展到混合云模式，再走向未来一个更为分布式的云，能够把我们的边缘计算纳管起来。
- 无服务：将更广泛的普及，愿意使用 Serverless 带来的事件驱动、极简开发、按量计费等构建自己的应用。
- 更安全：让整个应用得到一个端到端安全的、更可靠的保障，比如安全可信、统一鉴权、网络数据安全等。

我们再进一步看看以下几个方面的发展趋势，主要涉及云原生基础设施发展趋势、云原生应用平台发展趋势、云原生生态发展趋势等方面。

9.4.1　云原生基础设施发展趋势

1．云原生基础设施正在打破云计算传统"三层架构"

一直以来，云计算围绕着经典的"SaaS + PaaS + IaaS"三层架构模型。然而，云原生基础设施让这一分层越来越模糊。传统的 IaaS 目前已经可以根据云原生技术（比如容器化、Kubernetes 等）进行高度的融合。对 PaaS 的构建者来说，PaaS本身取决于平台构建者和最终用户的实际需求，不再属于某一特定的提供商，更多的能力通过 Kubernetes 生态进行下沉；同时基于 Cloud Foundry/Heroku 等的典型 PaaS 形态也正在向轻量级 App Service 进行靠拢。对 SaaS 而言，云原生带来的容器化、Kubernetes 交付体系、Service Mesh 服务治理、Serverless 编程方式，极大地改变了研发和运维方式。可以说，这种传统的水平划分方法越来越难以自洽，比如我们不能简单地把 Kubernetes 归为哪一层，云原生给我们提供更加全面的能力供给方式，开发者可以依赖不同程度的能力，并没有谁在谁之上的严格划分。

2．Kubernetes 逐渐成为新一代平台操作系统

Kubernetes 逐渐成为云时代的操作系统。CNCF 曾预测，2021 年，68%的机构会在生产中使用容器。就像 Linux 或者 Android 一样，平台构建者需要平台提供更高的抽象维度和更多的扩展能力。Kubernetes 越来越通过定义开放标准化的访问接口，向下封装资源，向上支撑应用，并通过 Pod、不同的发布策略、CRD+Controller 扩展方式等进行补充。特别是目前云社区出现的 KubeVela 等专注于平台团队构建上层平台的开源项目，类似地，AWS 也研发了 AWS Proton 商业产品，可以看到 Kubernetes 生态正在逐步完善。Kubernetes 在统一和标准化基础设施层抽象之后，正在进一步在快速、轻松、可复制构建上积极探索。

3．多样的云原生基础设施将成为新常态

上云已是大势所趋，一些企业为了满足安全合规、成本优化、提升地域覆盖性和避免云厂商锁定等需求，会选择多个云厂商。混合云、多云架构已成为企业上云新趋势。根据 Gartner 预测，2021 年，超过 75%的企业组织将采用多云的 IT 战略。同时，随着互联网的发展及万物智联、5G、IoT、直播、CDN 等行业新技术的涌现，随处可见的计算需求越来越突出，而云原生技术（比如边缘计算、KataContainer、OCI 标准等）将进一步发挥作用。

4．云原生 AI，数据架构驱动的新命题

自助化、智能化基础设施将重塑用户侧视角，声明式 API 化、自助化、标准化接入等的进一步深入，通过监控数据、数据驱动的智能化基础设施成为未来重要的方向。同时，数据是企业的核心资产，云原生更好地拥抱数据驱动应用也是重要方向，除了 Kubernetes 中的 AI，类似地从硬件、大数据、HPC 等传统技术中抽离也是下一步拥抱 AI 的重要方向，比如传统任务调度器、容器精细调度、资源弹性、统一资源池底座等方向。

5．云原生安全将越来越重要

云原生对安全提出了新的挑战和要求，比如运行时安全隔离，网络、磁盘、镜像、API 等层面的智能安全隔离等。安全将成为应用交付的一部分，并将进一步推进新一代安全开发运维体系，比如 DevSecOps 理念及产品也将迅速落地应用，提倡从一开始就把安全策略、考量、配置作为应用的一部分，因此专注于 DevSecOps 的厂商可能逐渐崛起。

9.4.2　云原生应用平台发展趋势

1．云原生应用架构进一步松耦合化，基础能力持续下沉

云原生应用架构更加追求松耦合架构，提倡容错性好和便于观察的架构模式，并提倡通过无状态、可观测、稳定性、自包含等原则，提升应用与环境和依赖的解耦。这个过程也进一步使运行时技术更加敏捷化，并通过基础能力持续下沉，如服务治理、依赖管理、弹性运维、微服务开发框架、基础中间件等复杂性由云原生应用平台来承担，让开发者专注于业务逻辑。

2．以应用为中心的云原生应用平台

关注点分离是构建云原生应用的特点，特别是基于 Service Mesh 对中间件能

力的下沉，应用逻辑与中间件逻辑逐步解耦，从原先的中心化到现在通过 Sidecar 模式提供能力的 Service Mesh。同时 Serverless 和容器技术也开始融合，并得到快速发展，让用户无须受困于 Kubernetes 集群容量规划、安全维护、故障诊断等运维工作，并将非功能性需求下沉到基础设施实现。这些技术使得以应用为中心成为可能，让业务更加聚焦在业务本身。

3. 云原生更是一种新的理念和文化，重塑整个软件生命周期

云原生不仅是技术和实践，更是一种理念和文化。研发模式要在云上、长在云上，并带来了思维和文化的变化，需要研发团队更多从最终用户的视角出发，对整体研发模式中的研发、测试、发布、运维等各个环节进行新的思考，这是使用云的标准方式。同时，对整个过程中应用平台的工具化提出了更高的要求，比如开发调试、部署工具、测试过程、智能运维等过程中通过模块化、标准接口、自动运维、弹性扩展等，革新了我们的开发模式，逐步重塑了整个软件生命周期。云原生应用平台的发展将经历 DevOps—DataOps—AIOps 的演进路径。

4. 行业 PaaS 未来会更加拥抱低代码平台

行业 PaaS 未来会是云原生与低代码结合的时代。未来云原生将与低代码进行结合和互补，比如可以基于经典的可视化和模型驱动等方式。

9.4.3　云原生生态发展趋势

1. 我国规模化的云原生应用场景愈发成熟

我国规模化的应用场景为云原生生态提供了非常好的"土壤"，我国健全的产业体系和庞大的规模给予了云原生长久发展的空间。据中国信息通信研究院发布的《2020 年中国云原生用户调查报告》，我国云原生技术用户 60%以上为互联网企业，其中千人以上规模的企业占比高达 35.11%。同时，云原生具有更优成本、极致弹性、研发效能等优势，公有云和私有云可能会缩小差距，行业云也会慢慢发展起来，将重构整个企业信息产业，并向新零售、金融、医疗、制造、交通、教育等行业释放红利。云原生时代的服务形式也将发展到软硬件厂商、云厂商、企业客户、社区、开发者之间的新一轮供需体系变革和技术互动体系。

2. 开放技术和标准化成为云原生的核心驱动

云原生提倡开发，减少厂商绑定，促进生态发展，提升可移植性和互操作性，并对标准化提出更高的要求，比如 Kubernetes 等事实标准。同时，企业在云原生的实践中，需要保持开放和开源共建的心态。开源思想对于云原生发展非常重要，结合开发者、合作伙伴、开源产品、商业化、云厂商等可以构建起开源社区，形成自研集成、开源包装、应用分发、项目实施等多种产品形态。同时，开源社区对云原生的技术发展有重要作用，如 CNCF 承担了 Kubernetes、Prometheus 等开源项目的维护和运营工作；开源项目是云厂商商业化产品的重要引流方式，云厂商也越来越重视用户数与其心智。

3. 未来 SaaS 战场将越来越依赖云原生生态

依托云计算的红利，越来越多的企业选择 SaaS 战场来提供更便捷、更友好的客户服务，并依托 AI、标准化、开源平台，结合云原生的服务，提供 SaaS 级别的标准化企业服务。

4. 综合辩证地思考云原生的发展

云原生的发展也越来越需要辩证地思考，云原生不是万能的，在使用时需要结合企业的整体架构规划及业务现状。同时，我们还要思考一些问题，这里举几个例子。首先，云原生倡导对应用进行无状态改造，但有时需要充分考虑无状态带来的收益成本，比如在大量计算场景中，是否把状态放在本地缓存更合适。其次，有时我们想通过云原生来统一技术栈，并通过公有云和专有云进行统一，但当场景越来越丰富时，往往更需要开放和包容的多种技术共存发展，不能盲目统一，比如有时并不能通过一套应用模型来覆盖所有场景，比如 OpenShift、CloudFoundry 等都有各自基于 Kubernetes 概念抽象后的应用模型。

我们正在见证云时代的历史性进程，云原生的未来拥有无限可能。未来，云原生可能会成为社会的基础设施之一。

第 4 篇
架构治理演进

在企业架构方法论中，包括核心的企业战略计划和企业架构规划，为企业架构提供了方向和方法，而具体的架构落地需要项目实施管理和架构运营治理。本书的第 4 篇重点讨论项目实施、架构治理，包括成熟度模型、治理框架、架构演进等。同时，组织架构在企业数字化转型中至关重要，我们也重点看一下组织架构在新时代的要求。最后，我们来看看核心的架构师自我成长，看看如何成为一名合格的架构师，带领企业进行数字化转型。

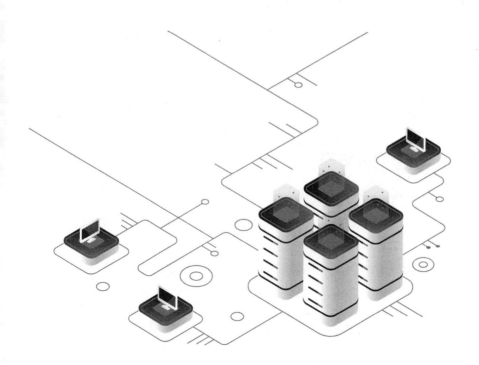

第 10 章

项目实施与架构治理

项目实施管理，简称项目实施，承接企业架构，并结合企业战略计划，分解出若干数字化项目，关系到战略是否能够落地成功，企业架构方法体系如图 10-1 所示。架构运营治理，简称架构治理，需要通过相关指标和机制来驱动架构的持续演进，并结合组织架构，优化和完善架构体系，可以说架构治理是整个战略计划和企业架构的重要保障，也是企业架构动态化的体现。本章我们进一步来看看项目实施管理和架构运营治理的一些方法、框架和相关的参考实践。

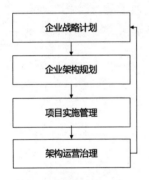

图 10-1　企业架构方法体系

10.1　项目实施管理

项目实施管理依据企业架构的设计，结合企业战略计划，分解出若干数字化项目。过程中采用软件工程及相关的项目管理方法，比如最小化产品理念、敏捷开发、DevOps、持续交付等，通过这些项目的实施最终实现企业战略和企业架构的落地。下面我们从项目实施的策略、流程等角度对项目实施管理进行分析。

10.1.1　项目实施策略

企业数字化项目经过企业架构的良好规划和设计，在项目实施阶段，一般有以下常见的实施策略。

（1）破釜沉舟，推倒重来：当企业数字化建设非常陈旧，现有系统改动非常困难，已经严重制约了业务发展，同时企业高层对数字化有强烈的转型动力时，采取此种策略，不过此种策略风险比较高，是一种破釜沉舟的做法。

（2）敏捷迭代，小步快跑：通过步步敏捷试错，挑选企业最痛的业务痛点，进行敏捷开发迭代，步步为营。这种方法实施风险比较小，不过对整体规划和架构演进有一定的要求。这种方法也是目前比较主流的一种方法，特别是在数字化需要投入成本较大的场景下，很多企业会整体规划数字化项目，再挑选试点的业务和 IT 系统，稳步前进。

不管采用什么方式，项目实施的关键还是需要紧密结合企业架构的规划，并结合业界先进的软件工程、DevOps、CI/CD 等，以及先进的项目管理理念，如迭代管理、例会制度、DDD、微服务管理等，如图 10-2 所示。同时，不论项目大小，在过程中建议综合考虑一些关键理念。

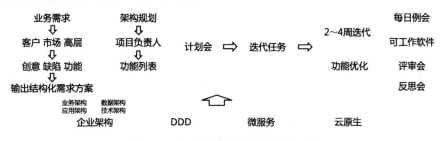

图 10-2　项目实施结合先进的措施和理念

- 围绕客户的端到端优化：在选择业务场景时，需要从客户体验出发，通过建立面向客户的场景，可以发现最具改进价值的流程和 IT 系统。

- 系统开发 MVP 理念：MVP 理念非常适合项目推进，可以抓住最核心的流程，去除多余功能，比如一个电商系统，最核心的是正向交易链路，涉及商品浏览、购物车、下单、支付等闭环场景。

- 采用敏捷开发模式：数字化项目需要更加拥抱敏捷开发模式，比如云原生倡导的持续集成演进、DevOps、GitOps 等理念。敏捷开发模式需要开展组织和运营模式的变革，需要建立敏捷的开发技术体系。

在项目开始之前，需要制订详细的项目计划，将责任落实到团队和个人，并通过项目管理体系保障各项工作顺利开展。在前文中，我们总结了一些项目实施过程需要密切关注的关键点，这里回顾一下。

- 战略与愿景的制定：密切考虑数字化的战略，为整体企业架构的承接做好指引；并聚焦转型价值，需要最终转型价值服务，数字化需要聚焦以客户为中心的体系；同时坚固资源投入，比如相应的业务模式、产品服务、资源成本等多方面。
- 人才与文化的培养：项目需要有企业高层的支持，以及相应的文化适配，并有对应的组织架构及人才培养和激励机制，需要企业对组织架构进行相应的优化。
- 流程改造与治理：企业需要有与项目配套的变革管理、规范原则、评估机制等，以及对应的运营治理，需要企业建立架构治理模型。
- 技术与能力提升：需要重视技术变革的优势，比如技术架构、云原生技术及云平台等服务化能力带来的技术红利。

10.1.2 项目实施流程

项目需要通过各种流程进行管理和制约，比如项目管理流程、审核流程、研发流程、沟通上升流程等。

项目管理在某种程度上与公司管理类似，需要对各个环节及相关的人员根据项目制度进行管理。图 10-3 展示了一个常见研发项目流程管理，其中包括对应的阶段，比如需求收集、需求分析、研发测试、上线发布、运维保障等多个环节；以及对应多种角色，比如业务方、产品经理、技术经理、测试工程师、运维工程师等，项目管理需要充分管理好对应的需求、任务、风险等。

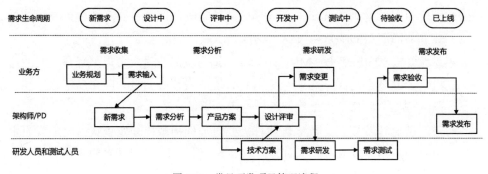

图 10-3 常见研发项目管理流程

同时，项目需要各种会议，比如日会、周会、阶段复盘会等。会议需要高效，明确时间、人员、主题，并严格控制会议时间，不开无必要的会议。比如在一个复盘会议中，需要明确复盘的阶段、工作内容、预期情况、实际情况、差距分析、优化建议、责任人、Deadline，以及相关的补充信息等。

在项目管理过程中，有一些核心角色，比如业务方、产品经理（负责需求的收集、分析、评审、验收等）、技术经理（对需求研发进行管理，如工作量评估、排期计划、依赖协同、发布计划等）、研发人员（涉及服务端、客户端、前端、数据等，参与需求计划、变更、设计、编码、提测、发布等）、测试人员（如 QA，负责需求的测试、设计、集成验收等），同时建立项目管理小组（如 PMO，对项目整体流程进行规范，并整体控制项目风险）。

项目对应的这些角色可能是临时设置的，如何有效地管理角色及对应的关键任务是一个重要话题，这个过程推荐使用"RACI 矩阵"，具体如下。

- R—Responsible：责任人任务的具体执行者，完成该任务流程的主要角色。
- A—Accountable：批准决策人，任务结果全权负责人，负责安排及对任务进行审核与决策。
- C—Consulted：审核人，负责向"R"提供完成任务所需要的信息或评估，"R"必须确保各"C"获得的信息完整准确，"C"需要对反馈的信息或评估负责。
- I—Informed：知会人，任务的信息、决策或产出结果需要有渠道通知到"I"。

RACI 矩阵可以帮助我们分析谁是一号位，谁是负责人，谁提供支持，谁需要了解，如表 10-1 所示，我们可以对关键活动及对应的角色（或者更细粒度的具体人员）进行 RACI 矩阵分析。

表 10-1　RACI 矩阵表格示例

关键活动	业务方	架构师	PD	研发人员	测试人员
需求输入	A/R	I	I	I	I
需求分析	C	A	R	I	I
产品方案	C	C	A/R	I	I
设计评审	I	R	A/R	C	I
技术方案	I	A	I	R	C
需求研发	I	A	I	R	C
需求测试	I	I	I	C	A/R
需求验收	A	R	R	C	C
需求发布	I	A/R	R	C	I

项目实施需要对核心的交付物进行管理，比如项目制度、项目章程、相关架构交付物、规范原则等，需要做好版本管理、信息保护、迭代优化等工作。比如在项目章程中，需要确定好项目名称、开始时间、结束时间、预算信息、项目发起人、项目目标、判断标准、整体策略、关键路径、关键人员、里程碑等信息。任务管理可以包含具体的任务名称、描述、其他任务依赖、相关资源、时间、责任人等关键信息管理。

10.2 架构运营治理

项目实施是架构落地的过程，而架构治理使得架构具备生命活力，是架构的长期管理和演化，也是架构知行合一的思想实践。架构治理是在整个企业范围级别针对管理和控制企业架构和其他架构的实践。架构运营治理主要基于控制论思想，对架构构件和活动进行监控，过程中会建立若干流程及决策和评估机制等，目的是对架构进行有效的管理。

为什么需要架构治理呢？

企业架构是一个动态过程，需要综合评估和管理，确保架构与整体战略一致，并保证架构的有效性。企业对架构投入巨大，也需要通过架构治理来整体评估，并进行架构的资产沉淀。架构的规划设计及项目的实施落地，也需要架构治理进行反哺迭代和优化。架构治理也是企业基于架构沟通协同的关键，是整个架构生命周期的进化过程，并达到架构的"仰望星空，脚踏实地"。架构治理的重要作用如图 10-4 所示。

图 10-4　架构治理的重要作用

架构治理本身体现了企业架构的演进之路。比如一开始企业采用单体架构，适应简单业务的发展，但当业务快速发展之后，面临着业务架构流程混乱，应用架构耦合，技术架构复用度差，数据架构人为报告反馈链长；进而通过架构治理，进行服务化架构的改进，以及业务架构的业务能力和价值链分析，应用架构的领域设计，技术架构的微服务体系建设，数据架构的统一数据仓库建设等。

进一步地，面向云原生时代，进行基于云原生的架构治理演进，比如业务架构的业务微服务化分析，应用架构基于云原生应用平台建设，技术架构基于云原生技术的统一研发流程，数据架构基于云原生数据驱动分析等，并充分利用云原生技术红利，下沉技术运维细节，让业务更加敏捷、高效。

10.2.1　架构治理理论

业界有不少架构治理的理论方法，下面我们看看企业架构治理角度的 TOGAF，以及 IT 架构治理角度的 COBIT。

1）TOGAF

在 TOGAF 中对架构治理有重点描述，其架构治理框架主要包括两个部分内容。首先，TOGAF 提供架构治理各流程及相关内容的结构；其次，TOGAF 提供对于架构治理组织架构的建议。这里我们重点看看第一部分，TOGAF 对架构相关的流程、内容及相关的上下文背景进行了分离，并引入治理资源库，从而不会影响各个治理环节，保证了治理框架的灵活性，如图 10-5 所示。其中治理流程是核心，用以识别、管理、审计、传播与架构管理和实现相关的信息，从而确保对所有架构制品等进行持续监督。

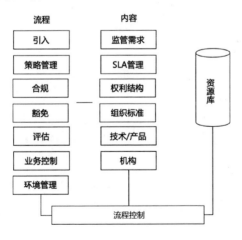

图 10-5　TOGAF 架构治理方法

在流程管理当中，重点对如下内容进行管理：策略管理与内容引入、合规管理、豁免管理、监督和汇报、业务控制、环境管理。

2）COBIT

在 IT 架构治理领域，有几个比较成熟的治理模型，如 COBIT 模型、ITIL 模型、ITSM 模型。下面我们来看看比较有代表性的 COBIT 模型，它是信息系统审计与控制协会（ISACA）制定的面向过程的信息系统审计和评价标准。COBIT 对 IT 治理进行了几个步骤的评估，包括分析事实、提炼模型、建立概念和提出行动。图 10-6 所示为 COBIT 模型示意图，包括以下几个维度。

- 信息标准：体现企业的战略目标，从完整性、保密性、利用率、质量、信誉、安全、时间、成本、可用性等角度衡量。
- IT 资源：包括人员、系统、技术、设备、数据等信息对应的资源，以及对相关对象的综合管理。
- IT 过程：在 IT 准则的指导下，对资源从规划、实施、交付运维、监控等四个方面进行 IT 处理的过程，包括对应的域、过程及活动的管理。

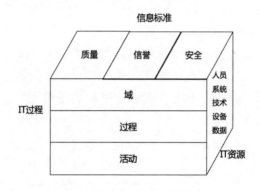

图 10-6　COBIT 模型示意图

10.2.2　架构治理关键点

在架构治理过程中，为了获得一个有效的治理方法，企业需要考虑以下几个关键因素。

- 纵横贯通：架构治理需要结合企业的方方面面，纵向打通各个业务域和平台能力，横向打通各个组织和流程，做到能力和流程上下结合，同时完成梳理问题、厘清责任、进行固化等环节。
- 制定架构策略：制定架构策略及确定相应的服务，比如相关的提交、采用、重置和废弃等各种策略。
- 应用流程工具：应用相应的流程工具，并结合最新的技术辅助相应的流程汇报，并确定一定的与 SLAs 和 OLAs 控制相关的各种指标。
- 关注架构的非功能特性：关注架构治理相关信息，包括服务和流程的有效性、保密性、完整性、合规性和可靠性等。

- 建立一套全面的架构原则：比如架构的复用度、扩展性，特别是企业潜在的发展领域；架构的有效沟通性，架构不能只是纸上谈兵，需要进行充分的沟通，每个相关人都应清楚自己在架构中的位置，有什么差距，如何改进等。
- 提高架构治理的战略指导：需要建立跨组织的架构委员会来对策略的实现进行监督；同时对架构的合规性进行保障，比如评估架构影响、合规性审查流程等。

10.3　架构治理模型

企业架构运营治理对于企业架构的持续迭代和演进至关重要，企业架构是动态的，这里总结一些关键的架构运营治理模型，如图 10-7 所示。

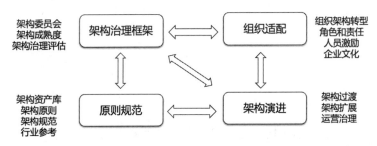

图 10-7　架构运营治理模型

- 架构治理框架：架构治理的核心，主要涵盖架构运营治理的目标、范围、流程，以及相应的架构委员会制度、架构成熟度规范、架构治理的评估。
- 原则规范：作为架构的能力沉淀，架构通过架构资产库进行沉淀，同时制定企业架构的总体原则和相关规范，以及对应的架构行业参考实践。
- 架构演进：架构需要持续演进，通过对应的架构过渡机制、架构扩展机制及运营治理机制，实现架构的动态演进。
- 组织适配：提供架构的组织和文化保障，主要涉及适配企业架构的组织架构，包括组织架构转型、对应的"权责利"的制定、人员角色和技能要求、相关绩效激励、人员培养和组织文化等。

10.3.1 架构成熟度模型

企业架构成熟度模型是一个根据各种选定因素为企业架构进行评估的有效方法，属于架构治理框架的一部分，我们首先单独来看看这部分内容。成熟度模型的实际水平为企业架构提供了一个能力的评测及用于改善能力的指导方向。一个好的企业架构成熟度模型应该覆盖企业的大多数特性。各个组织可以根据自身情况，建立适合自己的成熟度模型。

有了成熟度模型及决策机制，就需要在架构治理过程中进行架构评估，确保IT开发项目与架构的一致性。一方面，可以对项目影响进行评估，清楚地说明企业架构如何影响组织内的重大项目；另一方面，可以对架构进行评审，主要评审企业架构的符合程度。同时，成熟度可能由于企业的发展阶段不同而在评估过程中有所侧重，包括建设阶段、管控阶段、成熟阶段等。架构成熟度参考模型如图10-8所示。

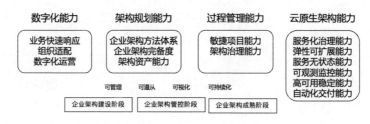

图 10-8　架构成熟度参考模型

这里给出一些成熟度模型的参考，不同企业对架构的要求不同，可根据具体要求进行裁剪和补充。

1）数字化能力

- 业务快速响应：数字化架构和系统可以快速响应业务，以用户为中心，具备快速响应和满足效率的能力。

- 组织适配：具备相关的"权责利"变革、迭代运营、包容开放及赋能自驱，建立数字化驱动的组织人才文化。

- 数字化运营：通过运营团队和运营平台，对数字化能力根据运营手段进行分析，通过量化的KPI驱动整个数字化效能。

2）架构规划能力

- 企业架构方法体系：具备企业架构体系化的建设方法，包含企业战略计划、企业架构规划、项目实施管理、架构运营治理等多方面。

- 企业架构完备度：企业架构中相关业务架构、应用架构、数据架构、技术架构的体系化建设能力，以及各架构之间紧密连接的能力。
- 架构资产能力：业务能力、服务、流程的丰富度、共享度及扩展灵活度，服务流程的组合能力，以及相关的辅助能力。

3）过程管理能力

- 敏捷项目能力：项目管理的敏捷程度，比如 MVP、DevOps、持续交付，以及项目规划优先级合理性、迭代效率、项目投入成效、安全交付等。
- 架构治理能力：企业运营治理的能力，具备治理能力框架、组织管理能力、原则规范与架构资产、架构演进治理的能力等，评估企业架构动态演化能力。

4）云原生架构能力

- 服务化治理能力：企业应用微服务或者 Mesh 化的服务体系进行管理的程度，比如限流降级、熔断隔仓、灰度、反压、零信任安全，强调服务之间的标准化流量传输、策略控制和治理。
- 弹性可扩展能力：企业基于 Kubernetes 等云原生技术规模部署，可以随着业务量的变化进行伸缩的能力。同时，要求企业具备可扩展架构能力，比如水平扩展更多的服务节点，或者垂直将业务根据职责进行重新拆分。
- 服务无状态能力：企业服务的无状态特性。比如企业应用状态的保存模式，特别是自己运维的有状态的数据库、文件、对象存储等，使用 Serverless、FaaS 等应用无服务器的云服务能力等。
- 可观测监控能力：企业基于云原生的可观测监控能力。通过日志、链路跟踪和 APM 度量等手段，对业务背后服务调用的耗时、返回值和参数都清晰可见的程度，以及相关框架、规范、SLA 体系。
- 高可用稳定能力：企业基于云原生的系统稳定性能力。比如高可用、容灾、异步化能力，消除单点、服务分级、限流降级、超时重试、主从/集群、异地多活等。
- 自动化交付能力：企业自动化持续交付和运维能力。通过 DevOps、IaC、GitOps、OAM、Kubernetes Operator 和大量自动化交付工具在 CI/CD 流水线中的实践能力，以及相应的标准化交付过程。

10.3.2　架构治理框架

1）治理目标和范围

架构治理首先需要明确目标，明确治理是为了提高架构的哪些方面，是业务架构的能力复用度，还是技术架构的一致性、系统稳定性、降本增效、架构合规性等方面；然后需要明确治理的范围，每次治理都是一个迭代循环，需要有的放矢，明确当前架构的落地项目范围，识别需要治理或者评估的具体系统、应用和服务，并通过相应的监控平台和能力平台进行架构的成熟度能力评估、运行能力统计、效能度量等。

2）架构规范流程

架构治理中需要建立明确的架构管理流程，对各个环节进行质量检查，包括对业务架构、应用架构、数据架构、技术架构等基于各自架构原则和规范的生命周期管理，特别是架构的创建、更新、发布等流程，项目对应的生命周期，内外部架构管理，以及相应的组织架构的"权责利"管理，如图 10-9 所示。相应的规范需要通过一定的架构治理平台，实现管控的流程化、标准化、工具化、自动化。

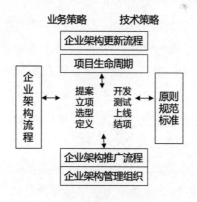

图 10-9　架构规范流程管理

3）架构评估流程

架构规范流程中的一个关键流程是架构评估流程，其是架构治理战略的核心环节，也是决定其能否成功的重要环节。架构评估针对核心的架构原则和评估度量指标进行评估，建立架构的定义、分析、执行、监控、比较等全方位的评估管理体系。

通过架构评估，企业可以达成以下目标。

- 尽早发现架构在落地过程中的风险，识别是否存在成本、技术等影响架构落地的变化。

- 确保将各种架构原则、方法、最佳实践正确应用到架构落地过程中。

- 通过评估，加强各团队的沟通和交流，并将这种协同进行文档化沉淀。

- 架构评估也是企业进行架构预算、技术选型、采购、资源评估的关键环节。

- 明确重大的架构性差距，并就此与相应人员进行沟通，是企业各个项目之间进行经验借鉴的途径。

- 对架构合规进行管理，并将结果汇报给相关 CIO 等架构决策者，使得组织密切参与架构的设计和落地。

图 10-10 展示了架构评估过程。从图中可以看出，从架构审核请求发起，到识别责任组织，识别架构师，并确定评审范围，制定检查表，安排评审会议，与相关架构人员交流，并结合评估问题和度量体系整理评审报告，递交评审意见并做回顾复盘，同时推进架构的跟进和优化。

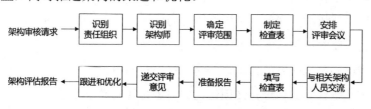

图 10-10　架构评估过程示意

架构评估可能发生在项目的多个时间节点，比较常见有以下节点。

- 项目启动时。

- 初步设计时。

- 主要架构变更时。

- 项目结束复盘时。

- 其他关键特定时刻。

在架构评估的过程中，需要一些核心的参与角色，一般由项目的架构师作为主要协调者，并需要充分结合企业的各团队成员和企业高层，这里列举一些相关的角色，同一个人可能担任多个角色。

- 架构委员会：架构核心团体，制定规则并监督整个架构活动。

- 项目管理：整个项目的负责人，可以进一步分解为各企业架构的进一步项目管理。

- 架构师：项目的架构师团队，包括首席企业架构师，以及对应的业务架构师、应用架构师、数据架构师、技术架构师等。

- 领域专家：某领域的专家，熟悉业务能力和相关流程，可以是产品经理或者由客户来担任。
- 技术人员：包括研发、测试、运维等技术领导及相关技术人员，项目的核心实施团队。

4）评估问题参考

这里给出一些架构评估问题的参考，企业在具体实践中可以进行更细粒度的分类，同时可以根据实际情况进行补充。

- 描述错误异常是如何定义、产生和传播的。
- 描述各个应用模块中的方法定义、参数编排和定义。
- 描述企业核心业务能力和业务流程与系统应用的关系。
- 描述在主要系统组件之间进行传递的主要数据结构、通信协议。
- 描述系统核心的业务和应用编排能力。
- 描述系统的应用状态和无状态组件，以及有状态应用如何保存。
- 描述核心系统对象如何进行创建、使用和销毁。
- 描述系统代码如何进行文档化、如何进行代码审查流程。
- 描述系统的研发管理流程，以及如何进行测试和质量保障。
- 描述系统保持可用性和稳定性的方式，如何确定系统在高并发下的系统安全生产能力。
- 描述系统应用和服务软件的分层情况，以及相应的分层原则和相关实践。
- 描述系统如何结合云原生技术进行相关的流量管理、能力下沉、资源监控等。
- 描述系统如何通过设计达成重构、可扩展能力。
- 描述系统如何支持基础设施的弹性扩展、成本优化等。
- 描述系统如何进行相关的集成，使用的协议版本，集成的相关开放能力。
- 描述系统的安全策略，如何保护用户数据，以及相应的鉴权、授权和访问控制机制。
- 描述系统数据的管理和使用，以及进行标准化的流程。
- 描述系统中数据创建、修改和删除等行为，以及相应的数据合规、隐私保护等能力。

- 描述系统中相关软件的开发管理、采购标准等。
- 描述系统对于数据实体及其属性的访问规则，共享和更新的规则。
- 描述系统数据存储的方式和可用性能力。
- 描述是否应用企业的安全策略、原则等。
- 描述系统的部署策略、版本管理及相应的工具和流程。
- 描述系统的架构资产沉淀及相应规章制度、存储流程。
- 描述系统的相关监控告警、指标度量等体系。

5）架构评估度量

针对企业架构，可以通过相关的指标体系进行进一步衡量和跟踪，并通过运营掌握数据。这个过程需要运营团队的支持，运营人员需要有较强的数据分析能力、团队沟通能力、运营策划能力。运营人员需要与业务架构师和技术架构师充分沟通，对业务架构、应用架构、数据架构、技术架构各阶段应用不同的 KPI 指标进行驱动，并通过数据分析进行展示，可视、可观、可测地驱动整个企业架构的运行。

图 10-11 所示为企业架构评估度量体系参考，从技术向业务发展的度量体系角度，包括项目驱动、架构驱动、业务驱动，具体指标可以结合企业具体能力进行相应扩展。这里推荐一些指标的分析和参考维度。

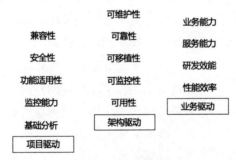

图 10-11　企业架构评估度量体系参考

- 业务能力：战略重要性、成熟度、技术支持、资源充分性等。
- 服务能力：复用度、覆盖程度、扩展程度等。
- 研发效能：需求研发周期、需求吞吐量、需求状态变更数等。
- 性能效率：响应时间、资源利用率和容量等。

- 可用性：可学习性、可运维性、自动纠错、UI 美观度、可访问性等。
- 可靠性：成熟度、可用性、容错性、可恢复性等。
- 可维护性：模块度、可复用性、可分析性、可修改性、可测试性等。
- 可移植性：可适配性、可安装性、可替代性等。
- 可监控性：监控指标、日志、链路追踪能力等。
- 功能适合性：功能完整度、功能正确性等。
- 兼容性：多版本组件共存、互操作性等。
- 安全性：机密性、完整性、不可伪造性、权威性和可审计性等。
- 监控能力：服务成功率、RT、故障数量、故障恢复能力、异常响应时间等。
- 基础分析：业务能力数、服务数、模型数量、总访问量等。

6）评估度量举例

（1）业务能力评估。这里重点强调一下业务架构的指标体系。业务架构主要关注的是需求的研发周期，以及业务能力的支持和转化，同时考察对业务价值的支持，特别是从整体企业架构的角度，业务能力和相关流程的梳理情况，对后续应用架构和技术架构的支撑和指导作用。我们可以通过业务能力热图进行进一步图形化分析。业务能力热图是创建引人注目、丰富多彩的视图的工具，通过二维图表展示，并通过其中的气泡大小和颜色进行分类展示。业务架构可以从多个维度评估能力，如战略重要性、能力成熟度、技术完备度、资源满足性等。

（2）研发效能评估。研发效能是技术架构及技术团队非常关注的一种能力，通常会通过需求研发周期、需求吞吐量等指标进行衡量。

不过需要承认的是，研发效能是比较难以衡量的，因为从企业架构层面，各个域关注的点并不相同，比如业务架构关注的是业务能力和业务流程，应用架构关注的是领域模型和领域服务，技术架构关注的是技术研发和交付，数据架构关注的是数据模型和相关存储等。这就要求我们在衡量研发效能的时候，需要从整体角度及各个领域之间的关系出发，让彼此的供需关系与整体的业务价值相关联，并通过各个域为其他域提供的复用能力、便捷使用能力、扩展能力综合来看。

基于此，这里给出几点提高研发效能的建议。

（1）以需求为核心抓手，注重各架构相互之间的关联。提高研发效能可以围绕需求展开，比如需求周期、需求响应时长、需求的满足情况等。我们可以把需求与整个企业架构进行关联，比如业务能力与需求的关联关系，业务流程与需求的分布情况，应用架构与需求的对应关系等，以及相关领域模型、领域服务的数量等。

（2）关注业务价值及成本效益。整体的研发不能简单地通过人数×工作天数来计算工作量，而需要综合来看，从企业的业务价值角度，需要时刻思考，某个架构、某项功能对业务的最终价值直接和间接的关联是什么，如何被最终用户或者间接用户使用。同时，从成本角度也需要综合考虑，比如哪些功能自研、哪些功能靠购买，以及某项功能的长期效益是什么，如何可以做到更好地复用等。

（3）综合各种因素进行度量。研发效能需要综合考虑流程中的各个环节，并做好相关的加权和度量。比如以需求的交付时长为例，过程中可以考虑业务转化成需求的时长、需求结构化的时长、需求立项到评审的时长、需求评审到技术方案评审的时长、多端联调的时长、与需求相关的 Bug 数量和修复时长、需求对应环境部署等待的时长、需求的发布和灰度的时长、与需求相关的应用非功能性分摊时长、需求对应的数据管理和运维平均时长等。

10.3.3　架构原则

企业架构需要遵循一些原则和相关规范，这贯穿整个企业架构过程。架构原则是指导架构决策和流程管理的重要依据，让团队时刻思考如何更好地做好企业架构，如何更好地满足企业战略和业务诉求，如何更好地支撑业务发展。

我们在前文已经介绍了相关的原则规范，关注的是原则的 What，读者朋友可以参考相关章节进行详细查看，包括企业架构总体原则、业务架构原则、应用架构原则、数据架构原则、技术架构原则、云原生架构原则等。比如在总体架构原则中，我们提到了经典的 SOLID 原则及高内聚、低耦合、正交性、简单适用等架构原则，同时我们提出了一些通用的总体原则，这里简单回顾一下。

- 统筹规划、分步实施。
- 顶层设计、迭代推进。
- 架构先行、实施在后。
- 业务导向、服务载体。
- 技术前瞻、实用为本。
- 数据贯穿、一致统一。
- 开发运维、合二为一。
- 基础抽象、共享下沉。

- 充分沟通、集中治理。

下面我们重点看看原则的 How，即企业是如何定义这些架构原则的。架构原则反映了企业在架构层面的一种共识，在架构治理过程中，重点关注与架构流程相关且与企业架构的开发、维护、实施和优化相关的治理原则。架构原则一般由架构委员会制定，企业的一些因素会影响架构原则的制定，比如企业的战略计划、组织结构、外部约束、架构形态、现有系统和技术、云原生相关趋势等。

1. 原则的定义

架构原则可以分为不同层级，比如架构总则、各子架构原则，以及对应的详细策略和标准、规范，还包括名称、声明、依据和相关的影响，如图 10-12 所示。一般企业制定原则的过程，大概可以根据具体的场景，或者参考业界原则，制定企业候选的原则，进而架构委员会从中选择相关原则，并根据定义、声明及相关标准，通过决策会议进行记录，并进行宣传和推广。

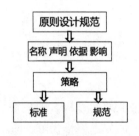

图 10-12 架构原则定义层级

在原则的定义中，名称需要容易记忆，不应提到具体的技术平台，不要在名称中出现有歧义的词句，比如"考虑""避免"，要突出价值。原则的声明要尽可能简洁和无二义，一般说明原则的依据需要突出。原则的来源最好与业务价值或者业务的具体场景相关联。原则的影响最好可以通过采用原则的背景或者原则的一些优劣势来进行分析，应提供清晰表述。

一个好的原则需要满足如下标准。

- 容易理解：被企业所有成员领会并理解，原则的意图清晰、无二义。
- 助于决策：原则应对架构或者业务有决策意义，为有争议的场景提供决策支持。
- 完整全面：需要尽量覆盖分析的全部场景，不要有遗漏。
- 一致自治：原则可能有很多个，彼此之间需要一致，不能相互矛盾。
- 稳定持久：原则应该是持久的，不应该经常变化，可以有一定的修正流程，但不应该频繁变化。

2. 原则举例

1）架构治理通用原则

- 架构集中管理原则：企业架构需要集中规划和设计，并结合企业的实际情况进行整体调整，并由架构委员会统一集中管理。

- 架构充分沟通原则：企业架构具有指导作用，需要充分论证和讨论，需要建立不同的沟通渠道，保证架构的及时、全面、准确。

- 架构文档化原则：架构的决策需要进行有效的文档化记录，做好认真总结和提炼，同时做好保存和归档。

- 架构先于项目原则：在数字化项目转型前，需要做好企业架构的规划，使需求、方案、项目之间在总体架构指导下有序进行，杜绝无序开发和资源浪费。

- 架构可度量原则：架构治理需要建立有效的评估流程，为项目实施提供架构指导，同时对架构的运行进行监控，为架构的持续迭代和数字化运营奠定基础。

2）服务通用设计原则

- 超时保护原则：要提供超时时间控制，并建立 Fast Fail 机制，发生错误立刻返回。

- 结果可预期原则：服务调用结果是成功、失败、未知三种之一。

- 服务无状态原则：在实现设计上保证服务无状态，避免跨服务的会话上下文。

- 幂等性原则：在实现设计上保证服务操作是幂等的。

- 乱序可容忍原则：尽量消除乱序对业务一致性的影响，让处理对顺序不敏感。

- 避免循环依赖原则：服务上层依赖下层，避免下层对上层的依赖。

3）微服务设计原则

一般来说，微服务设计原则有稳定性原则、依赖和分离原则、异步松耦合原则、垂直划分优先原则、持续演进原则、服务自治原则、自动化驱动原则、微服务拆分原则。

值得一提的是，架构原则在很大程度上受软件设计通用设计模式的影响，因为设计模式本身也体现了一种抽象的总结，遵循这种抽象总结本身对架构做出了相关的指导和约束。这里总结一下常见的设计模式。

- 创建型模式：简单工厂（Simple Factory）模式、工厂方法（Factory Method）模式、抽象工厂（Abstract Factory）模式、创建者（Builder）模式、原型（Prototype）模式、单例（Singleton）模式。

- 结构型模式：外观（Facade）模式、适配器（Adapter）模式、代理（Proxy）

模式、装饰（Decorator）模式、桥（Bridge）模式、组合（Composite）模式、享元（Flyweight）模式。

- 行为型模式：模板方法（Template Method）模式、观察者（Observer）模式、状态（State）模式、策略（Strategy）模式、职责链（Chain of Responsibility）模式、命令（Command）模式、访问者（Visitor）模式、调停者（Mediator）模式、备忘录（Memento）模式、迭代器（Iterator）模式、解释器（Interpreter）模式。

3．架构资产库

企业架构的最终资产需要进行有效的沉淀，逐步构建"架构资产库"，可以包括流程、原则，以及各种子架构产生的架构能力和相应的交付物，同时将架构过程中的各种参考物进行沉淀，为整个企业架构提供资产沉淀，也为持续演进奠定基础，助力更好地协同。

图 10-13 所示为架构资产库的主要构成，架构资产库的主要构成组件如下所示。

- 架构元模型：描述经组织裁剪的架构框架的应用方式，包括一个架构内容的元模型。

- 架构原则规范：描述原则指导、架构标准、架构实施规范参考等，指导整个架构过程。

- 架构能力：定义架构的核心能力，比如业务能力、流程管理能力、服务能力等。

- 架构交付物：又称架构制品，比如架构图、架构目录、矩阵、文档等，以及应用架构视图、业务需求工作说明书、组织架构人员责任矩阵等。

- 治理日志：架构决策日志、评审日志、能力评估、关键项目会议决策等。

- 参考库：提供指引、模板、模式和其他行业或者特殊领域的架构参考。

进而，企业可以固化出基于企业自身实际情况的企业连续系列，逐步结合架构资产库，提供企业架构的资产结构和分类方法，如图 10-14 所示，主要包括以下三种类型。

- 企业连续系列（Enterprise Continuum）：对与整个企业架构背景相关的资产进行分类和归纳，如政策标准、战略计划、组织架构等。

- 架构连续系列（Architecture Continuum）：为通用规则、表现方式及架构间的关系提供了一致性的方法，是通用架构能力的沉淀。

- 解决方案连续系列（Solutions Continuum）：为客户和业务伙伴之间提供的具体领域的连续演进，并实现了相关的差异化，为产品、应用和服务之间的共性和差异方面提供重要载体。

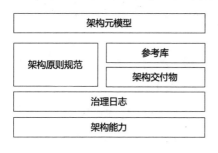

图 10-13　架构资产库的主要构成

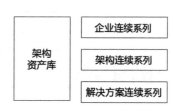

图 10-14　企业连续系列

10.3.4　架构演进

企业架构是动态的，是一个不断演化的过程，这个过程或长或短，需要我们有足够的认识，并对其进行有效的管理。架构演进需要考虑时间因素。如果演进的过程非常漫长，超出了系统或者项目的生命周期，那么即使架构越来越好，它对于企业的帮助也比较有限。

架构演进有两个基本思想：一是尽可能重用；二是扩展，尽量多考虑未来的发展。架构演进的核心是加强整个企业的沟通，通过演进建立一种机制，让所有人通过一致的语言来有效地表达架构之间的差异，并进行有效的沟通和优化迭代。

同时，架构演进的过程可以分阶段进行，如果不能得到普遍适用的架构，我们可以通过演进来确定架构的逐步过渡架构，也可以在特定领域或者特定系统中进行试点，逐步帮助业务快速发展。同时，架构演进需要与架构的流程、原则、规范密切相关，并将演进的架构下沉到资产库中，这些资产和解决方案可从企业内部或从业界获取。

架构演进需要与企业架构形成完整闭环，如图 10-15 所示。企业战略计划和业务需求作为输入，通过业务架构识别业务痛点和架构需求，并确定各域的架构迭代目标，进而评估架构风险，选择云原生技术，制订迭代计划，在项目实施过程中进行架构评审和设计评审，并进行架构风险控制，通过不断迭代调整和复盘完成一轮迭代，并反馈到业务侧和企业战略计划，进而驱动下一次迭代。同时，架构演进需要建立相关的基础能力，并与治理平台相结合，通过设计时和运行时对相关监控指标的度量和分析，以及架构演进完成整体的闭环。

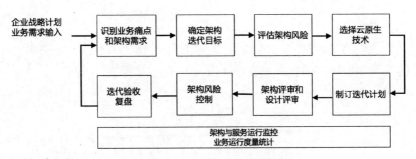

图 10-15　云原生架构持续演进闭环

架构的演进可以分阶段进行，一般可以分为以下阶段。

- 0—0.1：组建团队，建立思想，并挑选局部业务场景进行试点。
- 0.1—1：多业务系统进行架构优化，完成核心的业务能力闭环。
- 1—2：全业务链路、应用系统的全方位改造，完成整体演进升级。
- 2—N：建立生态，辐射整个企业，以技术服务形成对外服务生态。

1）过渡架构

过渡架构展示了企业的递增状态，如图 10-16 所示。过渡架构在通用架构与特定领域架构中进行应用，反映在基线架构和目标架构之间的各过渡时间段。我们可以使用过渡架构来对各个工作包和项目进行分组，以清晰地说明每个阶段的业务价值。一个过渡架构需要明确的评估现状和目标架构的 GAP，同时分析整合的差距、解决方案和依赖性评估、收益评估情况、能力和能力增量、可互操作性；进而分析过渡架构的里程碑，针对每个架构进行架构片段的制定，同时结合主题域、范围程度、时间维度、执行视角、风险程度、依赖关系等制订详细的解决方案，并通过项目执行。

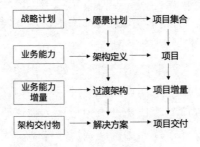

图 10-16　过渡架构示意图

2）架构扩展

架构扩展强调架构的通用能力和开放能力，如图 10-17 所示，架构需要提供基础能力和扩展能力，需要采用一种非常灵活的方式来管理架构，从而使得企业在不同阶段可以根据自身需要对其进行裁剪和改造。底层通过最小集合定义为核心企业架构能力，并在此基础之上使得整个元模型体系能够支持后续扩展内容的插入。

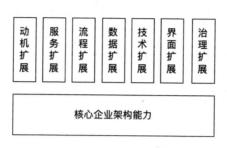

图 10-17　架构扩展示意图

架构扩展具体包括以下几点。

- 动机扩展：支持对目标、驱动力、阶段目标的扩展适配。
- 服务扩展：支持服务的定义和扩展，比如继承、多态等方式。
- 流程扩展：支持流程编排的扩展，比如通过流程引擎、可视化编程等。
- 数据扩展：支持数据模型的扩展，比如对数据模型字段的扩展。
- 技术扩展：支持技术层面的底层扩展，比如更换基础设施、中间件、数据库。
- 界面扩展：支持应用前端的扩展，比如低代码方式的页面拖拉扩展。
- 治理扩展：支持深入的运营管理扩展，比如原则、组织结构的扩展。

10.4　组织架构

数字化转型的一个关键点是组织架构的升级，组织架构本质是为实现企业战略目标而进行的分工及协同安排。组织架构设计是根据企业的发展战略进行能够支持业务流程和发展需要的部门、岗位和人员的设置，以及制定相应的考核体系。

康威定律说明系统产生的设计架构等价于组织间的沟通结构。也就是说，企业架构和组织架构之间有一定的映射关系，不能单方面只改变一方的架构，而忽视另一方的联动调整。如果企业架构是互相耦合的，则需要分散式跨组织进行协调，团队之间发生摩擦或冲突在所难免。因此，一般在企业架构各域划分的过程中，需要考虑组织架构，并做好相应的调整。

组织架构在企业的数字化发展中有着重要作用，如图 10-18 所示。首先，企业的战略和商业模式体现到业务流程，而业务流程实施的主体是各企业组织单位，同时组织的形态直接影响企业架构的规划和项目的落地。其次，组织架构与企业架构密不可分，其受企业内外环境、发展战略、组织规模、人才培养等多种因素的影响。当设计组织架构的时候，先要根据企业的发展方向制定明确的组织架构模式，比如是集中式突出规模效应，还是分散式面对业务灵活性；是加强总部统一管控，还是注重扁平化和业务快速反应等。

图 10-18　组织架构在数字化转型中的重要作用

10.4.1　传统组织架构的误区

传统组织架构的核心是业务的发展，包括市场、营销、供应链的把控。传统企业的组织架构大多属于直线型、职能型、事业部型、矩阵型或者网络型。这些组织形态主要是"流水线"的作业方式，图 10-19 所示为一个典型的传统流线型组织架构。

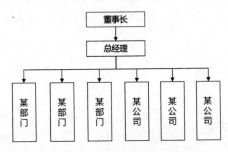

图 10-19　传统流线型组织架构

这些组织架构对内的信息流，是自下而上收集，中心决策，自上而下分解，定岗定责，层层回报。虽然理论上企业的每一个组织都为企业的最终战略目标贡献着价值，但实际上存在诸多误区。

- 每一个组织均从自己的利益和角度思考问题，缺乏大局观念。
- 一旦牵涉跨部门或组织的协同操作，则协同效率极其低下，出现"部门墙"。
- 系统"烟囱式"林立，员工排斥创新，互相推诿，系统重复建设，数据转换效率低。

- 有时存在急功近利的情况，整体规划得很完美，但由于组织的阻力难以落地。
- 过度依赖第三方供应商，缺乏自身沉淀和人才的培养，欲速则不达。

1）企业架构对组织的要求

为了确保企业架构被成功地运用，企业需要建立适当的组织结构、流程、角色、责任和响应技能，而这也正是 TOGAF 的架构能力框架（Architecture Capability Framework）的关注点所在。图 10-20 所示为架构能力框架，可以看出，企业架构与人员、角色职责、项目管理、企业连续系列、架构资源库、业务运营等密切相关，为企业如何建立这样一种架构能力提供了一系列参考材料，从而为企业架构能力建设和运用过程中的各项关键活动提供了一系列导则和指南。

另外，组织架构在四个子领域的架构中也需要建立相应的组织适配。

- 业务架构：突出整体的组织形态与架构流程和业务能力的关系。
- 应用架构：它说明了支撑架构实践所需的功能和应用服务。
- 数据架构：它定义了组织的企业连续系列和架构存储库的结构。
- 技术架构：它说明了为支持架构应用和企业连续系列，架构实践对基础设施的需求。

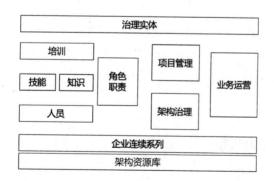

图 10-20　架构能力框架

2）数字化对组织的要求

在数字化转型时代，组织架构必须面向业务场景，并且支撑业务快速迭代，让企业理解架构所带来的价值，从数字化角度，组织架构需要具备以下特征。

（1）"权责利"变革：组织更加灵活，打通"部门墙"，优化 KPI 或 OKR 制度。

（2）迭代运营：民主共创，探索试错，分步实施，敏捷行动。

（3）包容开放：通过数字化理念和文化进行导向，过程中拥抱多元观点，包容开放。

（4）赋能自驱：强调"多兵种一颗心一场仗"，团队上下协同作战，端到端解决客户问题。

10.4.2　组织架构框架

这里给出一些通用的企业组织架构框架，如图 10-21 所示。一个面向数字化转型的企业组织架构需要考虑以下几点。

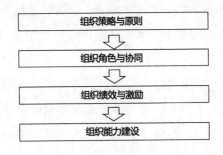

图 10-21　企业组织架构框架

- 组织策略与原则：包括组织架构模式、组织架构原则、组织成熟度分析等。
- 组织角色与协同：包括组织的角色权责、组织阵型参考、协同机制等。
- 组织绩效与激励：包括组织架构的考核机制、激励机制等。
- 组织能力建设：包括数字化组织人才培养机制、文化理念等。

10.4.3　组织架构原则

1）组织架构模式

组织架构有多种模式可以参考，这里简单介绍几种数字化组织架构模式，如图 10-22 所示。

- 分散控制型模式：每个业务部门单独建立数字化团队，这种模式也是传统的架构模式，由各个业务部门观察市场，制订计划，中层下达命令，基层员工负责执行。其优点是便于边界划分和实施，缺点是有重复建设的风险，市场响应慢。

- IT 支持扁平模式：业务部门负责数字化项目，IT 团队负责通用的技术，这类组织架构比较扁平，团队偏向跨职能混搭和协同，又称贝塔型组织。它也是当前比较常见的一种方式，缺点是 IT 部门作为成本中心，话语权不高，往往被视为系统运维的角色，同时依然是集中式组织形态，不是很灵活。

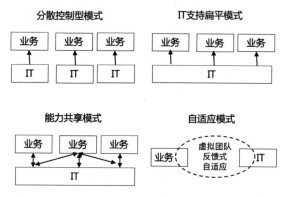

图 10-22　组织架构模式

- 能力共享模式：业务和 IT 的数字化进行共享，划分和规划之间的边界，类似开源共享模式，在企业内部良性竞争。这种模式要求传统企业的人员发展、开发模式、技术储备向互联网企业靠拢，有一定的实施难度。当然这种模式的优点也非常明显，可以让组织充满活力，并以业务为导向，加速企业内部的融合和迭代。

- 自适应模式：控制反馈式组织架构，一种复杂的自适应组织架构，没有集中式目标设定，由跨部门、跨职能混搭和协作团队与市场直接对接，持续和市场沟通，快速响应市场变化，并为企业架构的沉淀和赋能提供了丰厚的"土壤"。

2）组织架构原则

敏捷开发的理论中有一个 INVEST 原则，可以为组织架构提供非常好的原则借鉴。INVEST 包括六个原则，这里我们结合企业架构中的一些要点进行介绍。

- 独立性（Independent）：尽可能通过业务场景触发，并让每个场景尽量独立于其他场景，这样便于组织对应用和服务进行划分。

- 可协商性（Negotiable）：各域的架构应该是可协商的，这样可以通过团队之间的沟通进行调整，但这种改变不应影响企业架构整体的核心流程和能力。

- 有价值（Valuable）：各域的架构需要面向最终的业务价值，每个团队也应该面向价值交付，有明确的价值和结果导向，对最终的价值交付负责。

- 可估算性（Estimable）：各域的架构需要面向落地，并可以确定工作量、确定优先级、控制风险。这样团队的交付周期可以被量化和评估，并展开持续交付。

- 精简（Small）：各域的架构分解到具体的项目行动需要尽量短小，可以在一个迭代完成。这可以由一个小团队负责，参考经典的"两个比萨原则"（大概不超过 20 人）。

- 可测试性（Testable）：架构的落地需要可测试，可以有明确且尽量自动化的测试过程。这样团队交付的产出物是可测试且明确的，可以基于测试进行度量和优化。

3）组织成熟度

类似在"架构治理框架"中介绍的"架构成熟度模型"，从组织架构角度，也可以构建相应的组织成熟度模型。基于组织架构成熟度，可以综合评估一个企业的组织对数字化转型的能力，对企业的组织数字化进行综合评分，并判断组织架构处于诸如初期分散型、探索管理集中型、数字化发展型、数字化成熟型等哪个阶段，并确定在哪些数字化能力上发力，以及如何建设数字化组织形式。

下面列举一些成熟的组织架构具备的特征，我们在组织架构建设过程中可以重点关注一下。

- 持续创新。
- 流动性。
- 组织架构不断变化。
- 文化拥抱开放。
- 决策权不断变化。
- 团队间协同能力强。
- 团队角色和权责清晰。
- 工作内容不断变化。
- 客户参与度高。
- 业务有多种模式。
- 层级体系扁平化。
- 项目运营体系健康。
- 拥抱敏捷开发。
- 接受失败。

- 生态体系健康。
- 迭代速度快。
- 业务需求响应快。

10.4.4　角色与协同

接下来，我们讨论一下组织架构的核心角色和相关职责、组织阵型参考，以及架构委员会的相关内容。

1）角色职责

组织架构需要定义清楚相关的角色，并加速彼此之间的协同，促进企业的数字化转型。这就需要编写所有关键岗位的岗位定义，详细描述每个岗位职责、技能要求和业绩指标，在管理与运营流程中清晰地界定每个部门及人员在流程中的角色及职责，确定部门的负责人和关键岗位人选。

这个过程也需要充分结合企业架构，这样可以清晰地划分企业架构对应的"权责利"，既不会有工作缺少对应负责人，也不会有责任重叠。这个过程需要定义好每个部门负责的各域企业架构的能力，进而定义部门职责范围。

比如一个装修公司，一个装修项目有总设计师、供应商、客户、实施方、监理方等多种角色，TOGAF 提出架构技能框架（Architecture Skills Framework），提供关于企业架构工作中各种角色及其能力的视图。架构技能框架的内容包含如下三个方面：定义架构工作各领域所涉及的角色；定义每个角色所应具备的技能；定义每个角色所应掌握的水平。TOGAF 通常把企业架构团队分为以下几类。

- 架构委员会成员（Architecture Board Member）。
- 架构赞助者（Architecture Sponsor）。
- 架构经理（Architecture Manager）。
- 架构师（Architect）。目前，业界主要有以下几个领域中的架构师：企业架构师（Enterprise Architect），企业架构可以看作业务架构、数据架构、应用架构、技术架构几个子领域架构的超集；方案或项目经理（Program or Project Manager）；IT 设计师（IT Designer）；其他角色（Others）。

在具体实践中，一个企业架构有着传统企业的组织架构，我们需要进行有效的结合，这里推荐一些比较实用的与数字化转型相关的角色，以及对应的主要职责，企业可以结合自身情况进行增减。

- 公司高层：如 CXO，提供公司战略层面的支持和指导，提供资源，进行决策。

- 技术总监：如 CTO、CIO，全面领导企业架构和数字化转型项目。

- 业务方：业务部门，提供相应业务需求，支持企业架构设计工作。

- 企业架构师：负责企业架构的日常工作，规划并实施企业架构方法体系，建立相应的管理流程。

- 业务架构师（BA）：负责业务架构的设计，设计业务能力和关键业务流程，确定工作方法，领导设计团队，解决工作中的实际问题。

- 业务分析师：辅助业务架构师做好具体的业务架构设计，包括需求调研、业务分析、具体的业务领域分析等。

- 应用架构师：负责应用架构的设计，包括领域建模、应用分层、服务设计等，还负责需求的分析及相应产品和解决方案的设计，有时也承担产品经理的工作。

- 产品经理（PD）：企业对外产品的总体设计，从客户和产品视角，进行产品形态、市场分析、产品功能定义等。

- 解决方案设计师：辅助应用架构师和 PD 进行针对具体业务的综合解决方案的设计，以及相关系统的集成。

- 数据架构师：提供数据架构的分析和设计，并确定数据组件和模块，保证数据共享和集成。

- 技术架构师：负责技术架构相关的设计，包括技术选型、系统架构设计、非功能性设计，并保证系统共享和集成，有时又称系统架构师、系统分析师。

- 云原生架构师：负责云原生技术的相关设计，基于云原生设计原则进行技术选型、云原生布道和推广。

- 领域专家：可以是公司内部或者外部的专家，提供行业和运营的专业知识，提供建设性意见，审核和评估设计方案。

- 项目管理者：如 PMO，对项目整体流程进行规范，并整体控制项目风险。

- 技术经理：如 TL、PM，对需求研发进行管理，比如工作量评估、排期计划、依赖协同、发布计划等。

- 技术人员：涉及服务端、客户端、前端、数据等，参与需求计划、变更、设计、编码、提测、发布等。

- 最终用户：最终使用企业产品和解决方案的用户，可以是业务方，也可以是最终消费者。

2）组织阵型参考

这里给出一个简化的数字化转型组织阵型参考，如图 10-23 所示。

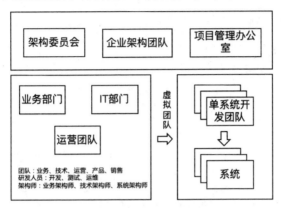

图 10-23　数字化转型组织阵型参考

- 架构管理团队：包括架构委员会、企业架构团队、项目管理办公室。其中，企业架构团队需要包括对应的业务架构师、应用架构师、数据架构师、技术架构师，针对云原生的架构转型还需要包括云原生架构师。
- 团队部门：主要包括各业务部门、IT 部门、运营部门，也包括对应的技术、产品、销售等服务团队。
- 系统研发团队：包括各研发人员，从单项目到系统层面，包括开发、测试、运维等人员配置，并通过项目方式进行虚拟化团队建设。

3）架构委员会

企业需要建立一个常设的架构委员会，来负责架构的相关管理。架构委员会对架构的运作负责，能够在可能发生冲突的情况下做出决策，并承担责任。因此，它应该成为架构中所有成员的代表，并且通常由一组负责审查和执行人员组成，并由 CIO 或者首席架构师作为主要负责人。架构委员会的成员需要覆盖各域子架构，以及不同团队组织、项目中的子领域。

下面列举一些可以由架构委员会负责并承担完全责任的事项。

- 架构及团队分工原则和指导。
- 子域架构之间的一致性。
- 识别可重用的组件。
- 企业架构的灵活性。

- 新技术（如云原生技术）。
- 架构原则的贯彻执行。
- 提高组织内架构领域的成熟度水平。
- 确保采用基于架构的开发体系。
- 为所有关于架构的变更提供决策的基础。
- 对超出规定范围的决策提供形式上逐步升级的能力。
- 执行架构评估流程，如立项、评审和验收。

图 10-24 架构管理与项目管理层级

架构委员会与项目管理办公室进行紧密协作，分别从架构管理和项目管理两个层级进行互补，如图 10-24 所示。我们可以从战略层、管理层、执行层三个层面，从架构管理、项目管理两个维度对企业架构进行综合的管理。

一个架构委员会的建立往往受一些事件触发，比如新 CIO 的任命、兼并或收购、认识到 IT 与业务的契合度很差等，通过云原生等技术实现提升竞争优势，重大的业务变更或业务的快速发展，复杂且跨越诸多业务的解决方案。架构委员会的常驻人员规模不宜过大，TOGAF 建议常驻人员规模应为四至五人。同时，架构委员会的成员需要采用轮换制，从而给予各个高级经理决策权，并采用某种机制（如成员任期）来确保其核心理念的稳定。

10.4.5 绩效与激励

下面我们来看看绩效考核、激励机制及个人推荐的 OKR 机制。

1）绩效考核

组织架构的 KPI 考核需要以业务价值为核心导向，并以各自相应的度量指标为核心依据，并最好与员工的绩效考核进行关联。这里从组织架构层面对业务价值方面提供一些考核指标的参考。

- 准确、清晰地描述业务能力、业务流程。
- 清晰地划分应用边界，明确服务价值，降低业务耦合性，提高业务内聚性。
- 技术架构具备一定的预见性和先进性，可支撑未来的业务发展。
- 做到技术能力共享下沉，让业务更关注业务逻辑，快速支撑业务变化。

- 沉淀数据层面的数据变现和收入提升，并促进数据驱动。
- 有效管理系统的非功能性指标，如成本、性能、稳定性、并发性等。

2）激励机制

为了激励人才，需要制定有效的企业晋升机制，并且可以通过设定不同的奖项，来激励员工在关键时刻或长久的表现，比如架构规划奖、最佳团队奖、客户第一奖、业务创新奖、稳如泰山奖等。

另外，薪酬体系也建议与激励机制对应起来，比如考虑相关的定位、构成、浮动、支付，确保薪酬公平，并结合人才培养、考核和激励、企业战略、政策环境等多方面因素，设计配套的薪酬结构和机制，建立基于激励机制的薪酬体系。

当然，本书的重点不是人力资源管理角度的绩效和激励，不过这里想强调一下它们对于组织架构的重要作用，需要企业从企业架构和组织架构层面多加关注。

3）OKR

关于绩效考核方面，这里重点推荐一下 OKR 作为有效的企业架构驱动方法。OKR 是 Objective（目标）和 Key Results（关键结果）的缩写，可以帮助员工密切协作，使其把精力聚焦在促进组织成长和可衡量的贡献上。OKR 首先在国外大厂（如 Intel、Google 等）中广为使用，目前国内很多公司都很重视。

这里拿 OKR 布道者 John Doerr 早期给 Intel 写的作为例子。

- O：展示 8080 处理器的卓越性能（与摩托罗拉的 6800 相比）。
- KR1：编写 5 个基准程序。
- KR2：开发 1 个样本。
- KR3：为现场人员编制销售培训材料。
- KR4：与 3 位客户联系，证明材料可以使用。

我们首先可以看出，目标（O）和关键结果（KR）的关系就如同战略和架构、架构和项目之间的关系，以洞察为基础，同时 O 选择最优先的、面向业务的；KR 基于目标，面向关键结果。整体 OKR 的思路如图 10-25 所示。

OKR 的基本原则如下。

- 目标周期：一般推荐以一个季度或者半年为目标周期。
- 数量限制：一般 OKR 不超过 5 个，每个 O 对应的 KR 应该为 2~5 个 。
- 聚焦：只列核心，不求面面俱到，日常事务不列。
- 具有挑战性：尽量具有挑战性，促进员工走出"舒适区"。

- 目标对齐：同相关团队紧密对齐，即与上下游业务方对齐彼此的 OKR。
- 公开：互相配合时知道别人在干什么，彼此促进目标达成。
- OKR 与 KPI 不同：OKR 是动态调整、不断迭代的，是面向自我驱动的，富有挑战的，评分不直接关联考核与薪酬。

图 10-25　OKR 整体思路

在一个设计良好的 OKR 中，O 最好是定性的文字说明，明确行动方向，精简且能鼓舞人；KR 最好符合 SMART 特征，是按照一定的结构化思维整理的基于策略、任务或者关键环节的量化结果，不面向过程，强调结果。这里给出一些 OKR 设计的清单，如图 10-26 所示。

整体逻辑	目标（O）	关键结果（KR）	
□ OKR对组织有价值	□ 以动词开始	□ Specific具体的	清晰无歧义，有行动策略
□ 完成的逻辑清晰	□ 责任明确	□ Measurable可测量的	按时间可追踪，可以度量
□ 所有KR完成，O就实现	□ 对应周期可完成	□ Attainable可达到的	有挑战，有策略方法
□ 具备一定挑战性	□ 定性的	□ Relevant有相关性的	有责任人，责任人影响最大
□ 有完成的可能性	□ 鼓舞人的	□ Time bound有日期的	有指定截止时间
□ 具备必要的资源	□ 精简		
□ 有责任人			
□ 上级目标全部承接分解			
□ 团队内部协作			

图 10-26　OKR 的清单

10.4.6　组织能力建设

下面从人才培养、文化理念和协同机制角度介绍组织能力建设。

1）人才培养

数字化转型需要优秀的人才体系，并尽量做到"专人做专事"，围绕业务场景和业务价值，面向企业的战略计划方向，培养"精通业务、懂技术"的复合型人才，为企业业务和数据的持续沉淀构建一个科学的阵型。具体地，这个过程需要以下四种类型人才的紧密结合。

- 业务骨干：既懂企业架构也懂业务的"自家兄弟"，从工作中培养出来的管理者、实干家。
- 研发骨干：培养懂业务的技术人才，并聚焦在技术能力，特别是面向云原生能力。
- 专家力量：以先进的领域专家、企业架构咨询能力及先进的最佳实践为借鉴。
- 外部力量：开放包容，借鉴他人能力，采用成熟解决方案，降低实施成本。

2）文化理念

组织架构在数字化转型过程中，需要拥抱新的文化理念，这里列举一些。

- 企业架构文化：组织架构与企业架构密切关联，需要在组织层面提高对企业架构的文化意识，比如分享相关的知识和经验，以及交流业务能力、领域建模、云原生等相关理论和最新技术动态等。
- 敏捷文化：涉及一种循序渐进的迭代开发方法，需要从团队层面重视敏捷开发流程和相关实践，包括团队间协同，调整相关的工作优先级，协助按期进行项目交付等敏捷实践。
- DevOps 文化：DevOps 是连接开发和运维的桥梁，也是企业架构和云原生在项目落地阶段非常重要的研发模式。DevOps 倡导 Owner 心态，强调团队对应用或服务端到端的负责，包括开发、测试、部署、运维、运营、交付等。
- 服务产品文化：既是服务产品思维的体现，也是工程文化的体现。比如从平台层面，如何提供更好的服务，使得业务可以自助或自主完成业务需求的开发，如何提高交互的效率，如何缩短交付时长等。
- 开源生态文化：是借鉴开源思想的一种文化形态，包括设计的共享、代码的共建、社区的运营，崇尚开发者社区文化，并不是绝对从组织层面梳理各种界限，而是通过开源生态的方式，更加开放、共享。

3）协同机制

团队之间的协同机制也是组织架构需要重点考虑的内容，组织需要保障团队之间的沟通及企业架构的有效执行，这个过程可以通过如下方式进行。

- 构建合理的架构 SLA 体系：团队之间供需关系的 SLA 体系，彼此在架构层面达成一种契约，并通过架构运营治理中的度量体系进行工具化、自动化监控和度量。

- 加强共享激励：企业层面鼓励共享和共建，建立共享激励基金、个人贡献勋章等，并通过架构资产沉淀进行有效的管理，鼓励信息的分享和重用，并严格对已有类似功能的重复建设进行把关。

- 制定团队边界：对具有特定能力且有争议的边界问题做出明确规定，比如通用的业务能力、服务能力及技术的安全风控等能力，从企业层面指定对应的能力和交互边界，比如应用、系统、服务、数据层面哪些必须统一、哪些可以扩展等。

第 11 章

架构师的自我成长

在企业数字化转型过程中，非常关键的因素是人才，其中架构师在整个企业数字化转型中占据着"C 位"。这一章我们介绍架构师的自我成长，来看看怎样成为一名合格的架构师。

11.1 什么是架构师

架构师是互联网行业及传统企业技术部门中比较特殊的一种职业，是软件开发活动众多角色之一，它可能是一个人、一个小组，也可能是一个团队，这里我们将架构师看作一种角色，在这个角色上做得出色的就是优秀的架构师。架构师在企业或者项目中具有重要的作用。比如，在本书中介绍的企业架构中，架构师可以简单地理解为企业架构的 Owner，其核心任务是降低系统的复杂度，对企业架构的设计和落地负责。

传统的系统设计主要需要系统架构师和系统分析师两个角色，但是随着互联网的快速发展，如今延伸出越来越细分的领域，比如企业架构有很多细分子域，如业务架构、应用架构、数据架构、技术架构，因而又可细分为各子域的架构师。架构师不用事必躬亲，其核心任务是完成架构设计的工作，并协调相关角色，消除存在的歧义，负责企业架构的落地。

在互联网行业，架构师具有关于架构和技术的丰富经验，同时具备业务分析能力、计算机基础能力、基本的工具使用能力、排查和定位问题能力、产品思维能力等。一般来讲，架构师负责主导全局架构分析设计和实施、负责软件架构和关键技术决策。一方面，从技术层面，现在的软件越来越复杂，涉及的人越来越多，为了理解和管理庞大的工程，人们通过架构来对系统进行封装和抽象。架构师需要从全局的视角，考虑系统的方方面面，如技术合理性、成本和效率、系统稳定性、可连续性、可服务性等方面。架构师一般是技术方向的掌舵人，需要对技术决策负责。另一方面，从组织层面，软件项目涉及的角色越来越多，比如技术、产品、运营、业务、项目管理等，在技术团队内又分为售前、售后、前端、后端、测试、部署、运维、支持保障、系统集成等。架构师作为技术团队对外的接口人，是连接内外团队的桥梁，同时是重点技术的带头人，负责技术的发展方向和边界设定，沟通和协同多个团队，完成软件系统和产品的架构落地，助力业务成功。

总体来说，架构师主要需要关注以下内容。

- 了解问题领域，消除沟通歧义。
- 承接业务目标，抽象业务需求。
- 分析业务需求，输出业务模型。
- 抽象领域概念，输出领域模型
- 推导系统架构，输出架构模型。
- 划清系统边界，确立集成交互。
- 划分优先级别，助力项目实施。
- 架构最终解释，把关关键环节。
- 资源评估盘点，资源编排能力。
- 负责技术选型，完成系统落地。

11.2 架构师的特质

综合来看，架构师需要具备很多特质，包括业务理解能力、技术深度、技术广度、思维表达能力、沟通能力、管理能力等，如图 11-1 所示。

1）业务理解能力

架构师需要具备很强的业务理解能力。技术为业务服务，架构离不开业务，将业务、架构、技术整合在一起才能达到理想的效果。架构师需要了解业务知识，迅速了解各行业的业务需求，并将其转换为软件需求，进而进行架构设计，并通过项目进行落地。这需要架构师对企业的发展状态、行业现状、竞争对手、业务模式等有清晰的认识。总之，架构师需要快速梳理、分解、抽象业务需求，并实践落地。这种业务理解也需要建立产品思维，多从用户视角关注最终产品体验。

2）技术深度

架构师一般是从程序员成长起来的，他们大多对一个或几个技术领域有深入的理解和丰富

图 11-1　架构师需要具备的特质

的项目经验，这些技术领域包括中间件、数据库、存储、网络协议、分布式系统、云原生技术等。架构师是技术团队的对外接口人，也是外部团队技术问题的终结者。架构师需要负责关键技术模块的设计，架构师应该是团队的技术权威。当然，架构师和技术专家有一定的区别，架构师在具备技术广度的同时具备技术深度（技术广度优先），同时在技术之外附带许多业务职能和组织职能，而技术专家研究的技术更加深入。

3）技术广度

架构师除了是一个或几个技术领域的专家，需要对硬件、数据存储、网络层、操作系统、服务框架、安全、算法、大数据等有所了解，还需要对研发、测试、运维、安全、产品、项目管理有所了解。此外，架构师需要有非功能性需求的设计能力，"架构服务于功能，高于功能"，非功能性需求包括软件系统的可靠性、扩展性、可测性、数据一致性、安全性等。另外，考虑到成本和限制，很多时候这些更多的是一种平衡，如空间换时间的算法层面的权衡、成本和性能之间的权衡、一致性和可靠性之间的权衡。特别是面向云原生时代，技术更替更为频繁，需要更加关注云原生的技术动态，如了解业内趋势、参加核心会议等，保持对于技术的前瞻性和敏锐性。

4）思维表达能力

"把问题讲清楚"是一项很重要的能力，对于架构师更是如此，思维表达能力的高低决定了开发人员的上升空间。架构师需要把复杂的事物抽象化，把抽象的事物具体化，把具体的事物"白板"化，把"白板"的事物讲清楚。同时，思维决定高度，架构师需要从不同维度分析事物，并将其抽象成合适的模型，进而在实践中落地。

5）沟通能力

架构师需要具有良好的沟通能力。一方面，架构师需要和业务团队、产品团队及其他团队紧密合作，确定软件系统的业务架构和领域模型。这种协作关系有时也是一种谈判关系，架构师承担着在业务团队和技术团队之间找到诉求契合点的重任。另一方面，架构师需要和技术团队协作，从整体考虑，划分应用和团队研发边界，并负责影响整体的非功能性需求的关键技术点，并且同运维团队一起评估在非功能性需求的前提下，完善与部署、运维相关的各项工作。

6）管理能力

能落地的架构才是真架构。架构师和各方的合作，以及研发技术团队内的配合，很多时候是管理能力的体现，同时是一种组织职能的体现，即明确什么事情亲力亲为，什么事情需要多方合作。特别是一些横向拉通类的需求，需要具备相关的项目或者团队管理经验，并承担一定的风险和责任。

11.3 企业架构师的能力

本书的重点是企业架构，在前文提到的各种角色中，企业架构师这一角色非常重要，因为其是整个企业架构建设的核心。企业架构师对企业的战略、流程、应用、数据和技术等均有所了解。IDG 研究表明，企业架构师填补了 IT 和业务角色之间的空白。他们利用自身掌握的知识来确保业务和 IT 对齐，从而在业务目标和系统技术之间架起一座桥梁。因此，企业架构师首先需要考虑的是业务，然后是技术如何和业务相结合，推动技术决策，并最终为开发新系统、应用和流程提供架构规划。

TOGAF 对于企业架构师的工作描述可以总结为以下几点。

- 负责保证架构的全面性。架构师应照顾到所有相关干系人的关注点。
- 负责保证架构的完整性。所有种类不同的视图关联在一起，调节不同干系人之间的冲突，并展示此种调节所引起的利益权衡。
- 针对各个干系人的关注点来选择特定的架构视图。在此过程中，需要注意架构视图的可实践性，并且要在符合适用目标的前提下进行。

这样来看，企业架构师在企业中需要和非常多的人打交道，因此观察和沟通能力对其很重要。他们通过与人打交道可以更好地了解企业的内部运作，并从企业战略、组织结构、业务形态、技术现状等中发现机会和不足，从而规划架构。企业架构中的各种角色都需要以企业架构师为核心，如技术总监、各业务方、产品设计师、解决方案设计师、云原生架构师、各领域专家、各种研发人员及最终用户。

企业架构师还需要具备足够的企业架构知识，企业架构师的职责贯穿企业架构的整个生命周期，其需要负责企业架构的日常工作，规划并实施企业架构方法体系，建立相应的管理流程。企业架构师是企业架构的"布道师"，其需要结合企业的实际情况进行创造性的企业架构规划，不断尝试新方法。

此外，企业架构师应精通各种思维模式，如战略思维、商业思维、业务思维、问题思维、全局思维，并且掌握项目管理、IT 治理等技能，同时需要具备比较强的归纳和总结能力。总而言之，企业架构师需要具备很多技能，如果你想成为企业架构师，就需要付出更多的努力，需要在理论和实践方面投入更多。

TOGAF 总结了一些企业架构师的技能和核心能力，如图 11-2 所示，这里借鉴并补充一下。想成为企业架构师的读者，可以在工作中多加关注以下几点。

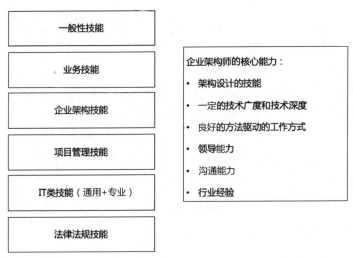

图 11-2　企业架构师的技能和核心能力

- 一般性技能：包括管理能力、沟通能力等。
- 业务技能：包括业务案例分析、业务流程管理、战略规划等。
- 企业架构技能：包括建模、应用设计、服务设计、系统集成等。
- 项目管理技能：包括业务变更管理、熟悉项目管理方法和工具等。

- IT 通用技能：包括应用管理、资产管理、迁移规划、服务水平管理等。

- IT 专业技能：包括软件工程、数据交换、数据管理、数据安全等。

- 法律法规技能：掌握与数据合规、隐私保护、反垄断、知识产权等相关的法律法规。

企业架构师必不可少的核心能力如下所示。

- 架构设计的技能：企业架构师需要掌握复杂系统设计的各项技能，如需求发现和分析、解决方案上下文、对方案的识别和评定、技术选型等。

- 一定的技术广度和技术深度：企业架构师需要在一个或几个领域中具备一定的技术广度和技术深度，在用于支持复杂环境的基础设施方面有相关技术和运维经验，并且应具备跨多个云平台的技能，其中包括熟悉分布式系统及云原生技术。企业架构师还应至少在一个业务领域中达到专家水平。

- 良好方法驱动的工作方式：企业架构师应熟悉企业架构方法体系，可以根据工作状态选择合适的方法，在特定情况下可以给出不同的方法，以及能够分析各自的优点和缺点，并做好权衡。

- 领导能力：团队协作对于企业架构师非常关键，企业架构师需要具备良好的领导能力。企业架构师在 IT 组织和数字化转型项目中应该担任领导者的角色。

- 沟通能力：企业架构师需要能够和所有干系人进行沟通，因此其需要具备很强的沟通能力，其中包括比较强的谈判能力，能够面对复杂问题给出相关的得失对比，并做出决策，识别风险，保证项目正常推进。

- 行业经验：企业架构师需要具备一定的行业经验，这有助于其做出正确决策和进行风险识别。企业架构师应深度理解业务流程，并且熟悉行业的相关标准流程。企业架构师也应该是技术趋势的"布道师"，并可以对项目管理、组织流程提出建议。

11.4　架构师的成长建议

我们先介绍软件工程师职业发展的各个阶段，看看架构师在其中担任着怎样的角色和具有怎样的定位。

- 程序员：主要实现软件功能、编写代码、处理漏洞等。经过沉淀，程序员可以晋升为高级程序员，负责某些模块具体和复杂功能的设计和开发，并编写核心代码。

- 技术 Leader：这个阶段，可能负责一个小团队，关注技术管理，如交付效率和交付质量，同时关注任务评估，最大化利用资源。此外，他们还注重代码质量（如编码规范）、核心模块的架构设计、项目管理和团队管理等。

- 技术总监：负责一个技术方向或者产品线，需要搭建企业的某个技术平台，建立相应的研发体系，并领导技术团队进行持续交付，管理产品线，打造明星产品，并建立技术壁垒，形成技术竞争力。

- 架构师：注重架构设计，包括企业架构的实现和相关评审。架构师主要进行企业架构的规划和实现，并且根据业务规划和应用场景进行前瞻性的建模，同时识别非功能性需求，如性能、可扩展性、安全性、高可用及易部署性等，还需要进行架构治理，识别架构缺陷，提出重构建议并推动执行。

- CTO：企业内负责技术的最高管理者，负责提供技术产品战略规划，提升企业技术竞争力，并且通过技术赋能业务。他们有敏锐的商业洞察力，进行深入的产业研究，参与企业战略规划，并思考未来 3～5 年的技术发展趋势及技术发展给企业带来的机遇和挑战，为企业提前布局，同时建立企业的架构治理体系及进行组织文化建设。

11.4.1　架构师能力的培养

架构师在程序员的职业生涯中处于非常高的位置，其也是整个企业数字化转型中的核心。怎样才能快速成为架构师呢？其实，成为架构师没有捷径，除了前文介绍的一些架构师的特质和需要具备的技能，我们还可以在工作和学习过程中重点培养和关注以下几点，如图 11-3 所示。

1）全局视野

架构师在做决策时，需要更多地跳出当前组织、局部领域，从全局视角、用户视角、业务视角、企业战略视角出发。具备全局视野是架构师的核心能力，比如在开展会员业务时，架构师不仅要做好会员的基础管理，还要关注与会员相关的交易、商品、店铺、导购等，了解整体链路，从更高层次看待问题，定义场景及进行架构规划。

2）开放心态

架构的本质是权衡和取舍，既需要更多的知识和输入，也需要和多种角色交流。在这个过程中，架构师的心态要更加开放，充分与人交流、沟通，既要关注当下痛点也要符合未来的发展，既要保留未来的可扩展性也要避免过度设计。其实，开放并不意味着一味地妥协，需要坚持基本的架构原则。

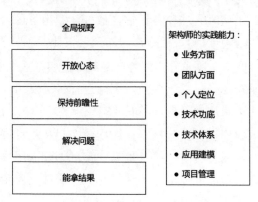

图 11-3　架构师需要重点培养和关注的能力

3）保持前瞻性

前瞻性指的是架构师需要尽可能多对未来考虑一些，如同下棋一样，往往棋手会多考虑几步棋。这就需要架构师多从不同领域、不同视角、不同的上下游和合作伙伴进行沟通，更多地了解业务战略和技术趋势，不断学习，关注业界动态，从实战角度，提高洞察能力，从架构设计层面更多地考虑扩展性及灵活性。

4）解决问题

架构师应该是问题的终结者，他们需要把解决复杂问题作为自己的使命，包括电商领域的高并发、高可用问题，业务角度的库存挤压和订单寻源问题等。这就要求架构师对于问题的发现、定义和分析等有清晰的脉络，并可以结合多方资源最终解决问题。

5）能拿结果

架构师并不是画几张图就可以了，而是需要将企业架构落到实处，帮助业务和技术人员拿到结果。在这个过程中，需要架构师具备很强的推动和沟通能力，有鲜明的观点，能说服他人。架构师需要换位思考，从对方的 KPI 角度出发，找到共识点，同时需要推动项目落地，在关键时刻"救火"。

11.4.2　架构师的关注重点

在实践过程中，架构师需要充分分析周边的环境，建大图、定方向、找打法、冲业绩，以理论与实践相结合为原则，步步推进。架构师一方面要协助企业领导做出正确决策，另一方面要推动项目落地，笔者建议架构师重点关注以下实践能力。

- 业务方面：业务愿景、关键指标、组织架构、业务现状、业务流程、风险控制等。
- 团队方面：团队使命、价值观、人才梯度、角色分工、团队协作方式、组织文化等。
- 个人定位：团队期望、架构目标、个人规划、能力匹配、资源匹配等。
- 技术功底：保持编码、参与社区、团队 CodeReview，技术是根本。
- 技术体系：技术现状、技术风险、技术债务、技术趋势、云原生技术体系、研发体系、质量保障、稳定性体系等。
- 应用建模：业务领域知识、领域建模、领域服务、服务管理等。
- 项目管理：目标管理、里程碑、计划管理、风险预警、协同与沟通、项目复盘等。

11.4.3　有关技术管理的几点建议

一般架构师也会承担一定的组织管理工作，有些企业的架构师需要带技术团队，担任技术 Leader 的角色，这里就技术管理提出几点建议。当然，本书的重点并不是技术管理，但架构师的工作涉及团队建设，毕竟架构师一个人是很难完成架构设计和落地的。一个好的架构师就像一座灯塔，会照亮和影响整个团队。另外，架构师与团队成员之间的充分交流和对焦是非常重要的，通过交流可以达到目标的共识，有效地处理资源上的冲突等，这些都非常考验架构师的技术管理能力。

有关技术管理的几点建议如下所示。

- 因材施教，根据不同人员的优势、劣势和意愿，合理安排工作，激发他们的主动性。
- 打造良好的团队氛围，比如开展团建、下午茶、知识分享等活动。
- 为团队提供清晰的业务大图和技术大图的解读。
- 制定一致的工作原则，明确团队要什么、不要什么。
- 鼓励创新、独立思考，勇于承担责任。
- 勤与团队成员进行一对一的交流、KPI 讨论和复盘，给出具体的建议和方向。
- 做好招聘，注重 Coding 能力，注重技术、架构、业务三位一体，注重文化认同等。
- 做好团队的目标管理，建议使用 OKR 来激发团队成员的主动性。

- 鼓励团队多与周边团队（包括客户、上下游、业务方等）协同。
- 建立团队文化：工程文化、DevOps 文化、Ownership 文化、客户第一文化等。

11.5　架构师的思维模式

11.5.1　思维决定高度

思维表达能力对于架构师非常重要，思维决定高度，一些与架构师相关的思维模式、思维能力和思维方法如图 11-4 所示。这里重点介绍架构师需要重视哪些方面的思维能力。

图 11-4　思维决定高度

1）企业架构思维

企业架构需要架构师更多地从宏观、全局思考，并关注企业的总体战略计划、组织架构，同时充分结合业务架构、应用架构、数据架构、技术架构、云原生技术架构的各种优势及它们之间的关联关系，让企业架构成为企业数字化转型的核心，承接企业战略，并指导数字化转型项目落地。

2）策略思维

架构是一种平衡，不是所有的问题都要解决，而是需要解决相对重要的问题，并且制定出合理的路径，这里就需要策略思维了。策略是解决问题众多路径中最合理的路径之一，策略是从企业架构到项目落地、架构治理等各个环节中都需要考虑的。架构师需要从一个事物的不同维度进行分析，充分考虑各种组合及相互影响，考虑各自的优势、劣势，并思考执行路径、相关资源、过程风险、架构演进等。

3）业务思维

很多研发人员认为"写代码"和"做技术"是独立的，认为业务架构、业务领域等不是研发人员需要关注的，自己只关注技术本身即可。但随着工作经验的增加，研发人员会越来越发现业务的重要性，明白应"随时为业务服务"。这就要求架构师的思维进行转变，时刻考虑业务的价值，思考做这个架构可以为业务带来什么好处；同时积极学习业务知识，并且注重业务需求分析、业务领域建模、业务模型落地、业务流程优化等；还需要关注业务的生命周期、业务价值、产品解决方案、客户服务、风险控制、综合协调等。架构师的任务是帮助研发人员更高效、更低成本地进行企业数字化建设。

11.5.2　结构化思维

思维能力既然这么重要，那么到底应如何提高思维能力呢？这个"仁者见仁，智者见智"，其本质是一种思维逻辑的训练，笔者非常推荐"结构化思维"方式。

结构化思维是一种非常实用的思维方式，它以事物的结构为思考对象，来引导思考、表达和解决问题。结构化思维可以帮助我们将问题进行解构，并有助于我们有条理、有逻辑地对问题进行结构化描述，找到关键要素。通过结构化思维去定义和解决问题往往更有效。

说到结构化思维不得不说"金字塔原理"（见图 11-5），金字塔原理的基本规则如下所示。

- 结论先行：首先表达结论，避免遗漏重点。
- 以上统下：层层递进，分论点支持，论据进行补充。
- 归纳分组：归纳总结，分组展示，形成完整的思维闭环。
- 逻辑递进：将问题进行解构，层层递进，按照逻辑关系排列。

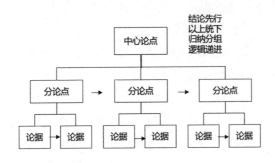

图 11-5　金字塔原理

在实践中，我建议将金字塔原理与 MECE 进行结合，MECE 是 Mutually Exclusive，Collectively Exhaustive 的缩写，即彼此互斥，没有遗漏。也就是说，我们应运用金字塔的结构化思维方式，对事物进行全方位体系化解构，并加以描述。举个例子，如何将 200 毫升水倒进容量为 100 毫升的杯子？有人可能会说把水冻成冰再放进杯子里，或者对杯子进行变形，但这只是片面的解决方法，那如何基于上面的方法体系化地分析这个问题呢？

首先，从水的角度，我们可以改变水的形态，比如将水冻成冰。

其次，从杯子的角度，我们可以改变杯子的材质，比如设计成可伸缩（变形）的杯子。

最后，考虑到没有遗漏，我们可以补充一个其他类型，比如改变重力，去没有重力的地方。

另外，我们在分析问题时，可能有很多维度，十分复杂，还易遗漏。这里推荐一个非常实用的"二维表格"法。假设有 A、B、C 三个维度，我们可以分别分析 A 和 B 之间的关系、B 和 C 之间的关系、A 和 C 之间的关系。例如，我们在考虑成本时，需要从团队、系统、资源三个角度进行分析，我们可以分别对团队与系统、团队与资源、系统与资源进行梳理，这样一目了然，还不会遗漏。

11.5.3　提高思考力

思考力指的是透过现象看到问题本质的能力，其需要培养和训练，思考力的高低也决定着架构师的发展高度，工作总结、问题反思、架构分析、代码优化、团队沟通等都需要很强的思考力。结合结构化思维，我们可以有意识地锻炼思考力，这里介绍几种提升思考力的方法。

（1）系统学习：面对一个全新的场景，识别关键路径、关键痛点，短时间内吸收领域知识，并体系化地去发现客户是谁，其需求是什么、有什么问题、需要我做什么，可以产生什么样的问题，有什么潜在风险等。思考力的提升需要长时间的刻意训练，方式有多种，比如阅读、与人交流、上网课、动手编程等，不过笔者建议进行系统化而非碎片化的学习。

（2）勤于思考：多思考产生问题的原因，考虑问题的本质。不要一味地执行，需要转化成自己的理解，从问题的背后考虑可复制、可重用的点。思考可以"天马行空"，关键在于主动去想。思考可以看作自己与自己对话，过程是非常有趣的。

（3）抓住本质：很多问题都有相通性，我们要抓住共性，并形成自己的认知，进行取舍，而怎样取舍，需要长久的思考和总结，并在实践中优化。读者朋友如果留意，就会发现本书中我们花了不少篇幅讨论各种领域架构的本质、基本原则和一些最佳实践，这些都是我们对复杂问题的抽象、总结，这就是寻求本质的过程。

（4）保持记录：很多方法和工具可以帮助我们提高思考力，不过提高思考力的根本是养成记录的习惯。笔者喜欢在本上或手机上将一些零碎的 Idea 记录下来，不时地整理一下，比如使用简单的表格进行总结。俗话说"好记性不如烂笔头"，记录的过程本身就是思维锻炼的过程。

（5）保持乐观的心态：兴趣是最好的老师，思考时需要保持乐观的心态，并保持对技术、架构、业务的热爱。在思考问题时，我们要尽量从大局出发，不要把一些不良情绪带到工作上，本身思考就是处理复杂问题，架构本身也是在复杂问题中追求平衡，因此乐观的心态至关重要。

架构师的思考力决定了架构的高度，思考力是架构师的核心软实力。在思考过程中，除了前面提到的几点，架构师还要保持空杯心态，保持好奇心。"仰望星空，脚踏实地"，在分析问题、解决问题的过程中寻求平衡，积极反思，最终让架构顺利落地。

以上，与已经成为架构师和正在努力成为架构师的读者朋友们，共勉！

致读者朋友

非常感谢您读到这里。在本书的最后，想和您再聊聊数字化，以及如何更好地使用这本书。

数字化让我们利用数字技术来改变商业模式，改造企业流程，给出行动方案，提供新的业务价值和机会。但到底怎样来进行数字化转型呢？笔者根据自己攻读博士期间的理论学习与实践，以及后来海内外的工作经历，深刻地了解到很多企业在数字化转型过程中感到迷茫和困惑。有些企业的数字化主要在战略层面，格局极高但并未落地；而有些企业的数字化还是传统的 IT 采购模式，没有发挥真正的技术优势，打通整体的业务； 还有的企业盲目照搬一些先进技术和最佳实践，并没有花精力、对症下药解决真正的业务问题。

笔者构思这本书已经有很长时间了。说实话，这本书很难写，想要回答到底如何进行数字化转型，涉及很多内容，比如商业模式、企业架构、云原生、微服务、业务架构、领域建模、系统设计、架构治理、软件工程等，每项内容其实都可以深入探讨，具有非常多的细节。

这本书的核心是想通过体系化的视角，给正在数字化转型道路上的同人们提供一些通用的参考，内容上力求从全局视角、架构视角，把数字化转型过程中可能遇到的关键点进行体系化的阐述，更多关注一些本质、要素、原则、方法及彼此之间的关系。这些从根本上需要对企业的架构层面进行梳理，笔者一直是"企业架构"理论的忠实拥护者，虽然其已经有几十年的发展历史，但其中非常多的理论对现阶段我国的企业数字化转型依然适用，特别是其中的业务架构、IT 架构及两者之间的关系。同时，新的技术代表着新的先进生产力，本书主要从"云原生"的角度，来讨论企业如何在数字化过程中享受新的技术红利，可以说，云原生改变了整个软件生命周期，它向下延伸推动软件和硬件一体化，向上延伸优化企业架构，水平延伸优化整体的研发和运维模式。

笔者坚信，完整的架构理论 + 先进的云原生等技术是当前很多企业加速数字化转型的核心武器。在数字化转型的过程中，建议大家坚持以下几点。

首先，请坚持"架构理论与自身实践深度结合"。本书介绍了比较多的企业架构理论，比如业务架构的 6 个关键要素、应用架构的 3 个核心策略、领域建模的 3 种常用方法、数据架构的 6 种开发方法、技术架构的 5 种核心技术，并且提炼了很多架构原则和最佳实践。希望您在应用的过程中，切勿局限在理论的条条框框之中，而是有选择地，针对您当前的痛点，借鉴书中提到的业界先进实践，用"企业架构改良"的心态来看待整个数字化转型的进程，书中的很多内容可以裁剪和优化。实践是检验真理的唯一标准，希望本书可以帮助您构建企业特有的"云原生时代的企业架构"。

其次，请坚持"业务价值与技术创新深度结合"。很多企业的业务人员不懂技术，而技术人员也不懂业务，聊业务时谈产品，聊产品时讲架构，聊架构时提技术，彼此始终不在一个频道上。然而，往往一个数字化转型项目的难点在于大家达成一致的理解，"一张图一场仗"。业务与技术结合的价值体现不仅涉及降本增效、敏捷开放等层面，还要求企业更多地用"增量思维"去思考，思考业务的增长点是什么，比如全渠道零售、柔性供应链、私域流量、社区团购、跨境电商等，以及这些新的业务具体需要什么样的技术来适配，比如云原生、大数据、AI、物联网、区块链、低代码等，切记不要本末倒置，避免出现"拿着技术的锤子来找业务的钉子"的情况。

最后，请坚持"项目推进与架构治理深度结合"。数字化转型是一个长期工程，我们规划的再"繁花似锦"，也需要具体的数字化项目步步为营地去落地，数字化不是一蹴而就的，架构落地本质上是解决软件工程问题，这并没有"捷径"，只有"路径"，既需要逐步尝试和迭代演进，也需要企业组织层面进行适配。希望书中的项目实施管理、架构治理框架、架构成熟度模型等可以给到您一些参考。同时，人才是数字化转型的根本，也希望书中的一些组织架构框架、架构师能力模型等为您用人及自我成长提供一些帮助。

笔者才疏学浅，诚惶诚恐，非常期待听到您在数字化转型道路上的故事，也衷心希望本书可以给您提供一些帮助，共同为我国企业的数字化转型贡献力量。

面向数字化转型的"星辰大海"，让我们一起加油！

参考文献

[1] 于海澜，唐凌遥. 企业架构的数字化转型[M]. 北京：清华大学出版社，2019.

[2] 任钢. 微服务设计：企业架构转型之道[M]. 北京：机械工业出版社，2019.

[3] 朱瑜敏. TOGAF 企业架构应用实践[J]. 计算机光盘软件与应用，2012, 14:81-82.

[4] 张亮，等. 未来架构：从服务化到云原生[M]. 北京：电子工业出版社，2019.

[5] 刘志远. 电商产品经理宝典：电商后台系统产品逻辑全解析[M]. 北京：电子工业出版社，2017.

[6] 陈新宇，等. 中台战略：中台建设与数字商业[M]. 北京：机械工业出版社，2019.

[7] 杨冠宝，高海慧. 码出高效：Java 开发手册[M]. 北京：电子工业出版社，2018.

[8] 郑天民. 系统架构设计：程序员向架构师转型之路[M]. 北京：人民邮电出版社，2017.

[9] 钟华. 数字化转型的道与术：以平台思维为核心支撑企业战略可持续发展[M]. 北京：机械工业出版社，2020.

[10] 刘子怡. 创业板上市公司商业模式披露的必要性研究[J]. 经济研究导刊，2016，000（024）：1.

[11] 程永新. 大数据时代的数据资产管理方法论与实践[J]. 计算机应用与软件，2018，35（11）：2.

[12] 阿里集团 阿里云智能事业群 云原生应用平台. 阿里云云原生架构实践[M]. 北京：机械工业出版社，2021.

[13] 伊文斯. 领域驱动设计：软件核心复杂性应对之道[M]. 北京：清华大学出版社，2006.

[14] 罗伯特·C. 马丁. Clean Architecture：软件架构与设计匠艺. 北京：电子工业出版社，2017.